스타벅스

커피 한 잔에 담긴 성공신화

POUR YOUR HEART INTO IT :
HOW STARBUCKS BUILT A COMPANY ONE CUP AT A TIME
by Howard Schultz and Dori Jones Yang

STARBUCKS®

스타벅스

커피 한 잔에 담긴 성공신화

하워드 슐츠·도리 존스 양

홍순명 옮김

김영사

스타벅스, 커피 한 잔에 담긴 성공신화

1판 1쇄 발행 1999. 7. 5.
1판 52쇄 발행 2020. 5. 26.
개정판 1쇄 발행 2022. 2. 4.
개정판 3쇄 발행 2024. 7. 26.

지은이 하워드 슐츠·도리 존스 양
옮긴이 홍순명

발행인 박강휘
편집 박완희·심성미 디자인 지은혜
발행처 김영사
등록 1979년 5월 17일(제406-2003-036호)
주소 경기도 파주시 문발로 197(문발동) 우편번호 10881
전화 마케팅부 031)955-3100, 편집부 031)955-3200 | 팩스 031)955-3111

값은 뒤표지에 있습니다.
ISBN 978-89-349-9148-9 03320

홈페이지 www.gimmyoung.com   블로그 blog.naver.com/gybook
인스타그램 instagram.com/gimmyoung   이메일 bestbook@gimmyoung.com

좋은 독자가 좋은 책을 만듭니다.
김영사는 독자 여러분의 의견에 항상 귀 기울이고 있습니다.

나의 아내 셰리, 그리고 어머니와 지하에 계신 아버지,
그리고 스타벅스에서 일하는 나의 모든 동료들,
특히 메리 케이트린 마호니, 아론 데이비드 굿리치,
에모리 알렌 에반스에게 이 책을 바칩니다.
당신들은 우리 마음에 살아 있습니다.

차례

3부 기업가 정신의 재창출
상장회사가 된 후, 1992~1997년

다른 사람들보다 더 세심하되
지혜롭게 생각하라

다른 사람들보다 더 모험을 하되
안전을 생각하라

다른 사람들보다 더 많은 꿈을 꾸되
현실적으로 생각하라

다른 사람들보다 더 기대하되
가능성을 생각하라

1961년 1월 어느 추운 겨울날, 아버지가 직장에서 발목이 부러지는 사고를 당하셨다. 그 당시 나는 일곱 살이었다. 학교 뒤 운동장에서 한참 눈싸움을 하고 있었는데, 어머니가 아파트 7층 창밖으로 몸을 내밀고 나에게 빨리 오라고 손을 크게 흔들었다. 어머니는 급하게 집에 도착한 내게 말씀하셨다.

"아빠가 사고를 당하셨어. 어서 병원으로 가봐야겠다!"

아버지 프레드 슐츠는 발을 위로 올린 채 한 달 이상이나 집에서 쉬셔야만 했다. 나는 그전에 깁스한 모습을 본 적이 없기 때문에 처음에는 좀 신기했지만 그것도 곧 시들해졌다. 아버지는 아버지 같은 신분의 다른 사람들과 마찬가지로, 일을 못 하셨기 때문에 봉급도 받을 수 없었다.

그 당시 아버지의 직업은 기저귀를 수거하고 운반하는 트럭 운전기사였다. 그 일이 이 세상에서 가장 나쁜 직업이라고 하시던 아버지는 그 냄새와 지저분함에 대해 불평하시며 몇 개월 동안 다니셨다. 그러나 그 직업을 잃은 지금, 아버지는 그 일이라도 하고 싶어하시는 것 같았다. 어머니 또한 임신 7개월째 접어들었기 때문에 일을 할 수 없었다. 우리 가족은 수입이 전혀 없고 의료보험도, 노동자 재해 보상도 받을 수 없는, 아무 데도 의지할 데 없는 상태에 놓여 있었던 것이다.

식탁에서 나와 누이가 말없이 저녁을 먹는 동안 부모님은 누구한테 얼마를 꿀 수 있을지를 의논하곤 하셨다. 저녁에 가끔 전화 벨이 울리곤 했는데, 어머니는 나더러 받으라고 하시면서 만일 빚쟁이면 부모님이 안 계신다고 말하라고 시키셨다. 3월에 동생 마이클이 태어나자 부모님은 병원비를 대기 위해 또 다시 돈을 빌려야만 했다.

많은 세월이 흐른 지금도, 다리에 붕대를 감고 세상에서 버려진 채 구부정하게 의자에 앉아 계시던 아버지의 모습이 가슴 아프게 마음속에 자리잡고 있다. 돌이켜보면 아버지는 고등학교도 졸업하지 못했지만 열심히 일하시는 정직한 분이었다. 아버지는 단지 입에 풀칠하기 위해 때때로 두세 개의 직업을 동시에 가지기도 하면서 세 아이를 열심히 보살피셨다.

양키스팀을 좋아하셨던 아버지는 주말이면 우리와 같이 야구를 했다. 나는 그런 아버지를 존경했다. 그러나 아버지는 패배자였다. 트럭 운전, 공장 노동, 택시 운전 등 블루칼라 일을 전전하면서 결코 집 한 채 소유해보지 못하셨다.

나는 연방 정부 보조주택 구역인 브루클린의 카나지 빈민촌에서 어린 시절을 보냈다. 10대가 되었을 때 나는 빈민촌 출신에게 따라붙는 오명이 무엇인지를 알게 되었다. 나이가 들면서 나는 종종 아버지와 마찰을 빚었다. 나는 아버지가 노력했더라면 훨씬 더 많은 것을 이루었을 거라고 생각하면서 아버지의 무책임함과 비참한 현실에 화를 냈다.

그러나 아버지가 돌아가시고 나서 나는 아버지를 부당하게 판단했다는 것을 깨달았다. 아버지는 사회에 적응하려고 애썼지만 결국 사회에 버림받은 것이었다. 그래서 더욱 자신감이 부족했고, 그 구덩이에서 빠져나와 당신의 삶을 향상시킬 수 없었다. 아버지는 1988년 1월에 폐암으로 돌아가셨는데 그날은 내 인생에서 가장 슬픈 날이었다. 아버지는 저축도 연금도 없었다. 그보다 더 가슴 아픈 것은 아버지가 당신이 종사하셨던 직업에서 아무런 긍지도 만족감도 얻을 수 없었다는 것이다.

나는 어린 시절, 언젠가 한 회사의 우두머리가 될 것이라는 생각을 한 적이 한 번도 없다. 그러나 만일 내가 영향력을 행사할 수 있는 위치에 있게 된다면, '사람'들을 가장 중시하리라 다짐하곤 했다.

부모님은 스타벅스의 어떤 점이 내게 매력을 주었는지 이해하

지 못하셨다. 나는 1982년 봉급 높던 좋은 직장을 그만두고 그 당
시 단지 다섯 개의 스토어를 갖고 있던 시애틀의 조그만 커피 소
매업체인 스타벅스사에 합류했다. 나는 그 당시의 스타벅스를 본
것이 아니라 미래의 스타벅스를 보았던 것이다.

나는 스타벅스를 보자마자 그 열정과 정통성에 매료되었다. 신
선하게 배전焙煎/roast(커피 원두를 볶음)한 커피 원두를 제공할 뿐만
아니라, 스타벅스가 전국적으로 확장될 수 있다면 에스프레소 커
피를 만드는 이탈리아인의 예술적 낭만을 우리 생활에서 재창출
하고, 그것이 나를 매혹했던 것처럼 수백만 명의 다른 사람들을
매혹할 것이라는 것을 깨닫게 되었다.

1987년 나는 스타벅스의 최고경영자가 되었다. 그것은 내가
과감히 좋은 직장을 그만두고 스타벅스의 비전에 대해 투자자들
을 설득한 결과였다. 그 후 10년에 걸쳐서 유능하고 경험 많은 경
영진과 당시 100명이 채 안 되는 사원들과 함께 단지 여섯 개의
스토어를 가졌던 지방의 조그마한 회사 스타벅스를 2만 5천 명의
사원과 1,300개 이상의 스토어를 갖고 있는 전국적인 회사로 키
웠다. 오늘날 우리는 북아메리카 전역은 물론 도쿄와 싱가포르에
도 진출해 있다. 스타벅스라는 브랜드가 전국적으로 알려지면서
혁신적인 새로운 제품의 개발이 가능하게 되었고, 6년 동안 계속
판매와 이익 양면에서 50퍼센트 이상의 성장률을 보여왔다.

그러나 스타벅스 이야기는 단순한 성장과 성공에 대한 기록이
아니다. 그것은 어떻게 기존과 다른 방법으로 회사가 설립되었느

나에 관한 이야기이며 또한 나의 아버지가 근무하던 부류의 회사들과는 전혀 다른 회사에 관한 이야기이다. 그것은 한 회사가 어떻게 마음과 영혼을 살찌우는 동시에 돈도 벌 수 있느냐에 대한 살아 있는 증거이다. 또한 종업원들을 존경과 품위로 대해야 한다는 믿음을 깨뜨리지 않고도, 주주들에게 장기적으로 이익을 제공해줄 수 있다는 것을 보여주는 이야기이다. 물론 그 믿음은 사업을 하는 데 최선의 길이었을 뿐 아니라, 그것이 옳다고 믿는 경영진이 있었기 때문에 가능했다.

스타벅스는 사람들과 정서적인 일체감을 이루고 있다. 어떤 사람들은 운전을 하다가 모닝 커피를 마시기 위해 우리 스토어에 들어오기도 한다. 초록빛 사이렌 Siren (반은 여자이고 반은 새인 요정. 아름다운 목소리의 여인) 로고가 TV 쇼나 영화에 자주 등장할 정도로, 스타벅스는 현재 미국인의 일상생활에 활력을 불어넣는 상징이 되었다. 우리는 미국인들의 어휘 속에 새로운 단어를 추가시키고 1990년대의 새로운 사회적 습관을 도입한 것이다. 어떤 지역 사회에서는 스타벅스가 마치 현관 앞뜰의 연장인 것처럼 사교적 모임을 편안하게 가질 수 있는 제3의 장소가 되었다.

사람들은 우리가 상징하는 것이 좋아서 스타벅스와 관계를 맺는다. 그것은 멋진 커피 이상의 것으로, 스타벅스 스토어 안에서 느낄 수 있는 따뜻한 분위기와 일체감, 그리고 멋진 커피를 마시는 로맨스이다.

그러한 분위기를 만드는 데에는 '바리스타'들이 주도적 역할을 한다. 바리스타란 고객 한 사람 한 사람을 위해서 에스프레소를 정성껏 만들고 커피의 여러 종류, 기원에 대한 설명도 하면서 고객들과 대화를 이끌어 나가는 커피 스토어의 종업원을 말한다. 어떤 바리스타들은 나의 아버지보다 못한 솜씨를 갖고 스타벅스에 들어오기도 한다. 그러나 바로 그들이 마술을 창조해내는 사람들이다.

스타벅스에서 내가 이룬 가장 자랑스러운 업적 중의 하나는 회사에서 일하는 사람들이 서로 신뢰와 믿음의 관계를 갖도록 만들었다는 것이다. 그것은 결코 다른 많은 회사에서 내세우는 공허한 말이 아니다.

우리는 파트타임 사원들에게까지 포괄적인 의료보험을 제공하는 파격적인 프로그램을 발전시켰으며, 모든 사원들에게 소유권을 주는 스톡옵션으로까지 확대했다. 우리는 물류창고 근무 직원이나 신입 사원을 대할 때, 대부분의 회사에서 중역들에게만 표하는 그런 예우로 대했다.

사원들에 대한 이런 회사 방침이나 태도는 전통적인 사업 개념과는 전혀 달랐다. 오직 주주들의 이익만을 위해서 경영되는 회사는 사원들을 단지 비용절감 대상인 소모품 정도로 취급한다. 경영자들은 종종 사원들을 줄임으로써 일시적인 주가 상승을 유도한다. 그러나 궁극적으로 그것은 다른 사원들의 사기를 저하시킬 뿐만 아니라 회사를 한층 더 발전시킬 수 있는, 그들의 마음에서 우러나오는 헌신과 기업 정신을 희생시키는 것이다.

많은 사람들이 사업에 있어서 깨닫지 못하는 것은 바로 '사업이란 제로섬 게임이 아니라는 것'이다. 사원 처우 개선은 회사의 이익을 깎아먹는 추가 비용이 아니라 한 사람의 리더가 비전을 제시하는 것보다 훨씬 크게 기업을 키울 수 있는 원동력으로 봐야만 한다. 한 사람의 리더로는 기업을 성장시킬 수 없기 때문이다. 스타벅스의 사원들은 그들의 직업에서 자부심을 느끼기 때문에 이직률이 전체 업계 평균의 반도 안 되는데, 그것은 비용을 절감해 줄 뿐만 아니라 고객들과의 유대를 강화해준다.

사원들이 그들이 일하는 회사에 관심을 갖고 정서적인 일체감을 형성하며 회사의 꿈을 함께 공유할 수 있다면, 그들은 온 마음을 다해 회사를 발전시키려고 노력할 것이다. 사원들이 자긍심과 자존심을 갖게 되면 그들은 회사에 그리고 자신의 가정에, 나아가서는 세계에 많은 공헌을 할 수 있다.

의식적으로 계획하지는 않았지만, 스타벅스는 내 아버지의 살아 있는 정신적 유산이 되었다. 모든 사람들이 다 자신의 운명을 책임질 수는 없다. 때문에 높은 지위에 오른 사람들은 매일매일 회사가 쉬지 않고 돌아가게 하고, 일하는 사람들이 올바른 길을 가도록 도와 주며, 아무도 비참하게 뒤에 남겨지지 않도록 돌봐야 한다.

나는 결코 책을 낼 계획이 없었다. 적어도 아직 경력이 일천한 지금은 아니라고 생각했다. 나는 스타벅스가 이룩해야 할 업적의 더 많은 부분이 과거가 아니라 미래에 있다고 굳게 믿고 있다. 만일 스타벅스가 20장으로 구성된 책이라면 우리는 지금 3장에 와 있다. 그러나 다음과 같은 몇 가지 이유 .때문에 지금이 스타벅스에 대해서 이야기하기 좋은 기회라고 결정했다.

첫째, 나는 사람들에게 영감을 불어넣어서 각자 자기의 꿈을 추구하도록 하고 싶다. 나는 좋은 가문 출신도 아니고 일찍부터 나를 이끌어주는 좋은 인생의 선배나 스승이 있었던 것도 아니며 부유하게 태어나지도 못한 서민 출신이다. 그럼에도 나는 큰 꿈을 꿀 수 있는 용기가 있었고, 의지를 갖고 그 꿈을 현실로 만들었다. 포기하지 않는다는 굳은 결심을 갖고 계속 추구해나간다면, 대부분의 사람들은 자신의 꿈을 아니 그 이상의 것을 성취할 수 있으리라고 확신한다.

둘째, 나는 기업의 리더들이 좀 더 심오하게, 좀 더 높은 목적을 추구하도록 영감을 불어넣고 싶다. 성공의 결승점에 혼자만 도달한다면, 그 성공은 공허한 것이다. 최고의 성공은 승리자들에게 둘러싸여 그곳에 함께 도달하는 것이다. 그들이 사원이든 고객이든 주주든, 더 많은 사람들과 함께 할수록 그 승리는 더욱 값지다.

나는 돈을 벌기 위해 이 책을 쓰는 것이 아니다. 이 책으로 버는 모든 돈을 스타벅스와 그 파트너(사원을 포함한 주식을 갖고 있는 모든 사람들)들을 대표해, 자선 사업 수행을 목적으로 새로 조성된 스타벅스 재단에 기부할 것이다.

이 책은 스타벅스에 관한 이야기이다. 그러나 단지 사업에 관한 이야기만 하는 책이 아니다. 나의 인생 스토리를 함께 나누려고 하는 것도 아니고, 망한 회사를 어떻게 살릴 것인가에 대한 충고를 하기 위한 것도 아니고, 회사의 역사를 기록하기 위한 것도 아니다. 또한 왜 어떤 기업은 흥하고 어떤 기업은 망하는가를 분석한 이론적인 뼈대도 없고 경영자 편람이나 어떤 행동 지침도 담고 있지 않다.

이 책은 바로 미국에서는 거의 찾아 볼 수 없는 기업 윤리와 가치에 근거를 둔 성공적인 회사를 만든 사람들에 관한 이야기로, 우리가 사업과 인생에 대한 중요한 교훈들을 어떻게 배웠는가를 말하고 있다. 이러한 통찰력들이 사업을 일구려는 사람들이나 인생의 꿈을 실현하려고 노력하는 사람들에게 도움이 되었으면 하는 바람이다.

이 책을 쓴 궁극적인 목적은 다른 사람들이 비웃는다 할지라도 포기하지 말고 계속해서 마음속에 있는 뜻을 추구하고 인내하는 용기를 갖도록 사람들에게 확신을 불어넣는 데 있다. 부정적인 사람들 때문에 패배감을 느끼면 안 된다. 역경이 두려워서 시도조차 하지 않아서도 안 된다. 빈민촌 출신인 어린 내가 헤쳐나갔던 그 역경들을 생각해보라.

기업은 단지 이윤 추구만이 아닌, 진정한 가치에 의해 경영될 때 열정과 개성을 잃지 않고 성장할 수 있다. 가장 중요한 것은 바로 마음이다. 나는 모든 커피 한 잔 한 잔에 나의 마음을 쏟아붓는다. 스타벅스에서 일하는 나의 파트너들도 마찬가지이며, 고객들 역시 그것을 감지할 때 우리와 공감하는 것이다.

만일 지금 하고 있는 일에 혹은 어떤 가치 있는 기업에 마음을 쏟아붓는다면, 다른 사람들이 불가능하다고 생각하는 꿈을 실현할 수 있을 것이다. 그것이 바로 인생을 풍요롭게 만드는 것이다.

'야르짜이트'라고 하는 유대 민족의 전통이 있는데, 사랑하는 사람의 기일 전날 밤에 가까운 친척들이 24시간 동안 촛불을 켜 두는 의식이다. 나는 매년 아버지를 위해 그 촛불을 켠다. 나는 정말 그 빛이 꺼지지 않기를 바란다.

STARBUCKS® ───────────────────────────────

1
커피의 재발견

1987년까지

1

상상, 꿈, 그리고 초라한 어린 시절

마음으로 보아야만 제대로 볼 수 있어.
본질적인 것은 눈에 보이지 않는 법이지.

_생텍쥐페리, 《어린 왕자》에서

오늘날의 스타벅스는 두 모체에서 탄생했다. 하나는 1971년에 설립된 원래의 스타벅스로서, 고급 커피가 무엇인지를 가르쳐주고 한 사람 한 사람의 고객에게 세계 수준의 커피를 공급하는 데 헌신한 회사다.

다른 하나는 내가 그 회사에 갖고 들어온 비전과 가치다. 그것은 회사의 모든 사람들이 함께 성공할 수 있다는 것을 확신하는 열망과 스타벅스를 경쟁력 있는 회사로 키워나가려는 열정의 결합체였다. 나는 커피와 로맨스를 섞어 놓기를 원했고, 다른 사람들이 불가능하다고 하는 것을 감히 성취하려 했으며, 혁신적인 생각으로 역경에 도전했다. 또한 그 모든 것을 우아하고 재치 있게 해낼 수 있기를 원했다. 사실 오늘날의 스타벅스가 있기까지는 두 가지의 모체가 다 필요했다.

스타벅스는 내가 그 회사를 발견하기 전 10년 동안 성장해온 회사다. 초창기 역사는 설립자들에게 들어 알고 있다. 그 이야기는 이 책 2장에서 언급하고자 한다. 기업의 성장에 많은 영향을 끼친 내 가치관은 뉴욕 브루클린 지역의 혼잡한 아파트 생활에서 비롯했으므로, 어린 시절 이야기부터 하고자 한다.

초라한 어린 시절, 추진력과 인정을 가르쳐주다

내가 낭만주의자들에게서 발견한 한 가지 특성은, 일상생활의 단조로움에서 탈피해 새롭고 더 나은 세계를 만들려고 노력한다는 것이다. 그것은 바로 스타벅스의 목적이기도 하다. 우리는 스타벅스 스토어 안에서 사람들이 커피 한 잔을 하며 편하게 토론도 나누고 재즈를 듣기도 하며 쉴 수 있길 바랐다. 즉, 이웃들의 조그마한 공간인 오아시스를 창조해내려고 노력했던 것이다.

어떤 사람들이 그러한 곳을 꿈꿀까? 내 개인적인 경험으로 볼 때, 어린 시절이 평범할수록 상상력을 발휘하여 모든 것이 가능할 것 같은 세계를 창조해낸다. 그것은 내 경우에 있어서는 아주 맞는 말이다.

내가 세 살 때인 1956년 우리 가족은 할머니의 아파트에서 정부 보조 공동주택단지인 베이뷰로 이사했다. 그곳은 코니 아일랜드에서 15분, 공항에서 15분 떨어진 자마이카 베이, 카나지 지역의 심장부에 위치해 있었다. 그 당시에만 해도 그곳은 우범 지역이 아니라 열두 채 모두 새로 지은 8층짜리 벽돌 건물로 이루어진, 친근하고 넓으며 나무 그늘이 많은 구역이었다. 공립 초등학교인 P.S.272는 그 구역 안에 있었고 학교 구내에는 농구 코트와 운동장이 딸려 있었다. 그러나 아무도 이 구역에 사는 것을 자랑하지 않았는데, 우리 부모님은 말하자면 모두 일하는 가난뱅이였던 것이다.

그러나 나는 어린 시절의 행복했던 많은 순간들을 기억하고 있다. 그곳에서는 여러 부류의 사람들과 어울려야 했기 때문에 균형 잡힌 가치관을 가질 수 있었다. 우리가 사는 건물 하나만 해도 약 150세대가 조그마한 엘리베이터를 공유하며 살고 있었다. 각 세대는 아주 작았으며, 우리 가족은 비좁은 방 두 칸짜리에서 살기 시작했다.

나의 부모님은 모두 2대째 뉴욕 동부 지역인 브루클린의 노동자 가족 출신이다. 할아버지가 일찍 돌아가셨기 때문에 아버지는 학교를 그만두고 10대부터 일을 시작해야만 했다. 제2차 세계대전 중에 아버지는 뉴칼레도니아와 사이판에 주둔한 남태평양 군단에서 위생병으로 근무했는데, 그곳에서 황열병과 말라리아에 걸렸다. 그 후유증으로 폐가 약했고 감기에 자주 걸리셨다. 전쟁이 끝난 후 블루칼라 일을 전전하신 아버지는 끝내 자신을 발견하지 못하시고 당신 인생에 대한 설계도 하지 못하셨다.

어머니는 놀라운 의지를 지닌 강한 여자였다. 어머니의 이름은 엘레인이었으나 바비라는 닉네임으로 통했다. 그 후에 접수원으로 일하셨지만 우리가 성장할 때는 전적으로 우리 셋을 돌봐야만 했다.

누이 로니는 나와 나이 차이가 얼마 안 났기 때문에 어린 시절 어려웠던 경험들을 함께 겪었다. 그러나 남동생인 마이클만은 내가 느꼈던 경제적인 어려움에서 어느 정도 구해낼 수 있었고 부모님들이 내게 해주시지 못했던 것들을 그에게 어느 정도 해줄 수 있었다. 마이클은 내가 가는 곳마다 따라다녀서 나는 그를 '그림자'라고 불렀다. 여덟 살의 나이 차이에도 불구하고 나는 마이클과 아주 가깝게 지냈으며 내 능력이 닿을 때는 마치 아버지처럼 행동했다. 마이클이 건실한 학생이 되고, 훌륭한 운동 선수가 되고, 궁극적으로 자기 자신의 직업에서 성공했을 때, 나는 그를 아주 자랑스럽게 여겼다.

나는 어린 시절 이웃 아이들과 매일같이 아침부터 저녁까지 운동경기를 하며 놀았다. 아버지는 주말이나 일이 끝난 후 가능할 때면 늘 우리와 함께 놀아주셨다. 토요일과 일요일 아침 8시면 수백 명의 아이들이 학교에 모여서 경기를 하는데, 잘 못하는 사람은 게임에서 빠져 다시 들어올 수 있을 때까지 몇 시간이고 구경만 해야 했다. 그래서 나는 이기기 위해 열심히 뛰었다.

아주 운 좋게도 나는 타고난 운동 선수였다. 야구든 농구든 미식 축구든 나는 잘할 때까지 열심히 뛰었다. 나는 유대인이나 이탈리아인, 그리고 흑인 등 이웃에 어떤 아이들이 살든 그들과의 야구와 농구 게임을 주도하곤 했다. 아무도 우리에게 다양성에 대해 가르쳐줄 필요가 없었다. 우리는 그렇게 살았던 것이다.

나는 성격상 흥미를 돋우는 것에 열정적으로 몰두하는 경향이 있다. 나의 첫 번째 열정은 야구였다. 그 당시 뉴욕에서는 모든 대화가 야구에서 시작해서 야구로 끝났다. 다른 사람들과의 공감대 형성은 인종이나 종교가 아니라 어떤 팀을 지지하느냐에 달려 있었다.

나는 열렬한 양키스 팬이었고, 아버지는 동생과 나를 무수히 많은 게임에 데리고 다니셨다. 우리는 결코 좋은 좌석에 앉지는 못했지만 그것은 그리 중요하지 않았다. 단지 거기에 앉아 있는 것만으로도 스릴이 있었다. 미키 맨틀은 나의 우상이었고 나는 셔츠나 바지 등 내가 갖고 있는 모든 것에 그의 넘버 세븐을 붙이고 다녔다. 또한 야구할 때면 그의 자세와 몸짓을 흉내 냈다.

반면 커피는 어린 시절의 나에겐 대수로운 것이 아니었다. 어머니는 인스턴트 커피를 마셨는데, 친구들이 오면 커피 가루를 사고 오래된 퍼콜레이터(여과장치가 달린 커피끓이개)를 꺼내시곤 했다. 나는 거기에서 나는 부글부글 하는 소리와 커피가 끓어 올라와 작은 유리 뚜껑에 보이던 것을 기억한다.

우리의 가정 형편이 얼마나 어려운가를 깨달은 것은 나이가 더 들어서였다. 우리는 아주 가끔씩 중국집에 갔는데, 부모님은 그날 아버지의 지갑 속 현금 액수에 맞춰서 어떤 음식을 주문할 것인가를 의논하시곤 했다. 또한 여름에 참가했던 야영 캠프가 빈민 아동 돕기 보조 프로그램이라는 사실을 깨닫고는 화가 나고 부끄러워서 그 이후로 다시는 참가하지 않았다.

고등학교에 들어갈 때쯤 나는 보조 주택단지에서 산다는 것이 얼마나 오명인가를 깨닫게 되었다. 내가 다니던 카나지 고등학교는 집에서 채 1마일도 떨어져 있지 않았지만, 거기에 가기 위해서는 조그마한 단층 주택이나 이층 주택이 늘어선 거리들을 지나쳐야 했다.

나는 그곳에 사는 사람들이 우리를 경멸하고 있다는 것을 알고 있었다. 한번은 뉴욕에서 온 한 소녀에게 데이트 신청을 한 적이 있었는데, 그녀의 아버지가 내게 몇 마디를 물어보는 동안 표정이 어떻게 일그러지는가를 똑똑히 보았다.

너 어디 사니? 브루클린에 사는데요. 브루클린 어디? 카나지요. 카나지 어디? 베이뷰 보조 주택단지요. 오, 저런.

그의 반응에는 확실히, 말은 안 했지만, 나에 대한 경멸이 섞여 있었다. 나는 진저리가 났다.

세 아이 중 맏이인 나는 빨리 성장해야만 했다. 즉 어릴 때부터 돈을 벌기 시작해야만 했다. 열두 살 때에는 신문을 돌리기도 하고 근처 간이식당에서 일을 하기도 했다. 열여섯 살 때는 맨해튼의 의류 구역에 있는 한 모피상에서 피혁 펴는 일을 했는데, 양손 엄지손가락에 굳은 살이 배길 정도로 지독한 일이었다. 편물 공장의 스웨터 가게에서 방사를 스팀으로 다리며 뜨거운 여름을 보낸 적도 있었다. 나는 항상 어머니께 번 돈의 전부를 드렸다. 어머니가 달라고 해서가 아니라 부모님이 처한 어려운 형편을 뼈저리게 느꼈기 때문이었다.

그러나 1950년대 말과 60년대 초, 아메리칸 드림은 여전히 살아 있었고 우리 모두는 거기에 동참할 수 있다고 생각했다. 어머니는 그 정신을 우리에게 강하게 불어넣어주셨다. 고등학교도 졸업하지 못하셨지만, 어머니의 가장 큰 꿈은 세 자녀를 모두 대학에 보내는 것이었다. 어머니는 현명하고 실용적인 것을 좋아하셨으며, 특유의 좀 무뚝뚝하고 완고한 말씨로 내게 굉장한 자부심을 일깨워주셨다. 어머니는 인생에서 성공한 사람들의 예를 들어가면서 나 역시 내가 마음속에 품고 있는 것을 성취할 수 있을 것이라고 반복하여 힘 있게 말씀하셨다. 어머니는 내게 도전정신과 예기치 않은 상황에 대처할 수 있는 용기를 주셨다. 이렇게 나는 역경을 극복하는 방법을 배웠다. 나는 어머니가 어떻게 그런 것들을 알게 되었는지 잘 모른다. 왜냐하면 어머니 자신은 그런 것들에 근거해 살지 않았기 때문이다. 그러나 어머니는 우리를 성공시키려고 노력했다.

세월이 흐른 후, 어머니가 시애틀을 방문하셨을 때 나는 어머니께 스타벅스 센터에 있는 우리의 새로운 사무실을 보여드렸다. 여러 부서와 공장들을 둘러보며 사람들이 전화를 받고 컴퓨터 타자를 치는 모습을 보신 어머니는 그 규모와 광경에 머리가 뱅뱅 돌 지경이셨던 것 같다. 마침내 어머니는 내게 바싹 다가오시더니 귀에 대고 속삭이셨다. '이 많은 사람들을 누가 먹여 살리니?' 그것은 어머니의 상상력을 뛰어넘는 일이었다.

어린 시절, 나는 결코 사업할 생각을 해보지 않았다. 내가 알고 있었던 유일한 사업가는 빌 파머 아저씨였는데, 브롱크스에서 작은 종이 공장을 경영하면서 아버지를 십장으로 고용한 적이 있었다. 나는 궁극적으로 어떤 일을 해야 할지 몰랐으나, 부모님이 늘상 부딪치며 살아야 했던 그 비참한 상황에서 벗어나야 한다는 것은 알았다. 나는 브루클린 밖으로, 빈민촌 밖으로 나와야만 했다.

나는 오직 하나의 탈출구를 알고 있었는데, 그것은 바로 스포츠였다. 마치 〈후프 드림스Hoop Dreams〉라는 영화에 나오는 아이들처럼 나와 친구들은 스포츠가 더 나은 삶을 향한 티켓이라고 생각했다.

고등학교 시절, 나는 꼭 해야만 할 때가 아니면 학교 공부를 하지 않았다. 교실에서 배우는 내용들이 나와는 별로 상관없다고 느꼈기 때문이다. 그 대신 미식축구를 하는 데 열정을 쏟았다.

나는 우리 팀을 만들었던 그날을 결코 잊지 못한다. 그것을 기념하는 영광의 상징으로서, 미식축구팀 주전선수임을 나타내주는 커다랗게 파란 글씨로 쓴 'C' 자를 얻게 되었다. 그러나 어머니는 그 문자가 달린 재킷을 살 돈 29달러가 없었기 때문에 아버지가 봉급을 타오는 날까지 일주일쯤 기다리라고 말씀하셨다. 나는 완전히 풀이 죽었다. 다른 아이들은 모두 약속한 날 그 재킷을 입고 경기에 나올 계획을 세우고 있었지만 나는 그렇게 할 수가 없었다. 그렇다고 더 이상 어머니를 괴롭혀드리고 싶지는 않았기 때문에 친구에게 돈을 빌려 재킷을 사 입고 경기에 참가했다. 그러나 나는 부모님이 돈을 주실 수 있을 때까지 그것을 숨겼다.

고등학교 시절의 가장 기뻤던 일은 미식축구에서 쿼터백을 맡게 된 것인데, 그것으로 나는 카나지 고등학교 5,700명의 학생들 사이에서 캠퍼스의 '빅 맨'으로 뽑혔다.

학교가 너무 가난해서 미식축구장조차 없었기 때문에 우리 팀은 원정 경기를 해야만 했다. 우리 팀의 실력은 좋지 않았지만, 그래도 나는 잘하는 선수들 중의 하나였다. 어느 날 우리 게임을 보며 뛰어난 선수 하나를 스카우트하기 위해서 사람이 왔는데, 나는 그 사실을 모르고 있었다. 그리고 며칠 후 한 통의 편지를 받았다. 마치 다른 행성에서 온 것 같은 그 편지는 바로 노던미시간 대학교에서 온 것이었다. 그들은 미식축구팀 선수들을 뽑고 있었던 것이다. 내가 얼마나 흥분했겠는가? 나는 이리 뛰고 저리 뛰며 소리를 질렀다. 그것은 마치 NFL(전국 미식축구 리그) 드래프트에 초대받은 것과 같은 느낌이었다.

노던미시간 대학교는 내게 미식축구 장학금을 제공했는데, 그것이 내가 받은 유일한 장학금이었다. 그것이 없었더라면 나를 대학에 보낸다는 어머니의 꿈이 어떻게 실현될 수 있었을지 모르겠다.

고등학교에서의 마지막 봄 방학 기간 중 부모님은 나를 데리고 내 상상을 뛰어넘는 곳으로 자동차 여행을 하셨다. 우리는 미시간 반도의 위쪽에 있는 마퀴트까지 거의 천 마일을 차를 몰고 갔다. 우리는 그전까지는 결코 뉴욕 밖으로 나가본 적이 없었다. 부모님 역시 그러한 모험에 압도당하셨다. 우리는 숲이 울창한 산을 가로질러 광활한 평야와 바다같이 보이는 넓은 호수를 지나 드디어 한 대학의 캠퍼스에 도착했다. 그 캠퍼스는 파릇파릇 새싹이 돋아나는 나무와 웃으며 이야기를 나누는 학생들, 날아다니는 프리스비 frisbee(원반 모양의 놀이기구로서 수평으로 던지면 바람을 타고 멀리 나간다)들과 더불어 마치 영화에서나 볼 수 있는 아메리카처럼 보였다.

마침내 나는 브루클린을 빠져나온 것이었다.

우연히도 내가 대학에 입학한 바로 그해 스타벅스는 시애틀에 처음 설립되었다. 그곳은 내가 상상할 수도 없이 먼 도시였다. 나는 처음으로 집에서 멀리 떨어져 살았기 때문에 외로웠지만 넓은 대학교의 캠퍼스와 자유를 사랑했다. 1학년 때 몇몇 절친한 친구를 사귀었는데, 그들과 나는 4년 동안 함께 방을 쓰며 캠퍼스 안팎에서 어울려 지냈다. 동생 마이클은 나를 두 번 찾아왔다. 어느 해 '어머니의 날'에는 어머니를 놀라게 해드리려고 자동차를 히치하이크(지나가는 자동차에 편승하는 여행)해서 뉴욕으로 가기도 했다.

나는 내가 생각했던 것만큼 훌륭한 미식축구 선수가 되지는 못했기 때문에 선수 생활을 포기해야만 했다. 그 후 학업을 계속하기 위해 학자금 대출을 받으며 파트타임 일을 해야만 했다. 여름 방학은 내내 일을 하면서 보냈는데, 밤에는 바텐더로 일하기도 하고 때로는 피를 팔기까지 했다.

그래도 그 시절은 책임질 일이 별로 없었기 때문에 대체로 즐거운 나날이었다. 드래프트 넘버(징병번호) 332를 갖고 있었기 때문에 베트남 전쟁에 참전할 걱정은 하지 않아도 되었다.

나는 커뮤니케이션을 전공했고 특히 대중 연설과 대인관계 커뮤니케이션 분야를 택했다. 4학년 때는 졸업 후에 무엇을 해야 할까를 고민하기 시작하면서 경영학 관련 과목을 수강했다. 나는 단지 시험 기간과 프레젠테이션을 해야 할 때만 공부에 전념하면서 평균 B학점을 유지했다.

4년 후 나는 우리 가족 중 처음으로 대학 졸업생이 되었다. 부모님이 보시기에 '학위'라는 큰 상을 받았던 것이다. 그러나 그때까지도 나는 무엇을 해야 할지 방향을 잡지 못하고 있었다. 내게 조언을 해주는 사람도 없었다. 그 이후로 나는 종종 이런 농담을 한다. "만일 누군가가 그때 내게 올바른 조언을 해주었다면 나는 진짜 무언가 해냈을 거야."

내가 인생에서 진정 몰두할 수 있는 것을 발견한 것은 몇 년 더 지나서였다. 그 후 나는 미지의 세계로 도약했고 그것은 모험의 연속이었다. 브루클린에서 빠져나와 대학을 졸업한 것은 내게 꿈을 향해 도약할 수 있는 용기를 준 사건이었다.

몇 년 동안 나는 빈민가에서 자랐다는 사실을 숨겼다. 거짓말을 한 것은 아니고 단지 그것을 드러내지 않았을 뿐이다. 그러나 아무리 부인하려고 해도 그 당시의 기억은 지울 수 없을 정도로 마음속 깊숙이 각인되어 있었다.

1994년 12월 〈뉴욕 타임스〉는 스타벅스의 성공에 관한 기사에서 내가 카나지 빈민가 출신이라는 것을 밝혔다. 그 기사가 나간 이후 나는 베이뷰 지역을 포함한 다른 빈민촌 주민들에게 많은 편지를 받았다. 대부분은 어머니들이 보낸 편지였는데, 내 이야기가 아이들에게 꿈과 희망이 되었다는 내용이었다.

내가 그런 환경에서 탈출해 오늘날의 위치에 설 수 있었던 가능성은 거의 불가능에 가깝다. 어떻게 그런 일이 일어날 수 있었을까?

어머니와 마이클이 항상 말했듯 행운의 여신이 내게 태양을 비추어주었다. 그건 사실이다. 그러나 천부적인 재능이나 행운보다는 인내와 노력의 힘이 컸다. 그렇게 되도록 의지를 갖고 노력했던 것이다. 나는 내 인생을 손에 쥐고, 가능한 한 누구에게든 배우면서, 내게 온 기회를 놓치지 않고 하나씩 하나씩 성공을 만들어갔던 것이다.

나는 사업에서 성공할 수 있는 그 어떤 비결도, 그 어떤 간단한 계획도 말해줄 수 없다. 다만 무無에서 출발해 꿈 이상의 것을 성취해냈다는 것을 경험으로 보여줄 수 있을 뿐이다.

최근 뉴욕에 여행 갔을 때, 20년 만에 처음으로 전에 살던 베이뷰 아파트 구역을 한번 둘러보았다. 입구 쪽에 총알 구멍이 나 있고 버저 판 위의 불탄 자국이 있긴 했지만 그리 나빠 보이지는 않았다. 내가 살 때는 에어컨도, 창문의 철창도 없었다. 옛날의 내가 그랬듯이 한 떼의 아이들이 모여서 농구 경기를 하고, 한 젊은 엄마가 유모차를 밀고 지나가고 있었다. 한 소년이 나를 보고 있는 동안 나는 생각했다. **과연 이 아이들 중 누가 이 비참한 환경을 뚫고 나와 자기 꿈을 성취할까?**

카나지 고등학교에 들렀을때 마침 미식축구팀이 연습을 하고 있었다. 파란 유니폼과 호루라기 소리를 들으니 옛날의 그 들뜬 기분이 몰려왔다. 코치는 어디 있냐고 묻고 있을 때, 억센 어깨에 빨간 수건을 두른 작은 몸집이 나타났다. 놀랍게도 그는 나와 같은 팀에서 경기를 하던 마이크 캄래데스였다. 그는 학교가 어떻게 미식축구 경기장을 갖게 되었는지를 포함해 팀의 현 상황을 말해주었다. 우연히도 그들은 주말에 미식축구 경기장의 명명식을 가질 계획이었는데, 나의 옛 코치인 프랭크 모로지엘로를 기념해서 이름을 지을 거라고 했다.

나는 그 팀을 위해 장학금을 내놓았다. 모로지엘로 코치의 도움이 없었더라면 오늘날 나는 어디에 서 있을 것인가? 아마도 나의 장학금은 어떤 카나지의 운동 선수가 자신의 비참한 출신을 넘어서서 아무도 상상해보지 못한 무언가를 성취할 수 있도록 도와줄 것이다.

나는 일부 코치들이 가끔 묘한 딜레마에 직면한다는 말을 들은 적이 있다. 최상의 기능과 경험을 가지고 있는 세계적인 선수들이 때때로 결정적인 순간에 비틀거린다는 것이다. 한편 기능과 훈련이 아직 미숙한 블루칼라 출신의 선수가 너무도 승리를 열망한 끝에 정말 중요한 경기에서 세계적인 선수들을 능가하는 플레이를 펼치는 경우가 있다는 것이다. 내가 바로 그러한 블루칼라 선수다. 나는 항상 승리를 애타게 원하므로 때때로 몹시 흥분한다. 다른 사람들이 멈춰 휴식하는 동안에도 나는 계속해서 아무도 따라올 수 없도록 내달리는 것이다.

'충분한' 것은 없다

다음에 무슨 일이 일어날지는 아무도 모른다. 모든 경험은 다음 경험을 위한 밑바탕이 된다.

1975년 대학을 졸업한 나는 어린아이처럼 다음에 무엇을 해야 할지 몰랐다. 뉴욕으로 돌아갈 준비가 되어 있지 않았기 때문에 근처 스키장에서 일하면서 미시간에 그대로 머물러 있었다. 나의 선택을 도와 줄 특별한 선생님도, 모델도, 조언자도 없었다. 생각할 시간을 좀 가졌지만 아무런 대책이 떠오르지 않았다.

결국 1년 후 뉴욕으로 되돌아가서 제록스사에 취직해 세일즈 교육을 받았다. 그것은 아주 다행스러운 경험이었다. 버지니아 리스버그에 있는 1억 달러짜리 제록스 교육센터는 미국에서 최고의 세일즈 교육을 제공하는 곳이었다. 나는 그곳에서 비즈니스에 대해 대학에서보다 더 많은 것을 배웠다. 마케팅과 프레젠테이션 기법을 배웠고, 건강한 자긍심을 갖게 되었다. 제록스는 명성 있는 우량기업이어서, 다른 사람들에게 회사에 대해 이야기할 때 자부심을 느낄 수 있었다.

세일즈 교육 프로그램을 이수한 후, 나는 잠재 고객에게 하루에 50통의 전화를 하면서 6개월을 보냈다. 또 42번에서 48번 도로까지 뻗어 있는, '이스트 리버'부터 패션 거리로 유명한 5번가에 이르기까지 맨해튼 한가운데의 수많은 사무실 문을 두드리며 다녔다. 그곳은 굉장히 화려한 지역이었다. 그러나 나는 그때까지 판매는 한 건도 못 하고 다만 좋은 고객이 될 듯한 사람들만 확보했을 뿐이었다.

내가 전화를 걸었을 때 상대방이 나타내는 냉담한 반응은 비즈니스를 위한 대단한 훈련이었다. 그것은 내가 상황에 맞게 빨리 머리를 굴리도록 가르쳐주었다. 그렇게도 많은 문이 내 면전에서 쾅 하고 닫힐 때마다 비참함을 느꼈지만, 나는 그럴수록 얼굴을 더욱 두껍게 했다. 그리고 그 당시 새로 유행하기 시작한 워드 프로세서를 팔기 위해 간단 명료한 세일즈 어법을 개발해야 했다. 그 일은 나를 매혹시켰고, 유머 감각과 모험심을 계속 키워나가게 했다. 나는 주목받기를 갈망하면서 최고가 되고자 노력하고 그 일을 잘 극복해나감으로써 세일즈맨의 모범을 보였다. 나는 이기고 싶었다.

유니폼을 입고 판매를 하면서 이 지역에서는 가장 많은 수수료를 받는 프로 세일즈맨이 되었다. 마침내 나는 성공한 것이다. 3년 동안 많은 워드 프로세서를 팔면서 동료 중 최고의 세일즈맨이 되었고, 능력을 증명해 보임에 따라 자신감도 그만큼 더 커졌다. 나는 세일즈란 자긍심과 많은 관계가 있다는 것을 발견했다. 그렇다고 결코 워드 프로세서에 대한 열정을 가졌다고는 말할 수 없다.

나는 대학 시절에 융자 받았던 학자금을 다 갚고 나서 한 친구와 그리니치 빌리지에 아파트를 세냈다. 우리는 너무도 기뻐서 뒹굴뒹굴 구르며 즐거운 한때를 보냈다. 어느 여름 바캉스 시즌에는 일곱 명의 친구와 함께 햄프턴스에 몇 주일 예정으로 작은 별장을 빌렸다. 내가 셰리 커시를 만난 것은 바로 1978년 7월 4일 주말, 바로 그곳 해변에서였다.

웨이브 진 기다란 금발머리를 반짝이면서 건강한 에너지를 발산하는 그녀의 모습은 나무랄 데 없는 몸매와 더불어 나를 한없이 들뜨게 했다. 그녀는 인테리어 디자인을 전공하는 대학원생이었는데, 그녀 또한 친구들과 여름 휴가를 즐기러 그곳에 왔던 것이다. 그녀는 아름다울 뿐만 아니라 중서부 지방의 건실한 가치관을 가진 좋은 집안 출신이었다. 우리는 데이트를 하기 시작했으며, 나는 그녀에 대해서 알면 알수록 그녀가 정말 좋은 여자라는 것을 알게 되었다.

1979년, 나는 쉴 새 없이 바빴지만 뭔가 더 큰 도전을 하고 싶었다. 그러던 어느 날, 한 친구가 내게 '퍼스토프Perstorp'라는 스웨덴 회사에 대해 말해주었는데, 가정용품을 파는 '해마플라스트Hammarplast'라는 자회사를 미국에 진출시킬 계획이 있다는 것이었다. 그것은 성장하는 회사에서 더불어 클 수 있는 너무나 좋

은 기회인 듯했다. 퍼스토프는 나를 채용했고 3개월간의 훈련을
위해 스웨덴으로 출장 보냈다. 나는 말뫼 근처에 위치한, '작은 조
약돌 타운'으로 알려진 매력적인 소도시에 머물면서 주말에는 코
펜하겐과 스톡홀름을 둘러보았다. 유럽은 고풍스러운 역사와 인
생을 즐길 줄 아는 감각으로 나를 사로잡았다.

처음에 그 회사는 나를 노스캐롤라이나 지방으로 보내더니 건
축용 자재를 파는, 좀 예기치 못한 부서로 나를 배치했다. 나는 그
런 아이템을 아주 싫어했다. 누가 플라스틱으로 찍어낸 그런 한
물 간 물건을 산다는 것인가? 10개월간의 비참한 생활 끝에 나는
더 이상 참을 수 없어 그 직업을 그만두고자 했다. 그리고 내 적성
에 맞는 일을 찾아서, 나의 사랑하는 셰리가 있는 뉴욕으로 돌아
갈 준비를 했다.

내가 그만두겠다고 하자 퍼스토프는 나를 다시 뉴욕으로 발령
했을 뿐만 아니라 해마플라스트의 부사장이자 총 매니저로 승진
시켰다. 약 20개의 독립 외판부를 관리하는 미국 자회사의 책임
을 맡게 된 것이다. 그들은 나에게 7만 5천 달러의 연봉뿐 아니
라 회사 차, 판공비, 1년에 네 차례의 스웨덴 방문을 포함한 무한
정의 여행권을 제공했다. 마침내 나는 멋진 스웨덴풍의 부엌 가
구와 가정용 집기같이 내가 좋아하는 제품들을 판매하게 되었다.
나 자신이 세일즈맨이었으므로 판매팀에 동기를 불어 넣는 방법
을 알고 있었고 제품들을 재빨리 고급 소매점에 배치할 줄 알았기
때문에 판매량은 곧 늘어났다.

나는 그 일을 좋아했고, 3년간 계속했다. 겨우 스물여덟 살의 나이에 그런 일을 해냈던 것이다. 셰리와 나는 맨해튼의 고급 주택들이 늘어선 어퍼 이스트 사이드Upper East Side에 멋진 아파트를 사서 이사했다. 셰리는 이탈리아 가구점에서 디자이너 겸 마케터로 일했는데, 그녀는 우리의 가정을 꾸미기 위해 벽을 밝은 연어색으로 칠하면서 갈고 다듬은 실력을 마음껏 발휘하기 시작했다. 우리는 주말이면 영화를 감상하고 고급 레스토랑에서 저녁 식사를 하며 친구들을 디너 파티에 초대하는 등 꿈 같은 생활을 했다. 심지어 여름 바캉스를 위해서 햄프턴스에 집을 빌리기도 했다.

부모님은 내가 그렇게 빨리 성장한 것을 믿을 수 없어 하셨다. 대학을 졸업한 지 6년 만에 성공적인 직업 경력과 함께 높은 봉급과 아파트를 소유하게 되었던 것이다. 내가 영위하고 있던 삶은 부모님이 나에게 바라시던 것 이상이었다. 대부분의 사람들은 아마도 이 수준의 삶에 만족했을 것이다.

그래서 더욱 아무도, 특히 나의 부모님은, 내가 점점 안절부절 못하는 이유를 이해할 수 없었다. 그러나 나는 뭔가를 잃어버렸다는 것을 감지했다. 나는 나 자신의 운명을 책임지고 싶었다. 이 것은 하나의 약점일지도 모르지만 나는 항상 그 다음에는 무엇을 할까 고민한다. 충분한 것은 없다.

나는 스타벅스를 발견하고 나서야 비로소 나의 마음과 상상력을 진정으로 사로잡는 일이 무엇인가를 깨달았다.

2

원칙 외에는 모든 것을 바꿀 수 있다

하루에도 100번씩 나는 나의 삶이,
살아 있는 혹은 죽은 사람의 노고에 의존하고 있다는 것을 되새긴다.
그리고 받은 것만큼 되돌려주기 위해 얼마나 많이
노력해야만 하는가를 스스로 일깨운다.
_알베르트 아인슈타인

내가 스타벅스를 창업하지 않았듯이, 스타벅스도 에스프레소나 다크로스트 커피dark-roasted coffee(맛과 향이 최고조에 달한 검게 볶은 커피)를 미국에 도입하지 않았다. 대신 우리는 그 전통을 존중하는 진정한 계승자가 되었다. 커피하우스는 유럽뿐 아니라 미국에서도 수세기 동안 정치가나 작가, 지식인들이 모여 정치적 변혁이나 사회 운동 등의 지적인 토론을 하는 장소로서 사회생활의 의미 있는 일부가 되어왔다.

스타벅스는 이러한 전통을 그대로 계승하고 있기 때문에 사람들과 공감대를 형성하고 있다. 또한 그 자신의 역사와 지나간 과거와의 유대를 통해 뿌리 깊은 정통성을 지키고 있다. 그것이 바로 스타벅스를 급성장시키고 1990년대의 일시적 유행 이상으로 만든 원동력이다.

당신을 사로잡는 것이라면, 다른 사람들도 역시 반할 것이다

1981년, 아직 해마플라스트에서 일하고 있을 때, 나는 이상한 현상을 발견했다. 시애틀에 있는 조그만 소매업체가 이례적으로 한 종류의 드립식 커피 추출기를 대량 주문하는 것이었다. 그것은 보온병 위에 플라스틱 여과필터를 얹어 놓은 간단한 커피 추출기였다.

나는 소매업체 '스타벅스 커피, 티, 앤 스파이스Starbucks Coffee, Tea, and Spice'를 조사해보기로 했다. 그 당시 스타벅스는 단지 네 개의 조그만 스토어를 갖고 있을 뿐이었지만 메이시 백화점의 주문량보다 더 많은 양의 수동 드립 커피 추출기를 구입하고 있었다. 미국의 다른 지역에서는 매일 커피를 전기 퍼콜레이터나 드립 커피 머신으로 만들고 있는데, 왜 시애틀에서는 이 구식 제품을 선호할까? 나는 그 이유가 몹시 궁금했다. 그래서 어느날 셰리에게 말했다. "이 회사를 한번 가 봐야겠어. 거기에서 지금 무슨 일이 일어나고 있는지 알고 싶거든." 그 당시 나는 전국적으로 여행을 다니고 있었지만 시애틀에는 한 번도 가본 적이 없었다.

청명한 어느 봄날 시애틀에 도착했다. 공기는 너무도 깨끗해서 허파에 충격을 줄 정도였다. 앵두와 야생 능금 나무들이 막 꽃을 피우기 시작했다. 시내 거리에서는 시애틀의 동서와 남쪽으로 뻗어 있는, 우뚝 솟은 눈 덮인 산들이 파란 하늘을 배경으로 선명하게 보였다. 나는 내가 묵고 있는 호텔에서 스타벅스의 판촉 매니저인 린다 그로스맨을 만났다. 그녀는 유서 깊은 파이크 플레이스 마켓 Pike Place Market 구역에 위치한 스타벅스의 본점으로 나를 안내했다. 우리는 생선 장사들이 소리 치며 주문하고 고객들의 머리 위로 생선을 던지면서 북적거리는 싱싱한 연어 가게들, 반짝반짝 빛나도록 닦아놓은 사과와 정갈하게 정돈해놓은 양배추 진열대, 그리고 놀랍도록 구수하고 신선한 빵 냄새가 흘러 나오는 베이커리를 통과하며 함께 걸어갔다. 나는 조그만 가게들이 늘어서 있고 솜씨 좋은 상인들이 있는, 무척 진지하게 보이는 그 옛날풍의 시장을 금방 좋아하게 되어 지금까지 잊지 못하고 있다.

본래의 스타벅스 스토어는 입구에 자선을 구하며 모차르트를 켜는 솔로 바이올리니스트가 있는, 수수하면서도 개성이 가득찬 곳이었다. 문을 열자마자 숨을 가득 들이마시게 하는 자극적인 커피향기가 나를 안으로 이끌었다. 커피를 정성껏 추출하는 스토어 안의 모습은 마치 종교의식처럼 보였다.

닳아서 반질반질한 나무로 만든 카운터 뒤에는 수마트라, 케냐, 에티오피아, 코스타리카 등 전 세계의 각종 커피를 담은 통들이 진열되어 있었다. 그 당시는 대부분의 사람들이 커피 하면 캔 커피를 연상했지 커피의 원두를 연상하던 때가 아니었는데, 오직 진정한 원두커피만을 파는 숍이 바로 여기 있었던 것이다.

한쪽 벽을 따라 해마플라스트의 빨강, 노랑, 그리고 검은색의 커피메이커를 포함한 커피 관련 상품들이 가득 진열되어 있었다. 카운터 뒤에 있는 카운터맨을 소개한 후, 린다는 왜 고객들이 콘 모양의 보온병 커피 추출기를 좋아하는지 설명하기 시작했다.

"커피를 마시는 즐거움은 종교의식과도 같은 것입니다. 스타 벅스는 손으로 직접 커피를 추출하는 것을 권합니다. 왜냐하면 전기 커피메이커로 추출하면 커피가 덜 추출되며 그 주변에 달라 붙어 타버리기 때문입니다."

카운터맨은 수마트라 커피 원두를 분쇄기 안에 넣고 갈아 그 것을 종이 필터에 담아 콘에 넣고는 뜨거운 물을 부었다. 그 작업 은 단지 몇 분이 걸렸을 뿐인데 그는 그 일을 예술가처럼 경건하 게 해냈다. 그가 갓 추출한 신선한 커피를 가득 채운 머그잔을 내 게 건넸을 때, 그 수증기와 향기가 나의 온 얼굴을 감싸는 것 같 았다. 크림이나 설탕을 얼마나 넣을 것이냐는 질문 따위는 없었 다. 나는 조금, 시험적으로 한 모금 마셨다. 후아…. 나는 고개를 뒤로 젖히고 두 눈을 감았다가 크게 떴다. 단 한 모금으로도 나는 그것이 내가 지금까지 마셨던 그 어느 커피보다 강하다는 것을 느꼈다.

나의 표정을 본 스타벅스 사람들은 웃으면서 말했다. "당신에 게는 너무 강합니까?" 나는 씩 웃으면서 고개를 저었다. 그러고

나서 한 모금 더 마셔보았다. 이번에는 커피가 혀로 미끄러져 내려가면서 보다 더 깊고 꽉찬 향기를 맛볼 수 있었다. 세 번째 모금을 마시면서 나는 그 커피 맛과 향에 열중하게 되었다. 마치 신대륙이라도 발견한 느낌이었다. 지금까지 마셨던 커피는 커피도 아니라는 것을 바로 깨달았다. 나는 더 많이 알고 싶었다. 나는 이 회사에 대해, 세계의 각 지역에서 온 커피들에 대해, 커피를 배전하는(roast) 여러 방법들에 대해 질문을 해대기 시작했다. 스토어에서 나올 때 그들은 수마트라 원두 한 봉지를 내게 선물로 포장해주었다.

그리고 나서 린다는 나를 태우고 스타벅스의 배전공장(커피 원두를 볶는 공장. 원두를 볶기 전 상태를 '그린 빈'이라고 하며 이때는 커피 맛이 나지 않는다)으로 데리고 가서 회사의 소유주들인 제럴드 볼드윈과 고든 보우커를 소개해주었다. 그들은 에어포트 웨이에 있는 육류 포장공장 옆, 하역을 위한 철문이 달려 있는 좁고 오래된 공장 건물에서 일을 하고 있었다.

안으로 들어가자 나는 커피를 배전하면서 나오는 놀라운 향기를 맡았는데, 그 향기는 높은 천장 끝까지 꽉 차 있는 것 같았다. 그 방의 한가운데에는 넓고 평평한 쟁반이 앞쪽에 달린 육중한 은백색의 기계가 놓여 있었다. 린다는 이것이 바로 배전기계라고 설명해주었는데, 나는 이렇게 작은 규모로 어떻게 네 개의 스토어에 커피를 공급해줄 수 있는지 궁금했다. 커다란 붉은 색 손수건을 두르고 있던 한 배전가(커피를 볶는 사람)가 우리를 즐겁게 바라보면서 손수건을 흔들어댔다. 그는 '트라이어'라고 불리는 쇠국자를 기계에서 꺼내더니 냄새를 맡으며 원두를 점검한 후 다시 집어 넣었다.

그는 검게 배전되는 것을 확인하기 위하여 커피 원두의 색깔을 점검하고 원두가 두 번 팝 소리를 내면서 튈 때까지 귀를 기울여야 한다고 설명했다.

그러다 갑자기 배전기 안에서 탁탁탁 하는 소리가 나자, 배전기의 문을 열고 한 통의 뜨겁고 반짝이는 원두를 꺼내 그것을 식히기 위해 넓고 둥그런 채반에 쏟아부었다. 그러자 이번에는 금속 막대가 원두를 식히면서 돌기 시작했고 아주 새롭고 깊은 향이 우리를 휩쓸고 지나갔는데, 이것이 바로 우리가 맛볼 수 있는 최상의 커피가 아닌가 싶었다. 그것은 나의 머리를 핑 돌게 만들 정도로 강렬한 자극을 주었다.

우리는 2층으로 걸어 올라가 몇 개의 책상을 지나, 높고 두꺼운 유리창이 달려 있는 사무실에 도착했다. 사장인 제리 볼드윈은 스웨터 안으로 타이를 매고 있었으나 전체적인 분위기는 평상복 차림이었다. 선해 보이는 인상에 검은 머리를 가진 제리는 미소를 지으며 손을 내밀었다. 나는 그가 풍부한 유머 감각을 지녔으며 조심스럽게 행동하는 명석한 사람이라는 것을 발견하고 금방 그가 좋아졌다.

분명히 커피는 그의 열정이었다. 그는 고객에게 제대로 배전하고 바른 방법으로 추출한 세계적 수준의 커피 맛을 선보이는 것을 사명으로 생각하고 있었다. 그는 "바로 여기 자바에서 막 도착한 새로운 커피 원두가 좀 있습니다. 우리는 방금 한 통을 배전했는데, 자 어떤가 한번 맛봅시다"라고 말하면서 '프렌치 프레스French press'라는 유리 추출기를 이용해서 손수 커피를 추출하였다. 그가 플런저(찌꺼기를 걸러 내는 망)를 추출기 바닥까지 부드럽게 누르고 내게 조심스럽게 첫 잔을 따랐을 때, 나는 강렬한 갈색 눈을 지니고 앞 이마에 검은 머리가 좀 흩어져 내려온, 구레나룻을 기른 호리호리한 사람이 문 앞에 서 있는 것을 보았다. 제리는 그를 스타벅스의 파트너인 고든 보우커라고 소개하면서 그에게 우리와 합석할 것을 권했다.

나는 어떻게 이 두 사람이 커피에 인생을 걸게 되었는지 신기했다. 그들은 당시 30대 후반으로 보였는데, 이미 10년 전에 스타벅스를 창업했던 것이다. 그들은 편안한 친구 관계로 1960년대 초 샌프란시스코 대학에서 룸메이트로 만났다. 그러나 그들은 서로 달라 보였다. 제리는 내성적이고 격식을 차리는 스타일이고 고든은 내가 전에 만나본 적이 없는 좀 엉뚱하고 예술가적인 기질이 있었다. 나는 그들과 대화하면서, 두 사람 모두 영리하고 지적이며 견문이 풍부한, 고급 커피에 대해 절대적인 열정을 갖고 있는 사람들이라는 것을 알게 되었다.

제리는 스타벅스를 운영하고 있었고, 고든은 주로 스타벅스와 광고 디자인 회사, 그리고 그가 창간한 주간 신문에 시간을 할애하며 미생물 맥주 양조장을 시작할 계획이었다. 나는 미생물 양조장이 무엇인지를 물었다. 고든은 우리들을 훨씬 앞지르는 비상한 통찰력과 빛나는 아이디어로 가득 차 있었다.

나는 그들에게 반해버렸다. 내 앞에는 얻어야 할 지식, 개척해야 할 것들과 더불어 전혀 새로운 문화가 펼쳐져 있었다. 그날 오후 나는 호텔로 돌아와 셰리에게 전화를 했다.

"나는 지금 하느님의 나라에 와 있어! 나는 이제야 어디에서 살고 싶은지 알 것 같아. 바로 워싱턴주 시애틀이야. 이번 여름에 당신을 이곳으로 초대하고 싶어"라고 말했다. 마침내 나는 성지에 도착했던 것이다.

어떻게 커피에 대한 열정이 사업이 될 수 있을까

제리는 그날 밤, 파이크 플레이스 마켓 근처의 경사진 오솔길에 위치한 작은 이탈리아 식당으로 나를 초대했다. 저녁 식사를 하면서 그는 스타벅스의 초창기 시절과 정통성을 계승하게 된 계기를 설명했다.

스타벅스의 창업자들은 전형적인 사업가와는 거리가 먼 사람들이었다. 문학이 전공인 제리는 영어교사였고 고든은 작가였다. 그리고 또 한 사람의 파트너인 제브 시글은 역사교사였다. 시애틀 심포니의 콘서트 마스터(수석 악사, 지휘자의 차석)의 아들이었던 제브는 1980년에 회사 지분을 팔아버렸다. 그들은 영화를 만들고, 글을 쓰고, 방송을 하고, 고전음악을 감상하고, 고급 와인과 요리를 커피와 함께 즐겼다.

그들 중 누구도 비즈니스 제국을 건설하겠다는 열망은 없었다. 그저 커피와 티를 사랑했고, 사랑하는 도시인 시애틀의 시민에게 최고의 커피를 선보이겠다는 단 하나의 이유 때문에 스타벅스를 만들었다.

고든은 시애틀 출신이고 제리는 졸업 후 모험심으로 시애틀에 왔다. 제리는 본래 베이 에어리어 Bay Area (샌프란시스코) 출신인데 그가 커피의 로맨스를 발견한 것은 1966년 '피츠 커피 앤티 Peet's Coffee and Tea'라는 커피 스토어에서였다. 그 후 그것은 그가 평생 사랑하는 직업이 되었다.

스타벅스의 정신적인 대부는 미국에 강배전(강하게 볶는 것) 커피를 도입한 네덜란드인 알프레드 피트다. 지금 그는 고집 세고 독립적이며 진솔한 성격을 가진 백발의 70대 노인이다. 그는 과대 광고나 허식에 대해서는 조금도 참지 않았으나, 세계적인 고급 커피나 티에 대해 배우고자 하는 진지한 모습을 보이는 사람은 누구에게나 몇 시간이고 시간을 내주는 사람이다.

암스테르담의 커피상 아들인 알프레드 피트는 인도네시아와 동아프리카 그리고 카리브해 지역에서 온 커피들의 이국적인 정취에 흠뻑 젖으며 자라났다. 그는 그의 아버지가 늘 코트 주머니에 커피 봉지들을 잔뜩 쑤셔 넣고 집으로 돌아오시던 모습과 어머니가 여러 종류의 원두를 사용해 한 번에 세 주전자의 커피를 만들어 커피 맛에 대한 의견을 말씀하곤 하시던 모습을 기억하고 있다. 10대의 어린 시절 알프레드는 암스테르담의 큰 커피 수입상에서 견습생으로 일했다. 그 후 그는 커피 무역상이 되었으며 자바와 수마트라 등지로 여행을 하면서 여러 다른 나라의 재배 지역에서 생산되는 원두의 미묘한 맛을 구별할 수 있는 정도까지 커피에 대한 감식력을 키웠다.

1955년 미국으로 이주해왔을 때, 그는 깜짝 놀랐다. 미국은 누가 뭐래도 서방 세계의 리더요 전 세계에서 가장 부강한 나라임에도 불구하고 이 나라의 커피는 형편없었던 것이다. 대부분의 미국인들이 마시는 커피는 '로부스타robusta'였는데, 그것은 강인한 종자로 쓴맛이 강하고 향기가 '아라비카arabica'종에 비해 떨어지기 때문에 주로 블렌드나 인스턴트 커피 제조에 사용됐으며 런던이나 암스테르담의 커피 무역상들에게 값싼 물건으로 취급됐던 종류였다. 향기가 뛰어난 고급 종인 아라비카 커피는 북미 쪽으로는 거의 공급되지 않았고, 주로 미각과 풍미가 좀 더 뛰어난 유럽 쪽으로 공급되었다.

알프레드 피트는 1950년대부터 샌프란시스코에서 아라비카 커피를 미국으로 수입하기 시작했다. 그러나 대부분의 미국인은 아라비카 커피에 대해 들어본 적도 없었기 때문에 그 수요가 많지 않았다. 그래서 1966년부터 버클리의 바인스트리트에 '피츠 커피 앤 티'라는 조그만 스토어를 차려 1979년까지 소규모로 운영했다. 그는 배전기계 제작 회사들은 훌륭한 아라비카 커피를 소량 배전하는 섬세한 방법을 모른다고 생각해 배전기계를 수입하기도 했다. 알프레드 피트가 독특하게 된 것은 그가 커피를 유럽식으로 강배전했기 때문인데, 수입한 원두에서 최고의 맛과 향을 끌어내기 위해서는 그 방법이 최상이라고 믿었다. 그는 항상 자루에 따로따로 담긴 원두를 조사한 뒤 각각의 독특한 특성에 맞게 배전하도록 충고했다.

처음에는 오직 유럽인과 섬세한 미국인만이 그의 조그만 스토어를 찾았으나, 그는 점차 미각이 있는 미국인 한 명 한 명에게 커피의 섬세하고 미묘한 맛의 특징들을 가르치기 시작했다. 그는 커피 원두를 팔면서 집에서 갈고 추출하는 방법과 함께 그 커피가 어느 나라, 어느 지방에서 재배되었으며 언제 수확한 것이라는 등의 정보를 고객에게 가르쳐주며 커피를 마치 와인처럼 다루었다. 그는 자신의 독특한 제조법을 만들어내기도 했는데 그것은 그가 진정한 감식가라는 것을 말해주는 것이다. 그는 마치 나파 밸리Napa Valley의 와인 메이커들이 자신의 방법이 최고라고 믿듯 강배전 커피를 최고라고 믿고 있었는데, 그것은 와인으로 말한다면 입을 한 입 가득 채우는 강렬하고 깊은 빅 버건디big burgundy와 같은 것이다.

제리와 고든은 피츠의 커피를 버클리에서부터 우편으로 주문해 마셨는데, 항상 좀 부족한 느낌이 들었다. 그래서 그들은 지리적으로 좀 더 가까운 캐나다의 밴쿠버에 있는 머치즈라는, 역시 고급 커피를 취급하는 또 다른 커피 스토어를 발견한 후에는 세

시간 동안 직접 차를 몰고 가서 커피 원두를 사오곤 했다.

1970년 8월의 어느 청명한 날 고든은 늘 그랬듯 머치즈 스토어에서 커피를 사서 집으로 돌아오는데, 갑자기 번쩍 하고 아이디어가 떠올랐다. 후에 그는 글자 그대로 번쩍이는 태양을 보고 눈이 먼 사울처럼 그도 역시 눈이 멀었다고 〈시애틀 위클리〉와의 인터뷰에서 말했다.

"바로 그때, '이렇게 커피를 사러 다닐 게 아니고 시애틀에 직접 커피 스토어를 열어라!'라는 생각이 전광석화처럼 스쳐 지나갔습니다."

제리는 고든의 아이디어를 받아들였고, 고든의 이웃집에 살며 티를 즐겨 마시던 제브 역시 좋아했다. 그리하여 그들 셋은 각각 1,350달러를 투자하고 나머지 5천 달러를 은행에서 빌렸다. 그 당시는 시애틀에서 소매점을 오픈하기에는 상황이 좋지 않았다. 스타벅스는 첫날부터 그러한 전통적인 상황 판단은 무시하고 오직 상품의 질과 가치만을 추구하며 첫 발을 내디딘 것이었다.

1971년 시애틀은 '보잉 버스트 Boeing Bust'라 불린 심각한 불황에 휩싸였다. 보잉사는 1969년 창업한 시애틀 최대의 기업으로서 주문량의 급격한 감소로 3년 만에 그 고용인 수를 10만 명에서 3만 8천 명 이하로 감축시켰다. 인근에 위치한 집들은 국회의사당처럼 텅 빈 채 버려져 있었다. 그렇게도 많은 사람들이 직업을 잃고 도시를 빠져나갔기 때문에 비행장 근처의 한 광고 게시판에는 다음과 같은 조크가 붙어 있을 정도였다. '시애틀을 빠져나가

는 마지막 사람입니까? 전등은 껐습니까?'

그 유명한 광고 메시지가 걸렸을 때는 1971년 4월이었는데, 바로 같은 달에 스타벅스는 그 첫 번째 스토어를 오픈했던 것이다. 그 당시는 또한 도시 재개발 계획으로, 스타벅스가 자리한 파이크 플레이스 마켓이 헐릴 위험에 처해 있었다. 일련의 개발업자들이 넓은 주차장 부지가 딸린 호텔과 컨벤션 홀이 있는 커머셜 센터를 지으려고 했던 것이다. 다행히도 시애틀 시민들은 시민투표에서 파이크 플레이스 마켓을 그대로 보존하기로 결정했다.

당시만 해도 시애틀은 미국의 이국적이고 좀 외진 도시의 이미지를 막 발산하고 있던 때이다. 오직 동부, 혹은 중서부 지방이나 캘리포니아에 사는 가족과 수천 마일 떨어져 여행하는 모험가들만이, 때때로 알래스카의 어장이나 광산으로 가는 길에 들르는 곳이었다. 시애틀은 동부 연안의 도시 같은 허식과 화려함은 없었다. 많은 세대가 재목 벌채와 판재 산업에 종사하고 있었다. 금세기에 이곳으로 온 노르웨이와 스웨덴 이민자들의 영향을 받은 시애틀 사람들은 예의 바르고 가식이 없었다.

1970년대 초 일부 미국 사람들, 특히 서부 연안 지역 사람들은 싱싱하지 않고 맛이 없는 가공식품에 염증을 내기 시작했다. 그 대신 그들은 신선한 야채와 생선으로 요리를 하고 갓 구운 빵을 사며 커피 원두를 손수 갈고 추출해서 마셨다. 그들은 가공된 것 대신에 자연적인 것, 그리고 보통의 것 대신에 고급 품질의 것을 선호했는데, 그 모든 것은 스타벅스의 창업자들과 통하는 정서였다.

시장 조사를 했더라면 아마 그 당시는 커피 사업을 하기에 매우 나쁜 시기라고 나타났을 것이다. 1961년 하루 평균 3.1잔으로 최대량을 기록한 이래 미국의 커피 소비는 1980년대 후반까지 지속적으로 감소했다. 그러나 스타벅스의 창업자들은 시장 동향을 염두에 두지 않았다. 그들은 자신의 욕구, 특히 고급 커피에 대한 욕구를 채우고 있었을 뿐이었다.

1960년대에 미국 커피 회사들은 가격 경쟁을 하기 시작했다. 그들은 비용을 절감하기 위해 품질과 향을 무시하고 값싼 원두를 섞어서 캔에 담아 팔았으며 커피가 찌들 정도까지 슈퍼마켓 선반 위에 남아 있는 경우가 많았다. 캔 커피의 질은 점점 나빠지고 있었음에도 불구하고 그들은 그 커피가 굉장한 맛이라고 떠들며 광고했다.

커피 회사들은 미국의 대중을 바보로 만들고 있었으나 결코 제리와 고든과 제브를 속일 수는 없었다. 그들 셋은 그들의 고급 커피가 단지 소수의 커피 애호가에게만 팔릴 수 있다는 위험을 무릅쓰고 커피 스토어의 개점을 강행했다. 그 후 1980년대에 비로소 미국에 있는 소수 도시들에 그러한 스토어가 오픈되었다.

고든은 새로 오픈하는 스토어의 이름을 짓기 위해 그의 창의적인 파트너인 테리 헤클러와 상의했다. 고든은 멜빌의 《모비딕》이라는 작품에 나오는 배의 이름인 '피쿼드Pequod'를 따서 이름 짓자고 주장했다. 그러나 테리는 "너 어떻게 된 거 아니야? 아무도

피-쿼드(피는 오줌, 쿼드는 교도소를 연상케 함)를 마시러 올 사람은 없을 거야"라고 반대했다.

그들은 시애틀이 위치하고 있는 북서 지역과 연관된 독창적인 이름을 짓기로 했다. 테리는 금세기 초 붐이 일었던 레이니어 광산의 갱 이름들을 조사해보더니 '스타보Starbo'라는 이름이 어떨까 하고 제시해왔다. 활발히 의논한 후에 그 이름은 스타벅스로 바뀌었는데, 문학을 사랑하는 제리가 다시 모비딕과 연결시켰던 것이다. 왜냐하면 우연하게도 피쿼드호의 일등 항해사의 이름이 바로 스타벅이었기 때문이다. 그 이름은 초기 커피 무역상들의 항해 전통과 거친 바다의 로맨스를 연상시켰다.

테리는 또한 오래된 해양 서적들을 한참 뒤적이더니 마침내 16세기 노르웨이의 목판화에 근거한 회사의 로고를 생각해냈다. 그것은 가운데에 꼬리가 두 개 달린 인어인 사이렌Siren 주위를 창업 당시의 스토어 이름인 '스타벅스 커피, 티, 앤 스파이스'라고 새긴 문자가 둥글게 둘러싼 형태의 로고였다. 그 초창기 사이렌은 루벤스 풍의 상반신이 누드인 모습이었는데, 커피 그 자체처럼 유혹적이었다.

스타벅스는 1971년 4월 아무런 팡파르도 울리지 않은 채 문을 열었다. 스타벅스 스토어는 마치 수십 년 동안 거기에 있었던 것처럼 고전적인 항구 분위기를 띠도록 디자인했다. 내부 인테리어를 위한 부착물들은 모두 손으로 만들었으며, 긴 쪽의 벽은 나무로 선반을 대고 다른 쪽 벽은 30종류의 커피 원두를 전시해놓았다. 스타벅스는 커피를 한 잔 한 잔 팔지 않고 때때로 맛을 보도록 샘플을 제공했는데, 항상 도자기 컵으로 커피를 따라주었다. 그렇게 함으로써 커피가 더 맛이 있었기 때문이다. 그래서 고객들은 때때로 커피를 마시면서, 커피에 대하여 이야기를 들으며 좀 더 오랫동안 머물다 가곤 했다.

처음에는 제브만이 봉급을 받는 고용인이었다. 그는 앞치마를 두르고 고객에게 커피 원두를 스쿠프(국자 모양의 기구)로 퍼주는 역할을 했다. 다른 두 명은 본래의 직업을 계속 갖고 있으면서 점심시간이나 퇴근 후 제브를 돕기 위해 왔다. 제브는 소매 전문가가 되었고, 대학 시절 회계학을 수강했던 제리는 경리 장부를 담당하면서 커피에 대한 지식을 키워갔다. 고든은 그 자신의 표현으로는, 마술적이고, 신비하고, 로맨스를 즐기는 사람이었다. 그는 스타벅스에 오면 어쩐지 먼 세계로 잠깐 동안 탈출하는 느낌을 갖게 된다고 말했다.

오픈 첫날부터 판매량은 예상을 훨씬 앞질렀다. 그 다음 토요일은 〈시애틀 타임스〉의 인기 있는 칼럼에 스타벅스에 관한 기사가 나감으로써 굉장한 수의 고객이 몰려왔다. 스타벅스의 평판은 대부분 입에서 입으로 전해지면서 그 명성을 날리기 시작했다.

초창기 몇 달 동안 창업자들은 각각 알프레드 피트에게서 직접 커피 배전을 배우기 위해 버클리로 갔다. 그들은 피트의 스토어에서 일하면서 그가 고객들과 대화하며 상호 교류하는 모습을 보았다. 그는 커피와 티에 대한 지식의 중요성에 대해 누누히 강조했다.

처음에 스타벅스는 피츠에서 커피를 주문해왔다. 그러나 1년이 채 못 되어 창업자들은 네덜란드에서 중고 배전기계를 수입하여 독일어 매뉴얼에 따라 그것을 직접 조립해서 피셔맨즈 터미널Fisherman's Terminal 근처의 삐걱거리는 낡은 건물에 설치해놓았다. 1972년 말 그들은 워싱턴 대학 근처에 두 번째 스토어를 열었다. 그들은 고급 커피에 대해서 배운 바를 고객들과 함께 나눔으로써 점차 단골 손님을 확보하게 되었다. 이렇게 하여 시애틀은 샌프란시스코를 제치고 고급 커피의 메카로 자리잡기 시작했다.

스타벅스의 창업자들에게는 고급 커피의 질이 가장 큰 관심사였다. 제리는 제품 품질에 대해 타협하지 않음으로써 이 신생회사가 오직 최상의 커피 품질만 고집하도록 했다. 그와 고든은 커피 시장을 잘 이해하고 있었다. 불경기에도 불구하고 스타벅스는 매년 흑자를 기록하고 있었다는 점이 이를 증명한다.

그들은 커피 그 자체를 사랑하는 커피 순수주의자였으며, 커피에 대한 미각적 흥미를 갖고 있는 소수의 고객 이외의 사람들에게까지 호소력을 가지리라고는 결코 기대하지 않았다.

"우리는 커피의 품질을 최상으로 높이는 것 외에는 다른 어떤 것도 관심이 없어요"라고 제리 볼드윈은 그날 저녁 그 레스토랑에서 내게 말했다. 바로 그 무렵 우리는 막 메인 코스를 끝내고 디저트를 먹기 시작했다. 웨이터가 우리에게 진한 향기가 흘러 나오는 커피를 따라주었는데, 제리는 "이게 바로 스타벅스입니다"

라고 자랑스럽게 알려주었다.

나는 자기 제품에 대하여 그렇게 열정적으로 이야기하는 사람은 만난 적이 없었다. 그는 어떻게 판매를 극대화시킬 것인가는 생각하고 있지도 않았다. 오직 사람들에게 즐길 만하다고 믿고 있는 것을 공급해준다는 자부심밖에 없었다.

그의 비즈니스에 대한 접근 방식은 우리가 마시고 있었던 스타벅스 커피만큼이나 신선하고 새롭게 비쳤다.

"배전하는 방법에 대해 말씀해주세요. 강배전하는 것이 왜 그렇게 중요하지요?"라고 나는 진지하게 물었다. "그 배전하는 방법이 바로 스타벅스를 차별화시키는 것입니다"라고 제리는 말했다. 알프레드 피트는 강배전을 해야만 커피의 가장 풍부한 맛과 향을 극대화할 수 있다고 힘주어 강조했었다.

"훌륭한 커피는 아라비카 종인데, 그중에서도 특히 고산 지대에서 재배된 것이 최상입니다. 슈퍼마켓 블렌드로 판매되는 값싼 로부스타 커피종은 강배전할 수 없습니다. 강배전을 견디지 못하고 그냥 타버리기 때문이죠. 그러나 훌륭한 아라비카 종은 그 열을 견디기 때문에 강배전하면 할수록 더욱 그 맛과 향기가 뛰어나게 됩니다."

포장식품 회사들은 약배전(살짝 볶는 것)을 더 선호한다. 왜냐하면 오래 배전하면 무게가 그만큼 줄어들어 손해를 보기 때문이다. 노련한 배전가들은 10분의 1 혹은 0.5퍼센트라도 무게가 줄어들까 봐 이를 방지하려고 필사적으로 애를 쓴다. 약배전하면

할수록 돈을 더 많이 벌게 되니까. 그러나 스타벅스는 돈보다는 커피의 맛과 향기에 더 많은 관심을 쏟았다.

스타벅스는 처음부터 강배전을 고수했고, 제리와 고든은 알프레드 피트의 배전 방식을 변형하여 그와 매우 흡사한 방법을 찾아냈다. 그들은 그것을 '풀 시티 배전Full City Roast'이라고 불렀다(현재는 스타벅스 배전이라고 부르며 맛과 향이 절정에 이르도록 배전된 커피를 풀 시티라고 부른다).

제리는 기네스 맥주를 들고 풀 시티 배전 커피와 일반 슈퍼마켓에서 구할 수 있는 커피를 비교하면서, 그것은 마치 기네스를 버드와이저와 비교하는 것과 같다고 설명했다. 대부분의 미국인은 버드와이저 같은 라이트 비어를 좋아한다. 그러나 일단 마셔보면 기네스 같은 검고 향기가 풍부한 맥주를 더 좋아하게 된다.

제리는 내게 마케팅 플랜이나 세일즈 전략 따위는 말하지 않았지만, 그에게는 내가 접해본 적이 없는 사업 철학이 있다는 것을 깨닫기 시작했다.

첫째, 모든 회사는 특별히 상징하는 것이 있어야 한다. 스타벅스는 훌륭한 고급 커피뿐 아니라 특별히 창업자들이 열정적으로 좋아하는 강배전 커피의 깊고 강렬한 맛과 향기를 상징하고 있었다. 그것이 바로 스타벅스를 차별화한 중요 요인이며, 믿을 만한 정통성을 부여했던 것이다.

둘째, 단지 고객들이 요구하는 것만 제공하지 않는다. 만일 고객들에게 그 이상의, 그들이 익숙하지 않은, 시간은 좀 걸리지만 미각을 좀 더 발전시키는 무엇을 제공한다면 그들은 뭔가 새로운 것을 발견했다는 흥분과 함께 계속적인 유대 관계를 갖게 될 것이다. 우수한 제품을 갖고 있다면 비굴하게 아부하지 않아도 고객들을 가르치며 그들이 그것을 좋아하도록 만들 수 있다.

스타벅스의 창업자들은 세일즈에 대한 기본적인 진리를 알고 있었다. 즉, 고객들에게 중요한 의미를 주기 위해서는 제품에 대한 세련된 지식을 갖고 그것에 대한 정보를 제공해줄 수 있어야 한다. 그렇게 할 때 단지 틈새 시장으로만 보았던 것이 기대 이상으로 많은 사람들을 끌어들이는 큰 시장으로 발전할 수도 있다.

나는 스타벅스를 발견한 첫날 이 모든 것을 이해할 정도로 영리하지 못했다. 이러한 교훈들이 나의 피 속에 용해되어 진정 나의 것이 되기까지는 몇 년이라는 세월이 흘렀다.

스타벅스는 획기적인 발전을 이룬 이후에도 변함없이 제품의 질을 회사 윤리 강령의 가장 우선 순위에 놓고 있다. 그러나 종종 의사결정이 힘들 때나 기업의 관료주의적인 발상이 들 때, 나는 파이크 플레이스 마켓에 있는 스타벅스의 첫 번째 스토어를 방문한다. 이제는 낡은 목재 카운터를 쓰다듬으며 강배전 커피 원두를 한 움큼 쥐었다가 손가락 사이로 흘려본다. 손에 묻은 반짝반짝 빛나는 향기로운 커피 기름을 바라보면서, 나의 주위에 있는 사람들 모두는 그전에 왔던 고객들에게 책임을 느껴야 한다고 다짐한다.

우리는 스타벅스가 항상 최고 품질의 신선한 원두커피를 팔아야만 한다는 원칙 이외에는 사업상의 거의 모든 것을 고치고 혁신할 수 있다. 그것이 바로 스타벅스의 유산이다.

다음 날 다섯 시간 동안 비행기를 타고 뉴욕으로 돌아오면서 나는 스타벅스에 대한 생각을 멈출 수가 없었다. 그것은 반짝이는 보석처럼 보였다. 나는 물 같은 기내 커피를 한 모금 먹어보고는 얼른 치워버렸다. 나는 가방에서 수마트라 커피 원두를 꺼내 뚜껑을 열고 그 그윽하고 자극적인 냄새를 가득히 들이마셨다. 나는 의자 뒤로 몸을 기대고 갈등하기 시작했다.

나는 운명을 믿는다. 이디시어(미국이나 유럽에 사는 유대인들의 말)로는 '바스헤르트 bashert'라고 하는데, 그 순간 3만 5천 피트 상공을 날고 있던 나는 스타벅스에 강하게 이끌리는 것을 느꼈다. 거기에는 마술에 걸린 듯한 어떤 것, 내가 사업에서 결코 경험해보지 못한 열정과 진실성이 있었다.

정말 내가 그러한 마력의 일부가 될 수 있을까? 스타벅스를 발전시키면서 고든, 제리와 함께 사업을 구축하고, 봉급을 받는 것이 아니라 나 자신의 지분을 갖고 지금보다 훨씬 더 훌륭하게 만들 수 있을까? 상공을 날면서 내려다보는 지면만큼이나 넓게 기회가 열린 것 같았다.

케네디 공항에 착륙했을 때 나는 마음속 깊이 '아! 바로 그거다!' 하고 느꼈다. 나는 택시에 몸을 싣고 집에 있는 셰리에게 달려갔다. 이렇게 해서 나는 스타벅스와 인연을 맺게 되었다. 그 이후, 모든 것은 예전과 같지 않았다.

3

에스프레소의 로맨스를 발견하다

어떤 사람들은 현재의 것들을 있는 그대로 보고 "왜?"라고 말하지만
나는 과거에 없었던 것들을 꿈꾸며 말한다. "왜 안 돼?"라고.

_조지 버나드 쇼(로버트 케네디가 종종 인용했던 문구)

**"난 결코 기회를 가진 적이 없어"라고 말할지 모르지만,
아마도 그 기회를 잡지 않았을 뿐일 것이다**

나는 스타벅스에 대한 생각을 멈출 수가 없었다. 그 회사는 내가
뉴욕에서 근무하고 있는 다국적 회사보다 훨씬 작은 규모였지만,
머릿속에서 맴도는 매력적인 재즈의 곡조를 지울 수 없는 것처럼
나의 흥미를 더욱더 자아냈다. 내가 스타벅스의 발전에 기여할
수 있는 여러 가지 방법이 계속 떠올랐다.

후에 제리 볼드윈과 그의 아내 제인이 뉴욕에 왔을 때 셰리와
나는 그들을 극장식 디너 파티에 초대했다. 우리는 곧 매우 친해
졌다. 나는 들뜬 기분으로 그에게 물었다. "내가 스타벅스에 합류

해서 할 수 있는 일이 있다고 생각하십니까?" 그는 경험 많고 훈련된 전문인력을 고용할 필요성에 대하여 적극적으로 생각하던 참이었다. 우리는 내가 세일즈, 마케팅, 그리고 판촉 부문에서 기여할 수 있는 방법에 대해 논의했다.

제리 볼드윈에게 나를 고용하라고 설득하는 데는 1년이 걸렸다. 스타벅스에 대한 나의 아이디어는 제리를 감동시켰지만, 회사 내의 다른 사람들은 뉴욕 출신인 나를 영입한다는 데 달가워하지 않는 것 같았다. 회사가 추구하는 가치를 이해하고 함께 성장하지 않은 경영자를 외부에서 끌어들이는 것은 항상 위험이 따르는 일이다.

어떨 때는 내가 스타벅스에서 일하고 싶다는 생각을 품고 있다는 것이 스스로 믿기지 않을 때가 있었다. 스타벅스에서 일을 한다는 것은 7만 5천 달러의 연봉과 다국적 기업의 부사장이라는 권위, 그리고 회사에서 제공하는 승용차 등을 포기하는 것을 의미했다. 그런데 나는 무엇을 위해서 떠나야만 하는가? 3천 마일이나 떨어져 있는 데다 단지 다섯 개의 스토어를 갖고 있는 조그만 소매업체에 합류한다는 것은 아무래도 친구들이나 가족들이 납득할 수 없는 생각이었다. 특히 어머니가 걱정을 많이 하셨다.

"너는 지금 잘하고 있잖니. 너에게는 밝은 미래가 있어. 아무도 들어보지 못한 조그만 회사에 가려고 지금의 좋은 직장을 버려서는 안 된다, 얘야!" 어머니는 꾸중하시듯 말씀하셨다.

그 다음 해에 나는 시애틀에 갈 일이 여러 번 있었다. 거기에 갈 때마다 나는 제리와 함께 보낼 시간을 미리 정해두었다. 우리는 스타벅스가 취급해야 할 상품들, 브랜드 이름을 붙여야 할, 혹은 붙이지 말아야 할 것들, 그리고 단골 고객을 확보할 수 있는 방법들에 대한 의견을 나누면서 서로 편안한 관계가 되었다. 제리를 방문할 때마다 나는 긴 아이디어 목록을 준비해갔는데, 제리는 그것들을 비평도 하면서 자신이 가지고 있는 스타벅스에 대한 비전을 내가 이해하도록 도와주었다.

제리는 스타벅스가 언젠가 시애틀 밖으로 성장해나갈 수 있다는 나의 생각에 공감하며 시애틀 근처의 대도시인 포틀랜드(오레건주)에 스토어를 열 생각을 하고 있었다. 그는 스타벅스가 더욱 성장할 수 있다는 것은 알고 있었지만, 그 성장이 좋은 결과를 가져올지에 대해서는 확신하지 못했다. 나는 그것은 오히려 절호의 기회라고 말해주었다.

우리의 성장 계획은 생각할수록 확실한 것이었다. 스타벅스는 엄청난 성장 잠재력을 갖고 있었다. 뉴욕에 있는 나의 친구들은 스타벅스 커피를 한번 맛 보고는 모두 탄성을 질렀다. 미국 타지역에 있는 사람들이라고 해서 왜 다른 반응을 보이겠는가? 스타벅스의 잠재적인 시장은 분명 고급커피 애호가들이 수천 명에 불과한 북서 지역보다는 훨씬 컸다. 제리는 고급커피를 다른 지역에도 선보이겠다는 열정적인 사명감을 갖고 있었다. 그 당시 나는 뉴욕이나 어떤 다른 도시에서도 그러한 고급 원두를 파는 소매점을 본 적이 없었다.

나는 그때까지 기업가가 될 만큼 대담하지는 않았지만, 스타벅스라는 회사를 성장시키는 데 한몫할 수 있다는 점은 나를 매료시켰다. 나는 유망한 사업의 지분을 조금이라도 가질 수 있다면 봉급의 감소도 기꺼이 받아들일 준비가 되어 있었다. 나는 지금까지 어떤 사업체의 주식도 소유한 적이 없었다. 그러나 나는 만일 제리가 내게 스타벅스의 지분을 조금이라도 나누어준다면 나의 모든 열정과 에너지를 스타벅스에 다 쏟아부을 생각을 품고 있었다.

나는 셰리에게 이 모든 것을 상세히 이야기했다. 그녀는 내가 시애틀과 스타벅스에 대해 얼마나 흥분하고 있는지를 이해했다. 고맙게도 그녀는 나의 계획에 찬성했고, 우리는 이제 결혼해서 정착할 마음의 준비를 하고 있던 참이었다. 그녀는 어쩌면 디자이너로서의 경력에 후퇴를 의미하는 것일 지도 모르지만, 그녀 역시 뉴욕을 떠날 준비를 했다. 그녀는 오하이오의 한 기업가의 딸로서, 여러 위험요소를 무릅쓰고 자기의 꿈을 실현시키기 위한 노력, 그 가치를 본능적으로 이해하고 있었다.

스타벅스에서 내가 맡을 분야에 대해 제리와 수개월에 걸쳐 이야기한 결과 나는 마케팅을 주도하고 소매점을 감독하기로 했다. 내가 그에게 지분을 조금 갖고 싶다고 얘기했을 때 그는 나의 제안을 수락하는 것 같았다.

1982년 봄, 제리와 고든은 나를 샌프란시스코로 초대하여 저녁 식사를 하면서 주주이자 이사회 멤버이며 그들의 파트너인 스티브 도노반을 소개해주었다. 나는 스타벅스에 합류하고자 하는 나의 노력이 거의 결실을 맺게 되었다고 확신했다. 나로서는 오늘 이 저녁 식사가 거의 1년에 걸친 제리와의 협상을 마무리 짓는 자리였다. 그래서 가장 좋은 옷을 골라 입고 호텔에서 나와 도나 텔리오즈라는 고급 이탈리아 레스토랑으로 걸어가면서 잘될 거라고 다시 한번 스스로를 안심시켰다.

저녁 식사는 아주 화기애애했다. 스티브는 사업경영에서 명상에 이르기까지 폭넓은 관심사를 갖고 있는 지적인 사람이었는데, 나는 그에게 아주 호감이 갔다. 제리와 고든처럼 그 역시 견문이 넓고 책을 많이 읽었으며 흥미로운 통찰력을 갖고 있었다.

4년 동안의 대학 생활을 통해 나는 내 안에 있는 뉴욕 사람의 기질을 부드럽게 가라앉히는 방법을 터득하고 있었기 때문에, 애피타이저와 수프를 먹으면서 샌프란시스코, 스웨덴, 그리고 이탈리아 등에 관해서 편안하게 이야기를 나누며 나는 그들에게 좋은 인상을 심어주었다는 것을 확신할 수 있었다. 제리를 이따금씩 쳐다보았는데, 나는 그의 눈에서 OK 사인을 읽을 수 있었다.

우리는 바롤로 한 병을 주문해 마시면서 곧 오랜 친구처럼 대화를 나누었다. 메인코스가 나왔을 때 나는 화제를 스타벅스로 바꾸었다. "당신들은 진짜 보석을 얻었습니다. 뉴욕에 있는 친구들에게 스타벅스 커피의 맛을 보여주었더니 그들은 그 깊고 풍부한 맛과 향기에 금방 반해버렸습니다. 그들처럼 뉴욕 사람들, 그리고 시카고, 보스턴, 워싱턴 등 모든 지역에 있는 사람들이 같은 반응을 보일 것이라고 확신합니다. 스타벅스는 지금보다 훨씬 크게 성장할 것입니다. 시애틀이 있는 북서 지역을 넘어 서부 연안에 있는 도시 전체로, 수십 개 아니 수백 개의 스토어를 가진 전국적인 회사가 될 것으로 저는 믿습니다. 그리하여 스타벅스라는 이름은 세계적 품질을 보증하는 브랜드 이미지를 갖는 고급커피의 대명사가 될 것입니다. 생각해보십시오. 만일 스타벅스가 미국과 캐나다 전역으로 진출한다면 당신들은 아주 많은 사람들과 지식과 열정을 함께 나누며 그들의 삶을 더 풍부하게 해줄 것입니다." 나는 열변을 토했다.

식사가 끝날 무렵, 그들은 나의 젊은 열정과 에너지에 매혹되어 있었다. 그들은 서로 웃고 있었고 나의 스타벅스에 대한 비전에 영감을 받은 것 같았다. 나는 그들과 악수하고 헤어진 뒤 스스로에게 축하하며 호텔로 향했다. 좀 늦은 밤이었지만 나는 셰리에게 전화를 걸었다. "셰리, 너무나 환상적이었어. 모든 것은 지금 내가 생각했던 것처럼 정상 궤도를 달리고 있어!"

나는 그날 밤 잠을 이루기 어려웠다. 내 인생의 모든 면들이 바뀌는 순간이었다. 나는 '이 사실을 어떻게 주위 사람들에게 알릴까, 사랑하는 셰리와 어디에서 결혼식을 올릴까, 시애틀로 어떻게 이사할까, 아마 우리는 정원이 있는 집을 살 수 있을 것이다.' 등의 생각을 하며 마술처럼 울려 퍼지는 스타벅스의 이름에 취해 있었다.

24시간이 지난 후 나는 뉴욕에 있는 사무실 책상으로 돌아와 있었다. 제리에게서 전화가 왔다고 비서가 알려주었다. 나는 반가워서 얼른 전화를 받았다. "정말 미안합니다, 하워드. 나쁜 소식이에요." 나는 그의 침울한 목소리를 믿을 수 없었다. 그들 셋은 의논 끝에 나를 고용하지 않기로 결정했다는 것이다. "어째서요?" 나는 다그쳐 물었다.

"너무 많은 변화를 가져올 것 같고, 위험도 너무 큰 것 같아서…." 그는 머뭇거리며 말했다. 그 말을 전달하는 것이 고통스러운 것 같았다. "하워드, 당신의 계획은 멋지게 들렸지만 우리가 스타벅스에 대해 갖고 있는 비전은 아니거든."

결국, 나는 그들에게 매력을 준 것이 아니라 오히려 놀라게 해 쫓아버린 꼴이 되었다. 그들은 내가 회사 분위기에 맞지도 않을 뿐더러 오히려 회사를 분열시키지나 않을까 하고 두려워했던 것이다. 나는 마치 신랑을 맞으러 예식장 복도의 중간쯤에 서 있다가 갑자기 신랑이 뒷문으로 사라지는 것을 보고 있는 신부 같은 느낌이 들었다.

나는 포탄의 충격으로 기억상실증에 걸린 사람처럼 아무 생각도 할 수가 없었다. 나의 미래가 눈앞에서 반짝이면서 펼쳐져 있다가 갑자기 펑 하고 불타 없어지는 것을 보았다. 그날 밤, 나는 집으로 가서 셰리에게 나의 절망을 쏟아놓았다. 그러나 아직도 스타벅스에 대해 많은 미련을 갖고 있었기 때문에 "안 돼요"라는 대답을 받아들일 수 없었다. 그것은 내 인생의 전환점이고 반드시 이루어져야 하는 일이었기 때문에, 나는 스타벅스에 합류해야만 했다.

다음 날 나는 제리에게 다시 전화를 했다. "제리, 당신들은 지금 너무 큰 잘못을 하고 있는 겁니다. 자 이제부터 문제점을 하나하나 짚어봅시다. 도대체 정확한 이유가 뭡니까?"

우리는 아주 조용하고 차분하게 서로 이야기했다. 그 이유란, 파트너들이 내가 회사를 주도적으로 변화시키는 것을 원치 않으며, 나를 고용함으로써 스타벅스의 기존 문화와 가치가 흔들리지 않을까 하고 두려워한다는 것이었다.

나는 스타벅스와 커피에 대해, 그리고 이 기회에 대해서 갖고 있는 모든 열정을 끌어냈다. 해마플라스트에서 적극적인 판매망을 구축하고 운영하면서 터득한 비즈니스 감각에 대해, 그리고 내가 얼마나 많은 것을 스타벅스에 기여할 수 있는가를 확신에 찬 목소리로 설명했다. 나는 보다 더 큰 세계에서 일하는 것에 익숙했기 때문에 그 어떠한 성장 전략도 수행할 자신이 있었다. 나는 "제리, 이것은 지금 나에 관한 것이 아니고 바로 당신에 관한 이야기입니다. 스타벅스의 운명에 관한 거예요"라고 항변했다. 우리는 스타벅스가 앞으로 어떻게 될 수 있는가에 대해 많은 이야기를 나누었다.

"그것은 당신의 회사이고 당신의 비전입니다. 당신은 그것을 성취할 수 있는 유일한 분이에요. 그들이 당신의 가슴속에 담긴 꿈을 빼앗아가도록 허용하지 마십시오."

제리는 나의 이야기를 끝까지 듣더니 침묵에 빠졌다. "오늘 밤 한번 생각해보고 내일 전화를 드리겠습니다"라고 말하면서 전화를 끊었다. 아마도 그는 잠을 잤으리라. 그러나 나는 한숨도 잠을 이루지 못했다. 다음날 아침, 나는 전화벨이 울리자마자 전화기를 집어 들었다.

"당신이 옳았습니다. 24시간을 낭비한 데 사과드립니다. 우리는 전진할 것입니다. 하워드, 이제 스타벅스에서 나와 함께 일을 합시다. 그럼 언제 올 수 있나요?"

모든 것이 흑백에서 컬러로 변하는, 오즈의 마법사에 나오는 바로 그 장면처럼 새로운 세계가 막 나의 눈앞에 펼쳐지고 있었다. 상상하기도 힘든 일이 현실에서 일어나고 있었다. 나는 봉급은 많이 깎였지만, 대신 제리는 나에게 지분을 약간 주었다. 나는 이제 스타벅스 미래의 조그만 한 조각을 소유하게 된 것이다.

그 이후 15년 동안 나는 종종 '내가 그 때 아무런 항변도 없이 그들의 결정을 그냥 받아들이기만 했다면 오늘날 어떻게 변해 있을까?' 하고 상상해본다. 대부분의 사람들은 직업을 구하고자 할 때 거절당하면 그냥 떠나버린다. 나의 인생에서는 이와 비슷한 시나리오들이 다른 환경 속에서 다른 문제들과 더불어 이따금씩 발생했다. 나는 너무나도 여러 번 "그건 불가능합니다"라는 말을 들었다. 그럴 때마다 나는 "다시 한번", 그리고 "또 다시 한번"을 외치면서, 모든 인내와 설득을 마지막 순간까지 동원해서 일을 성사시켰다.

인생이란 '놓칠 뻔한' 순간들의 연속이다. 그러나 단순히 행운으로 돌릴 수 있는 경우는 결코 많지 않다. 오히려 그것은 미래에 대한 책임을 받아들이고, 그 기회를 붙잡는 것이다. 그것은 다른 사람들이 보지 못하는 것을 먼저 깨닫고, 누가 뭐라고 하든 그 비전을 추구하는 것이다.

매일매일의 생활에서 당신은 친구들, 가족 그리고 주위의 동료로부터 힘들게 노력하지 말고 인생의 쉬운 길로 가도록, 또 일반적인 상식를 좇아 살라는 압력을 받는다. 그렇기 때문에 현재 상황을 거부하고 그들의 기대와 다르게 행동한다는 것은 쉬운 일이 아니다. 그러나 진실로 자신과 자신의 꿈을 믿는다면, 스스로 해낼 수 있고 비전을 실현시킬 수 있는 모든 일을 해야만 한다. 그 어떤 위대한 업적도 행운으로 우연히 이루어지는 것은 없다.

먹구름이 몰려오다

나는 마침내 승낙을 받았기 때문에 시애틀로 이사를 가야만 했다. 나의 주된 관심사는 물론 셰리였다. "시애틀로 같이 이사 갑시다. 당신과 나, 그리고 앞으로 태어날 우리 아기를 위해 멋진 집을 꾸밉시다. 그러나 당신이 대답을 하기 전에 시애틀을 한번 더 먼저 방문해보고 결정하는 것이 좋겠어."

우리는 주말을 이용해 시애틀로 날아갔다. 봄이 절정에 달해 있었다. 도시 전체를 아질리아와 만발한 꽃들이 화려하게 수놓고 있었다. 셰리는 시애틀과 스타벅스를 좋아했다. 그리고 볼드윈 부부를 다시 만났는데, 그들은 우리에게 많은 시간을 할애하며 따뜻하고 친절한 조언을 아끼지 않았다. 그들은 요리와 와인에 대한 좋은 책들을 알고 있었으며 세계 여행을 하면서 얻은 재미있는 이야기, 그리고 우리가 이제 막 개척하려고 하는 분야에 이르기까지 광범위한 지식을 나누어주었다. 세리는 나처럼 이것은 정말 할 만한 일이라는 확신을 갖고 다시 뉴욕으로 돌아왔다.

인테리어 디자인의 세계적인 중심지인 뉴욕을 떠나는 것은 세리에게는 자신의 직업 경력을 희생하는 좀 아쉬운 일이기도 했지만, 다른 한편으로는 번잡한 뉴욕을 떠나 조용하고 깨끗한 환경에서 아이를 낳아 기르고 싶어했다. 이 세상에 그 어떠한 여인이 남편이 조그만 커피 회사에 취직하기를 원한다고 해서 아는 사람도 없고 3천 마일이나 떨어진 곳으로, 유망한 직장을 기꺼이 포기하고 떠날 생각을 할 수 있겠는가. 그러나 그녀는 주저하지 않았다. 그녀는 항상 그래왔듯이 나를 100퍼센트 지원해주었다. 끊임없는 아내의 격려는 나에게 생명과 같은 것이었다.

나는 빨리 스타벅스에 가서 일하고 싶었지만 먼저 해야 할 일이 있었다. 넉넉치 않은 가계 예산을 쪼개어 우리가 최초로 만난 장소인 햄프턴스에 조그만 별장을 세내어 7월에 결혼하고, 막간의 휴식을 로맨틱하고 달콤하게 보냈다. 우리는 8월 중순 자동차에 짐을 싣고 황금빛 리트리버와 함께 3천 마일의 대륙을 가로질러 노동절이 끼어 있는 주말까지 시애틀에 도착할 계획을 세웠다.

그 다음날 떠나기 위해 자동차에 짐을 싣고 있는데 갑자기 어머니로부터 전화가 왔다. 아버지가 폐암 선고를 받으시고 앞으로 단지 1년밖에 살지 못하신다는 청천벽력 같은 소식이었다. 나는 뼛속까지 흔들리는 것을 느꼈다. 아버지는 단지 60세밖에 안 되셨고, 동생 마이클은 아직 대학에 다니고 있었다. 치명적인 병을 앓는다는 것은 너무도 힘든 일이다. 어머니는 나에게 의지해야만 하는데, 내가 시애틀에 가 있으면 당신 홀로 어떻게 견디실 수 있을까? 두 개의 톱니바퀴 사이에 끼어 갈갈이 찢어지는 느낌을 받는 순간이었다.

나는 이미 9월부터 스타벅스에서 일하기로 약속돼 있었다. 그러나 어떻게 이러한 상황을 두고 떠날 수 있겠는가? 가족들과 진지하게 의논해봤지만 별다른 대안이 없는 것 같았다. 나는 아버지를 다시 뵐 수 없을지도 모르는 작별 인사를 해야만 했다. 어머니는 아버지의 침대 곁에 앉아서 울고 계셨다. 어머니는 두려웠지만 그러한 모습을 보이지 않으려고 무던히 애를 쓰시는 것 같았다. 그 순간은 아버지와 내가 지금까지 느끼지 못했던, 마음과 마음이 서로 맞닿는 그런 순간이기도 했다.

"시애틀로 가거라. 너와 셰리는 거기에서 새로운 출발을 해야 하잖니. 우리는 여기에서 일을 잘 처리해나갈 수 있을 거야"하고 아버지는 말씀하셨다. 나는 아버지와 함께 앉아 있으면서, 밀려오는 슬픔과 비통함에 휩싸여 있었다. 사회구조에 대해 항상 불평하시던 아버지는 마음을 멍들게 하는 블루칼라 일을 비틀거리듯 전전하면서 가족들에게 결코 풍요함을 가져다주지 못하셨다. 그런데 이제 아버지는 그것을 극복하시기도 전에 당신의 생을 마감하려 하는 것이다. 나는 아버지의 손을 꼭 잡고 어색하게 작별 인사를 드렸다.

"이런 상태에서 어떻게 떠나야 할지 모르겠어요" 하고 나는 엘리베이터를 기다리면서 어머니에게 말했다. "하워드, 너는 가야만 해" 하고 어머니는 반복해서 말씀하셨다. 나는 모든 힘과 에너지와 낙관이 육체에서 빠져나오며 한없이 가라앉는 느낌이었다. 엘리베이터가 열렸을 때 어머니는 나를 껴안으며 "너는 가야만 해" 하고 다시 말씀하셨다.

나는 엘리베이터 안으로 들어가 문을 닫으면서 억지로 용감하게 미소 지으려고 노력하시는 어머니의, 수면 부족으로 눈이 빨갛게 부은 얼굴을 보았다. 엘리베이터 문이 스르르 닫히자 나는 심한 마음의 동요를 느꼈다.

셰리와 나는 시애틀로 차를 몰고 가면서 쉴 때마다 집으로 전화를 했다. 걱정과 두려움의 먹구름이 우리를 감싸고 있었지만, 그나마 다행히도 아버지의 병세는 우리가 처음에 생각했던 것처럼 나쁘지는 않았다. 긴장이 조금 풀리고, 우리는 이제 막 개척하려는 이 도시에서 새로운 생활을 어떻게 설계할까 하는 데 마음을 쓸 수가 있었다.

새로운 문화에 흠뻑 젖다

우리는 '범버슈트'라는 미술과 음악의 축제가 한창인 시애틀에 도착했다. 그 분위기는 사뭇 모험적이고 풋풋하며 열광적이었다. 우리는 시애틀의 캐피탈 힐 쪽에 이미 집을 얻어놓았지만 아직 준비가 되지 않았기 때문에 첫 주에는 볼드윈 부부 댁에서 신세를 져야만 했다. 그들은 도시 주위를 안내해주고 매일 저녁 고급 식사를 푸짐하게 요리해주었으며 심지어 우리의 강아지가 그들의 풀장에서 헤엄치는 것을 허락해주었다.

셰리가 시애틀을 정말 편안하게 느끼기까지는 거의 1년이 걸렸지만 나는 단지 20분밖에 걸리지 않았다. 나는 뭔가를 시작할 때 나 자신을 완전히 몰입시키는 버릇이 있다. 초창기 몇 달 동안 나는 카운터 뒤에서 일하고, 스타벅스 사람들을 만나고, 여러 종류의 커피맛을 음미하면서, 그리고 고객들과 얘기하면서, 깨어 있는 시간 모두를 스토어 안에서 보냈다. 그리고 제리는 커피에 관해서 나를 집중적으로 교육시켰다.

내가 스타벅스에서 처음 몇 달 동안 받은 교육 중 가장 어려웠던 핵심 부분은 커피를 배전하는 방법이었는데, 그들은 12월이 되어서야 비로소 그것을 배우도록 했다. 나는 두 번째로 '팝' 하는 소리에 귀를 기울이면서 원두의 색을 점검하고, 여러 가지 다른 배전 방법의 미묘한 맛과 향기의 차이를 구별하는 방법을 배우면서 일주일을 보냈다. 그것은 집중 교육의 마지막 부분이었고, 나는 마치 기사작위를 받은 듯한 느낌이었다.

나는 커피에 대해서 얼마나 열정적인가를 보여 줌으로써 스타벅스 사람들을 놀라게 했다. 내가 카운터 뒤에서 일할 때 그들은 계속해서 나의 지식과 커피에 대한 미각을 테스트했는데, 나는 항상 눈을 감고 하는 미각 테스트에서 훌륭한 감식능력을 보여주었다. 더 이상 말이 필요 없었다.

놀랄 일은 아니지만, 일부 스타벅스 멤버들 사이에서는 제리 볼드윈이 외부사람을 고용한 데 대한 불만감이 팽배해 있었다. 그래서 나는 나 자신이 스타벅스의 문화와 가치를 받아들이고 동화될 수 있다는 것을 증명해 보여야만 했다. 나는 열심히 노력했지만 키 크고 열정적인 성격의 뉴요커인 나에게는 조용한 도시에서 적응하는 것이 그리 쉽지만은 않았다. 나는 뉴욕에서 값비싼 고급 정장을 입는 데 익숙해져 있었지만 스타벅스에서는 좀 어색한 터틀넥 스웨터와 같은 캐주얼을 입었다. 스타벅스 사람들과 동화되면서 그들에게 신뢰감을 주는 데는 시간이 좀 걸렸다. 어쨌든 나는 일을 하기 위해 이곳에 왔으므로 넘치는 아이디어를 회사에 적극적으로 적용하는 한편 일을 배우면서 열심히 적응하려고 노력했다.

그 당시 스타벅스의 분위기는 은은하고 친근감을 주었다. 우리는 평소 열심히 일했지만 특히 크리스마스 때는 1년 중 가장 바쁜 시즌이었기 때문에 사무실에서 근무하는 사람들까지 모두 스토어에 나가 함께 일했다.

그 바쁜 시즌의 어느날 나는 손님들로 법석거리는 파이크 플레이스 스토어에서 일하고 있었다. 카운터 뒤에서 매상을 기록하고 커피 원두를 담고 있었는데, 누군가 갑자기 "저 사람 봐요, 물건을 들고 밖으로 나갔어요!" 하고 소리쳤다. 얼른 내다보니까 분명히 한 사람이 비싼 커피메이커를 한 손에 한 개씩 들고 도망가고 있었다. 나는 카운터를 훌쩍 뛰어넘어 달리기 시작했다. 그가 총을 가지고 있는지 생각해볼 겨를도 없이 나는 가파른 자갈길까지 "그 물건을 내려 놔! 어서 내려 놔!" 하고 외치며 쫓아갔다.

그 도둑은 결국 훔친 물건을 떨어뜨리고 도망갔다. 나는 그 커피메이커를 주워서 마치 트로피처럼 들고 스토어로 다시 돌아왔는데, 안에 있던 모든 사람들이 내게 박수를 쳐주었다. 그날 오후 사무실이 있는 배전공장으로 돌아왔을 때, 스태프진이 '하워드의 날'이라고 씌어진 커다란 슬로건을 들고 나를 반갑게 맞아주었다.

나는 회사에 대해 알면 알수록 더욱 그 이면의 열정에 감사했다. 그러나 점차 한 가지 약점을 알게 되었다. 커피 그 자체는 더할 나위 없이 훌륭했으나 때로 서비스가 좀 불손했다. 그러한 태도는 스타벅스가 갖고 있는 최고 품질의 커피에 대한 자부심에서 나온 것이라고 생각했다. 새로운 맛을 발견하고 그 풍미를 음미하는 단골은 스타벅스 사람들과 서로 의견을 교환하기도 하면서 대화를 즐겼는데, 처음 오는 손님들은 때때로 좀 무시당하는 느낌을 가질 수도 있다는 것을 알아차린 것이다.

나는 그러한 간격을 메우고 싶었다. 나는 스타벅스와 나 자신을 동일시하고 있었으므로, 스타벅스의 어떤 단점도 나 자신의 개인적인 단점으로 느낄 정도였다. 그래서 나는 종업원들과 함께 고객 친화 세일즈 기법에 대해 의논하면서 고객들이 커피에 관하여 쉽게 배울 수 있는 자료들을 개발했다. 그러나 나는 식도락으로 고급 커피를 즐기는 소수의 엘리트 집단 이외의, 더 많은 사람들이 고급 커피를 즐길 수 있도록 하는 더 나은 방법이 틀림없이 있을 것이라고 생각하면서 그 방법을 모색하고 있었다.

비전이란 다른 사람들이 보지 못하는 것을 먼저 깨닫는 것이다

진정으로 삶의 로맨스를 맛보는 데 이탈리아보다 더 나은 곳은 없다. 나는 그곳에서 영감과 비전을 받고 스타벅스를 조용한 시애틀의 스토어에서 전국적인 회사로 확장했다.

1983년 봄, 스타벅스에서 근무한 지 1년 정도 되었을 때 이탈리아 밀라노에서 열리는 국제가정용품 전시회에 참석하게 되었다. 나는 혼자 출장을 가서 컨벤션 센터 근처의 비교적 저렴한 호텔에 머물렀다.

다음 날 아침 문 밖으로 발을 내딛으며 따뜻한 가을 햇살 속으로 들어가는 순간, 나는 뭐랄까 이탈리아의 영혼 같은 것이 나를 온통 감싸 안는 것 같았다. 나는 이탈리아어를 한마디도 할 줄 몰랐지만 나 자신이 거기에 속해 있다는 것을 느꼈다.

나는 도착한 다음날 호텔에서 단지 15분 거리에 있는 트레이드쇼에 가기로 마음먹었다. 걷기를 좋아하는 나에게 밀라노는 완벽한 곳이었다. 막 출발했을 때, 나는 작은 에스프레소 바를 보았다. 내부를 둘러보기 위해 안으로 들어가자 문 옆에 있던 캐셔가 미소를 지으며 고개를 끄덕였고, 카운터 뒤에서는 키가 크고 마른 사람이 "봉 지오노Buon giorno"하고 밝게 인사를 건넸다. 그가 금속 막대를 밑으로 누르는 순간 스팀이 "쉭"하고 커다란 소리를 내면서 빠져나갔다. 그는 카운터에 서 있는 세 사람 중 한 사람에게 도자기로 만든 데미타세demitasse(작은 커피잔)에 에스프레소를 담아 건넸다. 다음에는 완벽한 하얀 거품이 떠 있는, 손으로 만든 카푸치노가 나왔다. 내내 고객과 즐거운 대화를 나누던 바리스타는 너무나도 우아하게 움직였기 때문에, 마치 커피 원두를 갈고 에스프레소를 뽑아 내고 우유를 데우는 일을 동시에 하는 것 같았다. 매우 인상적인 장면이었다. "에스프레소?" 그는 방금 자신이 만든 에스프레소 잔을 내밀고 검은 두 눈동자를 반짝이며 내게 물었다.

나는 저항할 수 없었다. 손을 내밀어 잔을 잡고는 한 모금 마셨다. 강하고 관능적인 맛이 혀를 스치고 지나갔다. 세 모금째에는 그러한 맛은 지나가고 따뜻함과 에너지를 느낄 수 있었다.

반 블록쯤 더 가니 옆길 건너편에 또 다른 에스프레소 바가 있었다. 이곳은 훨씬 많은 사람들로 붐볐다. 나는 카운터 뒤에서 회색머리를 한 사람이 손님들마다 이름을 부르며 인사하는 것을 보았다. 그는 그 바의 소유자이자 운영자인 것 같았다. 그와 그의 단골들은 웃고 이야기하며 그 순간을 즐기고 있었다. 나는 '아, 이

것이 이들의 일상생활에 늘 있는 편안하고 낯익은 순간들이구나'
하고 느꼈다.

다음 몇 블록을 지나면서 두 개의 에스프레소 바를 더 발견했
다. 정말 환상적인 경험이었다. 내가 이탈리아에서 커피 바의 로
맨스를 발견한 것은 바로 그날이었다. 나는 커피 바들이 얼마나
인기가 있고 얼마나 활기 넘치는지 보았다. 각각의 커피 바는 자
신만의 독특한 개성과 분위기가 있었지만, 한 가지 공통점은 정
열적으로 일하는 바리스타의 모습과 고객들 사이의 친분 관계
였다.

그 당시 이탈리아에는 20만 개의 커피 바가 있었으며 필라델피
아 규모인 밀라노에만 1,500개가 있었다. 마치 손님들로 꽉꽉 채
워진 커피 바가 모든 거리의 구석구석에 있는 것 같았다. 나의 머
리는 빠르게 회전하기 시작했다. 그날 오후 트레이드 쇼에서 미
팅을 마친 나는 더 많은 에스프레소 바를 관찰하기 위해 밀라노
거리를 다시 걷기 시작했다.

곧 밀라노의 한 복판인 피아자 델 두오모 광장에 도착했는데,
그곳은 말 그대로 커피 바가 줄지어 있었다. 피아자 광장을 걷노
라니 여기저기서 가벼운 정치적 토론이 벌어지고 학교 유니폼을
입은 아이들이 재잘거리며 밤 굽는 냄새, 그리고 커피 향기가 넘
쳐흐른다. 대부분의 커피 바는 우아하고 세련되었지만, 크고 무
미건조한 곳들도 있었다.

아침에는 모든 커피 바들이 붐비고, 모두들 깔끔한, 커피 맛의

본질인 에스프레소를 고객들에게 공급해주고 있었다. 의자는 거의 없었으며, 서양 스타일의 바가 늘 그렇듯이 주로 서서 커피를 마시고 남자들은 모두 담배를 피우는 것 같았다. 주변은 온통 활력이 넘쳐 보였다. 매일 바에서 보는 친구들과 인사를 나눌 뿐 아니라 처음 보는 사람들과도 즉석에서 인사를 나누며 교류하는 모습을 볼 수 있었다. 이 장소는 가정의 연장으로서 편하게 모일 수 있는 휴식처를 제공하고 있었다. 그러나 그들은 커피 바라는 장소 밖에서는 서로 모르는 사이일 것이다.

이른 오후가 되자 분위기는 좀 느슨해졌다. 아이들과 함께 산책 나온 엄마들 그리고 은퇴한 노인들이 남아서 바리스타와 잡담을 나눈다. 늦은 오후가 되자 에스프레소 바들은 작은 테이블을 길가에 내놓고는 아페리티프aperitif(식욕촉진을 위해 식전에 마시는 술)를 제공했다. 각각의 바는 모두 일상의 한 부분으로서 이웃이 모이는 장소였다.

이탈리아 사람들에게 커피 바는 1950년대와 60년대의 미국 커피숍이 아니다. 그것은 앞뜰의 연장이요, 가족 개념의 연장선상에 있다. 매일 아침 그들은 좋아하는 커피 바에 들러 자신의 주문대로 만들어지는 에스프레소를 즐긴다. 미국의 경우 카운터 뒤에서 일하는 사람은 비숙련된 초보자일 뿐이지만 이탈리아의 그들은 아름다운 한 잔의 커피를 준비하는 예술가가 된다. 이탈리아의 바리스타는 이웃에게 존경 받는 지위를 차지하고 있다.

나는 여기에서 중요한 것을 깨달았다. 스타벅스는 완전히 그 핵심을 모르고 있었다는 것이다. 커피를 사랑하는 사람들끼리 꼭 집에 모여서 커피 원두를 갈고 추출해 마실 필요는 없다는 것이다. 스타벅스가 먼저 해야 할 일은 커피 원두만 팔 것이 아니라 이탈리아처럼 커피의 신비와 로맨스를 바로 커피 바에서 느낄 수 있도록 해야 한다는 것이다. 그래야만 고객과 스타벅스 사이에 더욱 강력한 유대관계가 형성될 것이라고 생각했다. 그러한 커피의 사회적 기능을 이해하고 있던 이탈리아 사람들은 커피 바에서 에스프레소를 마시며 개인적인 교류를 하고 있었던 것이다. 그러한 핵심적인 요소를 스타벅스가 아직도 모르고 있었다는 것을 이해할 수가 없었다.

그것은 마치 신의 계시 같았다. 너무도 긴급하고 눈에 확연히 보이는 일이었기 때문에 나는 부르르 떨 정도로 흥분했다. 물론 스타벅스가 고급 커피를 팔고 있었다는 것은 명백한 일이지만, 커피 잔에 제공하지는 않고 단지 백에 넣어 팔아야 하는 식료품이나 집으로 가져가야 할 농산물로만 취급했던 것이다. 즉, 우리는 수세기 동안 지속되어온 커피의 "혼"으로부터 한 발자국 떨어져 있었던 것이다.

에스프레소를 이탈리아 스타일로 제공한다면 스타벅스를 분명히 차별화할 수 있을 것이다. 미국에서 이탈리아의 커피 문화를 재현할 수만 있다면, 미국인도 정서적인 공감대를 형성할 것이라고 생각했다. 그러면 스타벅스는 단지 커피 원두를 파는 스토어가 아닌, 굉장한 경험을 맛볼 수 있는 장소가 될 수 있을 것이다.

나는 밀라노에 일주일 정도 머물면서, 매일 길을 잃어가면서 계속 여기저기 걸어다녔다. 어느 날 아침 나는 기차를 타고 베로나로 갔다. 그곳은 밀라노에서 단지 40분 거리밖에 안 되는데도 불구하고 13세기에 머물러 있는 것처럼 보였다. 그곳의 커피 바들은 밀라노와 아주 비슷했는데, 그중 한 곳에 들러 어떤 사람을 흉내 내 "카페라떼" 하고 주문했다. 처음으로 마셔보는 것이었는데, 나는 단지 우유를 섞은 커피 정도로 기대했다. 그러나 바리스타가 에스프레소를 만들어 우유를 데우고 거품과 함께 잔에 따르는 것을 보았다.

나는 여기서 스팀 밀크와 에스프레소가 완벽한 조화로 만난, 설탕을 섞기보다는 증기로 부드럽게 만든 우유를 섞은 고귀한 커피의 본질을 느꼈다. 그것은 완벽했다. 내가 지금까지 만난 커피 전문가들 중에서 이것에 대해 말해준 사람은 아무도 없었다. '아! 미국에서는 이 카페라떼를 아무도 모르는구나. 이것을 가져가야만 되겠구나' 하고 생각했다.

매일 밤 나는 시애틀에 있는 셰리에게 전화를 걸어 내가 보고 생각하는 것을 얘기했다. "이 사람들은 커피에 대해 너무도 열정적이어서, 커피를 전혀 새로운 차원으로 끌어올린 것 같아!"

밀라노의 피아자 광장에 있었던 그날, 스타벅스의 오늘의 성공을 예견했다고 말할 수는 없다. 그러나 나는 사람들에게는 로맨스와, 편안하게 모여 공감대를 형성할 수 있는 장소에 대한 욕구가 있다는 것을 느꼈다. 이탈리아 사람들은 커피 마시는 행위를 하나의 심포니로 승화시켰고, 그것은 너무도 근사하게 느껴졌다.

　나는 그런 느낌들을 가지고 시애틀로 돌아가 주위에 있는 스타벅스 사람들에게 그대로 쏟아부었고, 그들은 지금도 그 느낌을 전국에 재현하고 있다. 이탈리아 에스프레소의 로맨스가 없었다면 스타벅스는 아직도 과거 그대로 시애틀에서 사랑받는, 커피 원두를 파는 조그만 스토어로 남아 있었을 것이다.

4

행운이란, 계획의 결과

성공한 기업은 예외 없이,
누군가 한때 용기 있는 결정을 내렸다는 것을 알 수 있다
_피터 드러커

사람들은 가끔 "태양은 늘 스타벅스를 비추고 있다"라고 말한다.
즉, 우리의 성공은 행운의 여신의 도움으로 우연히 이룩되었다는
것이다. 우리가 북아메리카 전역에 퍼진 카페나 에스프레소 바의
인기를 만들어낸 선봉자가 된 것은 사실이다. 나는 이러한 사회적
인 유행의 물결을 예견했다고 말할 수는 없지만, 이탈리아에서 커
피의 낭만적이고 사회적인 호소력을 감지했다. 그리고 그것을 미
국의 정서에 맞도록 이식하기 위해 머리를 맞대고 계획하며 3년
이란 세월을 훌쩍 보냈다.

한 회사나 개인이 군중 사이에서 부각되어 떠오르며 빛을 발할
때마다 사람들은 재빨리 그것을 행운으로 돌리려는 경향이 있다.

그러나 그것을 성취한 사람은, 그것은 바로 재능과 고된 일의 산물이라고 생각한다.

나는 "불운은 뜻밖에 찾아오는 반면, 행운은 그것을 계획한 사람들에게만 찾아온다" 라는 지금의 LA 다저스팀의 전신인 브루클린 다저스팀의 총 감독이었던 브랜치 리키의 말에 동의한다.

"멋진 생각입니다. 하지만 불가능하겠군요"

자신에게 나가떨어질 만큼 빛나는 아이디어가 있었지만 그것을 실현할 수 있는 사람들로부터 추진할 만한 가치가 없다는 얘기를 들은 적이 있는가?

이탈리아에서 시애틀로 돌아올 때, 그러한 일이 나에게 일어났다. 나는 새로운 비즈니스의 기초를 구축하고, 미국인들의 커피 마시는 습관을 변화시킬 수 있는 진정으로 특별한 통찰력을 갖게 되었다고 생각했다. 그러나 나의 보스들에게는 나는 그저 너무도 열정적인 마케팅 담당 이사일 뿐이었다.

그들이 주장하기를, 스타벅스는 소매점이지 레스토랑이나 바가 아니라는 것이었다. 고객이 에스프레소를 마시도록 제공하는 것은 우리가 탐탁지 않게 여기고 있었던 음료 사업에 뛰어드는 것이요, 커피 스토어로서의 성실한 사명을 희석시키는 결과를 가져올 것이라며 세 사람 모두 반대했다. 그들은 또한 스타벅스의 성공적인 현 상태를 지적하면서, 매년 흑자를 기록하는 회사를 왜 흔들려 하느냐고 말했다.

그러나 나중에 안 사실이지만, 그보다 중요한 다른 이유가 있었다. 즉, 제리는 훨씬 더 흥분되는 어떤 기회를 적극적으로 검토하고 있었던 것이다. 스타벅스의 역사에는 일부 뜻하지 않은 엇갈림과 방향 선회가 있기는 했지만 이번처럼 이상한 일은 없었다. 1984년 스타벅스는 '피츠 커피 앤 티'를 인수했던 것이다.

어떻게 그런 일이 일어났느냐 하는 것은 잘 거론되지 않는 스타벅스의 역사 중의 하나이다. 왜냐하면 지금 피츠와 스타벅스는 샌프란시스코 베이 지역에서 서로 경쟁자이기 때문이다. 대부분의 고객들은 두 회사가 한때 서로 얽힌 관계가 있었다는 것을 모른다.

그것은 마치 아들이 아버지를 사는 것과 같았다. 스타벅스의 창업자들은 결국 피츠로부터 영감을 이끌어내고 알프레드 피트로부터 로스팅 기술을 전수받지 않았던가. 그러나 알프레드 피트는 1979년에 그 회사를 팔아버렸다. 그리하여 새로운 소유자가 1983년에 또다시 팔려고 내놓았던 것이다.

제리 볼드윈에게 그것은 일생의 기회였고, 에스프레소 바를 오픈하는 것보다 스타벅스를 훨씬 성장시킬 수 있는 유망한 방법이었다. 커피 순수주의자로서 그는 피츠가 커피 중의 최고이며 커피의 모든 것이라고 간주하고 있었다.

피츠는 다섯 개의 스토어를 갖고 있는 스타벅스와 거의 같은 규모로 커피 원두를 판매하는 회사였다. 그러나 제리는 피츠가 미국 강배전 커피의 원조요 진짜라는 생각을 하고 있었다. 또한 시애틀 시장은 이미 포화상태인 반면 샌프란시스코와 노스캐롤라이나는 훨씬 큰 지역이므로 성장할 여지가 많다고 생각한 것이었다.

인수 자금을 얻기 위해 스타벅스는 많은 빚을 지게 되었다. 피츠를 인수한 날, 우리의 부채 대 자본의 비율은 6 대 1이었다. 오직 성장가도를 달리던 1980년대였기 때문에 은행들은 그러한 거래를 마다지 않았을 것이다.

우리가 그러한 과중한 짐을 지게 되자 나는 우울해졌다. 그것은 우리의 두 손을 묶고 우리에게서 새로운 아이디어를 시험해볼 수 있는 가능성을 빼앗아버렸다. 회사는 지금 너무도 과중한 부채로 인하여 성장이나 혁신을 위해 사용할 수 있는 여유 자금이 없었던 것이다.

스타벅스가 피츠를 인수하는 일은 우리가 생각했던 것보다 훨씬 어려웠다. 두 회사가 강배전 커피에 대한 지식을 공유하고 선호했음에도 불구하고 서로간의 문화적 차이를 극복하기가 어려웠다. 스타벅스 사람들은 피츠의 정통성에 대한 존경과 감사를 느꼈던 반면, 피츠 사람들은 시애틀의 잘 모르는 큰 회사가 갑자기 그들을 삼켜버리려고 다가온 것에 대해 두려움을 느꼈다. 게다가 합병으로 인해 경영의 초점이 분산되었다. 스타벅스의 경영진은 1984년의 대부분을 샌프란시스코와 시애틀 사이를 왔다갔다 날아다니면서 보냈다. 나 자신은 피츠의 마케팅과 소매 경영을 감독하기 위해 격주로 샌프란시스코를 방문했다. 어찌 보면 당연하지만, 그러다 보니 일부 스타벅스의 종업원들은 무시당하고 소외되는 것을 느끼기 시작했다. 그들은 어떤 분기에는 정기적으로 나오는 보너스를 받지 못할 때도 있었다. 그들은 제리에게 더 공정한 봉급과 혜택, 특히 파트타임 종업원에 대한 혜택과 보너스를 요구했다.

그러나 제리의 관심은 다른 데 있었고 아무런 응답도 하지 않았다. 화가 난 종업원들은 배전 부문부터 시작해서 결국 노동조합을 끌어들이기 위해 청원서를 돌렸다. 경영진의 누구도 그들의 불만이 얼마나 깊게 만연해 있는지 깨닫지 못했다. 소매 부문의 종업원들은 비교적 만족스러운 상태인 것 같았다. 그리고 그들은 배전 부문 종업원보다 수가 많았기 때문에, 그들이 노동조합 결성에 반대 투표를 할 경우 일단은 안심이라는 것이 제리의 계산이었다. 그러나 공식적인 투표날이 다가오자, 세 표 차이로 노동조합이 승리했다. 제리는 쇼크를 받았다. 그가 세운 회사, 그가 사랑하는 회사가 이제 더 이상 그를 신뢰하지 않았던 것이다. 그 다음 몇 달 동안 그는 정신이 나간 사람처럼 보였고, 그의 머리칼은 점점 더 하얗게 됐다. 회사는 단결력을 잃어버렸던 것이다.

그 사건은 내게 중요한 교훈을 가르쳐주었다. 즉 회사와 종업원 사이에 믿음과 신뢰의 관계를 쌓는 것보다 귀중한 것은 없다는 사실이다. 경영진이 종업원들을 불공평하게 대한다면 그들은 소외감을 느끼게 될 것이다. 일단 그들이 경영진을 불신하면 회사의 미래는 위태롭게 된다.

그 어려웠던 시기에 내가 배웠던 또 다른 중요한 것은, 빚을 지는 것이 회사의 자금을 조달하는 최선의 방법이 아니라는 것이다. 많은 기업가들은 은행에서 돈을 빌리는 것을 더 선호하고 있다. 왜냐하면 그렇게 함으로써 계속 경영 전권을 갖게 되기 때문이다. 그들은 자본 증식의 방법으로 주식을 매각하는 것이 회사전반적인 경영에 대한 권한의 상실을 의미한다고 생각하기 때문에 그것을 두려워하고 있다.

그러나 나는 기업가의 자기 주식 지분이 전체의 50퍼센트 미만이라 할지라도 경영권을 유지할 수 있는 가장 좋은 방법은 업무수행을 잘하여 주주들을 만족시키는 것이라고 믿고 있다. 이는 미래의 성장과 혁신의 가능성을 제한하는 과중한 부채를 안는 것보다는 훨씬 나은 방법이다.

때 늦은 지혜지만, 내가 그 당시 그러한 교훈들을 배웠다는 것은 너무도 다행한 일이다. 그 당시 나는 스타벅스는 말할 것도 없고 그 어떤 회사의 경영자가 될 생각은 없었다. 그러나 경영진과 종업원 사이의 믿음이 깨졌을 때 어떤 일이 발생하는가를 보았기 때문에 그 믿음을 유지하는 것이 얼마나 중요한가를 이해했다.

그리고 과중한 부채의 악영향을 보았기 때문에, 나는 후에 부채를 끌어들이는 대신 주식을 통해 자금을 유치하는 올바른 선택을 했다. 이 두 가지 교훈은 미래의 스타벅스를 성공시키는 핵심적인 요소가 되었다.

나의 길을 찾아 뛰어들다

많은 회사들의 경우 중간 계층의 경영인이나 심지어 신입사원들도 위험하고 대담한 아이디어들에 대해서 열정적인 전도사가 될 때가 있다. 회장이 의심할지라도 경영인이 그러한 아이디어들에 귀를 기울이고 점검해보며, 그것들을 구체화시키려고 노력하는 것은 매우 중요하다.

나는 처음에는 1984년 스타벅스에 고용된 경영인으로서 이러한 진리를 배웠고, 나중에는 회장으로서 한 번 더 깨달았다. 우두머리로서 새로운 아이디어들에 대해 귀를 닫고 있다면, 회사를 성장시킬 수 있는 귀중한 기회를 잃을 수도 있다.

에스프레소를 스토어에서 판매하자는 나의 아이디어를 제리가 받아들이도록 설득하는 데는 거의 1년이 걸렸다. 제리는 피츠를 합병하는 문제와 스타벅스의 핵심 정책을 바꾸는 데 온 정신을 쏟고 있었기 때문에 그것을 우선적으로 생각하지 않았었다. 나는 시간이 지남에 따라 점점 더 좌절감을 느꼈다.

마침내 제리는 1984년 4월 시애틀 시내의 포스 앤 스프링 Fourth and Spring가의 코너에 스타벅스의 여섯 번째 스토어를 오픈했을 때 에스프레소 바를 시험 운영하는 데 동의했다. 종전의 모든 스타벅스 스토어들은 오직 커피 원두만을 파운드로 달아서 팔았는데, 이 곳은 커피 원두를 팔 뿐 아니라 커피를 고객들이 마실 수 있도록 디자인한 최초의 스타벅스 스토어였다. 또한 스타벅스는 최초로 이 여섯 번째 스토어를 통해 사무실이 밀집한 시애틀 중심부로 진출하게 되었는데, 이곳 사무실 근무자들은 내가 1983년 밀라노에서 경험했던 것과 똑같이 에스프레소 바를 사랑하게 될 것이라고 확신했다.

나는 1,500평방 피트의 스토어 면적의 반을 이탈리아식 에스프레소 바로 만들어달라고 요청했는데, 단지 300평방 피트밖에 얻을 수 없었다. 그곳은 본래의 스타벅스 스토어 내부 스타일 그대로 배치하고, 의자와 테이블도 없이 단지 우유와 설탕을 놓을 조그만 카운터가 있는 작은 공간이었다. 나는 계획보다 훨씬 작은 규모로 나의 꿈을 실현해야만 했음에도 불구하고, 그 결과는 나의 직감이 옳았다는 것을 증명하리라고 확신했다.

우리는 오픈 직전의 마케팅을 위한 어떤 선전도, 심지어는 에스프레소 시음회 같은 팻말도 세워놓지 않았다. 그저 문을 열고 어떤 일이 일어나는지 보기로 결정했다.

1984년 4월, 계절에 걸맞지 않게 유난히 춥고 이슬비가 부슬부슬 내리는 아침이었다. 평상시보다 두 시간 이른, 아침 7시에 우리의 여섯 번째 스토어를 오픈하기로 되어 있었다. 나는 6시 30분에 도착해 천장부터 바닥까지 이어진 통유리 밖으로, 부지런한 회사원들이 잰 걸음으로 시애틀의 중심가를 바삐 다니는 것을 몹시 기다리는 마음으로 바라보고 있었다.

나는 준비가 철저히 됐는지 점검하며 스토어 안을 이리저리 다니기 시작했다. 왼쪽 편에는 커피 원두가 쌓여 있는 본래의 카운터가 있었고, 그 위에는 갈색 스타벅스 앞치마를 두른 커피 전문가가 금속제 스쿠프와 저울, 그리고 분쇄기 등을 점검하고 있었다. 그는 각각의 원두를 담고 있는 용기들에 붙어 있는 표와 그 내용이 올바른지를 대조해보고, 커피 백에 그 커피의 원산지, 종류, 이름을 찍어 주는 고무 스탬프들을 가지런히 준비해놓았으며, 이미 스타벅스 고객들에게는 익숙해진 상품. 즉 머그잔, 커피메이커, 티 깡통 같은 것들을 벽을 따라 설치해놓은 선반에 잘 진열해놓았다.

스토어 내부의 오른쪽 뒤 코너에 있는 나의 실험공간에서, 나는 가슴 두근거리며 손님들을 맞을 준비를 하기 시작했다. 밀라노의 바리스타들과 똑같은 두 명의 열성적인 종업원들이 반짝이는 에스프레소 기계를 작동시키며 카푸치노의 스팀 밀크 거품을 만드는 새 기술을 연습하고 있었다.

아침 7시 정각, 드디어 우리는 문을 열었다. 호기심에 가득찬 사람들이 사무실로 가는 도중에 한 명 한 명 우리 스토어 안으로 걸어 들어왔다.

보통 레귤러 커피를 주문했는데, 이탈리아 메뉴판에 있는 낯선 커피 이름인 에스프레소가 뭔지 묻는 사람들도 있었다. 두 명의 바리스타는 기분이 들떠 각각의 새로운 커피를 어떻게 만드는지 손님들에게 설명하면서 즐거워했다. 그들은 에스프레소에 스팀 밀크를 몇 방울을 떨어뜨린, 베로나에서 내가 발견하고 많은 고객들은 아직 이름도 들어보지 못한 카페라떼를 고객들에게 추천했다. 내가 알기로는 미국 사람들은 카페라떼를 그날 아침 처음으로 소개받았던 것이다.

나는 몇 사람이 첫 번째 한 모금을 마시는 것을 지켜보고 있었다. 내가 그랬던 것처럼 대부분은 익숙지 않은 강렬한 향기가 뿜어 나오는, 그 첫 번째 경험에 눈을 동그랗게 뜨고 놀란 듯한 표정을 지었다. 그들은 그 다음 주저하면서 한 모금 더 마셔보고는 우유의 따뜻하고 달콤한 향기에 젖었다. 나는 카페라떼의 그 풍부한 맛과 향이 그들을 한입 가득 채우는 것을 보면서 미소 짓고 있었다.

이른 아침 그렇게 북적이던 러시아워가 지나자 거리는 점차 한산해졌다. 고객들은 그 조그마한 오른쪽 구석 공간에 꽉 들어차 있었으므로 뒤쪽 코너에서 손님들을 맞는 것이 불편할 정도였다. 그 스토어가 배였더라면 아마 전복되었을 것이다. 대단한 성공이었으며, 스타벅스는 드디어 한 차원 다른 사업분야로 뛰어들었고 다시는 예전의 모습으로 되돌아갈 수 없으리라는 것이 명백해졌다.

문을 닫을 때쯤 되어 매상고를 계산해보니, 스타벅스 스토어의 평균 고객수인 250명보다 훨씬 많은 400명에 가까운 고객들이 다녀간 것으로 나타났다. 더 중요한 것은 이탈리아에서 나를 사로잡았던 바로 그 따뜻한 사회적 교류와 매력적인 예술적 분위기가 처음으로 나의 실험공간에서 출렁거리는 것을 느낀 것이다. 나는 그날 그 언제보다 고조된 기분으로 집에 돌아왔다.

몇 주일이 흘러가면서 나의 조그만 오른쪽 코너의 매상은 활발히 늘어났다. 2개월이 지나자 고객이 하루 800명으로 늘어나게 되었는데, 바리스타들이 에스프레소를 그만큼 빨리 만들어내지 못했기 때문에 고객들은 스토어 밖까지 늘어서서 기다릴 정도였다. 실험공간의 발전 정도를 점검하기 위해 들릴 때마다 고객들과 에스프레소에 대한 열정을 함께 나누었는데, 그들의 반응은 정말 대단했다.

나는 제리를 대단히 존경하고 있었지만, 그와 나는 커피사업과 세상을 다른 시각으로 보았다. 그에게 에스프레소는 훌륭한 아라비카 커피 원두를 소매하는 스타벅스의 핵심 사업을 분열시키는 것 이상이 아니었다. 그는 고객들이 스타벅스를 빨리 한 잔 마시고 가는 곳쯤으로 여기는 것을 원치 않았던 것이다. 나에게 에스프레소는 바로 커피의 마음과 영혼이었다. 커피 스토어의 묘미는 단지 고객들에게 훌륭한 커피에 대해 가르쳐주는 것을 넘어 그것을 즐기는 방법을 보여주는 데 있었다.

포스 앤 스프링 스토어를 오픈한 후 몇 달 동안 나는 제리에게 진짜 귀찮은 존재였음이 틀림없다. 매일같이 그의 사무실로 뛰어들어가 판매량과 고객 수를 보여주었다. 그는 그 실험이 성공적이라는 것을 부인할 수는 없었지만 그래도 계속해서 그 방향으로 나가는 것을 원치 않았던 것이다.

제리와 나는 지금까지 전 사업과정을 통해 결코 논쟁한 적이 없었지만 우리 둘은 이제 막다른 골목에 들어선 것을 알아차렸다. 우리의 의견 충돌은 단지 새로운 사업에 대한 이견에 그친 것이 아니라 회사를 근본적으로 변화시킬 수도 있는 큰 계획에까지 이른 것이다.

그는 예민한 사람이었기 때문에 내 안에 그 누구도 끌 수 없는 불이 활활 타오르고 있다는 것을 알고 있었다. 그를 설득시키려고 몇 주일 동안 노력하던 어느날, 나는 그 문제에 대한 결론을 내리기 위해 제리의 사무실로 성큼성큼 걸어 들어갔다.

나는 "바로 고객들이 우리에게 뭔가를 보여주고 있는 겁니다. 이것은 좋은 기회입니다. 우리는 이 방향으로 계속 나아가야만 합니다"라고 말했다. "우리는 커피 원두를 파는 사람들입니다. 나는 레스토랑 사업에 뛰어들긴 싫습니다." 우리가 똑같은 주제에 대한 입씨름을 되풀이하게 될 거라고 예상하면서 그는 지친 듯이 말했다.

나는 계속해서 "그것은 레스토랑 사업이 아닙니다! 우리는 사람들에게 커피를 최상으로 즐길 기회를 제공하고 있습니다"라고 주장했다. "하워드, 내 말을 잘 들어봐요. 커피를 서빙하는 데 너무 집중하다 보면 우리는 또 다른 레스토랑이나 카페테리아가 되는 것에 불과합니다. 그것은 일견 합리적으로 보일지 모르지만, 결국 커피에 대한 우리의 뿌리를 잃게 될 것입니다."

"우리는 그 두 가지를 더 잘 조화시킬 수 있습니다. 더 많은 사람들을 스토어 안으로 끌어들일 수 있기 때문입니다." 나의 단호한 결심을 보고서, 제리는 몇 분 동안 팔장을 끼고 조용히 앉아 있었다. 마침내 그는 "그럼 한두 개 다른 스토어 뒤쪽에 에스프레소 기계를 좀더 갖다 놓읍시다"라고 마지막으로 제안했다. "안 됩니다. 그 이상이어야 합니다." 나는 내가 만일 그의 제안을 받아들인다면, 아마도 거기까지가 내가 회사를 이끌 수 있는 한계가 되리라고 생각했기 때문에 나의 주장을 반복했다.

"스타벅스는 현재보다 더 클 필요가 없습니다. 너무 많은 고객들을 드나들게 만들면 그들을 지금처럼 대할 수 없습니다." "이탈리아처럼 바리스타가 고객들을 잘 알 수 있지 않습니까?"라고 나는 대답했다. "게다가 우리는 그 생각을 구체화시키기에는 너무 많은 빚을 지고 있습니다. 하워드, 하고 싶어도 재정적으로 여유가 없는 상황입니다."

그는 일어서서 집으로 가려고 했다. 그러나 이 대화를 끝내고 싶지 않아 하는 나의 모습을 보고는 단호하게 덧붙였다. "하워드, 미안합니다. 우리는 그것을 실행하지 않을 계획입니다."

나는 몇 개월 동안 미래에 대한 불확실성 때문에 무력하고 우울해 있었다. 나는 스타벅스에 대한 충성심과 이탈리아식 에스프레소 바의 비전에 대한 확신 사이에서 갈등하고 있었다. 샌프란시스코를 비행기로 오가며 두 회사의 합병 경영을 굳건히 할 수 있는 방안을 모색하고, 바쁜 일과 속에서 다른 생각을 떨쳐버릴 수도 있었다. 그러나 나는 그 길을 택하지 않았다. 에스프레소 사업은 아주 올바른 길이라고 확신했기 때문에, 나는 본능적으로 그 사업 속으로 깊숙이 뛰어들고 싶었다.

어느 주말, 평상시처럼 일요 농구게임을 하기 위해 시내에 있는 스포츠 클럽에 갔는데, 내 나이 또래쯤 되어 보이는, 근육질의 한 마른 사나이와 한 편이 되었다. 그는 내 키보다 5센티미터 정도 더 컸고 경기를 아주 잘했다. 게임이 끝나자 우리는 서로 대화를 나누기 시작했다. 그는 자신을 스콧 그린버그라고 소개하면서 시내의 큰 회사에서 변호사로 일하고 있다고 밝혔다. 그는 내 소개를 듣고 내가 무엇을 하는지 알고 나서 스타벅스 커피를 아주 좋아한다고 말했다. 그래서 나는 그 후 이따금씩 1파운드짜리 커피백을 그에게 가져다주기 시작했다. 우리는 때때로 맥주를 마시며 오랫동안 이야기를 나누기도 했는데, 어느덧 나는 나의 좌절감을 그에게 털어놓고 있었다.

공교롭게도 그는 기업 변호사로서, 개인적인 투자와 기업 공개를 포함한 여러 문제에 관한 회사의 법률 고문 역할을 하고 있었다. 내가 독립해서 에스프레소 바를 오픈할 생각이라고 했더니, 그는 투자자들이 흥미로워할 것이라고 말했다. 나는 점차 스콧, 셰리와 함께 나의 생각에 대해 이야기하면서 내가 해야만 하는 것이 무엇인지를 깨닫게 되었다.

'이것은 바로 나 자신을 위한 순간이다. 만일 내가 이 기회를 잡지 않는다면, 만일 내가 현재의 편안한 위치를 벗어나서 모험을 하지 않는다면, 만일 내가 이 많은 시간을 그대로 허비해버린다면, 나의 순간, 나의 기회는 그냥 지나가 버리고 말 것이다.'

이 기회를 잡지 않는다면, 나는 평생 '아, 그때 그걸 했더라면 지금 어떻게 되었을까? 왜 안 했지?' 하는 생각을 되풀이하게 될 것임이 뻔했다. 그것은 내가 결정해야 할 일이었다. 잘 안 된다 할지라도 나는 그것을 해봐야만 했다. 나는 스타벅스를 떠나 나 자신의 회사를 출범시킬 결심을 했다. 교통이 번잡한 시내를 중심으로 커피 원두와 함께, 고객들이 커피를 마실 수 있는 에스프레소 바가 있는 스토어들의 오픈 계획을 세웠다. 나는 내가 이탈리아에서 본, 바로 그 로맨스와 예술적 분위기, 그리고 서로 편안하게 모일 수 있는 보금자리를 재현하고 싶었다.

그것은 꽤 여러 달 걸리는 계획이었다. 나는 마침내 스타벅스를 떠나기로 결심했다. 제리와 고든은 내가 그동안 얼마나 의기소침해 있었는가를 알고 있었기 때문에 나의 생각을 받아들이면서, 1985년 말 내가 떠날 준비가 될 때까지 사무실에서 그대로 일하면서 머물러 있도록 허락해주었다.

스타벅스를 떠나 나 자신의 회사를 출범시키는 데는 많은 용기가 필요했다. 굳은 결심이 섰을 때, 셰리가 임신했다는 사실을 알았다. 나의 봉급이 없다면, 새로운 회사를 세우고 잘 돌아가도록 경영해서 수입이 생길 때까지 셰리의 수입에 의존해 살아야만 할 것이다. 그녀는 1월에 아이를 낳은 후 곧바로 직장으로 다시 복귀할 생각이었다. 그러나 나의 결정 때문에 그녀가 아무런 선택의 여지 없이 그렇게 해야만 한다는 사실이 너무도 싫었다. 그러나 달리 생각해보면, 나의 전 생애는 바로 이 일을 위한 준비 과정이 아니었나 하는 생각이 들었다. 그러나 아이러니컬하게도 그것은 나의 부모님이 가르쳐주신 교훈에 위반되는 것이었다. 아버지는 내게 직업을 그만두는 것은 가정을 불안정하게 만들고 분열시키는 원인이 된다고 가르쳐주셨다. 어머니는 늘 이렇게 노래 부르시듯 말씀하셨다. "애야, 너는 지금 좋은 직장을 갖고 있잖니. 왜 그만두려고 해? 제발 그만두지 말아라. 왜 고생을 사서 하려고 하니, 응?"이라고 말씀하셨다.

그러나 나는 어릴 적 소망이자 내 인생의 일관된 꿈(나 자신의 운명은 내가 컨트롤하겠다는, 뭔가 독특한 것을 성취해내겠다는, 나 자신과 나의 가족을 위해 대단한 무언가를 하겠다는) 의 가능성을 보았다. 불안, 소망, 그리고 나의 부모님이 싸워야 만 했던 그 환경을 뛰어넘으려는 불 타는 야망 같은 것들이 그 순간에 한꺼번에 몰려 왔다.

나의 절친한 친구인 케니 지는 후에 그의 인생 경험에 대해 나와 유사한 이야기를 한 적이 있다. 재즈 색소폰의 명 연주가로 유명해지기 오래전인 1980년대에 그는 안정된 악단에서 확고한 위치와 수입을 보장받고 있었지만, 그는 자기 자신의 소리를 찾기 위해 그 악단을 떠나야만 한다고 생각했다. 음악적으로 말한다면 그는 과감히 떨쳐버리고 나가 목적을 달성했던 것이다. 만일 그렇게 하지 않았다면 오늘날 그는 단지 이름 없는 작은 악단에서 색소폰 연주자 노릇을 하고 있을지도 모른다.

그것을 해낸 사람과 더 재능이 있으면서도 해내지 못한 사람 사이에는 무슨 차이가 있을까? 예를 들어 뉴욕에서 그저 테이블에 앉아 배우를 열망하는 사람들을 보라. 그들 중 많은 사람들은 아마도 로버트 드 니로나 수전 서랜던 같은 스타 못지 않은 재능이 있을지도 모른다. 성공을 구성하는 일부분은 타이밍과 기회다. 우리들은 우리 자신의 기회를 스스로 만들어야만 하며 다른 사람들이 보지 못하는 커다란 어떤 것을 보았을 때 과감히 뛰어들 준비가 돼 있어야 한다.

꿈을 꾸는 것도 필요하지만, 시기 적절한 순간 주변의 익숙한 것들을 떠나 자신의 목소리를 찾기 위해 과감히 떠날 줄 알아야 한다. 그것이 바로 1985년에 내가 감행한 일이다. 만일 내가 그렇게 하지 않았다면, 스타벅스의 오늘은 없었을 것이다.

5

부정적인 사람은
결코 위대한 기업을 세울 수 없다

우리는 우리가 할 수 있다고 느끼는 것으로 우리 자신을 판단한다.
반면 다른 사람들은 우리가 이미 해놓은 것을 보고 우리를 판단한다.

_헨리 워즈워드 롱펠로

'먼저 좋은 아이디어로 투자가들을 끌어들여 건실하고 지속적인
사업을 차린다.' 이는 미국 기업인들의 고전적인 꿈이다. 그러나
여기에 따르는 문제는 으레 패배자 취급을 받으면서 출발해야만
한다는 것이다. 패배자의 느낌을 알고 싶다면, 새로운 기업을 만
들기 위한 자금 유치를 시도해보라. 사람들은 문을 꽝 닫고 당신
을 바깥으로 내몰 것이다. 그들은 당신을 의심의 눈으로 쳐다본
다. 그들은 당신의 확신을 갉아먹을 것이다. 그들은 당신에게 왜
당신의 아이디어가 통하지 않을 것인지 상상할 수 있는 모든 이유
를 동원해서 면박을 줄 것이다.

하지만 그런 약자의 입장에 서 보는 것은 장점과 단점의 양면

성을 갖고 있다. 왜냐하면 그러한 역경에 직면하는 그 자체가 오히려 전투 의욕을 고취시킬 수 있기 때문이다. 나의 경우 어느 면으로는 많은 사람들이 내 계획에 대해 무모하다고 말하는 사실을 즐긴 것 같다. 아무리 많은 사람들이 나를 주눅들게 할지라도, 나는 해낼 수 있다고 강하게 믿었다. 사람들이 내가 해낼 수 없다고 믿는 것을 즐긴 이유는 오히려 나는 승리를 확신하고 있었기 때문이다.

부정적인 사람의 말을 듣고 큰 일을 성취한 사람은 없다. 또한 이미 입증된 분야에서 입증된 아이디어를 가지고 크게 성공한 사람도 없다. 새로운 산업을 창조해내고, 새로운 제품을 발명하고, 오래 지속되는 굳건한 기업을 만들고, 주변 사람들에게 능력을 고취시켜 최고 수준의 업적을 이룩하게 할 수 있는 사람은 바로 남들이 가지 않는 길을 가는 사람들이다.

모든 면에서 평범해서는 안 된다

제리 볼드윈은 나를 놀라게 했다. 내가 나의 새로운 회사를 만들기 위해 서류를 작성하고, 회사를 위한 자금을 유치하기 위해 투자자들에게 접근하는 방법을 계획하고 있었을 때, 그는 나를 자기 사무실 안으로 부르더니 나의 커피 바 사업에 15만 달러의 돈을 투자하겠다고 했다.

그는 "이것은 우리가 하고 싶은 사업은 아닙니다. 그러나 하워드, 당신을 지원하겠습니다"라고 설명했다.

아이러니하게도, 그런 몇 마디 말과 더불어 스타벅스는 나의 최초의 투자자가 되었고 제리는 또한 이사로서 역할을 하는 데 동의했으며 고든은 6개월간 파트타임 고문 역할을 하기로 약속했다. 그런 일들은 내가 사업 전환을 하는 데 커다란 힘이 되었다.

아마도 제리는 내가 경쟁자가 되는 것을 방지하고, 또한 내가 스타벅스 커피를 확실히 쓰기를 원했을 것이다. 하지만 그들이 투자를 하지 않았다 하더라도 내가 먼저 그렇게 했을 것이다. 어쨌든 나는 제리가 진정으로 나를 도우려 한다는 것을 느꼈으며 감사하게 생각했다.

고든은 나의 벤처 사업에 대해 나처럼 가슴이 설레었던 모양이다. 그래서 그는 나의 아이디어를 더욱 갈고닦도록 도와주면서 그의 창의적인 생각을 일에 쏟아 넣었다. "이것은 평범한 것이 아닙니다. 당신은 고객들의 기대치를 더욱 높여야 합니다. 새로운 스토어에 관한 모든 것, 즉 상호, 실내 인테리어, 외부 디자인, 종업원들의 서빙 태도 등등 고객들이 뭔가 더 나은 것을 기대하도록 이끌어야 합니다"라고 고든은 내게 말했다.

또한 그는 회사를 이탈리아에서 가장 큰 신문의 이름인 '일 지오날레 Il Gionale'로 부르자고 제안했다. 지오날레는 또한 '매일'이라는 더 중요한 뜻을 갖고 있다. 우리는 매일 일간 신문을 보고 케이크를 먹고 커피를 마시니까!

"이탈리아 스타일로 우아하게 훌륭한 커피를 제공한다면, 고객들은 단골이 되어 매일 찾아올 것이다"라고 스스로 확신한 나는 제리나 고든의 도움과 같은 식으로 자금을 유치할 수만 있다면 6개월 이내에 내가 필요한 모든 투자금을 끌어들일 수 있으리라고 순진하게 생각했다.

새로 사업을 하겠다고 계획하는 사람에게 있어서, 최초의 투자금액을 끌어들여 성공의 냄새를 맡는 것보다 더 즐거운 일이 어디 있겠는가. 그러나 최초로 "노"라는 말을 들었을 때, 그것은 또한 마치 따귀를 맞는 것과 같았다. 나는 이탈리아에서, 커피의 감동과 함께 그것도 역시 경험해야 했다.

12월, 내가 스타벅스를 떠나기 바로 전에 고든과 나는 커피 바를 연구하기 위해 이탈리아로 날아갔다. 지난 3년 동안 나는 그를 점점 좋아하게 됐고, 특히 절대로 어느 한쪽에 치우치지 않는 그의 절충주의가 좋았다. 나는 투자유치 계획에 있어서, 이탈리아의 커피 사업체로부터 100만 달러는 거뜬히 끌어낼 수 있을 것으로 기대했다. 우리의 유망 투자자는 밀라노의 에스프레소 기계 생산업체인 '패마Faema'였다. 그들은 내가 전화로 미리 사업계획을 설명했을 때 큰 흥미를 보였다.

밀라노에서의 첫날, 나는 최초의 사업설명회가 끝난 후 뿌듯함을 느꼈다. 나는 그들에게 어떻게 우리가 미국에서 이탈리아 에스프레소 바를 재현시켜 궁극적으로 50개의 스토어로 키워나갈 것인가를 설명했다. 나는 그 기회의 대단한 잠재력에 대해 최대한 감동적으로 설명했으며, 특히 미국에서는 거의 알려져 있지 않은 이탈리아 스타일의 커피가 가진 매력에 대해 강조했다. 사업용 에스프레소 기계를 파는 회사로서는, 나의 벤처사업이 분명히 매력적일 거라고 생각했다.

그러나 그들은 아주 잠깐의 토론을 거친 뒤 우리의 제안을 거절했다. 미국인들은 결코 이탈리아 사람들처럼 그렇게 에스프레소를 즐길 수 없을 것이라는 주장이었다. 검증되지 않은 작은 미국 회사에 대한 외국 대기업의 투자를 너무 낙관적으로 생각했다는 것은 인정했지만, 기가 좀 꺾이는 것을 느끼지 않을 수 없었다. 패마가 투자를 거부함으로써, 창업에 필요한 170만 달러를 유치하기 위해 집집마다 방문하면서 개인적인 투자가를 끌어들일 수밖에 없다는 것을 깨달았다.

나는 그것이 얼마나 힘든 일인가를 알고 있었다. 그러나 항상 그랬듯이, 이탈리아는 오랫동안 의기소침해 있기에는 너무 활기차고 아름다웠다. 고든과 나는 밀라노와 베로나에 있는 거의 500군데의 에스프레소 바를 들러 그 특징들을 메모하고, 사진을 찍고, 그리고 바리스타들이 손님들을 대하는 모습들을 비디오 카메라에 담았다. 우리는 각각의 에스프레소 바에서 독특한 습관, 메뉴, 실내 장식, 그리고 에스프레소를 만드는 기술을 관찰했다. 우리는 많은 종류의 커피를 마시고, 여러 종류의 이탈리아 와인을 맛보면서 환상적인 식사를 즐겼다. 우리는 이탈리아의 강렬한 태양 아래 노천 카페에 앉아서, 이탈리아 정통 스타일의 커피 바를 어떻게 그대로 재현시킬까를 궁리하면서 여러 계획을 세웠다.

우리는 이탈리아로 출발할 때처럼 아이디어와 의욕이 넘쳐 시애틀로 돌아왔다. 나는 나의 최초 스토어가 될 일 지오날레를 출범시키기 위해 필요한 자금 유치에 대한 각오를 다졌다. 나는 내가 가진 투자금이 없었고 벤처 자본에 대해서는 아는 바가 없었다. 돈을 얻어내기 위해 가족이나 친구에게 접근하는 것은 올바른 것 같지 않았다. 만일 나의 계획이 건전한 것이라면 경험 있는 투자자들은 투자를 할 것이고, 만일 그 반대라면 그들은 나를 일깨워줄 것이라고 생각했다.

나는 한참이 지나서야 장기적인 지분을 통한 투자금 유치 방법을 깨달았다. 마이크로소프트사와 같이 지식에 기반을 둔 회사들과는 달리, 소매 사업들은 매우 자본 집약적이다. 소매 사업은 회사 소유의 스토어를 열면서 급성장 계획, 임대료, 재고, 그리고 설치비 등에 필요한 비용을 위해 반복적인 자금 투입이 필요하며, 더 많은 자금이 유입될수록 창업자의 위험은 감소하게 된다. 나는 일부 소프트웨어 회사들의 경영자들처럼 50퍼센트 이상의 지분을 소유할 수 없었다. 오늘날에는 회사의 더 많은 지분을 갖기 바라지만, 그 당시는 선택의 여지가 없었다. 그리고 만일 내가 지분에 욕심을 냈더라면 스타벅스는 그렇게 빨리, 순조롭게 성장하지는 못했을 것이다.

이탈리아에서 돌아온 후, 나는 친구인 스콧 그린버그와 우리집 부엌 식탁에 앉아 일 지오날레를 위한 새로운 창업 계획의 초안을 작성했다. 우리 둘은 젊고, 어떤 가능성을 보면 매료되었으며, 서로의 약점을 잘 보완해주었다. 나는 비전을 갖고 있었으며, 그는 투자에 따른 기회와 위험성 분석 방법들을 잘 알고 있었고 개인 투자자를 유치하기 위한 정보와 계획을 고안하기도 했다.

시애틀에 뭔가 새로운 것을 도입하기 위해서는 우선 하나의 모델 스토어를 만들어 실제로 운영하면서 이탈리아 스타일의 커피 바의 진수를 보여주어야 했다. 그러나 그렇게 하기 위해서는 초기 투자자금으로 40만 달러의 종자돈이 필요했으며, 그 후에도 시애틀 안팎에 최소한 8개의 스토어를 더 개점하는 데는 추가로 125만 달러가 필요할 것으로 예상되었다. 나는 그런 면에서 일 지오날레를 단지 하나의 독립된 스토어가 아닌 모기업으로 만들 계획을 하고 있었다.

사업계획서보다 성실성이 통할 때가 있다

일 지오날레의 최초 외부 투자자는 론 마골리스였는데, 어떤 점에서 그는 이 스토어와 전혀 무관한 사람처럼 보였다. 산부인과 의사인 론은 주식시장이나, 그가 알고 신뢰하는 사람들의 소규모 벤처사업에 투자해왔었다.

내가 돈 때문에 그에게 접근했을 때, 그와 나는 전혀 모르는 사이였다. 다만 셰리가 직업 관계로 그의 아내인 캐롤을 알고 있었을 뿐이었다. 어느 가을 날 캐롤과 론, 그리고 셰리, 이렇게 세 사람은 시애틀공원에서 낙엽이 떨어진 오솔길을 걷고 있었다. 캐롤은 젖먹이 아이가 있었고 셰리는 임신한 상태였으며 론은 산부인과 의사였기 때문에, 자연히 대화는 아기들에 관한 것이었다. 그러나 셰리가 남편이 회사를 설립할 계획이라고 이야기했을 때, 론은 "하워드가 일을 시작한다면 틀림없이 성공할 것입니다. 무엇을 하는지 좀 알고 싶군요"라고 말했다.

그 후 얼마 지나지 않아, 셰리는 내가 그들을 만날 수 있도록 약속을 정했고, 캐롤은 우리를 초대했다. 투자유치 초기 단계에서, 나는 아직도 내 아이디어에 대해 매우 흥분해 있었기 때문에 사업에 대한 설명을 장황하게 늘어 놓기 일쑤였다.

나는 사업계획을 스콧과 의논한 뒤 많은 시간을 투자해 계획서를 작성했다. 우리는 얼마나 많은 자금을 유치해야 하는지, 최초의 스토어를 오픈하기 위한 시간은 얼마나 걸리는지, 그리고 그 후 흑자를 기록하기까지는 또 얼마나 걸릴지, 투자 자본에 대한 이익 배분을 어떻게 할지, 등등의 표준 재정계획서를 이미 작성해 놓은 상태였다. 심지어 나의 최초 스토어에 대한 건축가의 설계도까지 준비해놓았다. 그러나 론은 그것들을 내보일 기회를 주지 않았다.

그의 집으로 초대되어 갔을 때, 론은 식탁에 앉은 우리에게 몇 마디 인사를 나누자마자, "하워드, 당신의 새로운 사업에 대해 이야기 좀 들어봅시다" 하고 말을 꺼냈다. 나는 기다렸다는 듯이 열성적으로 뛰어들어 이탈리아를 여행하면서 받은 영감에 대해, 이탈리아 사람들에게는 에스프레소 바에 들르는 일이 얼마나 행복한 일상생활의 하나인지를 설명했다. 나는 바리스타가 한 잔 한 잔의 에스프레소 잔을 만들 때의 그 열정적이고 예술적인 행동에 대해 상세하게 묘사하면서, 나의 최초 스토어인 일 지오날레라는 이름에 걸맞게 고객들이 읽을 수 있도록 일간 신문을 비치하는 등의 아이디어를 물어보기도 했다. 만일 에스프레소 문화가 이탈리아에서 번성할 수 있다면, 그것은 시애틀에서도, 그 어떤 곳에서도 성공할 것이라고 주장했다.

나는 더 많이 얘기할수록 더욱 열정적이 되었는데, 마침내 론이 갑자기 말을 가로막았다.

"사업자금은 얼마나 필요하십니까?"

나는 "네. 저는 지금 종자돈을 구하러 다니고 있습니다"라고 대답하면서, 서류뭉치들을 풀었다. "우리의 재정계획을 보여드리겠습니다."

"아. 그럴 필요는 없습니다." 그는 손을 저으며 말했다. "나는 그런 서류뭉치를 이해하고 싶지 않군요. 얼마나 필요하십니까? 10만 달러면 되겠습니까?" 론은 수표책과 펜을 꺼내더니 즉석에서 그 액수를 쓰고 수표를 건네주었다.

'아! 나의 모든 자금 유치 과정이 이런 식으로 쉽다면….'

론은 재정적인 계획에 근거를 두고 투자한 것이 아니라 나의 정직함과 성실함, 그리고 열정을 보았던 것이다. 간단히 말해서, 그는 신뢰할 수 있는 사람을 찾고 있었던 것이다.

회사가 흑자를 내기 시작한 것은 그 이후 4년이 흐르고 나서였다. 론과 캐롤은 투자에 대한 보상은 고사하고 투자 원금도 받지 못했다. 그러나 일단 회사가 성장하자 주가와 배당금이 가파르게 올라가기 시작했고, 그 보상은 어마어마해졌다. 그들이 10만 달러를 투자해서 산 주식은 1천만 달러 이상의 가치를 갖게 된 것이었다.

열정 하나로는 그 어떠한 것도 보장할 수 없다. 론 자신도 아마 그러한 직감으로 투자한 다른 기업 모두에게서 멋진 보상을 받지는 못했을 것이다. 그들은 아이디어에 허점이 있거나 근시안에서 벗어나지 못할 때, 또는 권력을 포기하지 못해서 실패한다. 어떤 투자자는 자금 투자를 중단하기도 한다. 이러한 여러 요소들로 인해 창업자의 최초 열정이 꺾이고, 성숙한 기업 상태가 되기 전에 쓰러지고 마는 것이다. 그러나 열정은 필요한 요소이며, 앞으로도 항상 그럴 것이다. 세상에서 가장 훌륭한 사업계획도 열정과 성실이 뒷받침되지 않는다면 아무 이익도 가져다주지 못할 것이다.

론은 일 지오날레에 대해 확신을 가졌지만, 아이러니하게도 그는 전혀 커피를 마시지 않는 사람이었다. 그는 나에게 투자를 한 것이지 나의 아이디어와 계획에 투자한 것이 아니었다. 그는 의사지 사업가가 아니다. 그러나 그의 충고는 명심할 만한 가치가 있다.

"성공하는 사람들은 믿을 수 없을 정도로 뭔가를 열심히 하는 것 같습니다. 그들은 모든 에너지를 모험하는 데 씁니다. 이 세상에서 아주 적은 수의 사람들만이 기꺼이 커다란 모험을 감행하는 것 같습니다."

만일 그러한 사람을 만난다면, 그의 말을 경청해보라. 당신은 결국 그 놀라운 꿈을 성취하는 데 일조하게 될 것이다.

약자의 입장에서 보는 세상

나의 아들이 태어난 1월, 나는 주식을 한 주당 92센트에 발행하여 40만 달러의 종자돈 전액을 마련할 수 있었다. 스타벅스와 론 마골리스가 투자금의 많은 부분을 차지했고, 나머지는 아니 프렌티스와 그의 고객들로부터 유치했다. 아니 프렌티스는 스타벅스와 이탈리아의 에스프레소 모두를 알고 있는, 재정 투자회사의 공동 회장이었으며 내가 성취하려고 하는 계획을 굳게 믿은 최초 투자자들 중의 하나였다. 그는 자신의 명성을 이용하여 그의 고객들에게 나의 계획을 설명할 수 있도록, 아침 혹은 점심식사 자리들을 마련해주었다. 그는 일 지오날레 이사회의 임원이 되어 아직도 스타벅스 이사회의 멤버로 남아 있다.

나는 그 종자돈으로 시애틀의 가장 높은 빌딩인 컬럼비아 센터에 최초의 일 지오날레 스토어를 위한 공간을 마련하게 되었다. 다음 장에서 자세히 기술하겠지만 데이브 올센을 만난 것은 바로 이때였다. 데이브와 나는 스토어를 개점하기 위해 1986년 4월부터 함께 일하기 시작했다.

그러나 나는 125만 달러를 더 유치하기 위해 여전히 많은 시간과 에너지를 써야만 했다. 우리는 퍼스트 에비뉴First Avenue에 조 그만 사무실을 임대해 앞길을 닦기 시작했다. 나는 사람들을 만나는 모든 순간 나의 사업 설명이 항상 신선하게 들리도록 노력하면서 투자금을 얻기 위해 뛰어다녔다. 나는 최초의 스토어를 오픈하기 전후에, 가능성 있는 모든 투자자에게 접근하며 끊임없이 전화를 걸었다.

그해, 나는 그냥 패배자가 아니라 패배자 중의 패배자였다. 그때는 내 인생에서 가장 고달픈 시기였다. 나는 문을 두드릴 때마다 발로 채이고 두드려 맞는 듯한 느낌을 받았다. 그 당시 서른두 살이었던 나는 세일즈와 마케팅 분야의 경험은 있었지만 나 자신의 회사를 운영해본 경험이 없었고, 시애틀에 산 지도 3년밖에 안되었기 때문에 그 곳의 엘리트 자본가들을 잘 알지 못했다.

나는 돈을 구하는 것에 대해 아무것도 몰랐고, 너무 순진하여 누구에게든지 이야기하곤 했다. 소규모 벤처 투자를 할 능력이 있는 사람이라는, '공인된 투자자'라는 법률적 정의가 있다는 것을 알게 되었을 때 나는 이 법률적 정의에 맞는 사람을 발견할 때마다 접근하곤 했으며, 투자할 능력이 있는 사람인지 아닌지를 대화 도중 생각해보기도 했다. 나는 종종 엄청난 곤혹을 치른 뒤 굴욕감에 사로잡혀 돌아오곤 했다.

고등학교 시절의 어느 여름, 나는 한 레스토랑의 웨이터로 아르바이트를 하고 있었다. 나는 일부 손님들이 내게 얼마나 무례하게 대했는지 기억하고 있다. 그들은 내게 쌀쌀하게 대하며 이것저것 요구했다. 나는 주위를 뛰어다니며 그들을 기쁘게 하기 위해 최선을 다했지만, 그들은 너무나 인색한 팁을 주고 떠나갔다. 브루클린 출신의 가난한 소년이었던 나는 '아! 이것이 부유한 사람들의 작태로구나' 하는 것을 느꼈다. '내가 만일 이런 곳에 휴가를 올 수 있을 정도로 부자가 된다면, 팁을 듬뿍 주면서 항상 관대하게 대해야 되겠다'라고 혼잣말로 중얼거린 것을 지금도 기억한다.

투자금을 유치하고 있던 그 해에 나는 비슷한 감정을 느꼈다. 그래서 나는 만일 내가 성공했을 때 어떤 기업가가 내게 투자를 부탁한다면, 그것이 최악의 아이디어라 할지라도 항상 그 기업가 정신을 존경하겠다고 맹세했다.

내가 접근했던 많은 투자가들은 미친 아이디어를 팔고 다닌다며 나를 비난했다.

"뭐. 일 지오날레라고? 당신은 발음도 제대로 못하는구만."

"스타벅스를 왜 떠났는지 이해가 안 가는군."

"그 생각이 실현되리라고 생각하십니까? 미국 사람들은 절대로 1달러 50센트를 내고 커피를 사지 않을 겁니다!"

"당신은 정신이 나간 겁니다. 이 계획은 무모해요. 차라리 새 직장이나 구해보시죠."

그해 자금 유치를 하러 다니면서 242명의 사람들에게 투자를 권유했는데 217명이 "노"라는 대답을 했다. 당신의 아이디어가 왜 투자할 가치가 없는지를 수없이 듣는 것이 얼마나 가슴을 무너뜨릴지 상상해보라. 어떤 사람들은 나의 설명에 한 시간이나 귀 기울여 듣고는 아무 전화 연락도 주지 않아서 후에 내가 전화를 하면 받지도 않았다. 참다못해 직접 찾아가면, 그들은 왜 흥미가 없는지 내게 설명하곤 했다. 그것은 정말 굴욕적인 순간들이었다.

가장 힘들었던 부분은 내 마음속의 굴욕과 좌절감에도 불구하고 항상 활기차고 자신 있는 태도를 유지해야만 한다는 것이었다. 자신이 제시하려고 하는 사업에 대해 열정과 의욕이 가득 찬 모습을 보일 수 없다면 유망한 투자자의 발굴을 포기하는 것이다. 어떤 장소를 임대하기 위해 그 주인을 만나 협상을 시도하려는데 낙담한 모습을 보일 수 있겠는가!

그러나 한 주에 세 번 혹은 네 번이나 협상에서 굴욕과 거절을 당한다면, 어떻게 열정과 의욕을 계속 유지할 수 있겠는가. 정말 카멜레온이 되어야만 하는 것이다.

당신이 어떤 유망한 투자자 앞에 앉아 있지만, 지금 너무도 의기 소침해 있다고 하자. 과연 그들 앞에서 활기차고 자신 있는 모습을 보여줄 수 있겠는가. 그러나 당신은 최초의 투자 유치를 위한 만남에서 그랬던 것처럼 자신 있고 신선한 목소리를 들려주어야만 한다.

나는 아직도 나의 계획이 성사되지 않으리라고 생각해본 적이 없다. 나는 이탈리아에서 최초로 에스프레소를 만났던 그 느낌, 즉 고객들과의 일상적인 교류를 통한 정서적 일체감이 미국인에게 훌륭한 커피의 감상법을 가르쳐주는 열쇠라고 깊이 확신하고 있었다.

자기 확신과 자기 불신 사이에는 단지 가느다란 선이 있을 뿐이다. 그리고 심지어 두 가지 감정을 동시에 느끼는 것도 가능하다. 그때를 돌이켜보면, 오늘날에도 종종 그렇지만, 나는 불안정한 상황에서 안절부절못하기도 하고 동시에 자기 확신과 믿음이 충만한 것을 느끼기도 한다. 솔직히 사업의 출범 당시 내가 돈을 유치하는 데 소질이 있었다고는 생각하지 않는다. 목표량을 채우는 데 너무 오랜 시간이 걸렸기 때문이다. 하지만 많은 훈련 끝에 사업 설명을 더 잘할 수 있었으며, 상대가 거절할지 관심을 보일지 예상할 수 있게 되었다.

한편 종자돈은 거의 바닥이 나고 있었다. 최초의 일 지오날레 스토어를 오픈한 4월, 나는 시애틀 시민들이 직장으로 가는 도중 스토어에 잠깐 들려 우아한 에스프레소의 참맛을 발견하고 즐기는 모습을 보면서 매우 흥분했다. 첫날 이후 판매량은 우리의 기대를 훨씬 웃돌았으며, 그 분위기는 우리가 의도했던 대로 조성되었다. 그러나 한편으로는 임대료를 내고 사람들을 고용하느라 빚을 냈는데, 오랜 시간이 지나서야 비로소 흑자를 기대할 수 있었다.

한 달 한 달 지나가면서 우리는 어떻게 사업을 계속해나갈 수 있을지 걱정하기 시작했다. 나의 계획만큼 돈이 들어오지 않았기 때문이었다. 때로는 종업원 월급과 임대료를 제대로 줄 수 있을지도 확신할 수 없을 정도였다. 데이브 올센과 나는 함께 앉아 서로 묻곤 했다. "이번 주에는 누가 종업원들 월급 줄 거야?" 실제로 봉급을 거른 적은 결코 없었지만 아슬아슬한 때는 있었다. 어떤 이유인지는 모르겠지만 나의 주변사람들은 내가 잘 극복해나가리라는 것을, 그리고 일이 잘되게 할 수 있는 어떤 방법을 알고 있으리라는 것을 결코 의심하지 않았다. 어쨌든 나는 그들의 신뢰 덕분에 결심을 더욱 굳게 할 수 있었다.

일 지오날레가 중요한 전환점을 맞이한 것은 6월이었다. 다행스럽게도 나는 한 투자자의 도움으로 추가로 자금을 확보할 수 있게 되었다. 해롤드 골릭이라는 사람이었는데, 내가 지금까지 받은 수표 중 가장 큰 액수인 20만 달러 이상을 투자했다. 그는 열배관 공사로 많은 돈을 벌어 자수성가했으며, 좀 성격이 거칠었지만 매우 좋은 사람이었다.

몇 년 후, 해롤드는 막 뜨는 재즈 색소폰 연주자이자 그의 조카인 케니 지를 내게 소개해주었다. 우리는 둘 다 젊었고, 자기 분야에서 두각을 나타내려고 열망했으며, 서로 비슷한 도전에 직면해 있었기 때문에 금방 친해졌다. 케니 역시 우리 사업에 투자했고 심지어 '종업원의 날' 행사에서 연주해주거나 배전공장이나 스토어 오픈식 때 자선공연을 하기도 했다. 그리하여 그는 우리 회사문화의 일부가 되었다.

나는 자금을 확보하면서 긴박한 재정 위기를 안정시키고 정신을 좀 가다듬을 수 있었다. 그러나 125만 달러라는 목표는 아직 멀게만 보였고, 이제 두드릴 문도 많이 남아 있지 않은 것 같았다.

너무도 평범한 상품, 커피의 재발견

여름이 한창 무르익어감에 따라 긴장도 커갔다. 내가 계속해서 직면하고 있던 가장 큰 장벽은 투자자들이 돈을 투자할 매력적인 산업들이 아주 많은데, 나 자신의 아이디어는 외견상 그에 비해 그리 매력적으로 보이지 않는다는 것이었다.

내가 접근했던 그룹 중의 하나는 소규모 사업투자 회사인 캐피탈 리소스Capital Resource Corp. 였는데, 그 회사에서는 15명 내지 20명의 파트너들이 유망한 창업회사에 공동으로 투자하고 있었다. 이제는 최초 스토어의 성공이 가시적이었기 때문에 나의 사업 설명은 훨씬 진취적이었다. 나는 일 지오날레 커피 회사가 시애틀에서 시작하여 다른 도시에까지 궁극적으로 50개의 이탈리아 스타일 에스프레소 바를 오픈할 계획이라고 발표했다. 일 지오날레를 실사한 멤버 중의 한 사람인 잭 로저스는 꽤 큰 투자를 추천했지만 그 그룹은 거절했다. 그들의 회사 방침은 첨단 기술 분야의 창업자들에게만 투자하는 것이었는데, 커피는 물론 첨단 기술과는 거리가 멀었다.

투자하기에 매력적인 신생회사는 흔히 창업자의 아이디어나 기술, 즉 어느 누구에게도 없는 무언가가 하나씩은 있게 마련이다. 대표적인 예를 들어 보면, 애플사의 컴퓨터, 인텔의 칩, 그리고 마이크로소프트사의 운영체계가 있다. 제품에 대해 특허를 낸다면 훨씬 더 유리할 것이다. 즉 당신이 충분히 시장을 확보하기 전에 경쟁사들이 시장을 바로 잠식해버리는 것을 방지할 수 있도록 시장 진입 장벽을 구축하기 위한 일환으로 이러한 특징들을 갖추는 것이 중요한 것이다. 그리고 유망한 아이디어 산업으로는 생명공학, 소프트웨어, 혹은 통신 분야 등을 꼽을 수 있다.

일 지오날레는 이러한 패러다임의 어디에도 속하지 않는다. 또한 오늘날의 스타벅스 역시 마찬가지다. 우리는 미국에서 고급 커피를 대중화시켰다는 사실 이외에는, 카페라떼라는 말에 대한, 그리고 강배전에 대한 특허권도 없었으며 고급 커피 공급에 대한 독점권도 없었다. 아무나 오늘 우리 옆에 에스프레소 바를 오픈하고 내일부터 우리와 경쟁할 수 있는 것이다.

나는 커피가 왜 성장산업이 될 수 없는가에 대한 수많은 주장을 들어왔다. 커피는 전 세계에서 석유 다음으로 많이 유통되는 품목이지만, 미국에서는 소프트 드링크류가 가장 인기 있는 음료로 자리 잡음에 따라 커피 소비량은 1960년 중반 이래 계속 감소 추세에 있었다. 그러나 커피숍은 우리가 잘 알 수도 없는 옛날부터 존재해왔다. 나는 고급 커피에 대한 수요가 점차 증가 추세에 있다고 거듭 설명했다.

"시애틀이나 샌프란시스코 같은 도시들에서는 점차 많은 사람들이 집이나 레스토랑에서 고급 커피를 즐기고 있지만, 직장에서는 그럴 기회가 없습니다. 그리고 점점 더 많은 도시들에서 소규모로 고급 커피 원두를 팔기 시작하고 있지만, 에스프레소는 주로 저녁 식사 후 디저트로 레스토랑에서나 접할 수 있을 뿐입니다. 또한 몇몇 에스프레소 바들이 있긴 하지만 도심지역에서는 고급 품질의, 즉석에서 손으로 만들어주는 마땅한 에스프레소 바가 없는 실정입니다. 우리가 일 지오날레에서 이룩하고자 하는 것은 하나의 상품, 즉 커피라는 품목을 재발견하는 것입니다. 우리는 진부하고 지겨우며 너무도 평범한 상품인 기존의 커피를 풍미로운 고급커피로 바꾸고, 로맨스와 서로의 정서적 공감을 나누며 어울릴 수 있는 분위기를 함께 만들어나갈 계획입니다. 우리는 수세기 동안 커피와 함께 고동치며 존재해왔던 그 매혹과 신비로움을 재발견할 겁니다. 그리하여 우리는 고객들을 커피의 오묘하고 신비로운, 그리고 지적인 분위기로 유혹할 것입니다."

나이키는 뭔가 나와 비교해볼 만한 일을 해낸, 내가 아는 유일한 다른 회사이다. 운동화는 값싸고, 일반적이고, 실용적인 품목인데 이전에는 고급스러운 이미지와는 거리가 멀었다. 그러나 나이키의 전략은 먼저 세계적인 수준의 러닝화를 만든 뒤, 나이키로 최고 수준의 기록을 세울 수 있다는 이미지와 더불어 그에 대한 해학적인 분위기를 창출해내는 것이었다. 이 이미지는 소비자들에게 많은 인기를 끌어, 운동선수가 아닌 사람들도 역시 나이키 신발을 신고 싶어하도록 만들었다. 1970년대에는 좋은 스니커즈 신발이 한 켤레에 불과 20달러밖에 하지 않았는데, 누가 나이키 농구화를 140달러에 구입하리라고 상상했겠는가?

그러면 좋은 투자 기회를 어떻게 아는가?

기업가의 훌륭한 아이디어를 어떻게 구별할 수 있겠는가?

그들이 일 지오날레에 대한 투자 기회를 거절했을 때 그들은 무엇을 잃어버리고 있었던 걸까?

그 대답은 쉽지 않지만, 직감과 많은 관계가 있다. 가장 좋은 아이디어는 새로운 사고와 분위기를 창출하거나, 다른 사람들이 느끼기 전에 그 필요성을 먼저 감지하는 그런 것이다. 따라서 민감한 투자자라면 시대를 앞설 뿐 아니라 장기적 전망을 갖고 있는 아이디어를 인식할 수 있을 것이다. 캐피탈 리소스는 당시 나에 대한 투자를 거절했지만, 잭 로저스와 그 그룹의 일원이었던 몇몇 개인 투자자들은 일 지오날레에 개별적으로 투자했다. 그들은 사업지침에만 의존하지는 않았던 것이다. 나는 그들이 첨단 산업에 투자함으로써 과연 나에게 투자해서 얻은 이익만큼 수익을 올렸는지 궁금할 때가 종종 있다.

난관을 돌파하는 것은 결코 쉽지 않다

8월이 되자, 나는 마치 12회 말 타석에 들어선 타자 같은 느낌이었다. 일 지오날레는 오픈한 지 이제 4개월이 지났고, 사업은 잘 진행되고 있었다. 그러나 아직도 내가 필요한 목표량의 절반 정도밖에 자금이 없었다. 나는 이미 두 번째 스토어를 오픈하기 위해 건물 임대계약에 사인을 해놓은 상태였지만, 그 돈을 지불할 일이 난감했다. 나는 빨리 안타를 쳐서 득점을 올려야만 했던 것이다.

내가 아직 문을 두드리지 않은 회사가 하나 있었다. 그 회사는 아직 내가 사업설명을 하지 않은 시애틀의 가장 번창하는 세 기업 중의 하나였는데, 잭 베냐로야, 헤르만 사콥스키, 그리고 샘 스트로움, 세 사람이 이끌어가고 있었다. 그들은 지역에서 가장 높은 빌딩을 짓고, 가장 성공적인 주택단지를 개발하면서 시애틀에서 튼튼한 사업을 경영하는, 말하자면 타이탄이었다. 그들 세 사람은 유대인 사회에서 적극적인 활동을 하는 관대한 자선가이기도 했는데, 서로 친구로서 함께 투자하기도 했다.

헤르만의 아들 스티브는 내 나이 정도였는데, 어느 날 그는 그의 아버지를 일 지오날레 스토어로 모시고 와서 나를 소개했다. 헤르만은 내가 그들을 위한 사업설명회를 여는 데 동의했다. 나는 그것이 나의 마지막 기회라고 생각했다. 만일 세 사람이 거절한다면, 이제 시애틀에서 누구를 찾아가야 할지 몰랐다. 지금까지 사업설명을 거의 100번 정도 했지만, 나는 그 중요한 사업설명회를 앞두고 계속 반복하면서 연습했다. 나는 준비가 완벽하게 될 때까지는 무대에 서고 싶지 않았던 것이다. 그들이 단지 소액을 투자한다고 할지라도 그것은 무한한 상징적 가치가 있어서, 높은 수준의 비즈니스계에 있는 다른 사람들을 끌어들일 수 있을 것 같았다.

우리는 그 설명회를 가장 높은 시애틀 빌딩의 맨 위층 사무실에서 갖기로 했다. 나는 스스로를 좀 진정시키기 위해 그 블록을 세 바퀴나 돌면서 마음을 굳게 다잡았다. 설명회는 잘 진행되었고, 그들은 기꺼이 많은 돈을 투자할 것 같았다. 그러나 그 세 사람은 좀 어려운 요구를 해왔다. 그들은 더 낮은 주당 가격과 옵션 그리고 이사회 멤버자격을 원했고, 세부사항을 조정하는 데 2주일이나 썼다. 그러고 나서 그들은 75만 달러를 투자하기로 결정했다.

나는 뛸 듯이 기뻤다. 드디어 해낸 것이다. 나는 종자돈을 포함하여 약 30명의 투자자들로부터 165만 달러를 끌어들임으로써 투자유치 작업을 모두 끝냈는데, 최대의 액수는 바로 그 세 사람에게 나왔다. 야니 프렌티스, 해롤드 골릭, 그리고 잭 로저스와 더불어 스티브 사콥스키도 이사가 되었으며, 후에 좀 긴장되고 어려웠던 때에 나를 든든하게 보조해주었다.

만일 오늘날 그 투자자들 아무에게나, 왜 그때 그 많은 위험요소를 무릅쓰고 투자했느냐고 묻는다면, 그들은 아마 나의 아이디어에 투자한 것이 아니라 바로 나에게 투자했다고 말할 것이다. 내가 나 자신을 믿었기 때문에 그들 역시 나를 믿은 것이고, 아무도 확신할 수 없었던 그 누군가를 신뢰했기 때문에 오늘날 많은 보상을 받고 있는 것이다.

그 후 내 꿈을 이룬 최초의 스토어 일 지오날레는 단지 몇몇 오랜 단골들에게만 기억된 채 역사 속으로 점점 사라져갔다. 그러나 애초에 투자했던 이들은 투자에 대해 무려 100배의 보상을 받게 되었다. 그렇게 되기까지는 여러 가지 운명의 장난이 있었다.

6

사람은 존경과 품위로,
기업은 가치관과 원칙으로 다룬다

인간을 궁극적으로 판단하는 기준은
그가 편안하고 안락한 순간에 있을 때의 모습이 아닌,
도전과 투쟁의 순간에 서 있을 때의 모습이다.

_마틴 루터 킹

열정과 믿음을 가진 파트너

1985년이 저물어 가던 어느 날, 나는 일 지오날레를 출범시키기 위해 여러 세부사항을 계획하는 데 몰두하며 책상에 앉아 있었다. 나는 이미 스타벅스를 떠나 있었으나 아직도 그곳의 사무실을 쓰고 있었는데, 바닥에는 온통 메뉴, 그래픽, 설계도, 디자인의 초안 같은 것들이 뒹굴고 있었다.

그때 내가 단지 몇 번밖에 만난 적이 없고 평판으로만 알고 있던 데이브 올센이라는 사람이 전화를 걸어왔다. 스타벅스 사람들은 커피에 대해서는 무엇이든 다 알고 있었던 그에 대해 일종의 외경심에 가득 차 이야기하곤했다. 키가 크고 넓은 어깨를 가진 그는 약간 곱슬거리는 긴 머리에 조그맣고 둥근 안경 너머로 강렬한 눈빛을 반짝이는 사람이었다. 그는 대학 구내에서 작고 수수한 카페 '알레그로'를 운영하고 있었는데, 학생이나 교수들은 거기에 죽치고 앉아 철학을 연구하고 미국의 대외정책에 대해 토론하기도 했으며 혹은 그냥 카푸치노를 마시기도 했다. 어떤 의미에서 카페 알레그로는 그 스타일이 보헤미안에 더 가까웠다. 도시의 사무실 근로자같이 이른 아침 잠깐 들러서 커피를 마시는 그런 고객들이 없었으며, 커피 원두나 관련 상품을 취급하지는 않았지만 이웃들이 모이는 장소, 그런 정서적 공감대의 작은 사회를 형성하고 있었다는 점에서 나중에 이룩한 스타벅스의 초기 형태와 같았다.

그것은 내가 밀라노에서 본, 이탈리아 스타일의 서서 마시는 에스프레소 바라기보다는 유럽 스타일의 정통 카페에 가까웠다. "나는 당신이 시내에 커피 바를 오픈할 계획을 하고 있다고 들었습니다. 나도 시내에 한두 군데 장소를 물색하고 있습니다. 우리 서로 같이 이야기하면 좋을 것 같은데요"라고 그가 말했다. 나는 "네, 정말 좋습니다. 그럼 이리로 오시죠"라고 대답하면서 며칠 후에 만날 약속을 했다.

나는 전화를 끊고, 일 지오날레 오픈 준비를 도와주고 있는 돈 피나우드에게 말했다. "돈, 이게 누군지 알아?" 그녀는 하던 일을 멈추고 기대에 찬 눈으로 나를 바라보았다. "데이브 올센이야! 그는 우리와 함께 일하고 싶어하는 것 같아!"

데이브를 만나던 날, 나는 그와 함께 사무실 바닥에 앉아 계획과 청사진을 펴놓고 나의 생각에 대해 이야기하기 시작했다. 카운터 뒤에서 앞치마를 두르고 에스프레소를 서빙하면서 10년을 보낸 적이 있는, 이탈리아와 그 자신의 카페에서 사람들이 에스프레소에 대해 느끼는 흥분들을 직접 보아왔던 그는 내 말을 즉석에서 동감했다. 나는 애써서 나의 아이디어에 대해 그를 설득할 필요가 없었다. 그는 그것을 뼈저리게 알고 있었던 것이다.

데이브와의 시너지 효과는 대단했다. 나는 강력한 비전을 전달하면서 투자자들에게 영감을 불어넣어 자금을 유치하면서, 스토어의 위치를 결정하고 디자인하며 브랜드 이미지를 구축하는 한편 미래의 성장 계획을 세웠다. 데이브는 최고 품질의 커피를 확인하며, 바리스타들을 훈련시키고 고용하는 일을 맡았다. 그는 카페 내부 운영에 필요한 것이 무엇인지를 잘 알고 있었다.

그와 경쟁자가 된다는 것은 결코 있을 수 없었다. 데이브는 자신의 카페를 성장시키기 위한 방법을 모색하고 있었지만, 나의 계획을 다 듣고 나서는 나와 경쟁하기보다는 힘을 합쳐 일하는 것이 보다 나을 거라고 생각했다. 그래서 일 지오날레를 키우기 위해 함께 일하는 것에 기꺼이 동의했다. 나는 여전히 돈이 없었기 때문에, 데이브는 1만 2천 달러의 하찮은 연봉을 받고 일주일에 24시간을 일해주는 데 기꺼이 동의했다. 나중에 스톡옵션을 통해 후하게 보상받긴 했지만, 사실상 그는 처음부터 몸을 아끼지 않고 헌신했다.

데이브는 믿음 때문이었지 결코 돈 때문에 우리 팀에 합류한 것이 아니었다. 이탈리아식 커피 바를 오픈한다는 말에 그는 처음에는 매우 놀랐다. 그러나 우리가 최상의 커피와 에스프레소를 제공하는 것을 확인하고는 우리를 돕고 싶어했으며, 그 이후 우리 회사의 커피에 관한 양심 그 자체가 되었다. 데이브는 스타벅스의 커피 부문 수석 부사장으로서 지금까지도 자신을 고용인도, 창업자도, 경영인도 아니고 단지 열성 있고 진지하며 매우 운 좋은 참여자라고 설명한다.

"마치 등산하는 것 같습니다. 네, 그래요. 하지만 나는 다행히 월급을 받고 있어요. 그렇지 않았다면 지금 내가 하는 모든 일을 하지는 않았을 것입니다. 그래도 많은 일을 하기는 했을 테지만." 만일 사업에 기억이라는 것이 있다면 데이브 올센은 스타벅스의 핵심적인 목적과 가치가 함께 어우러져 있는 기억의 심장부, 바로 거기에 있었다. 사무실에서 단지 그를 보기만 해도 나는 정신이 번쩍 났다.

데이브 올센과 나는 서로 다른 세계에서 왔다. 그는 버켄스탁이나 리바이스 등의 고급 청바지와 티셔츠를 입으면서 조용한 몬태나시에서 어린 시절을 보냈다. 내가 맨해튼 중심부의 고층 빌딩들 사이에서 제록스를 판매하러 다닐 무렵에는 그는 이미 조그만 카페를 경영하고 있었다. 커피에 대한 데이브의 사랑은, 그가 1970년 버클리에 사는 한 친구를 방문하면서 시작했다. 그는 거리를 걷다가 좀 색다른 커피숍인 '피츠'를 우연히 발견하게 되었다. 거기에서 조그만 가정용 에스프레소 기계와 반 파운드의 이탈리아식 강배전 원두를 사서 그날 저녁 에스프레소를 만들어 마셨는데, 그 향기에 강하게 매료되어 이후 단골이 되었다.

그는 시애틀에 주둔하고 있던 군대에서 목수로 근무하다 1974년 어느 날 그 일을 그만두고는, 자전거에 짐을 잔뜩 싣고 페달을 밟아 거의 1천 마일 떨어진 샌프란시스코로 갔다. 그는 거기에서 시끄럽고 들떠 있으며 오페라를 연상시키는 이탈리아식 레스토랑인 '노스비치 North Beach' 카페를 발견했다. 그들은 에스프레소를 만드는 일을 일종의 이탈리아 예술의 하나처럼 다루고 있었다. 데이브는 많은 레스토랑들을 다니며 창가에 자전거를 세우고 음식과 와인과 커피에 대해 그 주인들과 이야기하기 시작했다.

많은 사람들이 커피 하우스의 오픈을 꿈꾸지만, 실제로 그렇게 하는 사람은 거의 없다. 그러나 데이브 올센은 1974년 가을 시애틀로 돌아와, 시애틀 대학 캠퍼스의 학생들이 많이 드나드는 입구 맞은편 골목에 영안실의 차고로 쓰던 공간을 세내어 지금의 카페 알레그로를 오픈했다. 카페 알레그로는 앞쪽과 중앙 부분에 반짝반짝 빛나는 에스프레소 기계를 놓은 '에스프레소의 전당'이 되었다.

그 당시 '카페라떼'라는 말을 알고 있는 미국인들은 거의 없었다. 그는 그와 비슷한 커피를 만들어 '카페오레 café au lait'라고 부르기도 했다. 데이브는 최고의 커피 원두를 발견하기 위하여 시애틀의 여러 곳을 다니다가 당시 커피를 파운드 단위로 팔고 있던 스타벅스를 알게 되었다. 그는 스타벅스의 창업자와 배전가들을 알게 되었고, 그들과 함께 커피맛을 음미했다. 그는 대부분의 스타벅스 커피보다는 조금 더 검지만 스타벅스의 가장 검은 커피보다는 좀 덜 검은, 그의 미각에 맞는 고객을 위한 에스프레소 로스트를 개발하기도 했다.

카페 알레그로를 위해서 개발된 에스프레소 로스트는 여전히 오늘날에도 스타벅스 스토어에서 팔리고 있으며, 우리가 제공하는 모든 에스프레소에 사용된다.

데이브 올센은 이렇게 스타벅스의 정통성과 깊은 관련을 맺어 왔다. 데이브와 내가 1985년 일 지오날레를 시작했을 때 우리는 부인할 수 없는 하나의 공통점을 발견했다. 그것은 커피에 대한 열정이었다. 고객에게 커피를 제공함으로써 성취하려고 했던 것 또한 같았다.

우리는 서로 다른 역할을 맡았다. 그러나 누구에게 이야기하든지, 어떤 상황에 처해 있든지 우리는 각자의 개성을 잃지 않은 채 똑같은 메시지를 보내곤 했다. 즉, 목소리는 둘이었지만 견해는 하나였다. 인생에 있어서 데이브와 나처럼 공통된 목적을 가지고 사업하면서 그렇게 마음이 일치되는 경우는 드물 것이다.

처음 만난 날 그는 단지 스포츠 코트 하나만을 걸치고 있었다. 왜냐하면 그의 아내가 어떤 비행기 회사에 근무하고 있었는데, 직원의 친척이 그 비행기를 공짜로 이용하기 위해서는 코트와 타이를 착용해야 했기 때문이었다. 그는 지금도 예술가나 발명가의 기질을 가지고 있지만, 자신이 10억 달러 규모의 회사 경영자라는 사실에는 새삼스럽게 놀란다. 만일 데이브 올센이 일 지오날레의 팀 일원이 되지 않았더라면, 아마 오늘의 스타벅스는 존재하지 않았을 것이다.

그는 강하고 로맨틱한 커피에 대한 사랑, 흔들리지 않는 성실함과 정직함, 그리고 사업상의 모든 점에 있어서의 일관된 정통성, 신뢰 같은 것들을 가져옴으로써 스타벅스의 가치를 형성하는 데 기여했다. 그는 사람들이 이기심을 떨쳐버리고 팀의 일원으로서 함께 일하는 조직에 대한 비전을 나와 공유하고 있었다. 그가 굳건히 지키고 있었으므로 나는 커피의 질에 대한 걱정을 할 필요 없이 자유롭게 사업을 구축하는 외부의 일에만 신경을 쓸 수 있었다.

데이브는 스타벅스를 구축하는 데 있어서 바위처럼 든든한 존재였다. 흔히 새로운 기업을 시작할 때 그러한 초기 결정 사항들이 사업 그 자체뿐 아니라 미래의 기초를 튼튼하게 구축하는 데 얼마나 중요한지, 얼마나 중요한 초석이 되는지를 잘 인식하지 못한다. 각각의 결정은 후에 많은 가치를 더해주지만, 사업을 구축해나가는 그 당시는 그것을 깨닫기 힘들다.

기업을 세우는 과정에서 주위 사람들에게 불어넣는 자신의 가치와 초기 메시지들의 중요성을 결코 과소평가해서는 안 된다. 파트너를 선택할 때, 그리고 종업원들을 채용할 때는 자신의 열정과 헌신 그리고 목표를 함께 나눌 사람들을 선택해야만 한다.

자신의 사명을 비슷한 생각의 소유자들과 함께 나눈다면 사업은
훨씬 더 튼튼해질 것이다.

최초의 스토어,
일 지오날레가 출범하다

그 당시 우리의 계획들은 불가능해 보일 정도로 야심찬 것이었다.
아무도 일 지오날레에 대해 들어본 적이 없던 그때에도 나는 모든
주요 도시에 스토어들을 가지고 있는, 북아메리카에서 가장 큰 커
피 회사를 건설할 꿈을 꾸고 있었다. 나는 몇 가지 계획을 수행하기
위해, 컴퓨터를 능숙하게 다룰 줄 아는 사람을 고용하여 향후 5년
에 걸쳐서 75개의 스토어를 연다는 전제하에 모델을 하나 만들도
록 했다. 그러다가 그것을 50개로 줄이라고 다시 지시했다. 75개
를 성취하리라고는 아무도 믿지 않을 거라고 생각했기 때문이다.
그러나 사실상 5년 후에 우리는 그 목적을 달성해냈다.

　내가 빌린 그 사무실은 너무 좁아서 책상이 세 개밖에는 들어갈
공간이 없었으며, 그마저도 겨우 들어갔다. 그리고 다락에는 회의
를 할 만한 조그만 방이 있었다. 우리가 샌드위치를 팔기 시작했
을 때, 데이브는 내 책상에서 단지 3미터 정도 떨어진 같은 사무실
공간에서 고기를 썰곤 했다. 그래서 나는 코밑으로 풍겨오는 절인
고기 냄새를 맡으면서 투자자들에게 전화하곤 했으며, 데이브는
그 고기를 그의 오래되고 낡은 빨간 트럭에 싣고 배달했다.

1986년 4월 8일, 최초의 일 지오날레 스토어를 오픈하던 날, 나는 최초의 스타벅스 커피 바에서 그랬던 것처럼 아침 일찍 나왔다. 아침 6시 30분, 첫 번째 손님이 문 밖에서 기다리고 있다가 막 들어와서는 돈을 지불하고 커피를 마셨다.

"아! 누군가가 실제로 뭔가를 사는구나!" 하고 나는 안도의 한숨을 쉬며 생각했다. 나는 그날 하루종일 스토어에 머물러 있었는데, 너무 흥분한 나머지 카운터 뒤에서 일하지 못하고 돌아다니면서 바라보기만 했다. 많은 스타벅스 사람들이 그날 나의 스토어가 어떻게 돌아가는지 살펴보러 왔다. 주로 아침시간에 손님들이 많이 왔지만, 우리는 폐장시간이 될 때까지 거의 300명이나 받았다.

그들은 메뉴에 대해 많은 질문을 해댔고, 우리는 그들에게 이탈리아 스타일의 에스프레소에 대해 설명해주었다. 그것은 아주 흡족한 출발이었고 나는 매우 기뻤다. 나는 첫 번째 주에는 커피의 질과 서비스 속도, 그리고 청결 등을 점검하며 그 어느 것도 소홀히 하지 않았다. 이것은 바로 나의 꿈이었으므로, 모든 것이 완전하게 집행되어야만 했다. 모든 것이 중요했다.

데이브는 스토어 문을 열고 아침의 러시아워 때까지 카운터 뒤에서 일한 다음 사무실로 왔다. 데이브와 나는 항상 점심 때면 스토어로 다시 돌아갔다. 판매량이 많다는 것을 유망한 투자자들에게 조금이라도 더 보여주기 위해 우리는 손님처럼 많은 커피를 마시고 그 값을 그대로 지불하기도 했다. 우리는 판매를 촉진시키기 위해 할 수 있는 일은 무엇이든 했다. 그것은 오늘날의 습관을 형성하여, 우리는 우리가 방문하는 모든 스타벅스 스토어에서 먹는 모든 것에 대한 값을 지불하고 있다.

우리는 많은 실수를 했다. 그 첫 번째 스토어에서 우리는 진정한 이탈리아식 커피 바를 재현하려고 굳게 마음먹었으며, 그 첫 번째 사명은 정통성을 찾는 것이었다. 우리는 시애틀에서 이탈리아식 커피 바의 경험과 에스프레소의 순수함을 희석시키는 그 어떤 것도 원치 않았다. 음악은 이탈리아 오페라만을 틀어주었고 바리스타들은 하얀 셔츠에 나비넥타이를 맸다. 의자 없이 모든 손님들이 서서 커피와 샌드위치를 즐기게 했다. 스토어에는 국내외 신문을 비치해놓았고 메뉴는 이탈리아어로 써 놓았으며, 심지어 실내장식도 이탈리아식이었다.

그러나 우리는 그중 많은 부분이 시애틀에서는 적절치 않다는 것을 조금씩 깨달았다. 사람들은 끊임없는 오페라에 대해 불평을 하기 시작했고 나비넥타이는 비실용적이었다. 바쁘지 않은 고객들은 의자에 앉기를 원했으며 이탈리아 말로 된 음식과 음료들은 번역이 필요했다.

우리는 스토어를 고객의 필요에 맞도록 고쳐야 한다는 사실을 받아들였다. 우리는 재빨리 의자를 갖다 놓고 음악을 다양화시키는 등 많은 잘못들을 시정했다. 그러나 고객들의 요구에 너무 많이 부응함으로써 본래 의도했던 스타일과 우아함을 손상시키지 않기 위해 조심했다. 우리는 심지어 커피를 담아 가져갈 수 있는 종이컵을 써야 하는지 말아야 하는지에 대해 토론까지 했는데, 그것은 우리 수입의 많은 부분을 차지하는 것으로 달리 방법이 없었다. 세라믹 컵을 쓰면 에스프레소의 향기가 훨씬 좋아진다는 것을 알고 있었지만, 고객이 커피를 가져갈 수 있도록 배려하지 않으면 판매량이 현저하게 줄어들 것이기 때문이었다.

그러나 핵심적인 부분들은 이탈리아식 그대로 살아 움직이고 있었으며, 오픈한 지 채 6개월도 안 되어 하루 고객 수는 1천 명 이상으로 늘어났다. 시애틀 최고층 빌딩의 현관 옆에 위치한 우리의 조그만 스토어는 이제 사람들이 모이는 장소가 되었으며, 텅 빈 공간을 삶의 모습으로 가득 채우고 있었다. 단골 손님들은 일 지오날레라는 이름의 발음을 익히게 되었으며, 마치 그 클럽의 회원이나 되는 것처럼 그것을 발음하면서 자랑스러워하기도 했다.

그 최초의 스토어는 분명 시대를 앞선 작은 보석이었다. 우리의 고객들은 주로 번화한 시내의 사무실 근무자로서 늘 바빴기 때문에, 우리는 스피드가 경쟁력이라는 것을 깨달았다. 스타벅스 배전공장에 컨베이어 벨트를 설치해놓은 혁신적인 엔지니어인 햅 휴이트는 맥주 따르는 탭을 모델로 동시에 세 가지 종류의 커피를 받을 수 있는 독특한 시스템을 발명했다.

우리의 로고는 스피드를 강조한 것으로, 고대신화에서 빠른 메신저를 상징했던 신 '머큐리Mercury'의 얼굴을 초록빛 원 안에 그려넣었다. 후에 우리는 휴대용 커피용기를 만들어서 종업원들에게 쟁반과 컵을 함께 가지고 사무실을 다니면서 커피를 팔도록 했다. 우리는 그들을 '머큐리 맨'이라고 불렀다. 그러나 성공의 열쇠는 우리가 고용한 사람들의 손에 달려 있다는 사실을 우리는 잘 알고 있었다. 데이브는 그들에게 커피 만드는 훈련을 시키고 나는 세일즈와 경영기법을 가르쳤다. 더 중요한 것은, 우리는 그들에게 우리가 함께 뭔가 해낼 수 있다는 정신, 즉 커다란 꿈을 성취하려는 욕망을 불어넣었다는 것이다.

돈 피나우드는 일 지오날레 최초의 고용인이었다. 그녀는 내가 그 회사를 출범시키는 것을 도왔으며 컬럼비아 센터 스토어를 맡아 경영했다. 또한 제니퍼 아메스 카르멘은 3월에 입사하여 오픈 첫날부터 바리스타로 일했으며 우리 회사와 더불어 성장하기를 희망했다. 돈과 제니퍼가 사업 현황을 정확하게 파악할 수 있는 경리 시스템을 열정적으로 개발해냄으로써, 우리는 커피, 케이크, 현금, 그리고 폐기처분 음식들에 대한 세심한 경리장부를 기록해나갈 수 있었다. 우리는 제품 목록의 추이를 늘 검토했는데, 가장 잘 팔리는 아이템을 알아내 우리에게 무엇이 필요한가를 항상 미리 알 수 있었다.

우리는 이러한 모든 정보가 있었기에 정확한 목표를 세울 수 있었다. 11월에 들어서서 나는 크리스틴 데이를 조수로 고용했다. 그녀는 재정회사에서 직접 일한 경험이 있을 뿐 아니라 경영학을 전공했는데, 막 출산휴가를 끝낸 터였다. 그녀는 행정업무, 재정, 컴퓨터, 월급여, 인력관리, 구매, 은행업무, 그리고 타이핑에 이르기까지 거의 모든 일을 해냈다. 처음에 그녀는 손익계산서,

대차대조표, 그리고 재고와 판매에 대한 회계감사까지 담당했었다. 그녀는 모든 장부정리를 손으로 했으며, 데이브와 나의 열정과 확신에 매우 빨리 동화되어 즉각 하루 12시간씩 일하기 시작했다.

어느 날 크리스틴은 종이컵의 거대한 공급 업체인 솔로와 가격을 협상하고 있었다. 우리는 종이컵을 대량 소비하는 주요 고객이 아니었기 때문에 그들은 우리에게 할인을 해줄 필요가 없었다. 그러나 크리스틴은 그들에게 "우리는 언젠가 당신들의 가장 큰 고객이 될 겁니다"라고 말했으며, 그들이 그것을 믿었는지는 모르지만 그녀는 협상에 성공했다. 우리 모두는 그러한 믿음을 가지고 있었기 때문에 우리가 세계적인 기업을 만들 수 없다고 생각했던 사람은 아무도 없었다.

여러 가지 면에서 우리는 가족과 같았다. 나는 그 모든 사람들을 집으로 초대하여 피자를 먹기도 했으며, 그들은 나의 아들이 기고 걷는 과정들을 다 알 정도였다. 나의 서른세 번째 생일날, 그들은 놀랍게도 케이크를 주문해서 스토어 안에서 내게 선물로 주었으며 고객들도 주위로 모여들어 바리스타들과 함께 생일축하 노래를 불러 나를 당황케 했다. 힘든 일을 하면서도 서로를 위해 이렇게 재미있는 일들을 해줄 수 있다는 사실에, 정말 감사하는 마음으로 가슴이 벅차 오르는 것을 느꼈다.

첫 번째 스토어를 오픈한 지 만 6개월 후, 우리는 시애틀 시내의 또 다른 높은 건물에 두 번째 스토어를 오픈했다. 세 번째 스토어는 좀 국제적으로 진출해서, 1987년 4월 캐나다의 브리티시 컬럼비아주 밴쿠버 지역 버스 터미널에 오픈했다. 단지 2개의 스토어밖에 가지고 있지 않은 벤처기업으로서는 비논리적인 결정으로 보였을지 모르지만, 일단 나의 목표가 50개의 스토어로 성장시키는 것이었고, 시애틀 밖으로 진출하려는 나의 능력을 투자자들에게 빨리 보여줄 필요가 있었다.

나는 열 번째 스토어를 오픈할 때까지 기다릴 여유가 없었다. 빨리 시애틀 밖으로 진출하고 싶었던 것이다. 그러나 우리는 복잡한 환율 계산이라든지 관세, 그리고 다른 노사 관행들에 대해 아무런 지식이 없었다. 별도의 은행 계좌라든가 캐나다 정부에 제출하기 위한 별도의 장부 그리고 우리 자신의 계정을 위한 환율 적용 같은, 외국에서 사업체를 운영한다는 복잡한 어려움들을 결코 고려하지 않았다.

데이브는 밴쿠버 스토어를 오픈하고 그 경영진을 교육시키기 위해 그곳으로 출장을 갔다. 데이브가 일단 그 프로젝트에 참여했으므로 꼼꼼하게 잘 마무리될 것으로 믿었다. 그는 시애틀에 가족이 있었지만, 오직 밴쿠버에 있는 우리의 일 지오날레 커피바가 시애틀 컬럼비아 센터 스토어의 서비스와 정통성을 확실히 이어받게 하기 위해, 싼 호텔에 머물면서 거의 한 달을 캐나다에서 보냈다.

이렇게 해서 고객을 빠르게 매료시킨 세 스토어는 1987년 중반 연간 약 50만 달러의 평균 판매량을 기록했다. 아직도 적자를 내고 있었지만 야심 찬 목표에 도달하는 과정에 있었으며, 우리가 한 팀으로서 창출해내고 있는 것에 고무되어 있었다. 우리의 고객들은 우리가 제공하는 커피와 예술적 분위기를 즐기고 기뻐했으며, 그와 함께 나의 비전은 점점 실현되어가고 있었다.

'이것이 단 한 번의 기회'라는 생각이 든다면
재빨리 행동을 취하라

1987년 3월, 나의 인생 여로를, 그리고 스타벅스의 운명을 바꾼 사건이 일어났다. 제리와 고든이 시애틀의 스토어, 배전공장, 그리고 스타벅스라는 브랜드 이름을 팔고 단지 피츠만 경영하기로 결정한 것이다. 고든은 커피 비즈니스에서 현금을 빼 다른 사업에 투자하기를 원했고, 제리는 그동안 시애틀과 버클리 사이를 왔다갔다 했지만 이제는 피츠에만 집중하고 싶어했다. 그들은 이 생각을 미리 입 밖에 내지는 않았지만, 그들을 잘 아는 사람들에게는 그리 뜻밖의 일도 아니었다. 나는 그들이 스타벅스와 피츠 사이에서 많은 스트레스를 받고 있다는 것을 알고 있었다. 나는 그 소식을 듣자마자 내가 스타벅스를 사야만 한다는 것이 나의 운명처럼 느껴졌다.

그 당시 스타벅스는 일 지오날레의 두 배인 여섯 개의 스토어를 갖고 있었다. 나의 회사는 아직 1년이 채 안 되었기 때문에 스타벅스는 우리보다 훨씬 더 많은 연간 판매고를 기록하고 있었다. 따라서 그것은 마치 연어가 고래를 삼키는 것과 같았다. 혹은 데이브가 말했듯이, "어린이가 어른의 아버지가 되는 격"이었다. 그러나 내게 그 거래는 자연적이고 논리적이었다. 왜냐하면 일 지오날레는 곧 그 자체의 배전공장이 필요했을 뿐 아니라 스타벅스의 커피 원두 비즈니스와 일 지오날레의 커피 음료 비즈니스를 서로 완벽하게 보완할 수 있었기 때문이었다. 더 중요한 것은, 내가 스타벅스의 가치를 잘 이해하고 있었다는 것이다.

나는 125만 달러의 유치자금을 거의 다 써버렸고, 스타벅스를 인수하기 위해서 다시 400만 달러가 더 필요했다. 그런 상태에서 감히 그 일을 수행하려 한 것은, 나는 할 수 있으리라 자신했기 때문이었다. 나의 최초 지지자들은 일 지오날레가 그렇게 짧은 기간에 이룩한 발전에 감명을 받고 있었기 때문에 적어도 그들 중 일부는 주식을 증자하는 데 동의할 것이라고 확신했다. 그리고 처음에는 "노"라고 말했던 다른 투자자들도 스타벅스를 인수하는 좋은 기회인 이번에는 틀림없이 뛰어들 것이라고 믿었다. 우리가 잘만 경영한다면 모든 투자자들은 이익을 얻을 것이 분명했다.

나는 재정과 회계 등을 처리하고 판매 체계를 정리하기 위해서 레스토랑 사업에서 다년간의 경험을 가진 론 로렌스라는 사람을 바로 그때 고용하게 되었다. 우리는 재빨리 가능성이 있는 투자자들을 물색한 후 그에게 물었다. "론, 우리는 투자자들에게 들고 갈 견적서와 완전한 개인 투자 패키지를 준비해야만 합니다. 1~2주

안에 할 수 있겠습니까?" 그는 그 일을 다행히도 잘 해 내었다.

그래서 우리는 스타벅스를 인수하고 지속적으로 성장시킬 충분한 자금을 유치하는 방법을 모색하기 시작했으며, 지역 은행들에 일련의 신용거래를 개설한 후 모든 일 지오날레 투자자들과 내가 알게 된 몇몇 다른 사람들에게 돌릴 회람을 준비했다. 나는 이사회 멤버들에게 그 계획서를 나누어주었다. 틀림없이 승리할 것 같았다.

누군가 당신의 가장 중요한 것을 낚아채간다면 어떻게 할 것인가?

그러던 어느 날, 나는 스타벅스를 가져보기도 전에 거의 모든 걸 잃을 뻔했다. 우리가 그 거래를 성사시키려고 노력하고 있었을 때, 나는 나의 투자자 중 한 사람이 스타벅스를 사기 위해 별도의 계획을 준비하고 있다는 사실을 들었다. 그의 계획은 일 지오날레 주주 사이에서의 소유권을 불균등하게 배분할 뿐 아니라 그 자신과 그의 일부 친구들에게 불공평하게 더 많은 지분을 보장하는 것이었다.

나는 그가 나에게서 창업자이자 주주로서의 권리를 박탈하고, 그가 주도하는 새로운 이사회의 뜻대로 스타벅스를 경영하면서 나를 역할이 훨씬 적은 일개 종업원으로 내몰려 한다는 것을 확신했다. 또한 그의 계획은 나의 다른 초창기 투자자들, 즉 일 지오날레를 위해 내게 돈을 맡긴 사람들을 불공평하게 취급할 것이라고 생각했다. 그 압박감이란 거의 참기 어려울 지경이었다.

이 사람은 시애틀 사업계의 지도적 인물로서 이미 다른 거물들과 연대를 모색해놓은 듯했다. 나는 모든 영향력 있는 나의 지지자들이 이 새로운 계획에 참여하여 나를 내팽개쳐 버릴까 봐 두려웠다. 나는 스콧 그린버그에게 갔다. 그리고 우리는 그의 파트너인 빌 게이츠Bill Gate(마이크로소프트사의 창업자인 빌 게이츠의 아버지. 아들과 이름이 같음)에게 갔다. 우리는 새로운 전략을 준비해서 그 투자자를 만나기로 약속했으며, 빌 게이츠는 나와 함께 가는 데 동의했다.

우리가 그 무례하기 짝이 없는 투자자와 만난 그날은, 나의 인생에서 가장 고통스럽고 힘든 날 중의 하나였다. 내 인생의 전부인 사업이 위험에 빠져버렸고, 그 만남의 결과가 어떻게 될지도 알 수 없었던 것이다. 회의장 안으로 걸어 들어갈 때, 나는 마치 '오즈의 마법사'에서 위대한 오즈를 떨면서 알현하는 비겁한 사자 같은 느낌이었다.

나의 반대자는 방 안 가득한, 실제보다 더 커 보이는 회의 석상의 앞쪽에 앉아 있었다. 나의 말을 끝까지 들어보지도 않고, 그는 나를 참담하게 만들기 시작했다. "우리는 당신에게 일생의 기회를 주었습니다." 나는 그가 내게 소리치던 것을 지금도 기억하고 있다. "우리는 당신이 아무 것도 아닐 때 당신에게 투자를 했습니다. 그런데 당신은 지금도 역시 보잘것없는 존재입니다. 지금 당신은 스타벅스를 살 수 있는 기회를 갖고 있지만 그것은 우리의 돈이고 우리의 아이디어입니다. 그것은 우리의 비즈니스입니다. 이것을 이제 우리는 바로 당신과 함께, 혹은 당신 없이 하려고 하는 것입니다."

그는 뒤로 물러앉으면서 최후의 통첩을 했다. "만일 당신이 이 거래를 받아들이지 않는다면, 이 도시에서 다시는 일을 하지 못할 것입니다. 당신은 한 푼도 더 자금을 얻지 못할 것입니다. 당신은 개고기 신세가 될 것입니다."

나는 공포로 오싹했다. 그러나 너무 화가 났다. 내가 과연 그의 앞에 엎드려 이것을 받아들여야만 하는가?

"잘 들으시오." 나는 목소리를 떨면서 말했다. "이것은 내 일생의 기회입니다. 그리고 그것은 나의 아이디어입니다. 내가 그것을 당신에게 가지고 왔습니다. 따라서 당신은 그것을 가져갈 수 없습니다. 우리가 스스로 자금을 유치할 것입니다. 당신과 함께 혹은 당신 없이!"

그가 말했다. "우리는 당신과 더 이상 의논할 게 없습니다."

그 회합이 끝났을 때 나는 걸어나와 울기 시작했다. 빌 게이츠는 바로 그곳 로비에서 모든 것이 잘될 거라고 나를 안심시키는 한편 그 투자자의 무례함에 몹시 화를 냈다. 그는 그와 같은 경우를 결코 본 적이 없었을 것이다. 그날 밤 집에 돌아왔을 때, 나는 인생이 끝난 것 같은 느낌이 들었다.

"희망이 없어." 나는 셰리에게 말했다. "어떻게 자금을 끌어들여야 할지 모르겠어. 무엇을 해야 할지 막막할 뿐이야."

이것은 내 인생의 전환점이었다. 만일 내가 그 투자자의 요구 조건에 동의했더라면, 그는 나의 꿈을 빼앗아갔을 것이다. 그는 나를 변덕스럽게 해고시킬 수도 있고, 분위기를 경직시키고 스타벅스의 가치들을 없애버릴 수도 있을 것이다. 스타벅스를 번성하게 했던 열정과 노력과 헌신이 모두 사라질 위기에 처해 있었다.

이틀 후 스티브 사콥스키의 도움으로 다른 투자자들과 만나 나의 계획을 설명했다. 일 지오날레의 모든 투자자는 스타벅스에 투자할 기회를 갖고 있다. 그 계획은 그들 모두에게 공평한 것이었고 또한 나에게도 마찬가지였다. 그들은 소규모 투자자들은 희생시키고 대규모 투자자들에게 더욱 혜택을 주는 계획을 거부한 나의 진실성을 존경한다고 말했다. 그들은 다른 모든 소규모 투자자들이 그랬던 것처럼 나를 지지해주었다. 그래서 몇 주일도 안 되어 우리는 스타벅스 인수에 필요한 380만 달러의 자금을 용케 유치했다.

그 후 나의 인생은 새로운 국면에 접어들었다. 많은 사람들은 인생에서 나의 경우처럼 꿈이 산산조각 난 것 같은 중대한 순간에 봉착하게 되지만, 우리는 결코 그것에 대비해 준비할 수는 없다. 그러나 어떻게 반응하느냐는 매우 중요한 것이다. 자신의 가치 기준을 명심하고 그것에 따르는 것이 무엇보다 중요하다.

"담대하라. 그러나 공평하라. 절대 굴복하지 말라. 만일 주변 사람들 역시 진실성을 갖고 있다면, 당신이 승리할 것이다"

기회를 잃어버리는 것은 뜻하지 않던 커브 공이 머리를 세차게 때리는 것과 같은, 그러한 취약점이 있을 때다. 그것은 또한 당신의 능력이 가장 강력하게 시험받을 때다.

나 또한 내 인생의 모든 비즈니스 계약에서 항상 올바른 선택을 해왔다고는 말할 수 없다. 그러나 아무리 많은 것을 성취했다고 할지라도, 또한 아무리 많은 사람들의 보고를 받는 위치에 있다고 할지라도 나는 그날 내가 취급받은 것처럼 그 누구를 대할 수 있다고는 상상조차 할 수 없다. 내가 스타벅스 윤리강령에도 나오는 표현으로, "사람들을 존경과 품위로써 대한다"라고 말하면 회의론자들은 그것을 비웃는다. 그들은 그것이 빈말이며 판에 박힌 문구라고 생각한다.

그러나 그렇게 살지 않는 사람들은 많이 있다. 나는 상대방에게 진실성이나 원칙이 결여돼 있다는 사실을 감지하면 그와는 어떠한 거래도 하지 않는다. 그럴 만한 가치가 없기 때문이다.

나에게 믿음을 주었던 본래의 투자자들은 모두 후한 보상을 받았다. 그들은 그러한 고난의 시간에 줄곧 내 곁에 있었으며 나의 진실함을 신뢰했다. 나는 결코 그러한 믿음을 저버리지 않기 위해서 지금도 노력하고 있다.

일 지오날레 창업 1년여 만에
스타벅스를 인수하다

1987년 8월, 스타벅스는 드디어 나의 것이 되었다. 그것은 너무 흥분될 뿐 아니라 두려운 일이기도 했다.

나는 그 달의 어느 날 아침, 일찍 일어나 오랫동안 달렸다. 지금까지의 임무의 막중함, 그리고 책임 같은 것들이 실감나기 시작했다. 나는 이제 나의 꿈을 성취할 기회를 갖게 되었다. 그러나 내 어깨에 의지하고 있는 거의 100명이나 되는 사람들의 희망과 두려움 또한 갖고 있다. 나는 싱싱한 잎이 우거진 수목원 속에서 조깅하다가 내 앞에 펼쳐진 길고 구불구불한 길을 보았으며, 그것은 다음 언덕 꼭대기에서 짙은 안개 속으로 사라졌다.

오늘날의 '스타벅스 코퍼레이션 The Starbucks Corporation'의 전신은 일 지오날레다. 일 지오날레는 1985년에 설립되어 1987년에 스타벅스를 합병한 이래 그 이름이 스타벅스 코퍼레이션으로 바뀌었다. 제리와 고든이 설립한 그 최초의 회사는 스타벅스 커피 컴퍼니라고 불렸는데, 그들은 우리에게 그 이름에 대한 권리도 양도했다. 지금 그들의 회사는 피츠이다.

나는 그때 34세로서 굉장한 모험을 시작하고 있었다.

나를 똑바로 가도록 지켜주는 힘은 회사에 대한 나의 지분의 크기가 아니라 우리 주주들을 위한 장기적인 가치를 형성한다는, 나의 가슴 가득한 가치관과 책임감이다. 나는 언제나 약속은 많이 하지 않되 약속한 것보다는 항상 많이 이행하고 성취하는 것을 신조로 삼아왔다.

　결국, 그것이 어떤 사업에서도 안전을 보장하는 유일한 길이라고 생각한다.

STARBUCKS®

2
커피 경험의 재창조

상장회사가 되기 전, 1987~1992년

7

눈을 크게 뜨고 꿈을 펼쳐라

밤중에 꿈을 꾸는 사람은
잠에서 깨어났을 때 그저 모두 헛일이었음을 알게 된다.
반면, 낮 동안 꿈을 꾸는 이는 위험한 사람이다.
눈을 크게 뜨고, 자신의 꿈을 펼칠 수 있으므로.
_T.E. 로렌스

스타벅스 인수 계약을 마무리한 후 변호사 사무실을 나오니 8월
의 오후 햇살이 나를 반겼다. 평상시처럼 거리는 사람들로 북적
댔고 나는 현기증이 일 정도로 들떠 있었다. 제리와 고든 그리고
나는 서류에 한 장 한 장 사인했고 모든 사람과 악수하며 축하인
사를 받았다. 이제 스타벅스는 내 것이었다.

스콧 그린버그와 나의 발걸음은 자동적으로 길 건너 컬럼비아
센터의 일 지오날레 스토어로 향했다. 어느 여름날 오후 2시. 가
게에는 여자 손님 한 명만이 있었고 무언가 골똘히 생각하며 창
가에 서 있었다. 우리는 바리스타들에게 인사했다. 우리가 방금
계약서에 서명했다는 건 꿈에도 모를 것이다. 나는 도피오 마키

아토doppio macchiato(에스프레소 두 잔과 우유거품을 조금 섞어 데미타세 컵에 담은 것)를, 스콧은 카푸치노를 시키고 창가의 바에 자리를 잡았다.

불과 몇 년 전 농구장에서 만난 30대 초반의 두 남자가 지금 막 400만 달러짜리 거래를 끝냈다. 변호사인 스콧에겐 필시 눈에 띄는 경력을 쌓는 일이었고 사원에 지나지 않았던 난 사장이 된 것이다.

스콧이 투자자 모집을 위해 사용한 100페이지짜리 사업계획서를 테이블에 올려놓았다. 표지에 일 지오날레와 스타벅스의 로고가 그려져 있었다. 나는 그 안에 일 지오날레가 스타벅스를 인수하면 하려고 했던 모든 것들을 꼼꼼히 적어놓았다. 그 계획서는 몇 달 동안이나 우리에겐 교과서나 다름없었다. 이제 그것이 현실이 됐다. 꿈인지 생시인지 모를 정도로 짜릿한 순간이었다. 스콧이 눈을 깜박이며 커피 잔을 들었다. 우린 동시에 외쳤다. "우리가 해냈어!"

고향 스타벅스로 돌아오다

다음 날 아침. 1987년 8월 18일 월요일, 새로운 스타벅스가 탄생했다.

예전에도 수없이 해왔듯이, 낡은 배전공장 앞문으로 들어섰다. 하지만 이제는 새로운 소유자로서, 최고경영자로서 들어선 것이었다. 우리는 곧바로 배전기계로 향했다. 커피를 배전하는 직원이 등을 툭치고 웃으며 인사하고는 냉각판으로 고개를 돌렸다. 나는 갓 배전하여 따뜻하고 향기로운 커피에 손을 넣고 한 움큼 집어서 손가락으로 천천히 비벼보았다. 배전한 커피를 만져보는 것은 오늘의 스타벅스가 있기까지 나의 원칙이자 매일 습관이 되었다.

공장을 둘러보는 동안, 사람들은 미소와 포옹으로 나를 환영해주었다. 마치 고향으로 돌아온 것 같았다. 향기, 소리, 얼굴 모두가 친숙했다. 빨간머리의 게이 니벤과 지금은 다섯 개의 점포를 관리하는 데보라의 모습이 보였고 특히 커피를 배전하는 데이브 시모어와 톰 월토를 보니 무척 반가웠다. 나는 잘 알고 있었다. 잘 되길 바라지만 그들 중 일부는 몹시 불안해하고 있다는 것을. 선택의 여지도 없이 그들의 생활은 막 변해버린 것이다. 그들은 스타벅스가 변하리라는 것을 알고 있었지만 어떻게 변할지는 알지 못했다. 내가 커피의 품질을 떨어뜨릴까? 직원들을 쉽게 해고하지는 않을까? 사람들이 자신의 일에 숙련되어 있다는 걸 모르진 않을까? 고도성장계획이 과연 실현 가능할까?

오전 10시, 전체 모임을 갖기 위해 배전공장 마루에 모든 이들을 소집했다. 그 이후로 이어질 수많은 회의 중 첫 번째였다. 불안하기보다는 흥분되었다. 난 사람들이 기억할 수 있도록 다섯 장 정도 메모지에 다음과 같이 몇 가지 강조점들을 기록하였다.

- 마음에서 우러나오는 말을 한다.
- 상대방의 입장에 선다.
- 그들과 함께 꿈을 나눈다.

하지만 일단 말을 시작한 다음에는 메모지를 볼 필요가 없다는 것을 알게 되었다. "이렇게 돌아올 수 있게 된 것이 저는 너무나 기쁩니다"라고 말문을 열자 방 안에 감돌던 긴장감이 가라앉기 시작했다.

"5년 전 이 회사를 위해 내 삶을 바꾸었습니다. 여러분의 열정을 인정했기 때문이었습니다. 나는 같은 비전을 가진 사람들과 일원이 되기를 평생 꿈꾸어왔습니다. 나는 여러분에게서 그 꿈을 볼 수 있었습니다. 나는 그것을 존중합니다."

"나는 이 회사를 사랑하므로 오늘 여기에 있습니다. 이 회사가 상징하는 비전을 사랑합니다. 우리는 함께 일함으로써 시애틀 사람에게 그토록 소중한 스타벅스의 모든 것을 지키고, 아울러 전국적으로 스타벅스에 대한 사랑을 늘려갈 수 있습니다. 우리는 커피에 대한 사명을 더욱 폭넓게 나눌 수 있습니다."

"여러분이 두려워하는 것도, 걱정하고 있는 것도 알고 있습니다. 화난 분들도 있을 수 있겠지요. 그러나 여러분을 실망시켜드리지 않겠다고 약속합니다. 나는 여러분 중 어느 누구도 뒤에 홀로 남겨두지 않으리라는 것을 약속합니다. 여러분에게 이 회사가 상징하는 바를 희석시키는 일은 결코 하지 않겠다고 확실히 말씀드리고 싶습니다."

　나는 그들 중 한 사람이었으므로 그렇게 말할 수 있었다. 나의 목표는 우리 모두 자랑할 수 있는 원칙과 가치관을 가진, 전국에 스토어를 가진 회사의 구축이라고 말했다. 회사의 성장에 대한 비전을 토론했고, 어떤 면에서나 스타벅스의 가치가 훼손되는 일은 없으리라고 다짐했다. 의사결정 과정에서 그들의 의견을 듣고 싶고, 나 역시 마음을 솔직히 털어놓을 것이라고 말했다. "앞으로 5년 후 여러분이 이날을 되돌아보며, '스타벅스의 시작에 내가 있었다. 또한 이 회사가 위대한 것을 이루어가는 데 내가 도움이 되었다'라고 말할 수 있기를 바랍니다."

　무엇보다 중요한 것은 어느 투자자가 얼마나 많은 주식을 소유하고 있느냐가 아니라, 스타벅스가 그들의 회사이며 앞으로도 그럴 것이라는 확신을 심어주는 것이었다. "스타벅스의 전성기는 아직 오지 않았습니다."

　연설 도중 그들의 얼굴을 쳐다보았다. 어떤 이들은 내가 말하고 있는 것을 믿고 싶어하는 듯했지만 경계의 눈초리를 보이기도 했다. 어떤 사람들은 이러한 꿈을 적어도 아직까지는 믿지 않기로 이미 결정해버린 것처럼 의심의 눈길을 보냈다. 속속들이 아는 회사로 다시 돌아온 건 내게 큰 이득이었다. 나는 조직의 강점과 약점을 알고 있었다. 무엇이 가능하고 불가능한지, 우리가 얼마나 빨리 일을 진척시킬 수 있는지 예상할 수 있었다.

　그러나 며칠 후, 내 지식과 현실 사이에 심각한 괴리가 있음을 알게 되었다. 스타벅스 직원들의 근로의욕은 형편없었다. 내가 떠난 이래로 20개월 동안 모든 부서가 커져 있었지만, 사람들은 냉소적이고 조심스러웠으며 자신감을 잃은 상태였다. 그들은 이전 경영진에게 버림받았다는 느낌과 나에 대한 불안감을 갖고 있었다. 처음 합류했을 때 스타벅스가 가지고 있었던 신뢰와 공동체의 짜임새가 허물어져 있었던 것이다.

몇 주 후 나는 이로 인해 회사가 입을 타격을 파악할 수 있었다. 나의 최우선 과제는 노사간 상호 존중의 새로운 인간관계를 구축해야 하는 것임이 명백해졌다. 이 산을 넘지 못하면 나의 모든 목표와 꿈은 수포로 돌아갈 것이 자명했다.

이러한 현실 인식은 내게 큰 교훈이었다. 사실 사업계획이란 종이 쪽지에 불과한 것이다. 아무리 위대한 사업계획이라도 회사 구성원이 인정하지 않으면 한푼의 값어치도 없는 것이다. 사람들이 리더가 느끼는 만큼의 절박함을 가지고 사업계획에 헌신하지 않으면 계획을 적절히 시행할 수도, 유지할 수도 없다. 또한 리더의 판단을 불신하거나 자신들의 노력이 인정받을 수 있다는 것을 확신할 수 없다면, 그들은 그 계획을 거부할 것이다.

규모가 작은 일 지오날레 팀과 일하면서, 나는 단 몇 사람이 자신들의 일에 열정과 믿음을 가질 때 얼마나 많은 것을 이루어낼 수 있는지를 보았다. 스타벅스 사람들이 같은 열정으로 동기를 부여받는다면 훨씬 큰 일을 할 수 있다는 것을 알고 있었다.

직원들의 신뢰를 얻어내는 단 한 가지 방법은 그들에게 정직하고, 나의 미래에 대한 계획과 설렘을 나누고 함께하는 것이다. 그런 후 나의 말을 지키며 내가 약속한 것을 (그 이상은 아니더라도) 정확히 이행하는 것이다. 약속이 절대 공허하지 않다는 것을 스스로의 행동으로 보여줄 때까지는 아무도 나를 따르지 않을 것이다.

그것은 시간이 필요한 것이었다.

**손만 뻗어도 잡을 수 있는 꿈이
무슨 가치가 있는가?**

'경험 있는 경영진의 부족'이 나의 회사 인수 서류에 메모해놓은 위험요소 중 하나였다. 사실을 말하자면 나는 2년도 안 되는 기간 동안 아주 작은 회사의 사장으로 일했다. 데이브 올센은 11년 동안 오직 한 개의 카페를 운영했다. 우리의 회계 담당인 론 로렌스는 몇몇 기업체에서 회계와 감사 업무를 담당했을 뿐이다. 크리스틴 데이는 우리가 넘겨주는 모든 것을 능숙하게 다루곤 했지만 경영자로 일해본 적은 없었다.

이제 우리 네 명은 일 지오날레와 스타벅스를 합병하는 방법뿐 아니라, 투자자들에게 약속한 '5년 내 125개의 새로운 점포 개점'을 어떻게 이룰지를 생각해내야 했다. 경험을 쌓으면서 첫 해에 15개, 2년째에 20개, 3년째에 25개, 4년째에 35개를 개점할 수 있어야 한다. 문제는 없었다. 매출은 6천만 달러로 성장할 것이며, 수익도 더불어 늘어날 것이다. 그 계획은 서류상으로는 위대해 보였다.

이와 비슷한 일조차 시도해본 적이 없었으므로, 나는 경력 있는 경영자를 채용하고, 즉시 스타벅스 사람들의 열정과 지원을 받아낼 조치를 취해야 한다고 느꼈다. 그러나 필요성만 인식하는 것은 이런 큰 일에 아무 도움도 안 되었다. 며칠 안 가 나는 마치 잘못된 방향으로 움직이는 위험한 풍동風洞(빠르고 센 기류를 일으키는 항공기 실험용 인공장치) 안에 있는 것처럼 느껴졌다. 그전에는 결코 접해보지 못했던 긴급하고 복잡한 문제들이 꼬리를 물고 이어졌다. 모두 하나같이 내 목을 떨어뜨릴 수 있는 것이었다.

첫 번째 월요일 아침, 나는 스타벅스의 중요한 커피배전가 겸 커피구매자가 사표를 냈다는 사실을 통보받았다. 그가 떠남으로써 우리에게 경험 있는 커피 원두 구매자는 단 한 명도 없게 되었고, 미숙련 배전가 대여섯 명만 남게 되었다.

데이브 올센은 그야말로 날밤을 새우며, 원두커피를 구매하고 배전하는 믿기지 않을 정도로 복잡한 기술을 터득해야 했다. 다행히도 그는 즐겁게 뛰어들었다. 하느님께서 데이브를 위해 기회를 주신 것이다. 내가 새로운 일로 성장할 기회를 얻은 것과 마찬가지의 기회가 그에게 주어졌다. 그는 생산자들과 교분을 쌓고 커피의 재배 및 사업적인 측면을 배우기 위하여 커피 생산이 활발한 국가들로 여행을 시작했다. 그는 최고의 포도주를 식별하는 사람처럼 '민감한 코'를 가지고 있었다. 그는 서로 다른 재료를 혼합하고 연구하여 스타벅스 커피를 더욱 다양하고 좋게 만들었다.

우리는 모두 불가능한 것을 해내는 데 익숙해졌다. 론 로렌스는 처음 두 달 동안 합병절차를 마무리하고 스타벅스와 일 지오날레의 재정기록을 합쳐야 했으며, 그 자리에 새로운 컴퓨터 시스템을 배치하고 회계제도를 변경하며 연말 회계감사를 시행해야 했다. "좋아요, 뭐 다른 것은 없나요?" 한 뭉치의 일거리를 떠맡은 후에 그가 말했다.

나 자신의 긴급 업무 목록도 점점 길어졌다. 회사중역으로서 경험이 있는 누군가가 스타벅스의 운영에 도움을 주어야 한다고 느낄 때였다. 나는 친구 중 한 사람인 로렌스 말츠에게 관심이 있었다. 로렌스는 나보다 열다섯 살이 많았고, 수익성 있는 상장 음료 회사의 사장으로 8년을 포함, 20년의 사업경력이 있는 사람이었다. 로렌스는 스타벅스에 투자하였고, 1987년 11월에 수석부사장으로 회사에 합류했다. 그를 그룹 운영, 재정, 인사 책임자로 임명한 반면 나는 사업 확장, 부동산, 디자인, 마케팅, 상품화 계획, 투자자 관계를 취급했다.

우리가 원했던 빠른 성장은 의심의 여지가 없었다. 우리는 챔피언이 될 준비를 마쳤다. 속도는 그 일을 성취하는 중요한 부분이었다. 미래의 풍경은 약하고 미미한 색깔이 아니라, 대담하고 분명한 컬러로 칠해져 있었다.

이제 스타벅스가 일 지오날레와 합병하였으므로, 5년 내에 125개의 점포를 개점하는 목표는 무리가 아닌 듯했다. 그것이 1987년 투자자들에게 스타벅스가 5년 내에 125개의 점포를 열 것이라고 약속한 이유이다. 언젠가 우리는 공개 기업이 될 것이고, 고객들은 우리 상표를 신뢰하여 '스타벅스 한 잔'이라고 말할 것이다. 시애틀에서 멀리 떨어진 도시에서도 새로 생긴 점포 앞에 손님들이 줄지어 설 것이다. 어쩌면 우리가 미국인들의 커피 마시는 습관을 변화시킬 수 있을 것이다.

많은 사람들이 그것은 허풍이고 불가능하다고 말했다. 그러나 그것은 나를 포함한 많은 스타벅스 사람들에게 매력적인 부분이었다. 구태의연한 생각을 부정하는 것과 불가능한 것에 대항하여 성취하는 것은 대단히 스릴 있는 일이다.

그러나 나는 성공적인 사업을 점포의 숫자로 측정할 수는 없다고 생각했다. 나는 최고의 커피로 존경받는 상표를 고안하고자 했으며, 책임을 다하는 기업으로 칭송받는 회사를 만들고 싶었다. 나는 기업을 더 높은 수준으로 올리기를 원한 것이다. 아울러 우리의 종업원들을 잘 보살펴주고 기회를 되돌려줌으로써 그들 스스로 자랑스러워하는 그런 회사를 만들고 싶었다.

나는 궁극적으로 창조하고자 했던 종류의 회사를 구체화시키기 전에, 초창기에는 우선 신뢰 구축을 위해 노력했다. 사람들이 서로를 존경하는 분위기를 만들어가는 것은 단지 책략에 불과한 것이 아니었다. 그것이 스타벅스의 핵심이었다. 공통의 비전을 나누지 않는다면 결코 목표를 성취할 수 없는 것이다.

나는 이상에 도달하기 위해 직원을 존중하고 고무시키며, 장기적 가치를 창출하기 위해 함께 일한 사람들과 보상을 나누는 사업을 창조하고자 했다. 회사의 가치관과 원칙이 분명한 경쟁력 있는 회사를 세우고 싶었다. 한 가지 목적으로 함께 일하고 정치적 내분을 피하며, 불가능한 목표를 달성하고자 하는 사람들을 고용하고 만나기를 원했다. 기업들이 단지 개인적 만족을 제공할 뿐 아니라 존경과 칭송을 받는 기업문화 창출을 위해 경쟁할 수 있기를 기대했다.

나는 작은 꿈 대신 큰 꿈을 꾸었다.

위대한 기업을 세우고자 한다면 위대한 꿈을 가질 용기가 있어야 한다. 작은 꿈을 꾼다면 어떤 작은 것을 이루는 데는 성공할 것이다. 많은 이들이 그것으로 만족한다. 그러나 폭넓은 영향력을 가지고 지속적인 가치를 얻고 싶다면, 담대해져야 한다.

손만 뻗어도 잡을 수 있는 꿈이 무슨 가치가 있겠는가?

스타벅스와의 '행복한 결합'을 위해

인수 후 우리는 회사 이름에 관한 중요한 결정을 내려야 했다. 일 지오날레 이름을 지킬 것인가, 스타벅스라는 이름 아래 통합할 것인가? 첫 번째 회사를 창립한 대부분의 기업인들이 첫 번째 회사의 이름을 포기하는 것은 마치 자식을 버리는 것과 같은 일이다.

나는 무에서 창조해낸 일 지오날레에 애착을 더 갖고 있었으나, 스타벅스의 이름이 훨씬 더 알려져 있었기 때문에 스타벅스의 이름을 쓰는 것이 옳은 선택이라고 생각했다. 장단점을 주의 깊게 따져볼 수 있었던 것은 일 지오날레 경영팀 덕분이었다.

내 직관이 과연 옳은지 확인하기 위해 몇 년 전 스타벅스 이름을 짓는 데 도움을 주었던 테리 헤클러를 찾았다. 그는 그 이후 시애틀의 여러 성공적인 상품에 이름을 지어준 바 있었다. 문제 해결을 위해 두 번의 회의를 열기로 했다. 한 번은 주요 투자자들, 다른 한 번은 직원들과.

나는 테리에게 두 차례의 회의에서 그의 추천명을 말해줄 것을 부탁했다. 그의 의견은 분명했다. 일 지오날레는 쓰기와 철자 그리고 발음 면에서 명확하지 않다고 말했다. 사람들은 일 지오날레가 눈에 띄지 않는다고 생각했다. 2년이 채 안 된 짧은 영업 탓에 많은 이들이 인식하는 데도 어려움이 있었다. 이탈리아인들이야말로 커피에 대한 정통성을 주장할 수 있는 유일한 사람들이지만 우리들 중 이탈리아인은 아무도 없었다.

스타벅스라는 이름은 이와는 대조적으로 어떤 마력을 가지고 있었다. 일단 그것은 호기심을 자극한다. 시애틀에서 스타벅스는 이미 부인할 수 없는 독특한 분위기와 흡인력을 가지고 있었고 우편주문 덕분에 전국에 알려지기 시작하고 있었다. 스타벅스는 순전히 미국적인, 신비롭고 특이한 매력을 가지고 있었다.

가장 힘든 것은 일 지오날레 직원들을 설득하는 일이었다. 그들은 에스프레소의 낭만을 담은 이탈리아 이름을 사랑하고 있었다. 작은 일 지오날레 팀은 한가족처럼 탄탄하게 성장했고 열심히 일하여 세워놓은 것을 잃을까 봐, 그것이 15년 전통의 큰 회사에 흡수될까 봐 걱정하고 있었던 것이다.

심사숙고 끝에 우리는 에스프레소 바의 일 지오날레 이름을 내리고 스타벅스로 대체하기로 했다. 이 과정을 거치며 깨달은 것은 자존심을 버려야 한다는 점이었다. 관련된 모든 사람이 장기적인 가치가 있는 사업을 위하여 최선의 선택을 원하고 있었으므로, 경쟁자들과 차별화하는 데 가장 좋은 이름을 선택해야 했다. 사람들이 인정하고 기억할 수 있는 이름, 사람들의 입에 오르내리는 이름을 얻는 것은 굉장한 재산이다. 그 이름은 일 지오날레가 아니라 분명히 스타벅스였다.

두 회사와 두 문화의 합병을 상징화하기 위하여 테리는 두 개의 로고를 합성한 디자인을 가져왔다. 우리는 왕관을 쓴 스타벅스 요정을 보다 현대적으로 만들어주었다. 구태에 얽매인 듯한 갈색을 버리고 긍정적인 느낌을 주는 일 지오날레의 초록을 선택했다. 스타벅스 스토어의 모습도 하나하나 갈색에서 초록으로, 오래된 전통에서 이탈리아인의 우아함으로 바뀌어갔다. 또 모든 점포에서 원두커피와 에스프레소 음료 두 가지 모두를 함께 팔도록 개조하는 작업을 병행했다. 그와 같은 결합은 소매점보다 고급스럽고 레스토랑과는 다른 새로운 유형의 스토어를 창출했다. 그것은 지금도 계속되는 스타벅스의 새로운 전통이 되었다.

비유하자면 마치 오래 지속되는 결혼과 같다고 할까.

경영자로서 직원들의 신뢰를 어떻게 얻는가

1987년 12월까지 새로운 점포들이 시카고와 밴쿠버에서 개점 작업이 진행되고 커피가 꾸준히 고품질을 유지하자 일부 직원들의 나에 대한 의심은 곧 사라지기 시작했다. 신뢰의 발판이 마련된 것이다. 나는 모두가 스타벅스에서 일하는 것을 자랑스럽게 여기고, 경영자는 직원을 진심으로 신뢰하며 존경하는 마음으로 대한다는 것을 알아주기를 원했다. 또한 종업원들의 관심사에 내가 진정으로 귀 기울이고 있다는 것을 그들이 깨닫게 될 것이라고 확신하고 있었다.

만일 그들이 나와 나의 동료들을 믿는다면 노동조합이 필요하지는 않을 것이다. 역시 소매점에 있는 종업원 한 사람이 노동조합의 필요성에 의문을 제기했다. 대릴 무어는 대학생 신분으로 1981년부터 벨레뷰 스토어에서 파트타임 점원으로 일하기 시작했다. 그는 후에 6개월간 창고에서 일했으며 1985년 노동조합 결성에 반대하였다. 그는 노동자 가족 출신임에도 스타벅스 경영자들이 직원들의 관심에 책임을 다하는 한 노동조합은 불필요하다고 생각했다. 그는 자기 사업을 시작하기 위해 스타벅스를 떠났다가 1987년 말, 우리의 파이크 플레이스 스토어에서 바리스타로 일하기 위해 돌아왔다.

내가 만들고 있는 변화를 본 후 그는 동료들, 그리고 자신이 알고 있는 노동조합 대표들과 논쟁을 벌였다. 그는 노동조합을 해체하기 위해 연구하기 시작했고 많은 점포에 편지를 보내 노동조합을 원하지 않는 이들의 서명을 받았다. 대다수의 서명을 확보한 후, 그는 1월에 그 편지들을 국가 노동관계 이사회에 제출했다. 노동조합은 1992년까지 우리의 창고와 배전공장 종업원들을 계속하여 대표해왔지만, 대릴의 노력으로 그 대표성이 사라졌다.

수많은 사람들이 노조의 해체에 성원을 보내는 것을 보고, 그들이 나의 약속을 믿기 시작한다는 증거로 받아들였다. 불신은 말끔히 사라지고 종업원들의 사기도 올라가고 있었다. 일단 그들의 전폭적인 지원을 받으면, 한 팀으로 일하며 그들에게 의지하고 스타벅스를 전국에 퍼뜨릴 열정을 손쉽게 불어넣을 수 있음을 알게 되었다.

8

당신을 사로잡는 것이라면 반드시
다른 사람도 매혹할 것이다

무엇이든 할 수 있다면,
아니, 할 수 있다는 꿈을 갖고 있다면, 그것을 시작하라.
대담하다는 것, 그 자체가 천재성이고 힘이며, 마력이다.

_괴테

1987년부터 1992년까지의 5년간 스타벅스는 비상장 회사에 머물러 있었다. 나는 그동안 상장된 회사들에 사람들의 시선이 집중되고 있을 때 일을 배우고 내적으로 성장할 수 있었다. 투자자들의 지원과 인정, 그리고 우리 직원들의 확신 덕분에 여러 가지 당면 과제, 즉 전국적인 사세확장, 사원복지, 미래지향 투자, 경영자 개발 등을 하나씩 해결해나갈 수 있었다.

이 장에서는 오늘날의 스타벅스의 형성 과정에서 우리가 깨달은 중요한 교훈들, 그리고 각각의 당면과제들을 어떻게 해결해나갔는가를 기술하고 있다. 그 시절은 우리의 중심 가치를 다듬고 또 다듬어서, 어떤 문제는 확고히 하고 어떤 문제는 타협하는 것을 배우는, 실로 많은 토론의 시기였다.

'고기와 감자의 도시'에 출현한
전문 커피점

그 당시 가장 감동적이고 가장 모험적이었던 일은 아마도 시카고 시장으로의 진출이었다. 돌이켜보면 스타벅스 초창기에 우리가 그러한 모험을 했다는 것이 믿기지가 않는다.

그러나 사실 일 지오날레가 스타벅스와 결합하기 전인 '일 지오날레 시절' 또한 모험적인 나날이었다. 그 당시 우리는 단지 2개의 커피 바를 운영하고 있었지만(하나는 시애틀에, 또 하나는 밴쿠버에) 나는 북미 전역에 걸쳐 있는 도시에서 나의 생각을 증명해 보이고 싶었다. 가장 커다란 위험은, 다른 도시 사람들도 역시 그들에게 익숙한 커피보다 맛이 더 깊고 풍부한 스타벅스 커피를 좋아할 것이냐 하는 점과 우리 스타벅스가 내가 이탈리아에서 본 것과 같이 사람들이 매일 즐겨 모이는 장소가 될 것인가 하는 점이었다. 만일 이러한 두 가지 점이 전국적으로 유행할 수 있는 것이라면, 우리는 시애틀에서 멀리 떨어진 모든 곳을 시험해봐야 하며 빠르면 빠를수록 더 좋은 것이었다.

스타벅스를 인수할 기회가 왔을 때, 다른 도시로의 사세 확장은 일단 연기하는 것이 더 신중한 선택이었을지도 모른다. 그러나 스타벅스를 인수하기 위해 투자자들을 유치하는 데 정신이 없었을 때조차 나는 시카고로 진출하는 계획을 포기하지 않았다. 일 지오날레와 스타벅스가 합병했을 때 시애틀 밖으로의 사세 확장이 가능할 것인가는 나에게 사활이 걸린 훨씬 더 중요한 문제였다. 나의 목적은 전국적인 회사를 만드는 것이었고, 따라서 나는 그 목적을 실현하는 데 장애물이 무엇인지 알아야 했다.

수많은 전문가들은 시카고에 새로운 스토어를 오픈하는 데 여러 가지 이유를 들어 반대했다. 조그만 회사인 일 지오날레가 그렇게 커다란 계획을 수행하기에는 기반이 너무 약하다는 것이었고, 시카고가 2천 마일이나 떨어져 있기 때문에 신선하게 볶은 원두커피를 공급하는 것이 이론적으로 어려웠기 때문이었다. 그리고 또한 맥스웰 하우스의 본고장에서 최고 품질의 커피를 어떻게 홍보할 것인가? 시카고 사람들은 결코 강배전 커피를 마시지 않을 것이라는 말도 있었다. 그들은 사서 가지고 가는 커피는 지역 편의점 체인인 '화이트 헨 팬트리White Hen Pantry'를 선호하고 있었다.

만일 내가 그러한 대다수 사람들의 조언에 귀를 기울였다면 아마 합병이 끝나고 시애틀에서 튼튼한 사업기반을 다질 때까지 기다렸을 것이다. 그리고 그 이후 점진적으로 이미 스타벅스 커피 같은 특별한 커피맛에 길들여진 포틀랜드나 밴쿠버 같은 인근 도시들로 확장해나갔을 것이다.

그러나 나는 시카고로 진출하기를 원했다. 시카고는 기후가 춥기 때문에 뜨거운 커피가 잘 어울린다. 시카고의 번화가는 시애틀보다 더 크고, 이웃 사람들이 서로 모이기를 좋아하는 그런 도시다. 1971년 이전에는 시애틀 사람들 역시 강배전 커피에 대해 전혀 알지 못했다. 그렇다면 시카고 사람들이 더 빨리 그것을 사랑하지 않을 이유가 없지 않겠는가?

우연히 시카고의 한 열정적인 부동산 브로커가 우리에게 서너 군데를 소개하여 잭 로저스와 함께 보러 갔었다. 일 지오날레의 초기 투자자인 잭은 레스토랑 사업과 프랜차이즈에 전문가였으며 또한 시카고 사람이었다. 그는 스타벅스에 대한 낭만이 섞인 애정으로 우리의 친구이자 조언자이며 고문 역할을 하게 되었다. 그는 일 지오날레 이사회의 초창기 멤버였으며 우리가 스타벅스를 인수했을 때는 스타벅스의 이사가 되었다. 그는 10년 동안 최고경영진의 일원으로서 큰 역할을 수행했다.

일 지오날레는 자금이 충분치 않았기 때문에 잭과 나는 호텔방을 함께 써야만 했다. 스타벅스 인수 일을 아직 끝마치지 않았을 때였다. 그 다음날 알맞은 장소를 물색하고자 시카고의 번화가들을 누비고 있을 때 잭에게 말했다. "잭, 지금부터 5년 후, 여기 있는 사람들은 모두 스타벅스 커피를 들고 다니게 될 거야."

그는 나를 바라보고 웃으며 말했다. "당신 미쳤군." 그러나 나는 정말 그것을 예견할 수 있었다.

우리는 결국 시어즈 타워에서 한 블록 떨어진 아주 번화한 곳을 얻게 되었다. 나는 크리스틴 데이에게 스토어 오픈에 필요한 모든 일을 시켰고, 그녀는 전화번호부에서 여러 화물회사를 찾았다. 우리는 그 일이 안 될 수도 있다는 것을 생각해본 적도 없다. 그래서 결국 그 일을 해냈다.

그리하여 1987년 10월 주식시장이 붕괴된 바로 그날, 스타벅스라는 이름으로 우리의 첫 번째 커피 스토어를 열게 되었다.

그러나 그것은 여러 이유로 인해서 하나의 재난이었다. 즉, 나는 시카고에서 성공하기 위해서는 건물의 내부로 들어가야 한다는 것을 깨닫지 못했던 것이다. 겨울이 너무 춥고 바람이 많이 불기 때문에 아무도 밖으로 걸어 나와서 한 잔의 커피를 가져가려고 하지 않는다. 우리 스토어는 거리에 나와 있었던 것이다. 몇 년 후에 우리는 그 스토어를 닫을 수밖에 없었다. 그것은 우리가 위치 선정에서 실수한 두세 개의 사례 중 하나였다.

그러나 뒤돌아보면 진짜 실수는 그 위치가 아니라 스토어를 닫은 것이 아니었나 생각한다. 우리가 인내를 가졌더라면 오늘날 그 장소는 성공적인 곳으로 입증되었을 것이다. 우리가 처음으로 시카고로 진출했던 것은, 우리의 제품을 너무도 사랑한 나머지 다른 사람들 역시 그것을 좋아하지 않을 것이라고는 상상하지도 못했기 때문이었다.

그 후 다음 6개월에 걸쳐 우리는 그 지역에 세 개의 스토어를 더 개점했다. 오랜 겨울이 끝날 때쯤, 우리는 시카고 사람들이 커피를 사기 위해 반드시 우리 스토어의 문을 두드리지는 않는다는 것을 깨달았다. 그리고 다른 문제도 발견했는데, 시카고는 물가가 높았다. 또 초기에 많은 직원들이 우리의 커피와 꿈을 쉽게 인정하려하지 않은 것도 문제였다. 그리고 많은 고객들도 역시 그러했다.

그 다음 2년에 걸쳐 우리는 시카고에서 수만 달러를 손해 봤다. 스타벅스의 이사들은 몇 가지 거친 질문들을 해 대기 시작했고, 처음에 나는 그에 대한 좋은 답변이 생각나지 않았다. 나는 그 스토어들이 결국에는 성공하리라는 것을 알고 있었지만, 그들에게 그것을 확신시킬 수는 없었다. 1989년 말 우리가 벤처투자자들을 유치하려고 노력하고 있을 때, 몇몇 잠재적인 투자자들은 우리가 시카고에서 허우적대고 있다는 것을 알고 나의 성장계획 전체에 도전을 해왔다. 그들은 스타벅스가 일시적 유행으로 그칠 것인가 아니면 롱런할 것인가에 대해 회의를 가졌다. 시카고에서 성공하고 나서야 비로소 우리의 생각이 북미 전역에 걸쳐 성공할 수 있다는 것을 입증할 수 있었다. 시카고의 스타벅스가 전환점을 맞은 것은 소매 경영을 책임 질 하워드 비하를 고용한 이후인 1990년이 되어서였다. 그 해결책의 하나는 경험 있는 책임자를 고용하고, 더 비싼 임대료와 인건비를 감당하기 위하여 제품값을 올리는 일이었다.

하지만 그 문제의 진실한 해결책은 단지 시간이었다. 시카고에서도 우리를 진정으로 사랑하는 고객들은 우리 상품에 대해 시애틀에서와 똑같은 칭찬을 했다. 단지 그들이 많지 않았을 뿐이다. 하지만 1990년이 되자 많은 고객들이 스타벅스의 커피맛을 이해하게 되었다. 강한 맛의 드립커피를 마시던 많은 사람들은 첫 맛이 부드럽고 호감 가는 카푸치노와 카페라떼로 바꾸었다. 우리를 이해하게 됨에 따라 시카고 사람들은 점차 우리의 강배전 커피를 사랑하게 되었다.

오늘날 스타벅스는 시카고의 문화와 풍경의 일부가 되어, 많은 시카고 사람들은 스타벅스가 그 지역 회사인 것으로 생각할 정도가 되었다.

회의론자들을 승복시키다

시간이 지나고 목표를 하나씩 정복함에 따라 자신감도 커져나갔다. 우리는 매년 더 높게 목표를 두면서 새로운 스토어의 개점 속도를 가속화시켰다. 1988 회계연도에는 11개 스토어에서 15개의 새로운 스토어를 개점했다. 그 다음 해에는 20개 이상을 개점했다.

우리의 목표를 달성하는 것이 보기보다 어렵지 않다는 것을 깨달았을 때, 우리는 더 어려운 목표에 도전했다. 당초의 계획보다 더 많은 스토어를 개점하기 시작한 것이다. 1990 회계연도에는 30개, 91년에는 32개, 92년에는 53개 모두가 스타벅스 소유의 스토어였다. 우리는 큰 꿈을 성취할 때마다 이미 더 커다란 꿈을 계획하고 있었다.

그러나 이러한 자기 확신에는 항상 같은 양의 두려움이 있게 마련이었다. 우리의 더욱 큰 확신을 하는 반면 잠자는 거인들, 즉 커다란 포장음식 회사들을 점점 자극하는 것이 아닌가 두려웠다.

만일 그들이 일찍부터 우리처럼 특별한 커피를 팔기 시작했다면, 우리를 휩쓸어버렸을 것이다. 그러나 한 달이 가고, 한 분기가 가고, 해가 가면서, 우리가 새로운 시장을 개척해나감에 따라 그들이 우리를 대체하기에는 더욱 어려워질 것이라는 확신을 갖게 되었다. 그것은 가격인하 경쟁에 근거를 둔 사업이었고, 그들은 소매점의 경험이 없기 때문에 우리가 갖고 있는 고객과의 친밀한 관계를 유지할 수 있는 장치가 없었다.

나는 또한 다른 특별한 커피 회사들과의 경쟁을 우려했다. 대부분이 경영에 미숙하거나 형편없는 프랜차이즈 조직을 갖고 있었지만, 어떤 사람들은 좋은 커피를 만들고 그들 자신의 스토어를 소유하고 있었으며 나름대로 해당 지역사회에서 좋은 평판을 갖고 있었다. 만일 그들 중의 한 명이라도 전국적인 확장을 계획하고 자금을 얻을 수 있었다면, 그것은 우리에게 커다란 도전이었을 것이다. 그러나 이제 와서 누군가 그런 계획을 한다면, 그때는 너무 늦은 것이었다.

우리의 경쟁 전략은 최고의 커피와 서비스, 친근한 분위기로 고객을 확보한다는 것이다. 우리는 어느 시장에서나 최고가 되려고 노력했으며, 성실함과 원칙대로 페어플레이를 했다.

1991년까지 우리는 우리의 사세확장을 포틀랜드, 시애틀에서 밴쿠버에 이르는 태평양에 면한 북서지역과 시카고로 한정시켰다. 우리의 정책은 어느 시장에서나 발판을 구축하고, 또다른 도시로 확장하기 전에 그곳에서 강한 이미지를 창출하는 것이었다.

그러나 이런 지역적인 집중에도 불구하고, 우리는 다름 아닌 우편주문을 통해서 전국적인 확장을 시작했다는 것을 알았다. 스타벅스는 70년대 중반에 우편주문을 받기 시작했는데, 그 이용자들의 대부분은 시애틀에서 살다가 이사 간 사람들이거나 여행 왔다가 스토어에 들렀던 사람들이었다.

처음에는 단지 우리의 상품을 적은 단순한 팸플릿만을 보냈다. 1988년 우리는 첫 번째 카탈로그를 만들어 보내기 시작했다. 1990년에는 수신자 부담 주문 시스템을 도입하기 위해 소규모 전화, 컴퓨터 시스템에 투자했는데, 그것을 통해 우리는 고객들과 특히 커피에 대한 수준 높은 일대일 대화를 나눌 수 있었다.

우리가 전국적인 소매망을 구축하기 이전만 해도 우편주문은 우수 고객들을 돌볼 수 있는 최고의 수단이었으며 미국 전역에 걸쳐 스타벅스를 알릴 수 있는 좋은 기회였다. 우편주문 고객들은 우리 커피를 얻기 위해 특별한 노력을 기울여야 했기 때문에, 그들 지역의 스토어 개점을 환영하고 열렬한 고객이 되어주었다.

다음으로 우리는 1991년까지 캘리포니아로 진출할 준비를 했다. 캘리포니아는 수많은 도시가 인접해 있고 높은 품질의 새로운 음식에 대해 개방적인, 매력적인 기회의 도시였다. 다양한 지역이 있는 거대한 주였지만 우리는 그곳을 단일 시장으로 보았다.

캘리포니아 인구를 감안한다면 동시에 여러 개의 스토어를 연다 해도 규모의 경제를 달성하는 데는 무리가 없으리라 생각되었다. 게다가 그곳은 시애틀과 가까웠기 때문에 물건을 공급하기가 비교적 용이했다. 우리는 캘리포니아로 진출할 수 있는 가장 좋은 방법에 대해 계속 토론했다. 어떤 사람들은 샌디에이고에서 출발하기를 원했고, 또 다른 사람들은 스타벅스가 따뜻한 기후에서조차 성공할 것인지, 그곳 사람들이 뜨거운 커피를 선택할 것인지에 대해 의문을 던졌다.

하지만 나는 LA를 선택했다. 그러자 모두들 LA 시가가 너무 복잡하게 뻗어 있어 사람들이 걷지 않고 차를 타고 다니므로 오히려 손해를 입힐 것이라고 경고했다. LA 진출에 대한 타당한 많은 반대에도 불구하고 나는 마침내 단호한 결심을 하고 말했다.

"우리는 LA로 간다."

소매상표의 인지도를 구축하기 위해서는 사람들의 우호적인 관심을 유도해야만 한다. 유행이 되어야 하고, 그러기 위해서는 우선 그 제품을 자연스럽게 좋아하여 유행을 이끌어가는 사람들이 필요하다. LA는 유행을 창조하는 곳이었다. 미국 전역에 미치는 그 영향력을 고려해보면 스타벅스를 위해서는 완벽한 곳이었다. 스타벅스가 할리우드에서 가장 뛰어난 커피가 된다면, 그것은 캘리포니아 나머지 지역으로 확장될 뿐 아니라 미국 전역으로의 도약을 가져다줄 것이다.

주의 깊은 계획 다음에 이어지는 행운, 바로 그 일이 일어났다. LA는 우리를 즉시 받아들였다. 우리가 첫 번째 스토아를 개점하기 전에 〈LA 타임스〉는 우리를 미국에서 가장 훌륭한 커피라고 격찬했다. 시카고와는 달리, 사태가 어떻게 되어나갈 것인가에 신경을 곤두세우며 싸울 필요가 없었다. 스타벅스는 거의 하룻밤 만에 사랑받는 이름이 되었다. 우리는 입으로 전해지는 말의 힘 이 광고보다 훨씬 더 강력하다는 것을 발견했다.

한편 샌프란시스코는 진출하기에 좀 더 어려운 시장이었다. 1987년 스타벅스를 인수하는 조건에서, 우리는 피츠와의 경쟁 을 피하기 위해 4년 동안 노던 캘리포니아 지역에서는 새로운 스 토어를 개점하지 않기로 합의했다. 나는 우리가 경쟁보다는 협 력 관계로 시장을 개척할 수는 없는지, 여전히 피츠의 소유자였 던 제리 볼드윈에게 한 통의 편지를 썼다. 그러나 그는 "노"라고 말했다.

1992년 초 우리는 샌프란시스코로 진출할 준비가 되어 있었는 데, 또 다른 문제에 부딪치게 되었다. 샌프란시스코의 중요 특정 도심지역에서는 스토어를 레스토랑으로 바꾸는 것이 금지되어 있었다. 커피와 케이크들을 스탠드에서 서서 마시도록 팔 수는 있었지만 좌석을 제공할 수는 없었다. 우리는 중요 쇼핑거리의 눈에 띄는 곳에 스토어를 개점하면서 위험요소를 안게 되었다.

다행히 그 당시에 부동산 브로커 아서 루빈펠드는 다른 카페 주 인들과 더불어 시 위원회를 설득하고 있었다. 테이블과 의자를 갖고 있는 '베버리지 하우스beverage house '가 허가받을 수 있도록 지역 구분 코드에 새로운 분류를 추가할 것을 추진하고 있었던 것 이다. 일단 코드가 바뀌자 많은 카페가 개점됐고 샌프란시스코의 여러 지역에는 다시 활기가 넘치게 되었다.

우리의 성장이 좀 더 가시화됨에 따라 업계에 있는 사람들은 오히려 우리 회사에 대해 회의를 품게 되었다. 많은 사람들이 우리의 계획은 달성될 수 없다고 확신하고 있었다. 오랫동안 스타벅스의 옹호자였던 알프레드 피트조차 우리가 전국적으로 판매를 확대하려고 한다면 아무리 커피가 우수하더라도 무리가 올 것이라고 예견했다.

그들이 우리를 의심한 한 가지 이유는 원두커피 사업은 항상 배전공장과 스토어가 가까이 있는 지역적인 것이어야만 한다는 전통적인 생각이었다. 대부분의 사람들은 만일 신선하게 볶은 커피를 미대륙의 반을 가로질러 운반한다면 신선함과 향을 잃어버릴 것이라고 믿었다.

1989년 우리는 불가능하게 보였던 수수께끼의 해답을 찾게 되었다. 우리는 한 방향 밸브를 이용한 일종의 진공포장으로 해로운 공기와 습기가 들어가지 못하게 하고 이산화탄소 가스는 밖으로 나오도록 되어 있는 '커피신선도 유지 봉투'를 사용하기 시작했다. 우리는 이전의 스타벅스가 1980년대 초에 도매고객들만을 위해서 사용한 이 장치를 이용했다. 운반하기 바로 전, 배전 후 곧바로 5파운드 실버백에 커피를 넣음으로써 신선함을 보존할 수 있었다. 일단 백을 열면 신선한 향기가 없어지기 시작했다. 그래서 7일 이내에 그 커피를 팔아야만 했으며, 그렇지 못할 경우에 우리는 그것을 자선단체에 희사했다.

돌이켜보건대, 커피신선도 유지 봉투를 다시 도입한 것은 우리의 확장 정책을 가능케 해준 중요한 결정이었다. 그렇게 함으로써 우리는 배전공장에서 수천 마일 떨어진 스토어에서조차 최상의 신선한 커피를 제공할 수 있게 되었다. 그것은 바로 우리가 진출하는 모든 도시에 새로운 배전공장을 건설할 필요가 없다는 것을 의미했다. 배전공장에서 불과 몇 분 거리에 있는 시애틀 스토어들도 이 백 덕택에 좀 더 신선한 커피를 제공받을 수 있었다.

우리가 새로운 도시에 스토어를 개점할 때마다 사람들은 실패를 예견했지만 현재까지는 그들이 틀렸다.

나는 사업의 스릴은 오르막길에 있다고 생각한다. 우리가 성취하려고 하는 모든 것은 아무도 짐작한 적이 없는 가파른 경사를 올라가는 것과 같다. 올라가는 것이 어려우면 어려울수록 올라가기 위해 쏟아부은 노력들이 더욱 가치있고, 정상에 도달한 만족감은 더욱더 큰 것이었다. 그러나 모든 헌신적인 등산가들처럼 우리는 항상 더 높은 봉우리를 찾아 도전하고 있다.

'고독한 군중'을 위한 제3의 장소

나는 나 자신을 공상가라고 생각하기를 좋아한다. 그러나 '스페셜티 커피 Specialty coffee' 시장이 내 생각보다 훨씬 빨리, 훨씬 크게 성장했다는 것은 놀라운 일이었다.

아무도 에스프레소가 소수의 기호식품에서 그렇게도 많은 사람들에게 널리 사랑받는 커피가 될 것이라고 믿지 않았다. 아무도 커피 바가 그렇게 증가할지는 몰랐고, 에스프레소를 서빙하는 두 바퀴 달린 카트가 미국 전역에 걸쳐 사무실의 로비나 거리 모퉁이에 출현하고 매달 더 많은 스토어가 오픈하게 될 것을 예측하지 못했다. 심지어 패스트푸드점이나 주유소, 편의점에서 손님을 끌기 위해 커다란 '에스프레소' 광고판을 내걸게 될지 어느 누구도 상상하지 못했다.

커피를 마실 수도 있고 원두를 살 수도 있는 커피소매점이라는 혁신적인 생각이 전혀 새로운 패러다임을 창조해내, 그 장점을 일찍이 예견했던 사람에게 보상을 가져다준 것이다.

그렇게도 많은 다른 형태의 도시에서 성공한 스타벅스의 경우는 궁극적으로 다음과 같은 근본적인 의문을 품게 했다. 사람들은 도대체 무엇에 호응하는 것인가? 왜 스타벅스는 어디서나 소비자들의 호응을 얻고 있는 것일까? 우리가 그들의 어떤 욕구를 충족해주고 있는가? 왜 그렇게도 많은 고객들이 기꺼이 스타벅스 스토어 앞에서 줄을 서서 기다리고 있는가? 왜 그렇게도 많은 사람들이 심지어 커피를 받아 든 다음에도 아쉬운 듯이 서성거리는가?

처음에 우리는 그것은 단지 커피 때문이라고 생각했다. 그러나 시간이 흘러감에 따라 우리는 우리의 커피스토어가 커피 그 자체만큼 매력적이며 이에 대하여 많은 사람들 사이에서 공감대가 형성되었음을 깨달았다.

● 로맨스를 맛보기

스타벅스 스토어에서 사람들은 5~10분간의 휴식을 갖는데, 그것은 일상생활의 지루함에서 벗어나게 해준다. 다른 어떤 곳에서 '수마트라', '케냐' 혹은 '코스타리카' 커피를 즐길 수 있겠는가? 어느 곳에서 '에스프레소 마키아토'같이 이국적인 로맨스의 불꽃을 가미하면서 커피를 주문할 기회를 가지며, 다른 어떤 곳에서 '베로나'와 '밀라노'의 맛을 즐길 수 있겠는가?

● 저렴한 사치

우리의 스토어에서는 부유한 외과의사 앞에 줄 서 있는 근로자나 경찰을 볼 수 있다. 블루칼라는 외과의사가 방금 몰고온 벤츠 자동차를 살 여유가 없을 것이다. 그러나 그는 똑같은 2달러짜리 카푸치노를 주문할 수 있다. 그들은 세계적인 수준의 똑같은 커피를 즐길 수 있는 것이다.

● 오아시스

점점 더 분열되어가는 사회에서 우리 스토어들은 생각을 모으고 정신을 집중시킬 수 있는 조용한 순간을 제공한다. 스타벅스의 직원들은 고객에게 미소 짓고 재빨리 서비스하며, 고객을 귀찮게 하지 않는다. 스타벅스를 방문한다는 것은 많은 일들이 힘들게 하는 낮 시간 동안 하나의 작은 도피일 수 있다. 우리는 신선한 한 모금의 공기가 되었다.

● 부담 없이 편한 사회적 교류

한 광고 회사가 LA 지역의 고객들을 인터뷰했다. 그들의 공통된 말은 다음과 같다. "스타벅스는 아주 사교적입니다. 우리는 사교적인 느낌을 얻기 때문에 스타벅스 스토어에 갑니다."

그러나 이상하게도 그 광고 회사는 우리 스토어에서 그들이 관찰한 사람들의 단지 10퍼센트 미만의 사람들만이 실제로 다른 사람들에게 이야기를 거는 것을 발견했다. 대부분의 고객들은 조용히 줄을 서서 기다리고 있었고 단지 마실 것을 주문하기 위해 점원에게 말을 걸 뿐이었다. 그들은 단지 스타벅스 스토어 안에 있는 것만으로도 바깥 세상에 나와 있는 것을 만끽했고, 그들이 늘 보아온 낯익은 얼굴들과 멀어져 있지만 편안함을 느낀 것이다.

유럽 사람들에게는 일상생활의 일부인 사회적 교류가 미국에서는 사라져버릴 위험에 처해 있다. 1990년대에 커피 바는 집이나 직장 다음으로 위협적이지 않은 장소, 즉 '제3의 장소'의 욕구를 충족시켰기 때문에 미국 사회에서 새로운 중심지가 되었다. 웨스트 플로리다 대학의 사회학 교수인 레이 올든버그는 그의 저서인 《제3의 장소 The Great Good Place》에서 이러한 장소의 필요성을 주장했다.

올든버그의 논제는 사람들이 모일 수 있고, 직장이나 집에 대한 관심을 잊고, 쉬며 이야기할 수 있는 비공식적인 공공장소가 필요하다는 것이었다. 독일의 '비어가든', 영국의 '펍', 프랑스와 비엔나의 '카페'는 모든 사람들이 평등하게 대화할 수 있는 중립적인 장소를 제공하면서 사람들의 생활 속에서 이러한 출구를 창조해냈다.

올든버그는 다음과 같이 말하고 있다.

그러한 곳이 없다면 교외지역은 도시의 필수요소인 인간 접촉의 다양성과 상호관계에 영향을 주지 못할 것이다. 이러한 것들이 박탈될 때 사람들은 군중 속에서 고독을 느끼게 된다.

스타벅스는 아직 이상적인 제3의 장소는 아니었다. 우리는 충분한 좌석을 갖고 있지 못했고 고객들은 종종 거기에서 만나는 사람들을 알지 못한다. 대부분은 그저 그들의 커피를 들고 떠나버린다. 그래도 우리 고객의 일부는 우리 스토어에 모이고, 친구와 만날 약속을 하고 미팅을 가지며, 다른 단골 손님들과 이야기를 시작했다. 일단 우리가 제3의 장소에 대한 강력한 필요성을 이해하게 되자 더 많은 좌석 수를 갖고 있는 더 커다란 스토어를 만들어 보답할 수 있었다. 어떤 스토어에서는 주말 저녁에 재즈악단을 고용하여 연주했다.

당초 나의 생각은 사무실이 밀집한 시내에서 빠르게 서서 마시거나 가져갈 수 있는 종류의 서비스를 제공하는 것이었는데, 현재 가장 빨리 성장하는 스타벅스 스토어는 도시나 교외의 주택 거주지역에 있다. 사람들은 우리가 처음 기대했던 대로 슈퍼마켓에 가는 도중에 반 파운드의 커피를 사기 위해 들르는 것이 아니라 분위기와 우정을 위해서 온다.

20대의 젊은이들이 사회학자보다 먼저 이것을 깨달았다. 10대들에게는 쇼핑몰 이외에는 출입할 수 있는 안전한 곳이 없었다. 그들이 좀 더 나이가 들면 일부는 바를 찾지만, 그곳은 너무 시끄럽고 귀에 거슬리며 편안한 만남을 갖기에는 적합하지 않기 때문에 대신 카페와 커피 바를 출입하게 된다. 음악은 대화를 할 수 있을 정도로 조용하고 불은 밝게 켜져 있다. 아무도 카드놀이를 하거나 술에 취하지 않는다. 때때로 어떤 그룹은 영화관이나 다른 곳에 놀러가기 전에 스타벅스에서 먼저 만난다. 때로는 단지 이야기하기 위해서 만난다.

그 분위기는 또한 분명히 낭만적이다. 우리는 아침의 러시아워든 저녁의 나른한 때든 스타벅스에서 만났던 커플들에게 수십 통의 편지를 받았다. 어떤 커플은 심지어 스타벅스 스토어에서 결혼식을 올리기를 원했다.

점점 더 많은 사람들이 전화나 팩시밀리 등을 활용하면서 집에서 일을 하고 있다. 그들은 정기적으로 그들이 필요한 인간적인 상호 교류를 위해 커피 스토어로 간다.

인터넷이 점점 더 널리 사용되면서, 사람들은 컴퓨터 앞에 앉아 더 많은 시간을 보낸다. 컴퓨터 이외에는 그 어떤 것과도 활발한 교류가 없다. 커피 바가 인터넷의 성장과 더불어 인기 있게 된 것이 과연 단지 우연의 일치일까? 시애틀 같은 많은 도시들은 커피와 컴퓨터, 그리고 사회적 교류를 사랑하는 사람들이 모이는 장소인 사이버카페를 갖고 있다.

1987년으로 다시 돌아가면, 우리 중 그 어느 누구도 이러한 사회적 추세를 예견하지 못했고 또 예견했다 하더라도 우리의 스토어가 그런 추세를 어떻게 수용해야 할지 알 수 없었다.

하지만 우리가 한 일은 그들에게 우리 자신이 좋아했던 분위기와 음악 같은 것들을 제공하며, 우리의 잠재적인 고객들의 좋은 품성과 지혜 그리고 섬세함에 호소하는 것이었다.

사람들은 그들 자신이 안전하고 편안하며 이웃들이 모이는 장소를 필요로 한다는 것을 몰랐다. 그들은 그들이 이탈리아 에스프레소를 좋아할 것이라는 것도 몰랐다. 그러나 우리가 그들에게 그것을 제공했을 때, 그들의 열정적인 반응은 우리를 압도했다. 그것이 바로 스타벅스의 확장이 우리의 상상보다 훨씬 더 성공한 이유이다.

큰 성공의 기회는 새로운 것을 창조할 때 찾아온다. 그러나 그러한 혁신은 적절하고 영감이 풍부해야 한다. 그렇지 않으면 단지 불꽃처럼 빨리 사라져버릴 것이다.

9

직원은 기계의 부속품이 아니다

상실의 교훈

1987년 내내 아버지의 폐암은 점점 더 상태가 악화됐다. 나는 자주 전화를 드렸고 시간이 있을 때마다 뉴욕으로 날아갔다. 어머니는 아버지와 함께 매일 병원에서 지냈으며 직업까지 포기하고 나와 누이와 남동생의 도움에 의존했다.

1988년 1월 초 어느날 나는 어머니에게 긴급한 전화를 받았다. 나는 그것을 5년 동안 예상해왔지만, 그러한 순간의 긴장감은 결코 대비할 수 없는 것이었다. 나는 뉴욕행 첫 비행기를 타고, 다행히도 제시간에 도착해서 돌아가시기 전날 아버지를 뵐 수 있었다. 나는 아버지의 병원 침대 옆에 앉아 아버지의 손을 잡고 아버지가 내게 야구공을 치는 방법이나 미식축구 공을 던지는 방법 등을 가르쳐주시던 시절, 20년 전의 일들을 생각했다. 아주 많은 감정들이 머릿속에서 교차해 나는 제대로 생각할 수도 없었다. 아버지의 삶의 투쟁에 대해 항상 느껴왔던 회한들이 이제 상실의 슬픔과 함께 나를 감쌌다.

내가 이루어놓은 업적을 보시기도 전에 아버지가 세상을 떠나신다는 사실이 너무나 비통했다. 아버지가 시애틀을 마지막으로 방문하셨을 때 나는 아버지를 그 당시 아직도 완공되지 않았던 첫 번째 일 지오날레 점으로 모시고 갔었다. 그러나 나는 지금 성장하고 번창해가는 스타벅스를 아버지에게 보여드릴 수가 없다. 만일 내 회사의 그러한 성장을 볼 수 있었다면 아버지는 그것을 믿지 못하셨을 것이다.

나는 마침내 고통을 삭이고, 아버지가 이루지 못한 것에 대한 회한이 아니라 아버지 자체에 대한 기억을 소중히 하는 것을 배웠다. 아버지는 내가 그것을 이해했다고 말씀드리기도 전에 돌아가셨다. 그것은 내 인생의 크나큰 상실이었다. 아버지가 당신의 환경을 극복하지 못한다고 비난한 것은 나의 잘못이다. 그것은 당신 자신이 극복할 수 없는 환경이었다. 그러나 꿈의 나라라는 미국에서조차 아버지와 같이 열심히 일하는 사람이 인간적인 대우를 받을 수 있는 그런 자리를 발견할 수 없다는 것 또한 잘못된 일이다.

아버지가 임종하시기 직전에 내가 스타벅스 직원들과의 믿음을 쌓는 일에 열중하고 있었다는 것은 이상할 만큼 적절한 우연의 일치였다. 나는 직원들의 모습에서 경영진의 의도에 대한 의심을 보았는데, 그것은 나의 아버지가 당신이 일하셨던 회사의 경영진에 대해 보이셨던 의구심과 같았다. 사람들은 평가절하된 것을 느꼈고 미래에 대한 불안감을 느꼈다. 때로 그들은 나의 아버지가 당신이 일하셨던 회사에 대해 그러셨듯이 나에게 직접 노여움을 보여주었다.

그러나 나는 더 이상 무력한 어린아이가 아니었다. 미국 기업들에 만연되어 있는 불신과 불안정을 개혁할 수 있는 위치에 있었다. 1년도 안 되어 나는 그것을 스타벅스에서 해냈다.

고비용이 드는 의료보험 혜택의 효용성

소매와 레스토랑업은 고객에 대한 서비스에 흥망이 달려 있는데도, 종업원들이 그 어떤 산업보다도 낮은 봉급과 복리후생 혜택을 받는다는 것은 이상한 일이다. 이 사람들은 심장이요 영혼일 뿐만 아니라 회사의 대외적인 얼굴이다. 우리가 버는 모든 달러는 바로 그들의 손을 거쳐 들어온다.

스토어나 레스토랑에서 고객이 경험하는 것은 곧 그 업체의 생명이다. 한 번 나쁜 경험을 하게 하면 당신은 그 고객을 영원히 잃어버리는 것이다. 만일 당신의 사업이 대학에 다니는, 한 스무 살 먹은 파트타임 종업원의 손에 달려 있다면, 그 사람을 소모품으로 다룰 수 있겠는가?

　나는 스타벅스를 처음 경영할 때부터 모든 사람들이 일하기를 원하는 그런 좋은 회사를 만들기를 원했다. 소매점과 레스토랑에서 주는 일반적인 임금보다 더 많은 봉급을 줌으로써, 다른 어떤 곳에서도 주지 않는 혜택을 제공함으로써 커피에 대한 열정을 기꺼이 전달할 수 있는 능숙한 사람들을 끌어들이고 싶었다. 내 생각에는 후한 복지는 경쟁력의 핵심적인 강점이다. 그러나 반대로 많은 서비스 지향적인 회사들은 견습사원에 대한 대우를, 좋은 사람을 끌어들이고 보답하는 기회로 보지 않고 최소화해야 할 비용으로 간주하고 있다.

　나는 경주에서 승리하기를 원했다. 그러나 나는 또한 경주가 끝났을 때, 아무도 뒤처져 있지 않기를 바랐다. 만일 소수의 회사 간부와 주주들이 종업원들을 희생시켜 승리한다면 그것은 승리라고 할 수 없다. 우리는 모두가 함께 결승선에 도달해야 한다.

　아버지가 돌아가신 후, 나는 스타벅스의 종업원들에게 우리가 쌓고 있는 서로의 믿음을 굳건히 할 어떤 신호를 보내고 싶었다. 그들 모두를 회사의 주인으로 만들고 싶은 것이 나의 이상이었지만, 지금 이 시점에서는 그럴 자금을 확보할 수 없었다. 적어도 몇 년 동안은 공유할 수 있는 이익이 없을 것은 분명했다.

　그래서 그들에게 보상할 또다른 방법을 모색해야 했다. 종업원들이 원래의 회사 소유주들에게 요구한 것들 중의 하나는 파트타임 종업원들에 대한 의료보험 혜택이었다. 그 요구는 수용되지 않았었다. 나는 의료혜택 범위를 일주일에 20시간 일하는 파트타임 종업원들에게까지 확대할 것을 이사회에 제안하기로 했다.

당시 의료보험 비용은 감당할 수 없을 정도로 치솟고 있었다. 특히 1980년대 후반에 소비자 물가를 훨씬 상회하며 상승했다. 파트타임 종업원들에게 의료혜택을 주는 일은 거의 없었으며 적어도 주당 30시간 일하는 종업원들에게만 제한된 혜택을 주었다. 대부분의 경영자들은 의료보험 비용을 억제할 수 있는 방법을 열심히 찾고 있었다.

스타벅스는 반대 방향으로 갔다. 의료보험 혜택을 깎지 않고 우리는 오히려 늘리는 방법을 찾았다. 나는 나의 계획을 관대한 혜택이 아니라 핵심전략으로 보았다. '사람들을 가족처럼 대하라. 그러면 그들은 충성스럽게 그들의 모든 것을 줄 것이다. 사람들 곁에 서 있으라. 그러면 그들도 너의 곁에 서 있을 것이다.'

내가 처음에 이 계획을 발표했을 때, 스타벅스의 이사들은 회의적이었다. 나는 스타벅스가 적자를 면하기 위해 투쟁하는 그런 시기에 경비를 증가시킬 것을 제안하고 있었던 것이다. 흑자를 낼 수 없는데 어떻게 의료비 지출을 확대할 수 있겠는가?

나는 그것은 반드시 해야 하는 일이라고 열정적으로 설명했다. 표면적으로는 경비가 많이 드는 것처럼 보이지만, 좀 더 높은 혜택으로 전체의 이직률을 감소시킨다면 결국 사람을 새로 모집하고 훈련시키는 비용을 절감시켜줄 것임을 지적했다. 스타벅스는 모든 소매 종업원들에게 최소한 24시간의 훈련을 시키고 있기 때문에, 새로운 직원 한 명의 고용은 상당한 투자를 의미하는 것이다. 그 당시 의료비 혜택에는 연간 1,500달러가 소요되는 반면 새로운 종업원을 교육시키는 데에는 3천 달러가 들었다.

많은 소매업자들은 이직이 임금과 혜택을 줄인다고 믿고 의식적으로 혹은 무의식적으로 이직을 독려한다. 그러나 높은 이직률은 고객에 대한 서비스에 악영향을 끼친다. 스타벅스의 많은 고객들은 단골손님이기 때문에 종업원은 그들이 스토어로 들어오자마자 그들이 좋아하는 음료를 기억할 수 있다. 만일 그 종업원이 떠나면, 그런 강한 유대 관계는 끊어지게 된다.

나는 파트타임 종업원들이 스타벅스의 생명이라고 주장했다. 사실상 그들은 우리 노동력의 3분의 2를 차지하고 있었다. 우리 스토어들은 때로는 새벽 5시 30분이나 6시에도 문을 열어야만 한다. 그리고 종종 저녁 9시 혹은 더 늦게까지도 문을 닫지 못한다. 우리는 교대시간 동안 계속해서 일할 사람들에 대한 의존도가 높다. 많은 경우, 파트타임 종업원은 학생이나 일반인이며 그들은 풀타임 종업원들처럼 의료혜택을 원하고 있다. 따라서 그들의 회사에 대한 공헌도를 높이 평가해야 한다고 강력히 주장했다.

결국 이사회는 이를 승인했다. 그리하여 우리는 1988년 후반부터 모든 파트타임 종업원들에게 종합적인 의료혜택을 제공하기 시작했다. 내가 아는 한 우리는 그런 혜택을 제공하는 유일한 개인 회사, 그리고 나중에는 유일한 상장회사가 되었다.

그것은 우리가 지금까지 결정한 최상의 선택 중 하나라는 것이 증명되었다. 우리의 의료보험 혜택이 비싼 것은 사실이다. 수년에 걸쳐서 우리는 우리와 같은 규모의 다른 회사들보다 훨씬 광범위한 예방의료, 위기 카운셀링, 정신적 건강, 의약품, 안과, 그리고 치과에 좀 더 종합적인 의료혜택을 제공했다. 스타벅스는 의료혜택의 75퍼센트까지 제공한다. 우리는 또한 실제적인 부부관계에 있는 미혼의 배우자들에게도 의료혜택을 제공한다. 우리의 종업원들은 대체로 젊고 건강하기 때문에 의료혜택 비용은 상대적으로 낮은 상태를 유지하면서 더 광범위한 혜택을 줄 수 있다.

스타벅스는 의료혜택에 대한 투자로 인해 많은 것을 얻는다. 가장 뚜렷한 효과는 낮은 이직률이다. 전국적으로 대부분의 소매점과 패스트푸드 체인점의 이직률은 연간 150~400퍼센트인 데 비해 스타벅스에서는 바리스타급의 경우 60~65퍼센트, 매니저급의 경우 다른 소매점이 약 50퍼센트에 달하는 반면 우리는 약 25퍼센트밖에 되지 않는다. 더 나은 복지혜택은 바로 좋은 사람들을 끌어들이고 그들을 더 오랫동안 근무하게 하는 것이다.

더 중요한 것은, 의료보험 혜택이 우리 종업원들의 태도에 커다란 변화를 가져왔다는 것이다. 즉 회사가 종업원들에게 혜택을 주면, 그들은 자신들이 하는 모든 일에 있어서 더 긍정적인 생각을 갖게 된다는 것이다.

우리의 의료보험 혜택 프로그램의 진정한 가치는, 1991년 내가 깊이 감동받은 한 사건에서 잘 나타나 있다. 그 때 우리는 초창기부터 가장 헌신적으로 근무해온 짐 케리간을 에이즈로 잃었다.

짐은 1986년 우리의 두 번째 일 지오날레 점의 카운터 뒤에서 바리스타로 출발해 급속히 매니저까지 올라간 사람이었다. 짐은 일 지오날레, 그리고 후에는 스타벅스의 열렬한 지지자로 그 일을 사랑했다.

그런데 어느 날 짐은 나의 사무실로 찾아와서, 자신이 에이즈에 걸렸다고 말했다. 청천벽력 같은 소리였다. 나는 그가 병에 걸렸다는 것은 전혀 눈치 채지 못하고 있었다. 그의 병은 새로운 국면에 접어들어서 이제 더 이상 일할 수 없다고 했다. 우리는 함께 앉아서 울었다. 나는 그를 위로해줄 만한 말을 생각해낼 수 없어서 다만 그를 껴안아 주었다.

스타벅스는 당시 에이즈에 걸린 종업원들을 위한 지원 방침이 없었다. 우리는 결정해야 했다. 짐 덕택으로 우리는 좋은 프로그램을 만들 수 있었다. 우리는 치명적인 병에 걸린 모든 종업원들에게 그들이 일할 수 없을 때부터 정부보조 프로그램의 혜택을 받기 전까지 보통 29개월간의 의료비 전액을 지불해주는 의료보험 혜택을 제공하기로 결정했다.

짐이 나를 방문한 후에 나는 그와 자주 이야기를 나누었고 말기 환자들이 머무르는 호스피스로 그를 방문했다. 1년이 채 안 되어 그는 우리 곁을 떠났다. 후에 그의 가족들은 우리의 의료보험 혜택에 너무나 감사하며 그것이 없었다면 짐은 자신을 돌볼 돈이 없었을 텐데, 그의 마지막 몇 달 동안 한 가지 큰 걱정을 덜게 해주어서 매우 고맙다는 내용의 편지를 보냈다.

오늘날에도 파트타임 종업원들을 포함한 모든 종업원들에게 의료보험 혜택을 모두 제공하는 우리 회사 규모의 회사는 거의 없다. 1994년 4월 클린턴 대통령이 워싱턴 DC로 나를 초대해 단독 면담했을 때, 내가 대통령 집무실에서 스타벅스의 의료혜택 프로그램에 대해 말했다는 사실은 감명 깊은 기억으로 남아 있다.

다른 사람들은 백악관에 많이 가봤는지 모르지만, 브루클린 빈민가에서 태어나고 시애틀에서 일하는 나는 대통령 집무실에서 이야기를 나눈다는 사실에 압도당하기에 충분했다. 그날 백악관에 도착했을 때, 나는 무관심한 척했지만 가슴속에서 심장이 쾅쾅 뛰고 있었다. 누군가가 뒷문에서 마중 나와 지하복도를 따라 워싱턴, 제퍼슨, 윌슨 같은 위대한 대통령들의 사진을 지나 나를 데리고 갔다. 나는 링컨, 루스벨트, 케네디 대통령이 거닐었던 홀을 내가 걷는다는 데 감격했다. 그러나 내가 이곳으로 초대받은 것은 달 착륙이나 암 치료법 발견 등 어떤 특별한 위업 때문이 아니었다.

내가 한 모든 일은 그 어떤 고용주도 할 수 있는, 나의 회사의 모든 사람들에게 의료혜택을 제공한 것뿐이었다.

나는 위층으로 안내되어 대통령 집무실 밖 의자에 앉았다. "대통령께서 3분 후에 당신을 만날 것입니다." 한 여자가 말했다. 나는 넥타이를 다시 한번 똑바로 매며 옷 매무새를 가다듬었다. 전화가 울려대고, 두툼한 서류 뭉치들이 책상 위에 쌓여 있었다. 그리고 역사 속 얼굴들이 벽에 붙어 있는 침침한 초상화들 속에서 내려다보고 있었다.

"대통령께서 1분 후에 당신을 만날 것입니다." 그 여자가 말했다. 나는 와이셔츠 소매를 당기고 넥타이를 다시 한번 똑바로 하며 초침이 시계 주위를 도는 것을 보았다. 문은 아직 열리지 않았다. 나는 의자에 앉아 안절부절못했다. 마침내 문이 갑자기 열리고 대통령의 손이 내 눈에 들어왔다.

그는 나를 집무실 안으로 안내했다. 영화 속에서 그렇게 많이 봤던 대통령 집무실은 이제 현실적으로 눈앞에 다가왔다. 그의 책상 위에 뜨거운 커피로 가득 찬, 초록과 하얀 빛이 섞인 스타벅스 컵이 놓여 있는 것을 나는 즉시 알아차렸다.

내가 왜 그런 말을 했는지 모르겠지만 나의 입에서 나온 첫마디는, "대통령께서는 이 주위를 걸으면서 주눅이 드실 때는 없습니까?"였다. 그는 웃으면서 말했다. "항상 그래요." 그는 나를 편안하게 해주었고 우리는 15분 정도 이야기를 나누었다. 미팅이 끝났을 때 그는 홀을 가로질러 작은 기자 회견실로 쓰이고 있는 루스벨트 룸으로 나를 안내했다. 기자들과 인터뷰한 후에 우리는 다른 최고경영자들과 더불어 점심식사에 참석했다. 그것은 획기적인 경험이었다.

이때, 이벤트 사이의 몇 분을 이용해 전화를 사용할 수 있느냐고 물었다. 얼마나 많은 사람들이 나와 같은 행동을 할까? 나는 브루클린에 계신 어머니께 전화로 말했다. "엄마, 알려드릴 게 있어요. 나는 지금 백악관에서 전화를 거는 거예요." "하워드, 이보

다 더 좋은 일이 어디 있겠니!"라고 어머니는 말씀하셨다. 아버지
도 거기 함께 계셨더라면 얼마나 좋았을까. 어떤 의미에서는 아
버지도 함께 계셨을지도 모른다.

'종업원'과 '동업자'의 차이

1990년 10월, 나는 우리가 그해 첫 번째의 흑자를 기록했다고 이
사회에 보고할 수 있었다. 나는 이제 흑자상태에서 편안하게 스
타벅스의 성공을 위하여 계획해오던 일들에 착수할 수 있었다.

내가 스타벅스를 다른 회사들 위에 우뚝 솟을 수 있게 만든 하
나의 일을 든다면 그것은 '빈스톡 Bean Stock (원두주식)'의 도입일
것이다. 그것은 우리가 우리의 스톡옵션 계획에 붙인 이름이다.
우리사주 제도의 도입과 더불어 우리는 스타벅스의 모든 종업원
을 사업의 동반자로 만들었다.

나는 스타벅스 사람들에게 재정적 성공에 대해 보답하고 그들과
회사의 소유권을 함께 나눌 방법을 찾아내고 싶었다. 그러나 나는
그렇게 하는 가장 좋은 방법에 대해 확신하지 못했다. 1991년 1월
인력부서의 한 여직원인 브래들리 허니컷은 그러한 계획을 도입
하는 여러 방법들을 연구했다. 그녀는 다른 회사를 조사하거나 컨
설턴트들과의 대화 속에서 여러 가지 다른 모델을 발견했지만 우
리에게 맞는 방식은 찾을 수 없었다.

대부분의 계획들은 공개적인 주식 부여나 주식구매 프로그램

스타벅스, 커피 한 잔에 담긴 성공신화

혹은 고위 경영자들을 위한 주식 선택권 같은, 상장회사들에서만 가능한 것들이었다. 우리 회사 같은 비상장 회사들은 주식이나 스톡옵션을 줄 수가 없었다. 그런 시장이 없기 때문이었다. 오직 다른 한 방법은 종업원 주식소유제도 뿐이었는데, 그것은 주로 자본을 증가시키는 방법이었다.

우리는 다른 목적을 갖고 있었다. 나의 목표는 우리의 직원들에게 주주의 지위와 장기적 보상을 함께 주는 것이었다. 나는 그들이 성장의 이익을 함께 나누고, 그들의 공헌과 회사의 성장 사이에 밀접한 관계가 있다는 것을 명확히 알려주고 싶었다.

마침내 우리는 새로운 것을 하기로 결정했다. 우리가 비록 비상장 기업이지만 기본 봉급 수준에 따라 고위 경영자부터 모든 직원들까지 스톡옵션을 주기로 했다. 직원들이 노력하여 스타벅스가 매년 큰 성공을 거둘 수 있게 돕는다면, 언젠가 스타벅스가 상장기업이 될 때 그들의 스톡옵션은 궁극적으로 상당한 가치가 될 수 있을 것이다. 우리는 사실상 그들에게 그들 자신의 가치를 창조할 수 있는 기회를 주는 것이다.

우리는 그 계획에 창의적인 이름을 붙이려고 의논했다. 브래들리는 남편과 조깅하러 나선 어느 일요일, '빈스톡'이라는 이름을 가지고 내게 왔다. 그것은 우리가 팔고 있는 원두커피에 대한 재미있는 이름일 뿐 아니라 하늘까지 자란 잭의 빈스톡(콩줄기)을 연상시키기도 했다. 결국 우리의 주식도 그렇게 성장했다.

1991년 5월 우리는 정식으로 그 안건을 이사회에 제출했다. 나는 이 안건이 성공적일 것이라고 확신하는 이유를 봄 내내 개인별로 혹은 그룹별로 설명하면서, 이사회 멤버들과 시간을 보내느라 바빴다. 그들의 주된 우려는 광범위한 스톡옵션 제도를 도입함으로써 현금을 주고 모험을 거는 투자자들의 지분이 줄어들지도 모른다는 것이다. 나는 바로 그러한 반대 의견을 예상했다. 그래서 스톡옵션을 부여하는 것은 판매와 이익 양쪽 면에서 회사의 목적을 성취하도록 도와주는 강한 중추역할을 할 것이라고 주장함으로써 그에 맞섰다. 투자자들은 회사의 주식지분을 좀 덜 갖게 될지 모르지만, 그 가치는 점점 더 빠르고 확실하게 상승할 것이다.

스타벅스의 모든 사람들을 회사와 하나가 되게 만든다면, 자신이 주주인 모든 직원들은 최고경영자와 같은 태도로 일에 임할 것이라고 말했다. 결국 빈스톡계획은 전체적인 비즈니스의 수행에서 하부조직까지, 그리고 회사의 정신과 사기에 여러 가치를 더해주었다. 5월 빈스톡계획이 표결에 부쳐졌을 때 이사회는 그것을 만장일치로 승인했다. 그들도 나처럼 그 가능성에 대해 열광적이었다.

내가 알고 있는 한 그 어떤 회사도 빈스톡 같은 야심 찬 스톡옵션계획을 시도한 적이 없다. 우리는 회사를 상장하기도 전에 700명 이상의 직원들에게 스톡옵션을 부여했으며, 이를 위해 미국 증권거래위원회SEC 의 특별허가를 받아야만 했다.

오늘날조차, 특히 소매점일 경우 회사의 모든 직원에게 스톡옵션을 주는 회사는 거의 없다. 소프트웨어나 다른 하이테크회사의 경우는 보통 연구개발이나 고도로 숙련된 기술자들에 한해 스톡옵션을 부여한다. 소매업계에서는 처음 있는 일이다.

1991년 8월 우리는 직원들에게 그 계획을 소개했다. 그리고 9월 초 우리는 그 계획을 설명하기 위해 대규모 모임을 가졌다. 나는 어떻게 이 프로그램이 오랫동안 품고 있던 나의 꿈을 성취하게 될지에 대해 연설했다. 당시 수석 재정담당이었던 오린 스미스는 스톡옵션이 어떻게 작용하는지 슬라이드를 통해서 설명했는데, 상장회사 직원조차 이해하기 어려운 복잡한 일이었다. 모든 직원들에게 빈스톡을 설명하는 팸플릿을 나눠준 뒤, 우리는 쿠키와 사이다로 자축하며 우리가 늘 빈스톡을 묘사하는 구절인 "동업자들의 발전을 위해!"라고 소리치며 건배했다.

그날 이후 우리는 '종업원'이라는 단어를 쓰지 않았다. 우리는 지금 우리의 모든 사람들을 '동업자'라고 부른다. 왜냐하면 6개월 동안 스타벅스에서 일하면 즉시 스톡옵션 획득 자격이 주어지기 때문이다. 일주일에 20시간 일하는 파트타임 종업원들까지 자격이 주어진다.

주식은 회계연도 말 직후인 1991년 10월 1일부터 처음 부여하기 시작했다. 각 동업자는 연봉의 12퍼센트에 해당하는 스톡옵션을 받았다. 예를 들면 2만 달러 소득의 동업자는 2,400달러의 스톡옵션을 받게 된다. 그는 이후 매년 5분의 1에 해당하는 대금을 지불하면 되는데, 첫해에 낮은 가격으로 사서 현행가격에 팔고 그 차액을 가질 수 있다. 우리는 그 이후 수익이 늘어, 매년 10월에 본봉의 14퍼센트까지 스톡옵션을 증가시킬 수 있었다. 그래서 동업자들은 매년 봉급의 14퍼센트까지 또다른 주식을 받아, 새로운 회계연도가 출발하는 시점에서 우세한 주식가격으로 이익을 얻는다.

주가가 매년 상승함에 따라 스톡옵션은 점점 가치를 더하게 되었다. 우리는 최초의 빈스톡 옵션을 주당 6달러에 제공했는데, 1996 회계연도 말인 9월 30일에는 그것이 33달러가 되었다. 그러나 우리의 주식은 두 번에 걸쳐 두 개로 나뉘어졌기 때문에 최초 옵션의 주식 하나는 네 개의 주식이 되어서 그 가치가 132달러나 되었다. 예를 들면 1991년에 연간 2만 달러 소득의 종업원은 그의 1991년 옵션만으로도 5년 후 5만 달러 이상을 현금화시킬 수 있었다.

그 옵션의 가치에 대한 보장이 없어도 빈스톡은 사람들의 태도와 업무 수행에 즉각적으로 영향을 끼쳤다. 사람들은 비용을 절약하는 방법, 매출을 증가시키고 가치를 창출하는 방법 등에 대한 혁신적인 아이디어를 생각해내기 시작했다. 그들은 고객들을 우리의 진실된 비즈니스 파트너로서 대하기 시작했다. 우리 회사의 가치와 이익을 창출하는 일에 대한 중요성을 교육시킴으로써 우리는 그들이 주주라는 사실을 일깨웠다.

사람들의 말을 경청하고 그들과 소유권을 함께 나눔으로써 얻을 수 있는 소득은 얼마나 될까? 그 혜택은 당신이 생각하는 것 이상이다. '인적자원' 팀에 속해 있던 마틴 쇼니시는 키가 크고 수다스럽고 댕기머리를 한 사람이었는데, 공장에서 무거운 자루에 담긴 생두Green bean를 내리고 접수하는 일을 하고 있었다. 그는 현장 작업자로서 사무실 근무자들의 회의에 초대된 데 대해 스릴과 놀라움을 느꼈으며, 경영진에게 자신의 아이디어를 제공할 기회로 삼았다.

몇 달 후 그는 나의 사무실로 와서는 우리 회사에 전문적인 '배송 매니저'가 필요하다고 말했다. 나는 제안서를 작성하여 경영회의에서 발표하라고 말했다. 그는 그렇게 했고, 6개월이 채 안되어 우리는 그의 제안을 따랐다.

1992년 초 어느날, 마틴은 창고와 배전공장의 놀랍도록 많은 종업원들이 이제 더 이상 노동조합에 속하고 싶지 않다는 뜻으로 사인한 문서를 가지고 인사부로 왔다. 그는 말했다. "당신은 우리를 이 사업의 경영에 참여시켰습니다. 우리가 불평할 때마다 당신은 그 문제를 해결해주었습니다. 당신은 우리를 믿었고, 이제 우리도 당신을 믿습니다."

나는 빈스톡에 대해 감사하는 파트너의 편지를 받을 때마다 스타벅스에서 일한다는 것에 더할 나위 없는 자긍심을 느꼈다. 나는 특히 자니 로벤스펙이라는 여직원에게 온 편지에 감동을 받았다. 그녀는 데이브 올센의 조수로서 1989년 스타벅스에서 일하기 시작해 시애틀 배전공장에서 생산 스케줄을 조절하는 직책으로 승진한 여성이다. 1994년 그녀는 첫 번째 집을 샀는데, 시애틀의 시워드 파크 근처에 정원이 딸린 1층짜리 방갈로였다. 여동생과 함께 살고 있었던 그녀는 자신의 최초 스타벅스 옵션을 팔아 1만 달

러의 최초 지불금을 지불할 수 있었던 덕택에 자신의 집을 소유할
수 있었다.

나는 그와 같은 메시지나 편지를 항상 받고 있다. 마틴 쇼니시
는 그의 빈스톡 주식을 팔아 할리 데이비슨 오토바이를 구입했
다. 별장을 산 사람도 있고, 골동품 소장용 자동차를 산 사람도 있
다. 또 어떤 여직원은 옵션을 팔아 그녀가 지금까지 만난 적이 없
는 남편의 친척을 방문하기 위해서 가족을 데리고 갔다. 일부는
옵션으로 대학 등록금을 내기도 했다.

이러한 이야기들은 스타벅스가 생두의 수입·배전 및 고객 만
족을 뛰어넘어 특별한 무언가를 상징한다는 사실, 즉 우리가 하
는 일의 진정한 중요성을 일깨워준다.

만일 직원들을 교환 가능한 톱니 하나로 대한다면 그들 역시 나
를 그같이 볼 것이다. 그러나 그들은 톱니 하나가 아니다. 그들 한
명 한 명은 자기 가치를 확인하기를 원하고 가족이나 자기 자신을
위한 재정적 수단을 필요로 하는, 소중한 개인이다.

나는 스타벅스를 나의 아버지가 원했던 그런 종류의 회사로 만
들려고 노력했다. 고등학교 졸업장조차 없었던 아버지는 결코 경
영자가 될 수는 없었을 것이다. 그러나 아버지가 만일 우리의 스
토어나 배전공장에서 일하셨더라면 결코 회사가 당신을 중시하
지 않는 데 좌절하며 떠나지 않으셨을 것이다. 아버지는 자신의
제안이나 불평이 즉각적이고 정중한 답을 받을 수 있는 환경에서
훌륭한 의료혜택과 스톡옵션을 받으셨을 것이다.

스타벅스가 커지면 커질수록 종업원 개개인이 받아야 할 존경을 받지 못할 가능성이 커진다. 만일 그러한 문제에 관심을 집중할 수 없다면 우리는 증권가의 그 어떠한 손실보다도 더 나쁜 실패에 직면하게 될 것이다.

궁극적으로 스타벅스는 직원들의 열정적인 헌신 없이는 고객의 마음을 사로잡을 수 없고 번창할 수도 없다. 사업에서 그러한 열정은 소유권, 믿음, 그리고 충성심에서 온다. 만일 그 중의 어느 것이라도 소홀히 한다면, 직원들은 그들의 일을 단지 일시적인 돈벌이 수단으로 평가한다.

회사가 커짐에 따라, 나는 점점 늘어나는 새로운 직원들과 멀어져 그러한 사실을 보지 못할 때도 있다. 그러나 만일 인력을 하나의 경비지출 항목으로만 본다면, 우리는 우리의 목적과 가치에 따라 살고 있지 않는 것이 된다.

그들의 열정과 헌신은 우리가 가진 최고의 경쟁력이다. 그것을 잃어버리면 우리는 게임에 질 것이다.

스타벅스의
'우리의 사명'

스타벅스를 세계에서 최고 품질의 커피를 공급하는 우수한 회사로 만드는 한편, 회사가 성장하더라도 우리의 원칙에 대해 타협하지 않는다. 다음의 6개 항목과 원칙은 우리의 결정이 적절한가를 측정할 수 있는 기준이다.

**❶ 훌륭한 작업환경을 제공하고
서로서로 존경과 품위로 대한다.**

**❷ 비즈니스를 하는 방법에 있어서
다양성을 필수 요소로 포용한다.**

**❸ 최고수준의 기술로 신선한 커피를 배달하고,
매입하고, 배전한다.**

**❹ 고객들이 항상 만족할 수 있도록
적극적으로 노력한다.**

❺ 우리의 사회와 환경에 적극적으로 공헌한다.

**❻ 수익성은 우리 미래의 성공에
필수적이라는 것을 인식한다.**

10

100층짜리 건물은 먼저
튼튼한 기반이 필요하다

미래지향적인 회사를 세우는 사람들은
미래지향적인 상품 아이디어로 곧바로 시장을 공략하기보다는
조직을 구축하는 데 먼저 집중한다.
_제임스 콜린스·제리 포라스, 《성공하는 기업의 8가지 습관》에서

때때로 돈을 잃는 것이 유익할 수도 있다. 참신한 생각이 아닌가. 그러나 적자를 낸다는 것은 무서운 것이다. 나는 그것을 경험을 통해 알고 있다. 그것은 대부분의 비즈니스, 특히 이미 구축된 사업에 있어서는 더욱 위험한 표시이다. 그러나 신생기업에게 있어서의 적자란 미래를 위한 투자가 진행되고 있다는 지표로 볼 수 있다.

빠른 성장을 열망한다면, 자신이 계획하고 있는 것보다 더 큰 기업을 위한 하부구조를 창조해낼 필요가 있다. 2층집을 위해 고안된 기반 위에 100층짜리 건물을 지을 수는 없다.

버는 것 이상을 투자하라

스타벅스는 내가 인수하기 전까지는 흑자를 내고 있었다. 우리는 빠른 성장에 필요한 기반을 구축하면서 동시에 같은 수준의 흑자를 유지한다는 것은 불가능하다는 것을 곧 깨달았다. 나는 3년간은 적자를 볼 것으로 예상했다.

나의 예측은 정확히 맞아 떨어졌다. 1987년에 우리는 33만 달러의 적자를 기록했고, 그 다음 해에는 두 배 이상인 76만 4천 달러, 그리고 세 번째 해에는 120만 달러의 적자였다. 1990년에야 비로소 흑자로 돌아섰다.

그것은 긴장과 불안에 찬 괴로운 나날들이었다. 나는 우리가 미래에 투자하고 있으며 그 동안에 흑자를 낼 수는 없다는 사실을 받아들이면서도 종종 의구심에 사로잡혔다.

1988년 어느 날, 그 당시 스타벅스의 회계를 담당하고 있던 론 로렌스가 밤 11시에 우리집의 문을 두드렸다. 아내와 아들은 이미 위층에서 잠을 자고 있었다. 내가 론을 부엌으로 데리고 갔을 때, 나는 그의 얼굴이 잿빛이 된 것을 보았다. 그는 막 우리의 월 수입과 지출을 계산하고 있었는데, 적자액이 우리가 예상했던 것의 네 배나 된다는 것이었다. 이사회 미팅은 다음 주로 예정되어 있었고, 그 자료들이 놓여 있는 테이블에 앉을 생각을 하니 오싹하는 기분이 들었다.

"나는 이러한 결과를 갖고 이사회에 갈 수 없습니다. 믿을 수 없군요. 어떻게 이런 일이 일어났죠?" 하고 나는 말했다. 론은 손익계산서상의 모든 항목이 최악이 돼버린 드문 상황이라고 설명했다. 이런 일이 일어나기는 어려웠다. 그날 나는 어떻게 이사들에게 그러한 막대한 손실을 설명할까 하고 궁리하느라 잠을 이루지 못했다.

이사회 미팅은 예상대로 긴장감이 돌았다. 이사 중의 한 사람이 나의 보고를 들은 후에 말했다. "여러 가지가 제대로 안 돌아가고 있군요. 전략을 바꾸어야 하겠습니다." 그 당시 우리는 단지 약 20개의 스토어밖에 갖고 있지 않았는데, 일부 이사들은 나의 계획이 너무나 야심적이라고 생각했다. 나는 미팅 전후에 이사들이 다음과 같이 불평하는 대화를 상상하기 시작했다. "우리는 이 녀석을 여기에서 쫓아내야만 해. 하워드는 자기가 무엇을 하고 있는지도 몰라. 이 일에서 우리가 얼마나 많은 돈을 잃게 만들려고 하지?"

압력은 계속됐다. 나는 그러한 손실을 정당화시켜야만 했다. 나는 그것들은 나의 투자 전략에 필수적인 것이었으며 배수구에다 돈을 쏟아부은 것이 아니라는 것을 증명해야만 했다. 나 자신도 속으로는 흔들리고 있었지만, 그들을 확신시키기 위해서 안간힘을 써야 했다.

나는 가능한 한 목소리의 차분함을 유지하려고 노력하면서 이사들에게 말했다. "자, 여기 보십시오. 우리는 세 가지를 할 수 있을 때까지 계속 적자를 볼 것입니다. 우리는 확장 전략에 필요한 훌륭한 경영진을 끌어들여야만 합니다. 또 세계적인 배전시설을 만들어야만 합니다. 그리고 수많은 스토어들에서의 판매활동을 한눈에 볼 수 있을 정도로 정교한 컴퓨터 정보시스템을 갖춰야 합니다."

그 메시지는 그 이후 여러 해에 걸쳐 매 분기마다 다른 형태로 반복되었다. "우리는 본격적인 성장단계에 들어서기 앞서 투자를 해야만 합니다." 다행히도 이사회와 투자자 그룹은 나와 나의 계획을 지지하는 데 많은 인내를 보여주었다. 만일 스타벅스가 90년에 흑자로 돌아서지 않았더라면 그들은 나를 쫓아내버릴 좋은 구실로 삼았을 것이다.

지금 돌이켜보면, 우리 전략의 견실함이 당당히 입증되었다. 우리는 1987~1989년에 걸친 초창기 시절 우리가 곧 필요로 하게 될 시설에 일찍 투자하고 핵심적인 매니저들을 고용함으로써 전국적인 확장을 위한 굳건한 기초를 다져놓았다. 비용이 많이 드는 일이었지만, 그것이 없었더라면 우리는 결코 해마다 성장을 가속화시킬 수 없었을 것이다.

규모가 어떻든 비즈니스를 시작할 때, 일이 자신의 기대보다 오래 걸리며 더 많은 돈이 들어간다는 것을 인식하는 것은 매우 중요하다. 만일 계획이 야심에 찬 것이라면 판매량이 급속히 증가하고 있더라도 일시적으로는 버는 것 이상을 투자해야만 한다. 경험이 풍부한 경영인들을 채용하고 현재 수요를 상회하는 공급 물량을 만들 수 있는 제조시설을 갖추는 한편 적자가 나는 기간 동안 명확한 전략을 자신있게 표명한다면, 이미 회사의 급속한 성장에 대한 준비가 되어 있는 것이다.

우리가 한 일은 앞으로 2년간의 성장 계획을 파악하고, 이미 그만한 규모의 회사를 만들고 경영한 경험이 있는 경영자를 고용하는 것이었다. 그들은 그러한 배경을 통해 성장에 따르는 뜻밖의 위험을 예견하고 그에 따라 계획하고 반응할 수 있어야 했다. 성장 단계에 들어서기도 전에 경영인을 고용하는 것은 그 당시는 손실로 보일지 모르지만, 피할 수 있는 실수를 경험 없는 신출내기와 함께 범하고 쓰러지는 것보다 미리 전문가들을 고용하는 것이 훨씬 더 현명하다.

물론 기초 하부구조를 구축하는 데에는 비용이 든다. 이상적으로는 확장 그 자체에 필요한 자금뿐 아니라 문제에 재빨리 대처하고 기회를 잡기 위한 충분한 자본이 있어야 한다. 투자를 늘리라고 주주를 설득하는 일은 아마도 전문경영인의 일 중 가장 어려운 부분일 것이다. 이미 실정을 잘 알고 있고 의심으로 가득찬 사람들 앞에 서서 "우리는 적자가 나고 있습니다만 투자를 좀 더 하실 수 있습니까?"라고 말하는 것은 너무도 싫은 일이었다.

우리의 경우, 스타벅스를 인수하는 데 380만 달러의 자금을 끌어들인 후 1년 동안 성장계획을 수행하기 위해 또 다시 390만 달러의 자금을 유치해야만 했다. 1990년까지 우리는 더욱더 많은 자금이 필요했기 때문에 벤처 캐피탈 펀드venture capital funds에서 1,350만 달러를 끌어들여야만 했다. 그 다음 해에 우리는 두 번째로 1,500만 달러에 달하는 벤처 캐피탈을 끌어들였으며 이후 스타벅스가 1992년에 상장되기까지 총 4회의 자금 유치가 있었다.

만일 스타벅스가 그 일을 해내지 못했다면, 또한 만일 투자자들이 우리에 대한 믿음을 갖지 못했더라면 그러한 수준의 자금 유치는 가능하지 않았을 것이다. 다행히도 스타벅스의 수입은 연간 80퍼센트 이상 상승하고 있었고, 스토어의 수는 연간 두 배 가까이 늘어나고 있었다. 우리의 생각이 다른 도시들에서도 맞아떨어졌다는 것을 입증해 보이면서, 우리는 시카고를 포함하여 우리의 본부 밖으로 시장을 밀고 나갔다. 우리는 각각 스토어에서 흑자를 달성하고 있었고 투자자들은 전국에 걸쳐 있는 슈퍼마켓에서, 그리고 스탠드만 있는 스토어들에서, 전문 고급커피 사업이 전국적으로 크게 유행하고 있다는 것을 알 수 있었다.

급속하게 늘어나는 스토어들에 커피를 공급하기 위해 우리는 스타벅스를 인수할 때 있었던 기존의 배전시설보다 훨씬 더 큰 것이 필요했다. 우리는 1989년 잭 비너로여의 도움으로 10년은 지속될 수 있는 큰 규모의 새로운 사무실과 공장을 시애틀에 지었다. 우리는 더 빠른 속도의 배전기와 포장 기계를 설치했고 에어포트 웨이를 가로질러 그 당시 거대하게 보였던 건물로 이사했다. 그 건물은 지금은 단지 우편주문을 처리하기 위해 쓰고 있다.

사세를 확장해감에 따라 새로운 스토어를 위한 좋은 위치를 확보하는 비용이 점차 더 많이 들었다. 1987년 이후 5년 동안 나는 100개 이상이나 되는 스토어들의 위치를 직접 선정했다. 우리는 사람이 많이 거주하는 도시나 교외의 슈퍼마켓 근처 혹은 아주 잘 보이는 시내 사무실 밀집지역을 선호했다.

우리는 지역마다 사외의 브로커들과 거래를 했는데, 부동산 부서의 부사장이 된 이브스 미즈라히라는 아주 훌륭한 브로커를 고용했다. 그는 나와 긴밀히 일하면서 그는 각 위치를 미리 조망하고 거래를 성사시켰다. 위치 선정에는 아주 많은 시간이 소요되었으나 우리는 단 한 번의 실수도 용납할 여유가 없었다. 한 번의 판단 실수는 임차권 35만 달러와 그 임차지에서 발생하는 비용의 손실을 의미한다. 그것은 최소 50만 달러를 위험에 빠뜨리는 것이며, 우리가 다른 곳에 이용할 수도 있었던 기회비용을 날리는 것이었다.

결국 나는 스토어의 위치 선정 등 개발 부문은 최고경영자가 직접 챙기기에는 너무 중요한 업무라는 결론에 도달했다. 그래서 나는 논쟁의 여지가 있는 어떤 일을 했다. 즉, 나는 아서 루빈펠드라는 뉴욕 출신의 오랜 친구를 부동산 부문의 수석 부사장으로 고용했다. 나는 그리니치 빌리지에서 살던 총각 시절부터 그를 알고 있었다. 그는 내가 시애틀로 이사하던 비슷한 시기에 샌프란시스코로 이사 간 현역 건축가이자 개발업자였다. 아더는 노던 캘리포니아에서 소매 부동산 중개업 전문회사를 시작했다.

그래서 우리는 샌프란시스코로 진출하는 전략에 그를 후원하고 그가 우리를 대행토록 했다. 나는 직업적이고 전문적인 판단뿐 아니라 신뢰감을 가진 누군가를 필요로 했다. 위치 선정은 소매업의 성공여부에 중요한 요소이기 때문에 그것은 회사의 미래에 열정적인 헌신을 할 사람이 수행해야만 한다.

그러나 아서는 단지 위치 선정하는 일만 하는 것을 원치 않았다. 그는 부동산, 디자인, 그리고 건축 부문은 모두 한 사람이 관장할 필요가 있다고 주장했다. 그는 그 부문들을 서로 조화시켜 궁극적으로 매일 한 개의 스토어 오픈과 계획 수립을 가능케 했던 완전한 스토어 개발 체계를 만들었다. 우리가 오픈한 처음 1천 개의 스토어 중에서 위치를 잘못 선정하여 문을 닫아야만 했던 곳은 두 곳뿐이었다. 어느 소매업자도 그러한 기록을 세울 수 없을 것이다.

우리는 그 점포를 소유하기보다는 임대했지만 일체의 디자인 및 건설 비용을 우리가 부담했다. 모든 스토어들은 회사가 직접 운영하기 때문이었다. 나는 고객들과의 유대관계를 컨트롤하는 권한을 잃을 위험이 있었기 때문에 프랜차이즈도 거절했다.

그 외에도 우리는 그 당시 우리가 갖고 있던 것보다 훨씬 더 큰 사업을 하기 위해 필요한 새로운 시스템과 공정에 계속 투자했다. 1991년 우리가 100개 이상의 스토어를 오픈했을 때 우리는 맥도날드에서 온 컴퓨터 전문가 캐럴 이스틴을 고용했는데, 그녀에게 향후 3년 이내에 우리가 계획했던 300개의 스토어를 수용할 수 있고 우리의 모든 스토어들을 연결시킬 수 있는 판매 시스템을 설계하도록 위임했다.

회사가 실패하거나 성장하지 못하는 것은 필요한 사람, 시스템 그리고 공정에 투자를 하지 않기 때문이다. 대부분의 사람들은 그렇게 하는 데 소요되는 비용을 과소평가한다. 스타벅스가 어떤 일을 올바르게 했는지 알고 싶다면 우리의 경쟁자들이 무엇을 잘 못했는가를 파악해야 할 것이다.

분명히 스타벅스는 완벽하지 않다. 그러나 고급커피 분야의 경쟁자들에게서 스타벅스가 하지 않은 실수들의 사례를 볼 수 있을 것이다. 성장을 뒷받침해줄 충분한 자금을 유치하지 못한 회사, 너무 일찍 광범위하게 프랜차이즈를 실시한 회사, 품질을 일관성 있게 유지하지 못한 회사, 시스템과 공정에 투자하지 않은 회사, 경험이 없거나 잘못된 사람들을 고용한 회사, 성장에 급급한 나머지 잘못된 위치를 선정한 회사, 경제논리가 맞지 않을 경우 그것으로부터 벗어날 수 있는 훈련이 되지 못한 회사들은 모두 막대한 손해를 입었고, 아직도 손실을 보고 있는 회사도 있다. 그러나 그들은 그러한 손실의 기간을, 성장을 위한 강한 기반을 구축하는 데 쓰지 못했다.

투자하지 않고서는 세계적 수준의 기업을 창조해낼 수 없다. 그러므로 성장 회사는 기반을 닦는 데 주력해야 하므로 선두를 따라잡는 데 신경을 쓸 수 없다. 또한 각각의 경비를 조사하지 않고는 초기 단계 비즈니스에서 손실을 변명할 수 없다. 성장은 많은 실수들을 감싸준다. 그리고 경영자는 경영에 있어서 잘한 일과 잘못한 일에 대해 정직해야만 한다.

다행히도 우리는 초기 몇 년 동안에 이것을 깨달았다. 그리고 우리의 투자자들은 배짱이 두둑했다.

조언자를 스스로 찾아나서라

때때로 사업에서처럼 인생에서도 우리는 목적을 성취하기 위해 무엇이 필요한가를 정확하게 인식하고 그것을 찾아나서야만 한다. 나는 적자를 보던 그 긴장의 나날 속에서 나를 인도해줄 수 있는 '멘토'가 간절히 필요하다는 것을 깨달았다. 나는 내가 올바른 결정을 내릴 것으로 믿는 부유한 투자자들로 구성된 믿음직한 이사회를 갖고 있었다. 그들은 내게 끊임없이 세세한 것들에 대해 질문했지만, 소매회사를 전국적인 브랜드로 키운 경험이 없었기 때문에 미래계획에 대한 극히 제한된 범위 내에서의 충고밖에 할 수 없었다.

나는 회사를 경영한다는 것이 얼마나 외로운 것인가를 결코 예상하지 못했다. 방어자세를 풀고 모르는 것을 인정할 수도 없었다. 돈을 잃고 있는데 높은 기대감을 갖고 있는 투자자들을 대해야만 할 때, 자신이 수백 명의 고용인들을 책임지고 있다는 것을 갑자기 깨달았을 때, 어려운 고용 결정에 직면할 때, 그 어떤 사람들도 나의 좌절과 근심을 함께할 수 없을 것이다. 회사 구성원을 독려하는 동시에 경영전략을 수립하는 것은 정치 유세를 벌이는 것과 같다.

일 지오날레 시절에 내가 마음을 터놓고 이야기할 수 있던 유일한 친구는 나의 아내 셰리였다. 나는 피곤에 지치고 패배감으로 풀이 죽어 집으로 돌아오곤 했는데, 그녀는 내말을 들어주고 내가 필요한 많은 도움을 주었다. 그녀는 내가 필요로 하게 될 것들을 예상했으며, 다른 일들에 대한 부담을 덜어줌으로써 내가 나의 일에 정신을 집중하게 해주었다. 그 시절의 대부분은 어찌 보면 셰리의 인내와 지혜를 시험한 시기라고도 볼 수 있다.

그러나 아직도 나는 전문적인 절친한 친구가 필요하다는 것을 깊이 느꼈다. 스타벅스를 인수한 후 얼마 안 되어 나는 투자자 중 한 사람인 스티브 리트와 가깝게 지냈는데, 그는 시애틀에서 가죽 클리닝 회사를 경영하는, 느긋하고 온화한 사람이었다. 나의 딸이 태어나기까지 거의 2년 동안 우리는 새벽 5시 30분에 일어나 일주일에 세 번을 함께 조깅했다. 이렇게 함께 뛰면서 나는 스티브가 내가 직면하고 있는 문제들을 꿰뚫어 본다는 사실을 알았다. 그것은 내게 커다란 도움이 되었다.

스티브는 나를 돕는 것 이외에 다른 어떤 이해관계가 없었기 때문에 더욱 가치 있는 충고자였다. 나는 나의 문제점들을 그와 편안하게 나누었다. 그는 나를 굉장히 신뢰했고 우리는 절친한 친구가 되었다. 그러나 그도 소매회사를 만들어 나가는 데 있어서 필요한 경험이 없었다. 나는 그런 상황에 처한다는 것이 무엇인지 이해하는 사람의 충고가 필요했다. 소매사업과 함께 숨쉬고 살았던 내가 중도에서 낯선 갈림길에 도달할 때마다 나를 안내하고 가르쳐줄 수 있는 멘토가 필요했다.

나는 성공적인 소매회사들을 만들어낸 많은 사람들에 대해 생각하면서 시애틀 비즈니스 업계를 점검해보았다. 그중 특히 내가 부족했던 경험과 기꺼이 도와줄 열정을 갖고 있는 사람을 발견했는데 그가 바로 제프 브로트만이다. 제프는 나보다 열한 살 많은 소매업의 전문가였다.

그는 소매업자의 아들로서 경영을 온몸으로 이해하는 사람이었다. 가족 소유의 20개 포목점을 경영하면서 여러 개의 다른 회사를 설립한 그는 1983년 회원제 도매클럽 스토어 회사인 '코스트코 도매회사'를 설립, 그의 일생 중 가장 크고 대담한 결정을 했다. 그와 짐 시네갈Jim Sinegal은 10년 만에 그 회사를 연간 65억 달러의 매출을 기록하며 100개가 넘는 매장을 갖고 있는 전국적인 회사로 키워냈다. 그들은 1993년 '프라이스클럽'과 합병했으며, 제프는 현재 250개 이상의 물류창고가 있고 190억 달러의 수익을 올리는 그 합병회사의 회장으로 있다. 스타벅스는 그에 비하면 난쟁이에 불과하다.

나는 일 지오날레를 위해 자금을 유치하려고 노력하고 있을 당시 제프 브로트만을 처음 만났다. 그 후에 스타벅스를 인수한 다음 자문을 구하기 위해 그를 여러 번 방문한 바 있다. 그는 스타벅스와 어떤 관계도 없었지만 아낌없이 시간을 내주면서 상담에 응했다. 그는 기업가가 직면하고 있는 일련의 문제들을 직감적으로 이해하고 기회를 잡을 줄 아는 사람이었다. 나는 그를 믿을 수 있다고 생각했다. 그의 조언을 경청할수록 그가 얼마나 재능이 있는지를 알 수 있었다. 그는 사실상 나의 멘토가 되었다.

나는 그를 여러 번 만난 후 그에게 스타벅스의 이사회에 참여해줄 것을 부탁했다. 그를 끌어들이는 데는 시간이 걸렸다. 제프는 시간과 자금 두 가지 투자에 신중했지만, 일단 본격적으로 가능성을 검토하자 우리의 제안을 진지하게 받아들이고는 결국 이 사회에 합류하게 되었다.

1989년은 스타벅스의 역사에 있어서 아주 어려웠던 시기였다. 3년째 적자를 보고 있었으며 시카고에 진출해야 할지를 결정하지 못하던 때였다. 나는 1990년에는 흑자로 돌아설 것이라고 이 사회를 설득했는데, 점점 늘어나는 적자에도 불구하고 나의 주장이 신빙성을 가질 수 있었던 것은 바로 제프 브로트만 덕분이었다. 그는 권위와 경험을 갖고 있었기 때문에 단지 신념에 바탕을 둔 나의 약속보다는 훨씬 더 신뢰할 수 있었던 것이다.

제프는 이제 막 전국적인 확장을 하며 급성장하는 소매회사가 자본을 유치하기 위해 무엇을 해야 하는지 파악하고 있었다. 1989년 말 스타벅스가 기관 투자자를 끌어들이기 위해 시애틀 밖으로 진출해야만 하는 것이 명백해졌는데, 그것은 바로 벤처 캐피탈 시장으로 접근하는 것을 의미했다. 제프는 이제 막 상장회사가 된 회사의 회장으로서 우리에게 도움될 수 있는 인맥과 신망을 갖고 있었다.

나는 이러한 결단을 내리는 데 처음에는 매우 신중했다. 왜냐하면 일부 벤처투자자들은 우리 같은 신생기업을 공격하여 단번에 파괴해버린다고 들었기 때문이다. 벤처자본은 현금과 전문성으로 활력을 주어 회사의 성장을 도와줄 수도 있지만, 잘못된 파트너들은 회사의 장기적 미래를 희생하여 단지 단기 이익만을 추구할 뿐이다.

하지만 일단 벤처기업으로 진출하기를 결정한 후에 우리는 예상했던 것보다 더 큰 어려움에 부딪쳤다. 1980년대에 신규 소매 영업 회사들은 기관 투자자들에게 매우 인기가 있었는데, 그 후 시장이 붕괴되고 벤처자금 지원을 받던 여러 소매기업들이 도산했다. 소매업에 투자했던 벤처기업들은 자금을 계속 동원하기가 어려워졌다. 그 후 많은 벤처자금이 하이테크와 건강산업 관련 회사 쪽으로 돌아섰고, 그에 따라 우리도 자금 유치가 어려웠다.

그 당시 시티은행의 '챈슬러 투자관리회사'를 이끌고 있던 크레이그 폴리는 우리에게 투자할 가치가 있다고 판단한 투자자의 한 명이었다. 커피 스토어 체인점이라고 우리를 거들떠보지도 않는 펀드매니저들과는 달리, 크레이그는 유럽에서 자신이 맛보았던 커피를 그리워하던, 커피를 사랑하는 사람이었다. 그는 소매 투자업에 오랫동안 근무해왔으므로 스타벅스에 들어서 알고 있었다. 그러나 당시 형편없었던 우리의 시카고 스토어를 본 후 투자를 철회하기로 결정했다. 크레이그의 가장 큰 우려는 춥고 비가 많은 북서 지역 밖에서는 우리 커피가 관심을 끌지 못하리라는 것이었다. 나는 그가 잘못 생각했다는 것을 오랫동안 설득했다.

그는 우리의 모든 시카고 스토어들을 자세히 조사해본 후 미식가들을 위한 고급커피는 크게 성장할 수 있는 잠재력을 갖고 있을 뿐 아니라 라이프 스타일의 변화 또한 가져올 것이라고 판단했다. 그는 자신이 본 시카고 스토어들의 약점 때문에, 1988년의 주당 3달러보다 약간 높을 뿐인 주당 3달러 75센트에 협상을 제기해왔다. 그러나 챈슬러사의 높은 위상과 450만 달러를 투자하기로 한 다소 비약적인 결정으로, 우리는 다른 여러 기관 투자가들도 끌어들일 수 있었으며 그때까지의 가장 큰 재정투자인 총 1,350만 달러를 유치할 수 있었다.

우리의 시카고 스토어는 그 당시에 또 다른 투자자를 유치하는 데 중요한 역할을 했다. '트리니티 벤처스'사 조합원의 한 명이었던 제이미 섀넌Jamie Shennan은 거리를 걷다가 우연히 스타벅스를 처음 보게 되었다. 마케팅 전문가로서 스타벅스라는 브랜드의 인지도와 스타벅스 고객들에게 들은 소문에 매료되었던 그는 그 후 우리가 벤처자본을 구하고 있다는 소문을 들었다. '티 로우 프라이스T.Rowe Price' 회사의 켄 퍼셀 역시 같은 경우였다.

벤처투자자들에 대해 내가 가졌던 최초의 두려움은 근거 없는 것으로 판명되었다. 내가 발견한 것은 오히려 그 반대였다. 나는 장기적인 몇 사람의 조언자를 얻었다. 다행히도 우리 회사에 참여한 벤처투자자들은 스타벅스의 문화를 이해하고 좋아했다.

크레이그 폴리Craig Foley와 제이미 섀넌은 1990년 3월 그들의 자금을 투자하면서 스타벅스 이사회에 합류했다. 그들은 내게 시장조사를 하고 전략계획을 세우도록 조언했으며, 또한 비상장 개인기업에서 전문경영 체제의 상장회사로 전환하는 과정에서 많은 공헌을 했다. 오랫동안 브랜드 매니저로 근무했고 후에는 소비자시장 컨설턴트 역할을 하던 제이미는 브랜드 이미지를 구축하고 조인트 벤처를 설립하면서 카탈로그를 개선하고, 새로운 상품들을 도입하는 데 있어 탁월한 통찰력이 있었다. 재정 부문에 노하우를 갖고 있던 크레이그는 전략계획의 수립과 새로운 사업의 평가를 도와 주었다.

초창기의 사외이사들은 나를 다른 전문적인 최고경영자로 대체해야 할 경험없는 젊은 기업가 정도로 생각하는 듯했으나, 지금은 내게 많은 신뢰를 보여주며 그들 역시 마음을 회사에 쏟아붓게 되었다. 스타벅스 이사회는 단지 두 명의 내부 이사를 추가하면서 6년 동안 비교적 안정을 유지했다.

1996년에 스타벅스가 10억 달러 규모의 회사로 성장했을 때, 우리는 다시 경험 있는 전문가를 물색했다. 그 사람은 바버라 배스였는데, 그녀는 '메이시백화점'과 '블루밍데일즈'에서 성공하여 아이 매그닌I.Magnin의, 그리고 후에는 연간 10억 달러의 매출액을 올리는 '카터 홀리 헤일즈 엠포리엄 와인스톡Carter Hawley Hale's Emporium Weinstock'의 최고경영자가 되었던 사람이다. 바버라는 소매에 관한 지식과 통찰력을 갖고 있었을 뿐 아니라 오랫동안 남자로만 구성된 이사회에 신선한 분위기를 가져왔다.

나는 모든 기업가에게 다음과 같은 조언을 해주고 싶다. 일단 무언가 하고 싶은 것이 생각났다면, 그와 같은 경험이 있는 사람(재능 있을 뿐 아니라 당신을 인도할 수 있는 경험이 있는 기업가와 전문경영인)을 찾아라. 그들은 광산 어디에서 광맥을 찾을 것인가를 알고 있다.

그 사람이 바로 내가 어렸을 때 혹은 갓 어른이 되었을 때 결코 갖지 못했던 멘토이다. 만일 멘토가 당신을 발견하지 못한다면, 당신 자신을 계속해서 이끌어 나갈 멘토를 스스로 발견할 때까지 노력하라. 올바른 멘토 앞에서는 자신의 약점을 노출하는 것을 겁내지 말아라. 모르는 것은 모른다고 깨끗이 인정하라. 자신의 약점을 인정하고 충고를 구할 때 사람들이 얼마나 많은 것을 도와줄 수 있는가를 안다면 놀랄 것이다.

11

'예스맨'을 멀리하고
'아이디어맨'을 가까이하라

뛰어난 경영자는 자신의 야망을 실현하도록
우수한 인재를 선정하는 데 충분한 감각을 가진 사람이다.
또한 그것을 행하는 동안에는 그들을 간섭하지 않는
자기 절제가 충분한 사람이다.

_시어도어 루스벨트

많은 기업인들이 흔히 범하는 잘못이 있다. 그들은 아이디어를 갖고 있다. 또한 그것을 추구하려는 열정도 갖고 있다. 그러나 그들은 그 아이디어를 실현하는 데 필요한 모든 능력을 소유할 수는 없다. 그들은 권한을 물려주기는 꺼리면서도 자신이 가장 믿을 만한 지원자를 주위에 둔다. 반면 진실로 영리하고 성공적인 개인들을 높은 수준의 관리자로 영입하는 것을 두려워한다.

그러나 재능 있는 경영팀은 한 회사가 번영하는 데 매우 중요하다. 강력하고 창의적인 사람들은 주위의 '예스맨'보다 훨씬 자극적이다. 자신보다 적게 아는 사람들에게 무엇을 배울 수 있겠는가? 그들은 잠시 동안은 당신의 자아를 어루만져주고 명령을

스타벅스, 커피 한 잔에 담긴 성공신화

쉽게 수용할지 모르지만 당신이 성장하는 데는 도움이 되지 않을 것이다.

나는 처음부터 밖으로 나가서 나보다 더 훌륭한 경험을 한 이사들을 채용해야만 한다는 것을 알았다. 즉 나와 토론하는 것을 두려워하지 않는 사람들, 강한 의지의 사람들, 자신을 의지하고 신뢰하는 사람들을 채용하여 그들도 경영과 의사결정 과정에서 중요한 역할을 맡도록 해야 한다는 것을 알았다.

처음에 일 지오날레를 스토어 한 개 없이 시작했을 때 커피에 대한 열정과 다년간 성공적인 카페를 운영한 바 있는 데이브 올센과 일하게 된 것은 행운이었다. 1987년 11월에는 음료회사 중역으로서 경험을 쌓은 로렌스 말즈를 불러들였다. 작은 기업에는 그런 팀이 적당했다.

그러나 스타벅스가 보다 많은 시장을 확보해감에 따라 우리는 즉시 많은 소매점을 운영하는 과정에 익숙한 사람이 필요했다. 1989년, 우리는 가구업계와 야외휴양지 개발 회사인 '사우전드 트레일' 회사에서 25년의 소매 경력을 보유한 하워드 비하를 채용했다. 나는 그에 관하여 제프 브로트만과 잭 로저스를 통해 알게 되었다.

1990년, 본격적인 자금 유치를 준비하고 있을 때 우리는 폭넓은 경력의 수석재무 담당자를 물색하기 시작했다. 우리를 대신하여 찾아보도록 세련된 인재 스카우트 담당자를 채용했으나, 그는 후보들의 경력에만 관심이 있었기 때문에 우리를 실망시켰다. 그는 품성과 기업문화를 중요시하는 우리의 견해를 이해하지 못했다.

대신 우리는 파트너 중 한 사람의 추천으로 오린 스미스를 알게 되었다. 하버드 대학 경영학 석사 출신인 오린은 당시 스타벅스보다 훨씬 크고 복잡한 조직체를 관리한 바 있다. 그는 워싱턴주의 예산담당자로 5년 동안 일했었고 그 전에는 파트너로서의 3년을 포함하여 컨설팅회사인 '딜로이트 앤 타우치 Deloitte & Touche'에서 13년 동안 일했다.

하워드 비하와 오린은 모두 나보다 약 열 살 정도 많았다. 두 사람은 모두 스타벅스에 와서 봉급이 줄었지만 스타벅스의 열정과 가능성을 이해했기 때문에 우리와 합류했다. 또한 그들은 그들의 스톡옵션이 언젠가는 가치가 있을 것으로 믿었다.

자신보다 더 많은 경험을 쌓은 이사를 채용한다는 것은 기업인들에게 위험할 수도 있다. 게다가 그들에게 실질적으로 권한을 위임한다는 것은 더욱 위험한 일이다. 나 자신도 쉽지는 않았으나 어느 기업인이든 수용해야만 하는 일이다. 스타벅스가 무엇이냐 하는 것은 마치 내가 누구냐 하는 것과 같았기 때문에, 변화에 대한 어떤 제안도 마치 내가 내 일의 일부를 제대로 수행하지 못하고 있다는 느낌을 주었다. 때로는 혼란스러웠다. 나는 '이 사람들은 내가 갖고 있지 않은 어떤 것을 가지고 오는 것이며, 그들은 내가 혼자 애쓸 때보다도 스타벅스를 훨씬 발전시킬 수 있을 것이다'라며 나 자신을 꾸준히 일깨워야만 했다.

하워드와 오린 두 사람은 기술과 경험뿐 아니라, 나와는 다른 자세와 가치를 가지고 스타벅스에 들어왔다. 그들과 함께 일하면서 내가 발견한 것은, 스타벅스가 그들의 지도력에 의해서 해마다 풍부해지고 발전했다는 것이었다. 만약 내가 나의 자아나 두려움 때문에 그들이 하는 일을 방해했다면, 우리는 결코 가치 있는 사람들을 소유한 지속적인 회사가 될 수 없었을 것이다.

나는 지금이나 그때나 재능 있고 새로운 사람, 어떤 부분을 처리하는 데 나보다 더 능숙한 관리자를 받아들일 만큼 충분히 강하다는 것을 내 주위의 사람들에게 보여주어야만 한다는 자존심과 자신감이 있다. 동시에 그들이 꼭 필요한 일을 하도록 분명하게 권한을 위임해야만 했다. 나아가 회사 전체에 가능한 한 명확한 메시지를 보내려고 노력했다. "분명히 당신이 나보다 훌륭하기 때문에 채용한 것이니 그것을 입증하십시오."

내가 어떤 인사상의 잘못도 저지르지 않았다고 할 수는 없다. 충성도를 평가해볼 때, 몇몇 관리자들은 필요 이상 오래 회사에 있었다. 어떤 사람들은 회사의 빠른 성장속도를 따라올 수 없었다. 초창기에는 회사에 많은 도움을 주었지만 성장에 당연히 수반되는 새로운 업무지식의 필요에 부응하지 못한 경우가 많았다. 전체적으로 스타벅스는 상층부에서 굉장히 낮은 이직률을 보였다. 특히 급성장의 결과 피할 수 없었던 많은 스트레스를 고려한다면 그렇게 낮은 상층부 이직률은 놀라운 것이었다.

1990년까지 나는 긴밀하고 힘 있게 일할 수 있는 경영팀을 조

직했는데, 사람들은 우리를 'Howard, Howard and Orin' 이름
을 따서 'H₂O'라고 불렀다.

우리는 스타벅스의 비전, 혼 및 재정을 대표했다. 많은 점에서
하워드와 오린은 정반대이다. 그러나 우리 각자는 스타벅스의 성
공에 핵심적인 요소를 공급했다.

상대의 솔직함에 위협을 느끼지 말라

1989년 8월, 하워드 비하는 스타벅스에 회오리바람을 일으켰다.
둥그런 안경을 쓰고 희끗희끗한 턱수염을 말쑥하게 기른 작고 단
단한 남자, 하워드 비하는 우리가 그를 간절히 필요로 하는 시점
에 스타벅스에 왔다. 당시 우리는 약 28개의 스토어가 있었고 매
년 거의 두 배로 늘리는 계획을 하고 있었다. 그는 소매 전문가로,
새로운 스토어를 열 때마다 그 운영에 필요한 시스템과 절차를 도
입할 수 있었다.

또한 그는 그 이상으로 스타벅스의 기업문화에 훨씬 더 깊은 영
향을 끼치고 있었다. 그는 회의석상에서 자주 음성을 높이곤 했
는데, 흥분하여 눈이 반짝인 다음에는 성을 내면서 테이블을 탕
탕 치기도 했다. 그의 눈에는 눈물이 잘 고였다. 그는 사업뿐 아니
라 시, 철학, 명상에 대해서도 깊이 생각하는 사람이었다. 그는 자
기를 내세우지 않고, 유머감각이 있으며 스타벅스를 열정적으로
보살피며 끊임없이 걱정한다. 자신의 약점을 거리낌없이 드러냈

으므로 사람들은 그의 정직함에 당황하곤 한다. 그의 마음에 있는 것은 조금도 의심할 필요가 없었다.

그는 스타벅스 사람들이 갖지 못한 많은 장점을 갖고 있었다. 많은 시애틀 사람들처럼 스타벅스 사람들은 내성적이고 정중하며, 드러내놓고 반대하지 않는 것을 예의로 생각하는 경향이 있었다. 이런 성격의 약점은, 가끔 상대방 공격을 피하기 위해 변죽만 울린다는 것이었다. 실적이 나쁜 고용원들에게 단도직입적으로 말할 수는 없었다.

하워드 비하는 우리의 그러한 태도를 다시 생각해보도록 만들었다. 그는 첫날부터 나와 그 외 어떤 사람에 대해서도 거리낌없이 의견을 내기 시작했다. 회의석상에서도 그랬고 배전공장 마루 위에서도, 복도에서도 그랬고 그가 있는 곳은 어디서나 그랬다.

"왜 당신은 '사람들'이라는 단어를 발견하기도 전에 스타벅스 지침서의 3페이지로 가야만 합니까? 고객과 직원이 관련됐다면 '사람'이 첫 번째가 되어야 하지 않습니까?" 그가 물었다.

"우리는 왜 고객이 요청하는 것은 무엇이든 주지 않습니까?"

"스토어 관리인들은 왜 소리 높여 말하는 것을 겁냅니까?"

주제가 무엇이든, 의견만 있다면 그는 목청을 높여 그것을 말하곤 했다.

처음에는 상대방과 대결하는 듯한 그의 접근방법이 거칠어 보였다. 우리는 작고 친밀한 팀으로 시작해 믿음과 신뢰를 얻기 위해 열심히 일했다. 나는 열정과 열심, 창의정신을 좋아했기 때문에 천성적으로 대결하는 듯한 방법은 피하는 경향이 있다.

하지만 나는 점차 하워드가 나에게 동의하지 않은 것이 존중의 결여를 의미하는 것이 아니었음을 알게 되었다. 그는 단지 특별한 주제에 관한 나의 관점을 사업상 동의하지 않은 것이다. 그의 분노, 믿음, 정서는 모두 정직했으며, 즉각적이지만 일단 한번 말한 후에는 다른 이들의 견해를 경청하는 데 마음이 열려 있었다.

하워드의 비판들 가운데 가장 가치 있는 하나는 스타벅스가 너무 상품 중심이라는 의견이었다. 그는 "중요한 것은 커피를 만드는 사람들이다"라고 계속 주장했다. '사람들은 상품의 품질과 고객에 대한 서비스에 직접적인 영향을 준다. 상품은 활동력이 없다. 당신은 훌륭한 사람들을 고용해야 한다. 그들의 열정과 그들의 기술을 격려하고, 또 그들에게 자신들의 일을 올바로 할 수 있도록 자유를 주어야 한다'고 그는 우리에게 촉구했다. 그는 또한 "우리는 배를 채우는 것이 아니라 영혼을 채우는 것이다"라고 말하기를 좋아한다. 그 조언은 나의 심금을 울렸다. 그것은 나 자신의 가치를 반영하는 말이었다. 그러나 나는 그처럼 분명하게 말하지 못했다.

하워드는 보다 고객 중심이 되게 하는 방법을 나에게 가르쳐주었다. 사업을 하는 과정에서 커피의 품질에 초점을 두었기 때문에, 우리는 가끔 고객우선주의를 도외시하기도 했다. 그는 이 문제를 해결하기 위해 '스냅사진 프로그램'을 시작했는데, 그것은 고객 서비스를 감시하기 위해 각각의 스토어를 예고없이 방문한다는 계획 등이었다.

그는 종업원들이 마음 내키는 대로 행동하지 않도록 하고, 필요하다면 고객요구를 충족시키기 위하여 과감한 조치도 취하도록 훈련시켰다. 낸시 레이건Nancy Reagan(레이건 전 대통령의 부인)이 마약에 대해 "'아니오'라고만 말하라Just say no"라는 말을 유행시켰던 때에, 그는 고객들이 요구하는 것에 "단지 '예'라고만 말하라Just say yes"고 지시했다.

그는 소비자들의 욕구를 충족시켜야만 한다고 촉구했다. 어떤 사람이 다른 스토어에서 배전한 커피를 가져온다고 할지라도 우리는 그를 위하여 커피를 기꺼이 갈아주어야 한다. 우리는 만족하지 않은 고객들에게 무료 스타벅스 상품권을 나눠주었고, 어린이들에게도 스티커를 선물로 주었다. 하워드는 "도덕적, 합법적이고 윤리적이라면 우리는 고객을 기쁘게 하는 것은 무엇이든지 해야만 한다"라고 말하기를 좋아한다.

그의 최우선 과제는 스타벅스의 오랜 전통을 하나씩 깨는 것이었다. 왜냐하면 우리가 좋아하는 방법으로 커피를 마시도록 고객들에게 교육하는 것이 우리의 전통이자 목표였기 때문이다. 두 개의 상반되는 가치가 내 머릿속에서조차 충돌했다. 그러나 우리가 궁극적으로 배운 것은 우리의 커피, 우리의 동업자, 우리의 고객 모두 중요하다는 것이다. 어느 하나라도 무시한다면, 상호연대는 약해질 것이다.

하워드는 또한 스타벅스 사람들에게 마음속에 있는 것을 말하도록 가르쳤다. 그는 다른 사람의 반응에 대해 두려워하지 않고 어느 때 어떤 것이라도 누구든지 말할 수 있어야 한다는 원칙을 믿었다. 어느 날 그는 우리의 모든 스토어 관리자들을 만나서 그가 가장 기대하는 것은 직원들이 그에게 솔직하게 말해주는 것이라고 했다. "할 말이 있다면 말해주십시오." "당신이 마음에 담고 있는 것은 무엇입니까?" "올바르게 되고 있는 것은 무엇입니까?" "올바르지 않은 것은 무엇입니까?"

그는 대답을 기대하며 그 방 주위를 둘러보았다. 그러나 아무도 한마디도 하지 않았다. 그 그룹이 흩어지기 시작했을 때, 스토어 관리인 중 한 사람이 머뭇거리며 그에게 오더니 "당신이 진실로 솔직한 말을 원한다면, 나는 할 말이 많이 있습니다"라고 그녀가 말했다. 하워드는 그녀에게 변화를 위한 모든 제안을 포함하여 스타벅스에 대해 좋아하지 않는 모든 것을 목록으로 쓰도록 요청했다. 며칠 후 시정 요구사항들이 도착했고, 그는 즉시 하나씩 답변하기 시작했다.

사람들이 그들의 마음에 있는 것을 말하도록 격려하기 위해 하워드는 분기마다 '열린 광장'을 개최하는 아이디어를 구상했다. 모임에서 수석 관리자들은 관심 있는 모든 직원들과 만나 회사의 경영 성과를 알리고 질문에 답하며 그들에게 불만을 토로하도록 했다.

회의는 지금 우리가 영업하는 모든 지역에서 분기마다 열리고 있다. 때때로 고통스럽기도 하지만, 일단 관심거리들을 폭넓게 알고 있으면 잘못된 점을 수정할 수 있다. 우리가 우리의 중심선에서 이탈하기 시작할 때마다 파트너들은 첫 번째로 우리에게 경고를 한다. 그리고 그들 대다수는 자신들이 일하고 있는 회사를 자랑스럽게 느낀다.

때때로 하워드는 열린 광장에서 마찰을 빚곤 했다. 그럴 때마다 그는 우리가 입장을 바꾸어 생각하게 했다. 한번은 그가 성과를 올리는 방법으로 모든 스토어가 문을 10분 늦게 닫도록 제안했다. 스토어 관리인들은 예상대로 지쳐 쓰러질 지경이 되어 불평을 산더미처럼 늘어 놓았다. 하워드에게 중요한 것은 그의 제안이 훌륭한가 아닌가의 문제가 아니라, 파트너들이 열린 광장에서 그에게 도전함으로써 편안함을 느끼게 된다는 것이었다. 직원들이 어떤 문제에 대하여 화가 나면서도 그것을 공개적으로 말하지 않는다면, 경영진이 해야 할 가장 생산적인 접근방법은 주제를 바로 쟁점화시켜 공개하는 것이다.

아무리 어색하고 불편하더라도 그들로 하여금 솔직하게 말하도록 하는 것은 궁극적으로 분노를 일소하고 문제들 해결하는 데 도움을 줄 것이다. "벽도 말한다." 하워드 비하가 제일 좋아하는 표현이다. 그의 사무실에 발을 들여놓는 사람은 누구든지 즉각 그 이유를 알게 된다. 그의 벽은 어느 벽보다도 많은 말을 하고 있다. 왜냐하면 그의 벽에는 20개 이상의 격언, 시, 그리고 그의 생활철학에서 표현하고 있는 인용구들로 뒤덮여 있다.

'당신은 게으르게 옆에 서 있기만 해서는 안 된다.' '구멍에 빠졌을 때는 파는 것을 중지하라.' '행동하는 사람처럼 생각하라.' '생각하는 사람처럼 행동하라.' '나의 가장 좋은 시간은 사람들에게 투자하는 시간이다.' ···

하워드가 세운 또다른 전통은 모든 스타벅스 파트너들에게 손수 사인한 생일카드와 스타벅스 창립 기념카드를 보내는 것이다. 처음에는 그 자신이 직접 모든 것을 사인했다. 그러나 지금은 회사가 너무 커졌기 때문에 서로 나누어서 한다. 어떤 사람은 그런 것을 진부하고, 업무 외적인 일로 생각하기 때문에 거의 염두에 두지도 않았다. 그러나 하워드는 조금도 개의치 않았다. "그와 같은 작은 행위들이 쌓여서 스타벅스를 인간적으로 느껴지도록 만드네"라고 말한다. 2만 5천 명의 직원들이 있다 하더라도 관리인은 각각을 한 사람의 개인으로 인식해야만 한다는 것을 몸소 실천했다.

하워드는 우리의 소매점 운영 및 확장의 최선봉에서 여러 해 동안 일한 후, 많은 이사들이 말만 하고 누구도 하지 않는 어떤 일을 해냈다. 그의 후계자를 채용하고 훈련시킨 것이다. 그는 서던 캘리포니아 타코벨에서 일하는 데이드라 웨이저를 발견하고, 그녀를 훈련시킨 후 자신의 일을 그녀에게 인계하였다. 데이드라는 우리가 필요한 정보와 시스템이 무엇인지 알았고 우리의 소매 운영을 체계화할 수 있는 숙련된 관리인으로 컸다.

데이브 올센이 커피에 대한 우리의 열정적인 태도를 가능케 했다면, 하워드 비하는 파트너들에 대한 열정적인 태도를 가능케 했다. 만약 나 자신이 그에 의해서 위협을 받았다면, 그래서 그를 밖으로 밀어냈다면 스타벅스는 오늘날 가지고 있는 강력한 가치들을 결코 개발하지 못했을 것이다.

우리는 솔직함 때문에 상처받을 수가 있다. 그것으로 인하여 위협을 느낄 수도 있다. 그러나 만약 우리 스타벅스가 여러 사람들의 열정과 헌신에 계속 의지하고자 한다면, 바로 그런 솔직함이 필요한 것이다.

아이디어만 있는 몽상가는 실패하게 마련이다

기업가답게 실행하기란 어렵다.

오린 스미스는 이 말을 나에게 항상 상기시켰다. 낭만과 비전이 없는 사업은 혼도 없고, 직원들이 위대한 무엇인가를 성취하도록 동기를 유발시킬 수 있는 어떤 정신도 없다. 반면 유쾌한 아이디어만으로는 회사 자체를 존속시킬 수가 없다. 많은 사업을 구상하는 몽상가는 그것을 실행할 수가 없기 때문에 지도자로서 실패했다.

과정과 제도, 원칙과 효율성은 창의적인 생각을 시행하거나 기업의 비전을 구체화하기 전에 기초를 다지는 데 필요하다. 그것은 나와 같은 기질의 기업가가 쉽게 믿기 어려운 교훈이다. 나는 스타벅스가 성장함에 따라 지나치게 관료적 · 과정 중심적이 되고 특정기능에 지나치게 몰두하게 될까 염려스럽다. 그렇게 되면 큰 꿈을 이루기 위한 열정과 욕구를 잃어버리기 때문이다.

모든 사업은 성공하기 위해 두 힘 사이에서 균형을 이루는 것이 필요하다. 그리고 그것은 비전을 이해하고 성공을 구체화하는 데 필요한 것들을 자리잡게 하는 지도자를 요구한다. 나는 과정을 계획하는 데 능숙하지 못하다. 그것은 나의 흥미와 능력 밖에 있는 것이다. 이 분야를 보완하기 위해 내가 취한 조치는 혁신을 위하여 필요한 것을 희생하지 않고 회사가 필요한 하부조직을 세울 수 있는 간부를 발견하는 것이었다. 그는 인습에 얽매이지 않는 사람이어야 했다.

스타벅스에서 그러한 경영자는 바로 오린 스미스였다. 오린의 접근 방법은 나의 그것과 완전히 달랐다. 오린은 조용하고 내성적인 이로, 문제 해결에 있어서 꾸준하고 성실한 면모를 보인다. 그는 항상 펜과 노트를 지니고 다닌다. 특히 테가 큰 안경을 쓸 때, 그는 매우 지혜롭게 보인다. 진퇴양난이 발생할 때, 나는 쉽게 판단하는 경향이 있으며 즉시 행동하기를 원한다. 반면에 오린은 조용히 듣고 필요한 모든 정보를 모으며, 논리적이고 이성적인 답변이 떠오를 때까지 주의 깊게 생각한다.

오린이 1990년에 우리에게 왔을 때 스타벅스는 관리가 체계적인 기업이 아니었다. 전적으로 사업확장에만 전념하고 있던 때였다. 오린은 스타벅스를 체계적으로 관리되는 회사로 바꾼 것에 대해 자랑하지 않았다. 대신에 그는 행동으로 리더십을 발휘했다. 그의 침착함과 리더십 덕분에, 스타벅스는 성장할수록 훨씬 균형 있는 조직을 갖추게 되었다.

그는 처음으로 매우 교묘하게, 수익성 높은 대기업을 운영하는 데 필요한 규율을 강력하게 적용할 수 있는 환경을 창출했다. 또한 관리정보 시스템, 금융회계, 기획, 법무, 그리고 공급망 운영 등 강화해야 할 중요한 영역에서 경험을 쌓은 전문가를 모집하여 하나의 조직을 만들었다.

나는 한 회사 안에 창의적으로 원칙을 세우고 그 원칙을 더 강력하고 활력 있게 하는 것이 가능함을 인식하기 시작했다. 우리는 회사의 기초와 구조를 강하게 함으로써 작은 문제들에 시간을 낭비하지 않는 대신 신상품과 새로운 아이디어에 집중할 수 있었다. 더 분명한 전략적 지침으로, 장기적으로 중요한 문제들에 우리의 창의력을 집중할 수 있었다.

스타벅스가 상장회사가 되었을 때, 오린과 나는 스타벅스를 설명하는 '로드쇼road show(투자자를 위한 가두설명회)'에 동행했다. 월스트리트는 나를 활력 있고 열정적인 서른여덟 살의 영민하고 전도유망한 젊은이로 보았다. 그러나 아마도 너무 경험이 없고 이상적이기만 한 젊은이로 보았을지도 모른다. 그러나 그 옆에 앉아 있는 50세의 침착하고 보수적이며 신중한 전문경영인은 모든 계획들과 숫자를 조용하고, 세련된 어조로 설명했다. 우리는 잘 맞는 팀이었다. 기업가적인 열정과 체계적인 경영 시스템은 스타벅스가 높은 목표를 성취할 뿐 아니라 재정상으로도 책임질 수 있다는 신뢰를 주었다.

많은 젊은 회사들은 조직구조나 성장 과정에 창의적인 정신을 불어넣지 않거나, 지나치게 팽창한 관료주의가 창의성을 질식시키기 때문에 성숙한 회사로 뛰어오르지 못한다. 만약 월트 디즈니 같은 몽상가와 로이 디즈니같이 사업을 좋아하는 두 사람이 결합한 종류의 지도력이, 오린과 나처럼 믿음과 신뢰의 강한 결속력을 갖게 된다면 최상의 힘을 발휘한다.

오린은 책상에서 일했고 나는 고객들을 상대했다. 나는 관리 부문이 포인트를 획득할 수 있는 중요한 활동 장소임을 뒤늦게 깨닫고 있다. 미식축구에서 그것은 "공격은 점수를 얻고, 방어는 경기를 승리로 이끈다"라는 말로 표현된다. 사업에 있어서 겉으로 드러나는 것, 이를테면 커피, 스토어, 스타일, 상표 등도 중요하지만 그 뒤에서 벌어지는, 보이지 않는 것들도 역시 중요하다. 이로 인하여 스타벅스는 재정적인 성공을 거두었다. 그것이 오린이 회사에 결정적으로 공헌한 것이다. 그는 나를 실제보다 더욱 돋보이게 한 장본인이다.

12

독단성과 융통성의 사이에서

조직 내의 유일한 성역은
그 사업수행의 근본 철학뿐이다.
_토머스 왓슨 2세, 《사업과 사업의 신조》에서

우리는 모든 기업은 무엇인가를 대표해야 한다고 믿는다. 특히
믿을 만한 제품이 그 기업의 핵심에 있어야 한다. 고객이 기대하
는 것보다 더 좋은 것이 있어야 한다. 우리는 또한 우리의 고객이
요구하는 것에 "예"라고만 말해야 한다고 믿는다. 좋은 소매업자
란 고객을 기쁘게 할 그들만의 독특한 방법이 있어야 한다.

스타벅스 초창기에, 우리는 어떤 방향을 취해야 할지 항상 토
론했다. 나는 어떤 문제에 대해서는 결코 뜻을 굽히지 않았는데,
그 하나가 프랜차이징이었다. 프랜차이즈로는 품질을 신뢰할 수
없었기 때문이었다. 또 하나는 인공적으로 향을 첨가한 커피였
다. 우리는 우리의 고급커피를 화학물질로 망가뜨리지 않는다.

또 하나는 슈퍼마켓 판매였다. 우리는 커피가 상할 수 있는 투명 플라스틱병에 우리의 커피를 넣지 않는다. 커피가 상할 수가 있기 때문이다. 그리고 마지막으로, 우리는 최상의 생두를 구입하여 완전하게 배전한, 완벽한 커피 한 잔을 추구하는 것을 멈추지 않는다.

이런 깨끗한 브랜드 이미지를 창출하려는 우리의 가치와 욕구는 때때로 우리에게 결정적으로 불리한 것이 되기도 했다. 1980년대 후반까지 스페셜티 커피 사업은 빠르게 성장했으며, 커피의 대부분은 슈퍼마켓에서 갈지 않은 커피 형태로 팔렸다. '밀스톤'과 '삭스' 같은 상표의 판매량은 스타벅스를 훨씬 앞질렀다. 우리는 그들처럼 슈퍼마켓 판매로 쉽게 두 배 또는 세 배를 팔 수도 있었다. 그러나 스타벅스는 식료품가게 커피와 분명한 구별을 유지하는 것이 중요했기 때문에 슈퍼마켓에서는 우리 커피를 팔지 않기로 결정했다.

바닐라, 아이리시 크림과 민트 모카 같은 향이 첨가된 커피가 새롭게 유행한 결과, 같은 기간에 스페셜티 커피 매상고는 약 40퍼센트 증가했다. 우리는 인공향을 덧씌우기 위해 세계 최고의 원두를 구입하고 싶지 않았다. 우리는 처음에 같은 이유로 라떼에 향이 가미된 시럽을 첨가하는 것도 거절했다.

몇몇 경쟁회사들이 프렌차이징 방식을 이용하여 전국적 영업망을 확장하고 있었다. 이들의 기세는 우리를 능가할 정도로 가히 위협적이었다. 이때가 바로 우리가 세 번째의 중요한 선택에 직면했던 시점이었다. 1991년 어떤 한 회사는 스토어의 개수에서 우리를 능가하기까지 했다. 그러나 나는 여전히 스타벅스 직영 스토어를 주장했다. 그래서 우리는 우리 자신의 손으로 우리의 운명을 지킬 수 있었다.

나는 점차 타협의 필요성을 배우게 되었지만, 매우 중요한 우리의 가치들은 타협하지 않으려 한다. 어려운 결정을 해야 할 때마다 우리는 오랫동안 열심히 토론했다. 그리고 우리를 상징하는 완벽성을 희석시키지 않는다는 것이 확실할 때에만 새로운 방법들을 채택했다.

고객 만족에 한계란 없다

우리의 가장 독단적인 견해의 하나를 버리게 한 사람은 하워드 비하였다. 우리는 그가 입사하기 전까지 커피에 대해 경건한 자세를 가지고 있었다. 그러나 그는 다른 전통을 지닌 다른 회사 출신이었는데 그곳에서는 '고객 중심으로 행동하지 않으려면 꺼져버려라'라는 식이었다.

하워드가 1989년에 스타벅스에 합류했을 때 그는 이미 소비자로서 스타벅스에 친숙했다. 그는 즉시 우리의 스토어를 자주 방문하여 바리스타와 고객들과 대화하기 시작했다. 그는 그들의 말을 주의 깊게 경청함으로써 우리가 그전에는 전혀 몰랐던 것들을 들었으며, 우리의 가치들을 고객 우선이라는 방향으로 재검토하게 했다.

그가 얻은 분명한 소득 중의 하나는 수많은 고객들이 무지방(혹은 지방을 걷어낸) 우유를 원한다는 것이었다. 하워드는 스타벅스에 입사한 지 한 달도 안 되어 어느 날 나에게 물었다. "당신은 고객의 소리 카드를 읽어 본 적이 있습니까?"

나는 "물론이지요. 모두 읽고 말고요"라고 말했다. "그러면 왜 답변을 안 하십니까?" "무엇을 대답한다는 말입니까?" "무지방 우유를 원하는 사람들이 얼마나 많은지 보십시오." 나는 금년에 무지방 우유를 사용했었는데 그 맛이 좋지 않았다고 설명해주었다.

"누구에게 맛이 안 좋았나요?" 하워드는 나의 대답을 몹시 못마땅해하고 있는 것이 역력했다. "나와 데이브 올센이 맛을 보았지요." "고객의 소리 카드를 읽어보십시오. 우리 고객은 무지방 우유를 원합니다! 우리는 그들에게 그것을 주어야 합니다."

"우리는 결코 무지방 우유를 공급하지 않을 겁니다. 그것은 우리가 할 일이 아니예요." 나의 이 대답을 가지고 하워드는 오늘날까지 물고 늘어진다.

스타벅스 역사의 그 시점에서 무지방 우유를 언급하는 것은 배신 행위나 마찬가지였다. 언제나 그러하듯 우리의 목표는 순수한 커피를 지향하는 이탈리아 에스프레소 바를 미국으로 가져오는 것이었다. 그러나 실제로 정통 커피가 아닌 우유를 섞은 라떼와 카푸치노는 빠르게 대중음료가 되어가고 있었다. 어떤 커피 순수주의자들은 '데운 우유' 같은 음료라며 그 제품들을 비웃었지만,

이러한 음료는 커피를 마시지 않는 사람들에게조차 좋은 커피를 소개했다.

1989년까지 특히 시애틀에 있는 작은 여러 경쟁자들은 무지방이나 2퍼센트 우유를 섞어 라떼를 주고 있었다. 건강과 체중 문제 때문에 많은 미국인들은 전지우유를 피하고 있었다. 그러나 우리는 여전히 탈지우유는 묽고 맛이 강하며 스타벅스 커피의 맛을 바꾼다고 생각했다. 하워드는 고객들이 원하는 것을 줄 수 있는 방법들을 모색하기 시작했다. 그러나 커피 순수주의자들에게는 받아들여질 수 없는 생각이었다.

어느 날 우리의 가장 충성스러운 한 고용원이 그의 사무실 밖 복도에서 하워드와 마주쳤다. 얼굴을 맞대고 서서 그가 하워드에게 말했다. "당신의 그런 정신은 우리 커피의 질을 떨어뜨리고 있습니다. 그것은 고객을 위해서라면 어떤 일이라도 하겠다는 것이 아닙니까!"

"당신 돌았어? 물론 우리는 고객들이 원하는 대로 하지!" 하워드 비하의 대답이었다.

믿거나 말거나, 무지방 우유의 문제는 스타벅스 역사상 가장 큰 토론 주제의 하나가 되었다. 나와 데이브 올센은 이 문제를 가지고 투쟁했다. 스토어 관리인들의 체면은 말이 아니었다. 하워드 비하가 어떤 사람인지 알고 싶어했으며 "그는 정말로 우리가 무지방 우유를 소개하기를 원합니까?" 하고 물었다.

몇몇 스토어 관리인들이 하워드에게 가서 다음과 같이 다투었다. "우리는 스토어 운영상 그것을 결코 사용할 수 없습니다. 우유를 한 가지 이상 쓰는 것은 불가능합니다. 두 종류의 우유를 사용하면 사업을 망칠 것입니다."

그러나 하워드는 물러서지 않았다. 그리고 적어도 그 아이디어를 시험은 해봐야 한다고 주장했다. 그 논쟁은 나로 하여금 자기 분석을 하도록 했다. 어떻게 단지 고객의 만족을 위해서 우리가 뜻하던 맛이 아닌 커피를 제공할 수 있단 말인가?

어느 날 아침 나는 밤새도록 쉼 없이 그 생각과 씨름하다가 일찍 깼다. 옷을 입고 시애틀의 인근 주택가에 있는 스타벅스 스토어 중 한 곳으로 차를 몰았다. 나는 더블 에스프레소 한 잔 값을 내고 테이블에 자리를 잡았다. 이른 아침이었지만 이미 길게 줄지어 서 있었다. 나는 신문을 읽으면서 사람들이 주문하는 것을 듣기 위해 귀를 기울였다.

두 바리스타 사이의 부드럽고 일관된 협조, 즉 한 사람은 주문을 받고 한 사람은 음료를 만드는 그 분위기가 좋게 느껴졌다. 나는 20대 후반의 한 고객, 운동복과 운동화를 신고 워크맨으로 음악을 들으며 머리를 천천히 끄덕이는 젊은 여자를 주목했다. 아침 조깅을 막 마친 것처럼 보였다. 그녀가 판매대에 이르렀을 때 나는 오랫동안 기다렸다고 말하는 그녀의 말을 들을 수 있었다.

"무지방 우유를 넣은 기다란 더블 라떼를 주세요." "죄송합니다. 우리는 무지방은 갖고 있지 않습니다." 바리스타가 정중하지만 단호하게 대답했다. "우리는 전지우유만을 가지고 있습니다."

나는 그녀의 실망 섞인 한숨소리를 들었다. 그러고는 "왜 없죠? 저는 저쪽 스토어에서는 항상 그것을 마시는데요."

바리스타는 양해를 구했다. 그러나 그녀는 성큼성큼 스토어를 걸어나가서 경쟁 스토어로 갔다.

잃어버린 한 명의 고객, 소매업자에게 그 이상 무슨 논쟁이 더 필요하겠는가! 나는 그날 아침 출근하여 하워드 비하에게 테스트를 추진하라고 말했으며 내가 아침에 갔던 그 스토어를 반드시 포함하라고 했다.

우리는 그 당시 약 서른 개 스토어밖에 없었다. 하워드는 여섯 개 스토어 관리인들이 자원하여 무지방 우유를 사용하도록 설득했다. 사전의 모든 우려에도 불구하고 그들은 꽤 빠르게 운영상의 문제점들을 처리했다. 그들은 전지우유와 무지방 우유를 혼합하여 2퍼센트 유지방 우유를 제공하는 방법을 알아내기까지 했다. 고객들이 대단히 만족하는 것을 본 그들 첫 번째 스토어 관리인들은 무지방 우유의 옹호자가 되었고 점차 다른 이들의 의견을 눌러 이겼다.

6개월도 안 되어, 우리의 모든 스토어는 무지방 우유를 제공했다. 오늘 우리가 판매하는 라떼와 카푸치노의 거의 반이 무지방 우유로 만들어진다.

돌이켜보건대 그 결정은 지혜가 결여된 것같이 보였다. 그러나 그때 그것이 우리의 브랜드에 어떤 충격을 줄지 확실하지 않았다. 까페라떼가 무지방 우유로 만들어질 때 그것이 이탈리아 음료라고 할 수 있을까? 대부분의 이탈리아인은 그것을 인정하지

않을 것이다. 그러나 다른 고객이 무지방 바닐라 모카를 요구할
수 있는 것처럼 이탈리아인은 스타벅스 스토어에 들어와 여전히
정통 카푸치노를 주문할 수도 있는 것 아닌가.

우리는 우리의 양심을 어떻게 달래는가? 우리는 고객이 옳았
다고 인정해야만 했다. 사람들에게 선택권을 주는 것은 우리의
책임이었다. 하워드 비하가 옳았다. 우리가 무지방 우유 논쟁을
해결한 방법은 역시 스타벅스 안에서 자치적으로 의사결정을 한
훌륭한 사례였다. 그가 회사에 온 지 비록 2~3개월밖에 안 됐지
만 그가 과거의 소매점 운영에서 축적한 풍부한 경험은 우리가 올
바른 것을 하도록 설득하는 신뢰와 권위를 실어주었다.

해가 거듭되면서 우리는 최초의 독단적인 자세를 점점 멀리하
게 되었다. 무지방 우유 이외에, 고객들은 바닐라 혹은 라스베리
시럽을 에스프레소 음료에 섞어서 마실 수도 있게 되었다. 우리
는 아이스크림, 맥주 및 얼음 같은 찬 혼합 음료의 맛을 내는 데
우리의 커피를 사용하고 있다.

그러나 우리는 이러한 조치들을 취하기 전에 장시간 심사숙고
했다. 그리고 미래의 계획을 고려하여 분명하게 전략적으로 행동
했다. 이 모든 것은 결코 정통 커피에 대한 배신이 아니다.

우리 고객은 그들이 원하는 방식으로 커피를 즐길 권리를 갖
는다. 우유와 설탕은 항상 카운터에서 이용 가능하다. 바리스타
는 고객들이 요청하면 향이 있는 시럽을 섞어줄 것이다. 그러나
우리가 하지 않겠다는 것은 주재료의 품질을 저해하는 것을 섞지

않겠다는 것이다. 주재료란 신선하고 강배전된 향이 깊은 커피를 뜻한다. 그것이 우리의 표준이며, 활력의 근원이며 우리의 유산인 것이다. 우리 고객들은 스타벅스에서 그러한 커피를 기대할 수 있어야만 한다.

그 밖에 우리가 무엇을 하든지 우리는 싸구려 커피는 구입하지 않을 것이다. 우리는 강배전을 중단하지 않을 것이다. 우리는 우리의 커피에 인공향과 화학성분을 넣어 망가뜨리지 않을 것이다. 우리는 스타벅스 사람들이 고객들을 기쁘게 하기 위해 자기 방식을 탈피하기를 바란다. 그러나 그들이 향 커피를 분쇄기에 넣는 것은 허용하지 않을 것이다.

커피에 덧씌운 화학성분은 커피의 향을 반드시 변화시킨다. 인공적으로 향이 첨가된 커피는 또한 우리 스토어의 공기를 오염시키는 화학성분의 냄새를 지니고 있으며 다른 커피에도 흡수된다.

데이브 올센과 그의 커피 부서 동료들은 스타벅스에 있는 커피 순수주의자들, 즉 우리의 총체적 양심을 대표하는 사람들이다. 데이브는 훌륭한 비유를 한 바 있다.

커피를 CD 음악으로 생각하라. 당신 가정의 특별히 디자인한 방에서 CD 음악을 들을 수 있다. 거기에서는 주의가 산만하지도 않으며 헤드폰을 끼고 진정한 현악기나 오보에를 듣거나 에릭 클랩튼의 세밀한 기타 선율을 들을 수도 있다. 혹은 자동차에 CD 음악을 틀어놓고 자동차의 창문을 모두 내린 뒤 고음으로 들을 수도 있다. 음악은 똑같지만 들려오는 느낌은 다르다.

우리가 우리의 제품을 존경할 때, 우리의 고객들이 스타벅스 스토어에 들어와 세계적인 커피를 구매할 때, 우리가 우리의 신상품에 변치 않는 품질을 추구할 때, 우리는 그때야 편안한 마음으로 고객들이 우리의 커피를 즐기도록 여러 다른 방법들을 제공할 수 있다. 그렇게 함으로써 우리는 더 폭넓은 사람들에게 스타벅스 커피를 소개할 수 있다. 바로 그것이 우리의 사명이 아닌가?

품질관리에 편집광적으로 집착하는 것은 어떤 경우에 옳은가?

만약 나이키 같은 회사가 신발 디자인과 마케팅만 직접 할 뿐 아니라 나이키 신발을 만드는 공장과 판매하는 가게를 모두 소유하고 있다고 상상해보라. 혹은 전국적인 대규모 출판사가 저자를 직접 고용하고 스스로 종이도 제조하고 인쇄기도 운영하며 자신의 서점을 통해서만 책을 판매한다고 상상해보라. 펩시콜라 한 개를 원할 때마다 펩시 가게로만 가야 한다면 어떻게 되겠는가? 혹은 콘프레이크를 원할 때마다 켈로그 가게에만 가야 한다면 어떻게 되겠는가?

스타벅스는 브랜드 이름을 중요시하는 소비재 상품 회사들 가운데 아주 특이한 방식으로 사업을 하고 있다. 우리는 품질 관리에 너무 집착하기 때문에 커피를 생두에서 추출하는 과정부터 고객에게 한 잔의 커피를 판매하는 단계까지 모든 것을 우리 손으로 직접 다룬다. 우리는 우리의 모든 커피를 직접 구매하고 배전하여 회사가 소유한 스토어들에 커피를 판매한다. 그것은 극단적인 완벽성 때문이다.

왜 그래야 하는가? 해답은 당신이 지독히 맛없는 커피를 마신 적이 있다면 거기에서 찾을 수 있다. 신발, 책, 청량음료와 달리 커피는 생산에서부터 소비자에 이르기까지 어느 한 단계에서도 상할 수 있다. 처음부터 생두 자체가 빈약할 수도 있다. 생두가 잘못 배전될 수도 있다. 커피를 준비하는 데 가장 큰 금기사항은 버너 위에 커피포트를 너무 오랫동안 얹어 놓아 커피 맛을 형편없게 하는 것이다. 커피는 보관이나 운송 중에 상하기 쉬운 제품이기 때문에 커피 사업을 항상 위험이 따른다. 우리는 우리의 커피가 누군가에게 전달될 때마다 커피의 품질이 상하지나 않을지에 극히 민감하다.

많은 사람들은 우리가 초고속으로 성장하고 많은 시장에 진출하기 때문에 스타벅스가 프랜차이즈로 운영하고 있다고 막연히 생각한다. 우리는 스타벅스 프랜차이즈를 원하는 사람들에게 한 달에 수백 통의 전화를 받고 있다. 알래스카에 대해서는 어떤가? 그들이 물었다. 선밸리, 잭슨홀 또는 회사가 여러 해 동안 진출하지 못한 더 작은 시장은 어떤가? 우리는 그런 제의를 모두 거절한다. 우리는 회사에서 직영하는 스토어들만 운영한다.

초창기 신사업 개발부 부사장인 잭 로저스는 특히 프랜차이즈를 강력히 옹호한 사람이었다. 잭은 1959년 일리노이주 세인트

찰스에서 시작한 초창기 맥도날드 프랜차이즈 소유자의 한 사람이었다. 시간이 지남에 따라 그는 애슬릿 신발가게, 맥도날드, 레드로빈, 베니하나와 카사 루피타 레스토랑 등 여러 개의 프랜차이즈점을 소유하게 되었다.

"프랜차이징 대리점 방식은 사업을 전국적으로 확장할 수 있는 합리적인 방법입니다"라고 잭이 말을 걸었다. "그것은 빠르게 자본을 모으는 믿을 만한 수단이자 새로운 시장에 경쟁자들보다 빨리 진입하는 사업방식이예요. 그리고 프랜차이즈 소유자들은 그들의 스토어가 금전적으로 성공할 수 있도록 열심히 일하게 되는 장점이 있죠."

그러나 나는 프랜차이즈를 거절했다. 1980년대에 우리는 추가의 투자자가 필요 없었다. 기존 투자자들이 스타벅스의 성장을 위해 기꺼이 돈을 내려 했기 때문이다. 초창기 때 우리는 거의 경쟁이 없었고 프랜차이즈로 성장하여 우리의 경쟁업체로 부상한 곳은 없었다. 스톡옵션을 제공함으로써 우리는 훨씬 더 많은 열정과 프랜차이즈 소유자들이 자기들 사업에서 갖는 주인의식을 이끌어낼 수 있었다.

사실 스타벅스에서는 프랜차이징이라는 단어의 사용조차 금기시되어 있다. 나에게 프랜차이즈, 즉 독점판매권자들은 우리와 고객 사이를 가로막는 중간상인에 불과하다. 우리는 우리에게 속한 모든 사람들을 교육하고 우리 소유의 모든 스토어를 직접 운영하는 것을 선호하기 때문에, 스타벅스에서 구입하는 커피는 한 잔 한 잔이 진실한 것이다.

만약 프랜차이즈를 했다면, 스타벅스는 스스로를 강하게 만든 보편적인 문화를 잃어버렸을 것이다. 우리는 바리스타들에게 커피를 잘 취급할 수 있는 방법뿐 아니라 고객들에게 우리 제품에 대한 열정을 부여하는 방법도 가르친다. 그들은 회사의 비전과 가치를 이해하고 있다. 스타벅스의 종업원이 아닌 사람이 스타벅스 커피를 서빙한다면 그런 것을 기대하기는 힘들다.

처음에 우리는 이 원칙에서 한 발자국도 벗어나지 않았다. 즉, 우리 고객들은 스타벅스 스토어에서만 스타벅스 커피를 구입할 수 있었다. 나는 프랜차이즈에 반대했던 것과 같이 도매로 판매하는 것을 반대했다. 나는 우리 커피를 다른 형태의 어떤 스토어에서도 팔지 못하도록 했다.

그러나 우리는 점차 그러한 통제를 포기하기 시작했다. 새로운 고객을 끄는 기회들이 너무 매력적이어서 지나칠 수가 없었던 것이다. 우리는 항상 자문한다. 우리는 우리의 기업정신을 어느 정도나 포기해야만 할까?

그 첫 번째 큰 양보는 공항에서 나타났다. 우리는 공항에 가게를 여는 것이 매우 시장성이 있다는 것을 알았다. 시카고 오헤어 같은 공항에서는 세계의 모든 여행자들이 처음으로 스타벅스 커피를 만날 수 있다. 이러한 자리는 우리에게 새로운 고객들을 일깨우는 기회를 준다.

그러나 도처의 공항 스토어들이 구내 매점업자들에 의해서 운영되고 있기 때문에 1991년 우리는 예외 조항을 만들기로 결정했다. 즉, 우리는 공항 진출을 위해 호스트 메리어트Host Marriot 사와 라이선스 계약을 체결했다. 우리는 시애틀에서 시작해서 점차 미국 전역의 공항으로 확장했다.

새로운 사업 관계를 정립했지만 처음부터 난관에 부딪쳤다. 스타벅스는 라이선스를 해본 적이 없었다. 반면 호스트 메리어트는 아마 스타벅스처럼 일일이 모든 것에 세세하게 간섭하는 거래를 해본 적이 없었을 것이다. 우리는 직접 통제하기보다는 오히려 영향력을 행사하여 우리의 기준을 유지하는 것을 배워야 했다. 우리는 공항에 대해서는 거의 아는 것이 없었다. 공항 안에서 영업한다는 것은 매우 힘든 것이다. 고객들은 흔히 바가지를 쓰지 않을까 의심한다. 고객들은 커피나 에스프레소에 대해 교육받기 위해 시간을 내려고 하지 않거나, 그럴 수도 없다.

나는 많은 여행을 한다. 호스트 메리어트와의 동반자 관계 초기에는 공항 스토어에서 본 것이 가끔 만족스럽지 않았다. 기다리는 줄이 너무 길었고, 종업원들은 우리 커피에 대한 지식이 부족했으며, 서비스는 느리고 때때로 불친절하기까지 했다.

호스트 메리어트는 우리의 관심사에 대해 긍정적인 조치를 취했다. 그리고 스타벅스 사람들은 해답을 찾아내기 위해 그들과 함께 일했다. 우리는 새로 채용한 사람들을 위한 24시간 프로그램을 호스트 메리어트 종업원들에게 제공하여 훈련시켰다. 호스트 메리어트는 바쁜 스토어에는 금전등록기를 추가로 들여놓았다. 탑승객들이 많을 때는 간부들을 투입해 보강하기도 했다. 호스트 메리어트의 종업원들은 커피에 대해 더 정통하게 되고 스타벅스 스토어에 대해 더 편안함을 느낌에 따라 더욱 친절하게 서비스를 할 수 있었다. 오늘날에는 양측 모두 서로가 동업자 관계라는 데 만족하고 있다.

호스트 메리어트와의 관계가 개선되었을 때, 라이선스 형태의 비즈니스에 관한 나의 생각도 바뀌게 되었다. 그것은 결혼하는 것과 같다. 즉, 그것이 잘될지는 상대방으로 누구를 선택하느냐의 문제이며 얼마나 미리 정성을 기울이느냐의 문제인 것이다. 구애하는 동안 미래에 대한 준비를 해놓지 않고 뛰어든다면 실패할 위험이 크다.

오늘날 스타벅스의 10퍼센트 미만(현재 운영 중인 1천 개의 스토어에서 오직 75개만) 라이선스 형태로 운영되고 있다. 그러나 공항 소재 스토어의 수는 빠르게 성장하고 있다. 우리는 오헤어 공항에만 열두 개의 대리점을 갖고 있다. 한편 회사 소유의 스토어로 운영할 수 없는 장소에는 다른 라이선스 형태의 스토어를 낼 계획이다. 이미 몇몇 대학 캠퍼스 구내에 스타벅스 스토어를 개점하도록 아라마크사에 라이선스권을 허가했다.

우리는 모든 사람들이 우리의 커피를 경험하기를 원한다. 그러나 그것을 그 밖의 다른 사람으로 하여금 서빙하게 하는 것은 경영권을 일부 포기하는 것을 뜻한다. 만일 우리가 품질 관리를 조금만 덜 철저히 한다면 사업은 훨씬 수월해질 것이다. 그러나 커피의 품질은 저하될 수밖에 없을 것이다. 사업이 막 성장하고 있을 때 경영자가 내리는 판단이 장기적으로 회사에 어떤 영향을 미칠지 알기란 어렵다.

1987년 이후의 몇 년 동안 우리는 브랜드 구축을 별로 중요시하지 않았다. 그 대신 커피의 품질을 보호하는 것이라면 할 수 있는 모든 일을 했다. 우리의 스토어의 분위기는 강화되고 있었으며 스타벅스가 시애틀에서 창출했던 명성은 확대되고 있었다.

우리가 채용한 전문경영인, 우리가 세운 공장, 돈을 버는 방법에 관해 행한 결정들, 이 모든 것들이 내가 밀라노에서 돌아온 뒤 가졌던 비전을 전국적으로 펼쳐나갈 수 있게 한 기초가 되었다.나는 일하면서 나에게 알맞은 근무환경을 만들고 있었다. 또한 나도 모르는 사이에 특별한 회사를 만들어가고 있었던 것이다.

오늘날 우리가 상장회사가 되기 전의 여러 해를 뒤돌아볼 때, 1987년부터 1992년까지의 기간을 '형성기'라 할 수 있다. 한 아이를 키우기 위해 힘쓰는 부모님처럼 나와 나의 동료들은 우리의 가치들을 회사에 도입했고 날마다 변화하는 회사에 어떻게 이를 적용할 수 있을지 파악하려고 노력했다.

나는 내 주위에 있는 사람들을 존중하려고 노력했다. 그들이 자신들의 야망을 실험할 수 있도록 배려했고 실수를 해도 틀렸다고 지적하지 않았다.

우리는 요즘도 그러하듯이 초창기에 많은 실수를 했다. 그러나

스타벅스, 커피 한 잔에 담긴 성공신화

그동안 스타벅스와 그 가치관을 정립시키고 미국에서 커피의 개념을 완전히 바꾸었으며, 세계적인 브랜드를 구축할 수 있는 자신감을 키웠던 것이다.

STARBUCKS® ——————————————————————

3
기업가 정신의 재창출

상장회사가 된 후, 1992~1997년

13

주가에 울고 웃지 말고
경영에만 집중하라

두 개의 지침만 있을 뿐이다. 하나는 기업과 주주가
추구하는 장기간의 이익이며 다른 하나는 올바른
일을 하는가에 대한 주주들의 지속적인 관심이다.
_로버트 디 하스(리바이스트라우스사 사장), 《기업의 양심》에서

투자은행의 안목과 열정

스타벅스의 기업 공개를 마침내 결정했을 때, 우리는 어떠한 투자은행이라도 선택할 수 있었다. 작은 지역적인 은행뿐 아니라 전국적 규모의 은행들도 스타벅스를 주목하기 시작했다.

1991년까지만 해도 우리는 아직 비교적 작은 지역 회사에 불과했다. 1991년에 우리는 미국 서북부와 시카고 지역의 제한된 시장에 단지 100여 개의 커피숍을 갖고 있었고 5,700만 달러의 매상을 기록했다. 그러나 주요 투자은행들은 성장 일변도 정책을 추구하는 바로 스타벅스 같은 회사를 찾고 있었다. 그들은 우리의 공격적인 사세 확장 계획을 마음에 들어했다. 특히 우리의 장

부를 검토했을 때 스토어당 판매량, 평균 원가, 투자 수익률 등의 단위별 수치들을 인상적으로 받아들이는 눈치였다.

그렇게도 많은 관심의 대상이 된다는 것은 기쁜 일이었다. 우리는 6개월여에 걸쳐 스무 개 이상의 투자은행들의 상담요청에 응했다. 그러나 실망스럽게도 내가 함께 이야기한 투자은행들은 스타벅스를 단지 상장 가능성이 있는 여러 회사들 중의 하나로 보고 있을 뿐이었다. 나는 그들이 게임을 하고 있다는 느낌이 들기 시작했다.

그들 대부분은 내가 우리 회사의 사명 선언문에 대해 이야기할 때 나의 말을 경청하지 않는 듯 보였다. 내가 '가치'의 얘기를 꺼내면 그들은 필기를 하다가도 중단했고 마치 내가 스타벅스의 재정적인 일과는 무관한 미사여구를 늘어놓는 데만 몰두한다고 생각하는 듯했다. 월 스트리트는 그러한 가치들을 중요시하지 않았다.

나는 낙담하기 시작했다. 나는 스타벅스가 성공적으로 기업공개가 될 수 있다는 것을 알고 있었다. 그러나 나는 스타벅스가 최근에 유행하는, 소매점과 레스토랑을 겸하는 카페 체인 이상이라는 안목을 지닌 투자은행들과 함께 일하기를 원했다.

이들은 모든 것을 재정적인 가치로 저울질하는, 그런 다른 세계에서 온 사람들이었다. 그 방정식에 숫자를 넣지 않는다면 아무런 계산이 나올 수 없다. 그들은 우리가 주주들에게 무엇을 가져다줄 수 있는가를 알기 원했지, 직원들을 어떻게 대하는지에 대해서는 관심조차 없었다.

　1991년 8월 어느 날, 또 다른 투자은행가가 약속한 장소에 나타났다. 우리 회사보다는 훨씬 규모가 크고 기반이 든든한 회사들과 거래해온 '워트하임 슈로더Wertheim Schroder'라는 은행의 댄 레비탄이라는 은행가였다. 그는 LA에서 시애틀로 날아온 후 뉴욕에서 온 그의 동료와 합류했는데, 그들은 우리에게 접근해온 열 번째 투자 은행가들이었다. 그들 둘은 스타벅스에 들어가본 적이 없었기 때문에 그날 아침 나의 사무실에 오기 전에 한 곳을 들렀다.

　그 당시 나의 사무실에는 한쪽 벽을 완전히 차지하고 있는 거대한 유리창이 있었는데, 그것을 통해서 나는 배전공장과 배전 기술자들을 볼 수 있었다. 나는 연간 700만 파운드의 처리 능력을 갖고 있는 세 대의 커다란 프로뱃 배전기계를 가리켰다. 우리가 조그만 회의용 테이블에 앉았을 때 나는 다시 한번 설명하려고 노력했다. 스타벅스는 급성장하고 있으며 수익성 있는 회사라고 말했다. 전반적으로 미국의 고급커피 시장은 1984년 2억 7천만 달러에서 1991년 7억 5천만 달러로 증가, 연간 18퍼센트의 성장률을 기록하고 있었으며, 1994년에는 10억 달러에 이를 것으로 예상되고 있었다.

　그러나 나는 그들에게 말했다. "스타벅스는 단지 이익을 내는 회사로 성장하는 것 이상으로, 더 야심찬 것을 추구하고 있습니다. 우리는 좋은 커피에 대해 모든 소비자들을 가르칠 사명감을 갖고 있습니다. 우리는 황폐한 일상 생활 속에 있는 소비자들을, 낭만과 경이로움을 주는 커피숍 안으로 끌어들일 수 있는 분위기를 계획하고 있습니다. 우리는 과거 미국 회사들이 일반적으로 갖고 있던 이상보다 훨씬 훌륭한 꿈을 갖고 있습니다."

나는 그들에게 우리의 혁신적인 프로그램, 즉 모든 회사원들에게 주식을 갖도록 허용하는 새로운 프로그램에 대해 말했다. 우리의 첫 번째 우선 순위는 우리의 사람들을 돌보는 것이었다. 왜냐하면 그들은 우리의 열정을 고객들에게 알려야 하는 책임을 갖고 있기 때문이다. 이 첫 번째 일을 잘해낸다면 두 번째 일, 즉 고객들을 돌보는 일을 잘해낼 수 있을 것이다. 이 두 가지 목표를 성취한 후에야 비로소 우리는 주주들에게 장기적인 가치를 가져다줄 수 있을 것이다.

나는 여느 때와 같이 그들의 눈이 빛을 잃을 것으로 기대했다. 그러나 이번만은 그렇지 않았다. 이 사람들은 이해하는 것처럼 보였다. 적어도 다른 많은 사람들보다는 그런 것 같았다. 그들은 즉시 몇 가지 좋은 질문들을 하기 시작했다. 미팅이 끝난 후, 나는 걸어서 그들을 배웅했다. 계단까지 긴 홀을 향해 걸으면서 나는 댄 레비탄에게 무언가를 말했는데 그는 깜짝 놀랐다.

"당신의 일에서 무엇이 문제인지 스스로 알고 있습니까?"라고 내가 물었다. 댄은 바짝 긴장했다. "그것이 무엇입니까?" 그는 경계하듯이 말했다. "'멘쉬Mensch'가 모자란다는 것입니다."

'멘쉬'라는 말은 이디시어로 '예의 바르고, 정직하고, 성실함으로 가득찬 사람'을 의미하는데, 나는 댄이 그 단어의 뜻을 알 것이라고 생각했다. 댄은 머리를 젖히고 껄껄 웃더니 나의 눈을 똑바로 바라보았다. 나는 그가 내 말의 의미를 즉각 알아차렸다는 걸 알 수 있었다. 나의 추측은 바로 맞았던 것이다. 댄은 멘쉬였다. 그는 후에 나에게 말했다. "나는 그날 비행기에 탑승하여 완전히 고무되어, 기내 전화를 이용해 뉴욕에 있는 동료들에게 전화로 놀라운 회사를 발견했다고 말했습니다."

그러나 그의 동료들을 설득하는 것은 쉬운 일이 아니었다. 스타벅스는 뉴욕에 스토어를 가지고 있지 않았고, 대부분의 뉴요커들은 커피숍을 성장 가능성이 있는 기업이 아닌 평범한 기능적인 장소라고만 생각하고 있었다. 생물공학과 광섬유 관련 업종이 가장 뜨거운 투자대상이었던 시기에, 커피는 댄의 동료들에게 그리 매력적인 투자 대상은 아니었다.

그들은 스타벅스를 이해하고 인식하게 되었을 때조차 이 회사가 그렇게 빠른 성장률을 지속할 수 없을 것이라고 생각했고, 통제불능이 되거나 자멸하거나 혹은 빨리 시장을 포화상태로 만들거라고 계산했다. 어쨌든 댄은 어렵게 동료들에게 스타벅스는 위험을 무릅쓰고 투자할 가치가 있는 회사라고 설득시켰다. 댄은 전화로 나와 계속 접촉했고, 그 후 내가 LA에 갔을 때 우리는 같이 저녁식사를 했다.

1992년 4월초, 우리는 '미인대회 Beauty Contest'를 가졌다. 우리의 경우, 회사의 기업공개를 담당할 투자은행을 선정하는 데 있어서 최종 선정된 일곱 개의 후보은행들로 하여금 5페이지에 달하는 질의서를 기입하여 각 은행마다 두 시간의 프레젠테이션을 준비하도록 했다. 우리는 어느 은행에서 가장 열의를 보이고 있나 자세히 살펴보았다.

나의 비서로 일하다 마케팅부서로 옮긴 로라 모일스는 투자은행 실무자들이 시찰할 때 동행한 뒤 각자가 보인 관심도에 대해 보고했다. 우리의 주된 목표 중 하나는 누가 정말 우리의 상품과 회사에 열정을 갖고 있는가를 발견하는 것이었다. 일부 은행가들은 자신들이 스타벅스 같은 소규모 기업에 관심을 보인 것 자체가 스타벅스로서는 감지덕지한 일이 아니냐는 듯한 태도를 보였다. 그런 유의 한 그룹이 커다란 리무진을 타고 나타났는데, 그들은 우리 스토어에 들르는 수고도 하지 않았다.

댄 레비탄은 그의 마음을 브리핑에 쏟아부었다. 그의 노력은 효과를 보았다. 그는 그의 회장인 짐 하몬과 함께 왔는데, 그들은 커피에 대해 진지한 흥미를 보이면서 우리의 배전공장을 그 누구보다 더 오랫동안 관찰했다. 로라는 그들이 우리의 열정을 이해했다고 보고했다. 우리의 열정은 우리를 한 발 유리하게 만들어주었다.

은행가들이 떠났을 때, 오린 스미스와 나는 처음부터 우리의 기업공개 과정을 이끌어온 이사회의 크레이그 폴리와 제이미 섀넌과 더불어 오랫동안 토론을 가졌다. 우리의 계획은 일곱 개 회사 중에 두 개를 선택하는 것이었다. 우리는 이미 최고로 평가되는 투자은행들을 포함한 일부 투자은행들과 긴밀한 관계를 갖고 있었으므로 그들과의 관계를 깨는 것은 쉬운 일이 아니었다. 그러나 나는 댄과 그의 회사에 대해 직감적으로 좋은 느낌을 받았고 다른 사람들도 동의했다.

우리는 두 회사를 선택했는데, 하나는 알렉스. 브라운 앤 손즈Alex. Brown&Sons 라는 회사로서 스타벅스 같은 회사를 상장시키는 일에 많은 경험을 갖고 있었으며, 다른 하나는 댄의 회사인 워트하임 슈로더(지금은 슈로더 워트하임)였다. 댄은 그주 일요일에 미네소타에서 내게 전화를 했다. 나는 그에게 우리의 결정을 아직 이야기할 수 없었다. 우리가 선택하지 않은 후보자들에게도 아직 알리지 않았기 때문이었다. 나는 그에게 참고 기다려보라고 말했다.

"축하합니다. 당신이 일을 맡게 되었습니다." 마침내 월요일 아침에 내가 전화를 했을 때 그는 대단히 기뻐했다. 알렉스 브라운을 선택한 것도 바람직한 결정이었다. 그들은 스타벅스같이 상대적으로 규모가 작은 회사들의 기업공개를 많이 담당하기 때문이었다.

시간이 지나면서 우리의 선택이 옳았다는 것이 증명되었다. 우리는 아직도 그때 선정한 두 회사와 긴밀하게 일하고 있다. 나는 슈로더 워트하임의 또다른 경영 이사인 로버트 피셔뿐 아니라 그들 모두와 함께 긴밀하게 일해나가는 관계를 맺게 되었다. 나의 경험에 의하면 인간 관계와 충성심은 많은 미국 회사들에게서 평가절하되어 왔다.

최종후보에 올랐던 일곱 개의 투자은행 중 어느 은행이라도 우리가 필요로 하는 일을 해낼 수 있었을 것이다. 그들은 모두 일류의 투자은행이었다. 그러나 선택된 은행과의 차이는 바로 분명한 열정과 하고자 하는 의지였다. 그 두 은행은 내가 생각하기에 스타벅스를 최고로 만들 특별한, 눈에 안 보이는 그 무엇을 가지고 있었다.

주가는 그 회사의 진정한 가치인가

사업을 시작한 이래 가장 행복했던 날을 꼽는다면 1992년 6월 26일이라고 할 수 있을 것이다. 스타벅스 주식이 최초로 대중에 공개되어 나스닥에 상장된 날이다. 우리는 스타벅스 주식가격을 최초 가격범위를 상회한 주당 17달러에 책정했다.

그 대단했던 날, 스타벅스의 최고경영진 몇몇은 시애틀 시내의 증권회사객장에 가서 단말기 주위에 떼지어 모여 'SBUX-스타벅스'라는 이름이 거래를 위해 전광판에 떠오르는 것을 보고 있었는데, 오픈 벨이 울리자 우리 주식 가격이 단숨에 21달러로 치솟았다. 우리는 환호했다.

스타벅스는 그날 나스닥에서 두 번째로 활발히 거래된 주식이었다. 최초 주식공개를 통해 우리는 당초 예상했던 것보다 500만 달러가 더 많은 2,900만 달러를 끌어들였다. 폐장을 알리는 종이

울렸을 때, 불과 5년 전에 내가 400만 달러에 인수한 스타벅스의 시장가치는 무려 2억 7,300만 달러로 늘어났다.

우리의 최초 기업공개는 그해의 가장 성공적인 기업공개 중의 하나였으며, 월 스트리트의 브로커들은 그 후 스타벅스에 필적하는 회사를 눈에 불을 켜고 찾기 시작했다. 우리의 주식가격은 월 스트리트의 분석가들이 예상했던 것보다 훨씬 더 오랫동안 강세를 유지했다. 최초 공개가격 이하로는 결코 떨어지지 않았으며 3개월 만에 주당 33달러를 기록, 스타벅스의 시장 가치를 거의 4억 2천만 달러까지 끌어올렸다.

상장회사가 됨으로써 스타벅스는 일류회사의 반열에 낄 수 있게 되었다. 주식시장에 등록함으로써 스타벅스와 많은 사람들은 스톡옵션을 현금으로 교환해서 꼭 필요하거나 오랫동안 원했던 것들을 살 수 있었다. 게다가 그것은 유능한 사람들을 끌어들이는 데 한몫을 했다.

그러나 회사를 공개한다는 것은 역시 단점도 있다. 회사의 전반적인 사항과 경영진의 사생활까지 전례없이 노출된다는 것이다. 무엇보다 주주와 월 스트리트의 기대를 만족시켜야 한다는 중압감이 있다.

한편 우리가 기업공개를 했을 무렵에, 한 신문기사가 나를 정말 지치게 한 적이 있다. 한 월 스트리트의 분석가가 스타벅스의 주가가 너무 과대평가되었기 때문에 주식가격이 연말까지는 8달러로 떨어질 것이라고 분석한 기사가 실린 것이다. 그것은 영광의 순간에 그림자를 던졌다. 나는 그것을 잘라내어 사무실 책상에 쳐박아 넣었다. 그러고는 이후 6개월 동안 매일 아침마다 그것을 끄집어내서는 그 음울한 예견을 다시 읽었다. 다행스럽게도 그 사람의 예견은 틀렸다. 우리는 쓰러져 넘어지지 않았다. 우리의 주식가격은 극적인 등락이 있기도 했지만 계속해서 올라갔다. 그의 전망은 매일매일 내게 작은 실수라도 하면 어쩌나 하는 고통을 주었다.

상장회사가 되었다는 그 유쾌함과 더불어 매일, 매달, 매분기 주식시장의 노예가 되었다는 초라한 생각이 들었다. 내 삶의 방법은 변했고, 결코 이전의 단순한 비즈니스로는 돌아갈 수 없게 되었다.

우리는 적어도 1년간 오픈한 스토어들의 비교 성장률을 포함해서 전체 판매량을 월별로 보고하기 시작했다. 놀라운 성장률을 기록했을 때는 주식 가격이 즉시 반응한다. 나는 그러한 비교는 스타벅스의 성공을 판단하거나 분석할 수 있는 가장 좋은 측정은 아니라고 생각한다. 예를 들면 기다리는 줄이 한 스토어에서 너무 길 때 우리는 때때로 근처에 두 번째 스토어를 오픈한다. 우리의 고객들은 그 편리와 더 짧아진 줄에 감사한다. 그러나 종종 일어나는 일이지만, 새로운 스토어가 그전 스토어의 매상을 줄이는 결과를 가져오므로 월 스트리트는 그것에 대해 우리를 비난한다.

월 스트리트는 내게 많은 것을 가르쳐주었는데, 그중 가장 지속적인 교훈은 주가가 얼마나 인위적인 것인지에 대한 이해이다.

주가를 그 회사의 진정한 가치라고 여기기 쉽다.

1995년 12월 초 스타벅스의 주가는 기록적으로 높이 치솟았는데, 그것은 모두의 분위기를 고조하는 뉴스였다. 그러나 사실상 우리의 크리스마스 상품들이 기대했던 것만큼 잘 팔리지 않고 있다는 것을 알게 되었다. 그래서 중요한 휴가철 판매 시즌의 마지막 결과를 기다리는 동안 바짝 긴장하고 있어야 했다.

또 한 경우로 1996년 1월 초, 우리가 단지 1퍼센트의 12월 전월 대비 증가치를 발표했을 때, 주가는 무려 21달러에서 16달러로 급격히 하락했다. 판매에서 단 500만 달러의 목표 부족을 발표했음에도 불구하고 스타벅스의 시장가치는 단 며칠 만에 3억 달러나 하락했다. 걱정하는 투자자들은 전화로 "회사가 왜 그렇게 일을 못하느냐?"라고 내게 물었다. 〈월 스트리트 저널〉은 우리가 이제 '꺼져가는 불빛'이라고 선언했으며, 분석가들은 우리의 성장은 이제 끝났다고 확신하는 듯했다.

사실상 스타벅스는 그달에 변한 것이 없었다. 우리의 판매량은 비록 기대했던 것보다는 낮았지만, 우리의 전체적인 연간 판매 성장률은 거의 50퍼센트나 되었다. 우리는 여전히 커피를 구매하고 배전하고 있었다. 우리는 하루에 한 개의 스토어를 오픈하고 있었으며, 새로운 도시들로 진출하고 새로운 제품들을 소개하는 우리의 계획을 계속 수행하고 있었다.

3개월 후 주가는 또다시 사상 최고로 상승했다. 그해 첫 번째 3개월 동안 전월 대비 등락수치는 다시 회복되었다. 월 스트리트의 정통한 은행 중 하나인 골드만 삭스는 스타벅스에 아무런 이권이 없었는데, 더욱 높은 주식 배당률과 주가를 예견했다. 투자자들은 나에게 전화를 걸어 축하를 해주었다. 그들 중의 일부는 크리스마스 시즌 동안 심각한 우려를 표하면서 내게 전화를 걸었던 바로 그 사람들이었다.

무엇이 변했을까? 다시 한번 말하지만, 실질적인 변화는 아무것도 없었다. 스타벅스는 1월에 그랬듯이 4월에도 똑같은 회사였다. 그 차이점은 월 스트리트에서 갑자기 회사가 훨씬 더 가치가 있다고 결정했다는 것뿐이다. 상장회사를 경영하는 것은 마치 롤러코스터를 타는 것같이 감정의 기복이 심하다. 처음에는 마치 진짜 그만 한 가치가 있는 것처럼 축하를 받는다. 그 다음 주가가 떨어지면 실패했다고 느낀다. 그것이 다시 반복되면 아찔함을 느끼는 것이다.

어떤 면에서는 주가에 대한 관심을 끊고 단지 경영에만 집중해야 한다. 들뜰 만큼 주가가 높을 때나 넌더리날 만큼 현저히 낮을 경우, 두 가지 경우 모두 흔들리지 않는 침착함을 유지할 필요가 있다. 그러한 종류의 침착함을 지키기란 내게 어려운 일이었다. 왜냐하면 보통의 경우 나는 매우 감정이 앞서기 때문이다. 그러나 나는 주위에 있는 사람들의 사기를 조절하면서 주가가 높을 때나 낮을 때나 강하고 일관된 리더십을 발휘한다는 것이 얼마나 중요한가를 발견하게 되었다.

아주 놀랍게도 나는 주가를 위해 올바른 일이 아니라, 회사를 위해 올바른 일에 근거를 둔 결정을 하려고 노력해왔다. 그것은 바로 스타벅스에서 내가 가장 자랑스럽게 성취한 것 중의 하나이다.

모든 전문경영인들은 상장회사를 만드는 꿈을 꾼다.

그러나 얼마나 많은 사람들이 진정 무엇을 해야 할지 알겠는가? 모든 회사들이 다 스타벅스같이 매력적인 상장회사로 성장할 수는 없다. 지금은 성공한 우리에게도 그토록 거칠고 힘든 여정이었는데 쓰러져 넘어지는 회사는 얼마나 더 힘겹겠는가?

한 가지 격언이 떠오른다.

'소원을 빌 때는 주의하라. 진정 이루어질지도 모르니까.'

14

기업을 계속 성장시키려면 자신부터 개혁해야 한다

어떤 일에 있어서도 위대함과 평범함 혹은
불쾌함의 차이는 바로 자기 자신을 매일 재창조할 수 있는
상상력과 열망을 갖고 있느냐 하는 것이다.

_톰 피터스, 《대성공을 위하여》에서

"스타벅스는 커피를 갈아 금으로 만든다"

1992년 스타벅스가 상장된 후, 나는 우리의 성공이 빛나는 데 행복했다. 우리의 확장 계획은 1992년에 50개 이상의 새로운 스토어를 오픈하고 1993년에는 100개 이상을 오픈하는 등 본래의 일정에 앞서서 박차를 가하고 있었다. 우리는 매년 매출액과 수입에 대한 내부 목표를 초과 달성했으며, 월 스트리트의 분석가들은 우리 스토어의 판매 성장률이 두 자리 수를 계속 유지하자 갈채를 보냈다. 1992년에 우리는 샌디에이고, 샌프란시스코, 덴버로 진출했다. 우리가 가는 곳마다 우리는 열정적인 반응에 휩싸였다.

1993년 4월 우리는 최초로 동부지역으로 진출했으며 워싱턴 DC에 첫 번째 스토어를 오픈하기로 결정했다. 동부지역에서 고객 우편주문이 가장 집중된 곳이기 때문이었다. 워싱턴은 또한 많은 유럽 사람들과 서부로 이주해온 사람들에게는 고향과 같다는 장점을 갖고 있었다. 우리는 워싱턴 DC 지역에 첫 번째 스토어를 오픈하면서 우편주문자 목록에 기록된 고객들에게 초대장을 발송했는데 상당히 많은 사람들이 초청에 응했다. 후에 최고 매상을 올리는 스토어 중의 하나였던 듀퐁서클 스토어의 개점일에 케니 지가 연주를 해줌으로써 훨씬 더 많은 매상을 올렸다.

우리는 어떤 시장으로 진출할지 결정하기 위해 우편주문 고객의 정보에 더욱 의존하게 되었다. 우편주문 고객들은 스타벅스 커피를 지속적으로 공급받을 수 있는가를 확인하려고 노력하기 때문에 가장 열성적인 경향이 있다. 스타벅스의 우편주문 고객들이 예술이나 다른 문화 이벤트에 상당한 관심을 갖고 있으며 여행을 즐기고, 상대적으로 교육수준이 높은 전문가들이라는 것을 나는 발견했다. 이 사람들이 바로 스타벅스를 입에서 입으로 전해주는 외교 인사인 셈이었다.

7월, 나의 40회 생일이 있었던 달에 미국에서 가장 빠르게 성장하는 회사들을 게재하는 잡지인 〈포춘〉 표지에 나의 사진이 실렸다. 그들은 "하워드 슐츠의 스타벅스는 커피를 갈아 금으로 만든다"라고 찬사를 보냈다. 40세에 〈포춘〉 커버스토리로 실리다니! 나는 자랑스러웠다. 그러나 솔직히 말해 그렇게 대단한 관심에 좀 당황했다. 왜냐하면 나는 항상 '다음은 뭐지?'를 생각하고 있기 때문이다.

표면적으로는 모든 것들이 빈틈없이 진행되고 있었다. 그러나 마음속으로는 점점 염려하는 일이 생겼다. 내가 가진 열망의 대부분은 조수를 거슬러 헤엄치고 불가능하게 보이는 산을 올라감으로써 더욱 동기가 부여되었다. 우리는 상상했던 것보다 훨씬 더 우리의 아이디어가 맞아떨어진다는 것을 입증했다. 우리는 계속 이렇게 해나갈 수 있을까?

고급커피가 전국을 사로잡고 있는 지금, 사세를 확장하여 전국적으로 진출하는 것은 쉬운 목표로 보였다. 물론 경쟁이 달아오르고 있었기 때문에 그렇게 간단하지만은 않았다. 북아메리카의 도시들에서 커피 스토어들은 때때로 커피 원두를 팔면서 커피 그라인더와 머그잔을 선반에 진열하고, 라떼와 카푸치노를 서빙하면서 스타벅스를 모델로 채택하고 있었다.

'미국 스페셜티 커피협회scAA'는 에스프레소 바와 카트(노점 커피 판매대)를 포함해서 커피, 스토어의 수가 1992년 500개에서 1999년까지는 1만 개로 늘어날 것이라고 예견했다. 에스프레소 비즈니스는 많은 소규모 창업주들을 끌어들였고 일부는 고정비용이 거의 없는 경우도 있었다. 구조조정을 하는 회사들의 많은 중간급 매니저들은 조그마한 커피숍을 오픈하는 것을 꿈꿨는데 일부는 실제로 그렇게 했다. 그 어떤 사람도 에스프레소를 만드는 기계와 라떼 커피를 위한 스팀밀크를 살 수 있기 때문에 이 분야에 뛰어드는 것도 아무런 장벽이 없는 것 같았다.

스타벅스는 이러한 영세한 커피 스토어들에 결코 위협을 느끼지 않았다. 시애틀에서는 거의 모든 큰 거리 모퉁이에 스타벅스점이 하나씩 있었고, 점차 커가는 시장에서 우리 모두는 흑자를 내고 있었다. 그러나 다른 커피 회사들이 우리의 성공을 보고서 야심 찬 확장 계획을 실행하기 시작했다. 우리의 경쟁회사들 중의 하나인 시애틀의 'SBC'는 향후 5년 동안 500개의 프랜차이즈점을 개설하겠다고 발표했으며 또 다른 경쟁사의 하나인 '브라더스 고메이 커피Brothers Gourmet Coffee'는 쇼핑몰에 근거를 둔 '글로리아 진스Gloria Jean's'를 사들이고 적어도 80개 이상의 스타벅스 유의 스토어를 오픈할 계획을 발표했다.

점차 경쟁이 심해졌기 때문에 어떤 전문가들은 우리가 이미 동부로 가는 열차를 놓쳤다고 평가했다. 그래서 우리는 우리의 계획을 가속화했다. 1994년에 125개의 스토어를 오픈한다는 목표를 조용히 150개로 상향 조정했다. 동부지역인 워싱턴 DC에서의 성공 후 우리는 1994년 뉴욕과 보스턴으로 진출하기로 결정했다. 뉴욕은 미국의 가장 큰 도시일 뿐 아니라 나의 고향이기 때문에 특별한 상징성을 가지고 있었다. 그러나 또한 비싼 임대료와 까다로운 노동시장 때문에 우려가 되기도 했다.

아서 루빈펠드와 이브스 마즈라히는 맨해튼에서 근무하는 사람들의 고장인 페어필드와 웨체스터 구역 근처에 스토어를 오픈하는 전략을 선택했다. 우리가 1994년 3월 브로드웨이 87번가에 처음으로 진출했을 무렵 우리는 이미 뉴욕에서 가장 뛰어난 커피로 평가되고 있었다.

보스턴에서는 우리가 그전에 혹은 그후에도 결코 시도한 적이 없는 결정을 했다. 즉, 우리가 몇 개의 스토어를 개점한 이후 1975년에 조지 하웰이라는 사람이 창업한 그 지역의 주도적인 경쟁사를 사들였던 것이다. 조지 하웰의 '커피 커넥션The Coffee Connection'은 다른 여러 곳에서 만난 경쟁자들과는 달랐다. 그는 스타벅스의 창업자들처럼, 버클리에서 대학원을 다니던 학생 시절 바로 버클리의 피츠에서 훌륭한 커피를 발견했던 것이다. 보스턴으로 돌아왔을 때 자신의 스토어를 오픈했다. 그러나 뉴잉글랜드 사람들은 약배전 커피를 더 좋아한다는 것을 깨달았다. 결국 많은 시행착오 끝에 약배전된 고급 커피로 주력 상품을 전환하게 되었다.

1992년까지 '커피 커넥션'은 대개는 입에서 입으로 전해짐으로써 구축된 아주 열성적인 단골 고객들을 갖고 있었으며, 하버드 광장과 판뉴일 홀 등의 지역들에 열 개의 스토어를 갖게 됐다. 스타벅스가 곧 보스턴 지역으로 진출한다는 것을 알고 조지는 전직 호텔 중역 커트 빈을 고용하여 빠른 성장을 위한 벤처자본의 유치를 계획했다. 그들은 1994년 중반까지 열다섯 개 이상의 스토어를 더 오픈했으며 1997년까지 60개의 또 다른 스토어들을 오픈한다는 계획하에 보스턴 지역 바깥으로 확장해나가기 시작했다.

우리는 지역 커피 전쟁을 시작하기보다는 커피 커넥션을 인수하는 것이 낫다고 판단해 조지 하웰에게 팔 것을 제안했고, 그는 동의했다. 1994년 6월 2,300만 달러에 해당하는 주식 스왑(교환)을 통해 스타벅스는 북동지역의 중심지인 보스턴에서 하룻밤 사이에 주도적인 지위로 부상하면서 커피 커넥션 인수를 끝마쳤다. 조지 하웰은 고문이 되었고 커트 빈은 회사 인계 과정을 감독하기 위해 계속 남아 있었다. 커피 커넥션을 인수함으로써 스타벅스는 커피에 대해 잘 알고 있는 고객들의 심장부에 즉각적으로 접근했을 뿐 아니라 이미지 구축과 소매전략에 있어 도약적인 출발을 시작했다.

1994년 말까지 우리는 댈러스, 포트워스, 그리고 휴스턴 지역 뿐 아니라 미네아폴리스와 애틀랜타로 진출했다. 우리가 번개같이 빠르게, 그리고 동시 다발적으로 텍사스주로 진출하게 된 것은 부분적으로는 바닥을 치고 있는 임대료와 더불어 좋은 장소를 얻는 것이 가능했기 때문이었다. 1995년에는 필라델피아, 라스베이거스, 오스틴, 샌 안토니오, 볼티모어, 신시내티, 그리고 피츠버그에 스토어들을 오픈했다. 그 속도는 현기증이 날 정도 였다. 그렇게 많은 지역에서 동시에 오픈하는 것은 위험했지만 우리에게는 각 지역에서 그 과정을 감독할 수 있는 빈틈없는 능숙한 경영진이 있었다.

외부인들은 우리가 장애물을 별로 만나지 않고 노력을 얼마 안 들이고서도 이러한 성장을 이룩했다고 볼 수도 있었겠지만, 그것은 우리가 성장을 위해 부드럽게 잘 돌아가는 조직을 미리 만들어 놓았기 때문이다. 그 이후에는 스토어를 오픈하는 일은 마치 에스프레소를 한 잔씩 따르는 일처럼 일상적인 것이 되었다.

정말 이러한 일들이 잘되도록 한 힘의 원천은 바로 우리가 고용한 사람들이다. 불과 몇 년 만에 스타벅스라는 이름은 많은 능숙한 매니저들을 이끌어들이는 신비한 매력을 지니게 되었다. 그들 중의 많은 사람들은 우리보다 규모가 큰 업체에서 근무하다 우리와 함께 일하기 위해 떠나온 사람들이었다. 하워드 비하와 데이드라 웨이저는 각 지역의 사업 개발을 위해 지역 부사장들을 채용, 그들에게 북아메리카 전역에 걸쳐 스타벅스의 기업 문화를 전파시키도록 책임을 맡겼다.

롤리 모리스는 캐나다에서 소매분야에 있어 광범위한 경영과 마케팅의 경험을 쌓았다. 스튜어트 필즈는 '커스텀 셔트' 소매체인의 중서부 지역을 담당하는 부사장을 역임했다. 미국 남서부지역의 스타벅스 사업을 담당하기 이전에 브루스 크레이그는 1,600개의 '버거킹'점의 성장을 감독했다.

현재 걸프 애틀랜틱 지역의 우두머리 마르시아 애덤스는 새로운 사업 콘셉트와 경영 그리고 판촉 분야에서 '세븐 일레븐' 경영진의 일원이었다. 그들은 지금 각 지역에서 대표권을 갖고 있으며 우리의 기대치 이상으로 업무를 수행하고 있다.

빠른 성장을 뒷받침하기 위해 우리는 열성과 지식을 갖고 있는 바리스타를 채용하고 훈련시키는 시스템을 개발했다. 그들은 그

시스템으로 커피에 대한 미각을 갖게 되고 우리의 기준과 가치를 배웠다. 그 당시 부사장으로 새로 영입된 데이드라 웨이저의 주도하에 우리는 소매 운영에 있어 많은 스토어들을 다룰 수 있는 시스템들을 정착시켰을 뿐 아니라 매년 새로운 시장에서 오픈되는 수백 개의 스토어를 관리할 수 있었다.

우리의 시애틀 본사에는 부동산, 디자인, 점포 기획 그리고 분석팀들이 6개월간의 오픈 스케줄에 맞추어 빈틈없는 스토어 개발 시스템을 만들어냈는데, 휴일을 제외하고는 매일 하나의 스토어를 오픈할 수 있을 정도로 훌륭한 시스템이었다. 스토어의 수는 내가 다 방문할 수 없을 정도로 많아졌다.

1992년과 1993년에 우리는 우리의 영업력을 가장 잘 저울질하는 방법에 대한 분석과 지역적인 인구상황의 조합에 기초를 둔 3개년 확장계획을 고안, 부동산 전략을 좀 더 효율적으로 만들었다. 우리는 각 지역에서 주도적인 역할을 하기 위해 대도시를 목표로 삼았으며 새로운 스토어를 지원하기 위해 전문팀들을 배치했다.

우리는 큰 시장으로 재빨리 진출하여 처음 2년 동안 스무 개 이상의 스토어를 오픈한다는 계획을 갖고 있었다. 그러고나서 그 중심으로부터 우리의 전형적인 고객 형태와 유사한 인구분포를 갖고 있는 교외지역과 더 작은 도시들을 포함한 외곽 시장으로 진출했다.

많은 새로운 스토어에 커피를 공급하기 위해 새로운 배전공장 또한 지어야만 했다. 1992년 크리스마스 직후, 10년으로 계획했던 현재의 배전 용량으로는 다음 시즌을 견딜 수 없다는 사실을 깨달았다. 그래서 1993년 2월, 우리는 행정 업무부의 부사장인 하워드 윌더에게 새로운 위치를 선정하고 훨씬 더 큰 배전공장을 짓기 위한 팀을 조직하여 단 7개월 만에 가동을 시작할 수 있도록 하라는 다소 무리한 부탁을 했다. 그리하여 꼭 7개월 만인 1993년 9월, 시애틀 바로 남쪽 워싱턴주의 켄트에 30만 5천 평방 피트 넓이의 새로운 공장에서 커피가 배전되기 시작했다.

구 배전공장은 1993년 중반 이래 벅 헨드릭스가 책임을 맡고 있는 우편주문 부서를 위한 전담 배전공장으로 전환되었다. 벅 크는 우편주문 매출액을 600만 달러에서 1997년에는 2천만 달러로 증가시켰는데 그것은 우리의 전체 매출액 중 단지 작은 일부분이었지만 미국 전역에 있는 고객들과의 중요한 연결 고리가 되었다.

1993년 10월 우리의 사무실은 사용하기에 너무 비좁아진 지 오래였다. 시애틀 남부의 우리 사무실에서 몇 블록 떨어진, 아직도 경공업 지역이었던 소도Sodo 라고 불리는 지역에 새로운 사무실 위치를 선정했는데, 소도라는 이름은 매리너스와 시호크스 팀이 경기를 하는 스타디움 이름(SOuth of the kingDOme)을 딴 것이었다.

우리는 한때 물류센터로 이용됐던 빌딩의 여러 층을 임대했다. 그 건물은 다른 회사들이 입주해 있는 커다란 회사 부지나 고층 빌딩들에 비하면 아무것도 아니었다. 9층 건물이었는데, 각 층은 모두 일반 사무실 여섯 개에 해당할 정도로 넓은 면적이어서 그전 물류센터 사람들은 자전거나 롤러스케이트를 타고 주문을 받아야만 했다. 건물의 조명시설이나 겉으로 드러난 파이프, 그리고 각종 도관들은 사람들이 우리에게 기대하는 스타벅스 이미지와는 거리가 멀었다. 우리는 그 건물을 인수한 후 음식, 에스프레소 키친, 그리고 휴게실, 화장실을 갖추고 누구나 모일 수 있는 공동 구역을 만들어 사람들이 상호 교류하도록 하였다.

그러나 나는 우리의 배전공장에서 멀리 떨어진다는 것이 싫었고, 우리의 뿌리를 항상 되돌아볼 수 있게 하는 것들을 진열해야만 한다고 주장했다. 그래서 회사 현관 입구 바로 안쪽에 최근 상품들을 진열해놓은 보조 스토어를 만들어놓았다. 사무실 벽면에는 최근의 마케팅 상품들을 담고 있는 포스터를 붙였고, 바닥에는 커피나무를 심은 화분들을 늘어놓았다. 그리고 맨 꼭대기 층에는 전시용으로서 샘플 품목들과 함께 현대기술로 개장한 조그만 오래된 커피 배전기를 설치해놓았는데, 그것은 무엇보다 우리 모두를 커피에 더 가까이 다가가도록 배려하기 위한 것이었다.

나는 수수하게 꾸며진 사무실 창문으로 우리의 커피 원두가 도착하는 시애틀 항구의 크레인과 우리 회사가 탄생한 도시의 탑들을 내다볼 수 있다. 그러나 아직도 배전공장이 바로 내려다보이는 옛날 사무실 시절이 그립다.

1994년까지는 북아메리카에서 고급커피 브랜드로서 최고가 되겠다는 우리의 목표가 거의 달성되어가고 있었다. 그래서 이번에는 세계 최고의 존경받는 커피 브랜드로 인식되어야 한다는 더 커다란 목표를 설정했다. 아직도 우리가 진출하지 않은 미국과 캐나다의 도시들이 많이 있었다. 스타벅스의 모델과 로고가 이미 때로는 뻔뻔스러울 정도로 전 세계에서 모방되고 있었기 때문에, 세계로 진출한다는 계획을 빨리 구체화시킬 필요가 있었다.

그러나 아직 더 멀리 진출하고 그 속도를 가속화시키기에는 부족한 무엇이 있었다. 내가 커피 원두뿐만 아니라 커피 음료를 같이 팔아야 한다고 주장하며 한때 스타벅스의 패러다임을 변화시킨 것처럼, 나는 또다시 뭔가 그러한 변화가 일어나기를 원하고 있다.

나는 혁신적이고 과감한 도약을 원했다. 스타벅스라는 브랜드는 빠르게 그 이름을 드높여가고 있었기 때문에, 현재를 훨씬 뛰어넘어서 판매될 수 있는 새로운 커피 제품을 개발할 수 있다고 판단했다. 나는 사면이 벽으로 둘러싸인 우리의 스토어 이상의 스타벅스를, 그리고 커피 이상의 존재인 스타벅스를 상상하기 시작했다.

1994년은 스타벅스에게 소용돌이의 해였다. 우리는 '프라푸치노 Frappucino'를 발명했던 것이다. 우리는 펩시와의 원대한 공동사업체 설립 계약에 서명했고 오린 스미스가 그 회사의 사장으로 앉았다. 또한 우리는 스타벅스 인터내셔널사를 만들어서 스타벅스의 괄목할 만한 성장에 공헌이 지대한 하워드 비하를 사장으로 임명했다.

우리는 우편주문 컴퓨터 시스템을 업그레이드시키고 동부지역에 커피를 공급할 수 있는 거대한 1,100만 달러짜리 배전 시설을 건설하기 위해 펜실베이니아주 요크에 위치를 선정했다. 그런데 바로 그때 스타벅스는 창사 이래 최대의 위기를 맞았다. 커피 값이 300퍼센트나 올랐던 것이다.

많은 사건들이 동시다발적으로 발생했다. 나는 이 책의 많은 부분을 그 사건들에 할애했다. 우리의 변화의 속도는 최근까지도 줄어들지 않았다. 1995년과 1996년 사이에 우리는 성장과 분배의 문제, 윤리와 멋의 갈등, 위험이 따르는 새로운 기회와 도전들에 직면했다. 그 도전들은 1980년대 말의 우리가 직면했던 많은 도전보다 거대한 것들이었다.

빠른 성장에는 대가가 있다

이러한 폭풍우 같은 활동에도 불구하고 우리는 우리의 가치와 서로에 대한 헌신 덕분에 균형을 유지할 수 있었다. 그러나 더욱 빨리 달려나감에 따라 그러한 가치들은 점점 위태롭게 보일 때가 있었다. 회사 내에서는 초창기 시절 나를 도와 스타벅스를 키웠던 사람들은 전문경영인들이 상사로 들어오자 두려움과 위협을 느꼈다. 같은 빌딩에서 일을 했지만 나는 더 이상 모든 사람들의 이름을 기억하지 못했다. 일주일에 수천 명의 새로운 고객들을 얻는 반면 우리를 위대하게 만든 그 속도와 열정이 때로는 일부 직원들로 하여금 회사를 그만두게 한다는 소리를 들을 뿐이었다.

나의 머릿속은 이러한 갈등들로 가득 차 있었다. 누군가 새로운 변화에 기분이 상해서 나의 사무실을 방문할 때마다 나는 개인적으로 책임을 느꼈다. 나는 회사가 커짐에 따라 내 일이 점차 쉬워질 것으로 생각했는데, 그 반대로 점점 더 어려워졌다. 문제는 훨씬 더 복잡해졌다.

어떤 회사가 과연 두 배, 세 배로 성장하면서 여전히 설립 당시의 가치들을 지킬 수 있을까? 그것을 희석시키지 않고 얼마나 멀리까지 브랜드를 확장할 수 있을까? 어떻게 정통성의 빛을 퇴색시키지 않고 혁신시킬 수 있을까? 어떻게 절제를 잃지 않고 광범위한 시도를 할 수 있으며 그에 대한 홍보를 할 수 있을까? 전문 경영진 체제를 구축한 후에도 어떻게 경영자로서의 역할을 계속할 수 있을까? 즉각적인 조치가 필요한 문제들이 계속 불거지는데 어떻게 장기적인 주도권을 지켜나갈 수 있을까? 빛과 같은 속도로 성장하고 있을 때 어떻게 고객들에게 신선감을 계속 줄 수 있을까? 또한 새로운 시스템과 공정들을 필요로 할 때 어떻게 회사의 정신을 유지할 수 있을까?

나는 이러한 대부분의 의문들에 대한 해답은 없다는 것을 알았다. 가장 좋은 해답은 다른 존경받는 기업들에서 찾아볼 수 있다. 그러나 불행하게도 단지 몇몇 회사들만이 빠른 성장 속에서도 높은 가치와 기준을 유지시키려고 고심한 흔적이 있었다.

나는 그 의문들에 대한 답을 찾고자 모든 방법을 동원했지만 결코 답을 쉽게 얻을 수 없었다. 나는 늘 다독을 해왔지만 훨씬 더 광범위하게 독서를 하기 시작했다. 나는 전문가들에게 상담을 받는 한편 다른 최고경영자들 및 전문 경영진과 친분을 쌓기도 했다. 나는 이런 일을 처리해본 매니저들을 채용했으며, 기자, 분석가, 투자자, 스토어 매니저, 바리스타, 그리고 고객들까지도 내가 만난 모든 사람들의 두뇌를 이용했다.

성장과 더불어 나의 일상생활도 역시 바빠졌다. 매일같이 광범위한 주제를 다루면서 하루 열두 번까지 미팅을 한 적이 있을 정도다. 때때로 나는 정신적으로 준비할 시간도 없이 여러 문제를, 즉 회사의 전략적 비전에 대한 논의, 다음 달의 세일즈, 프로모션, 새로운 커피, 마진, 종업원의 개인적 문제점들, 그리고 이사회 멤버의 반대의견에 이르기까지 모든 문제들을 처리하기 위해 재빨리 이동해 다녀야만 했다. 때로 나는 말 그대로 골치가 지끈지끈 아팠다.

그런 와중에서 나는 때때로 아내 셰리와 아이들에게 전화를 받았다. 나는 항상 가족과 친구들을 위해서 시간을 내려고 애썼다. 그렇지 않았더라면 그런 스트레스를 견딜 수 없었을 것이다. 그러나 어떤 면에서는 그런 개인적 관계를 유지하는 노력도 스트레스였다. 셰리는 사업이 커가는 만큼 내게 따라오는 스트레스를 측정하고 내가 흐트러진 모습을 보일 때면 어떻게든 가족과의 평형을 이루려고 애썼다. 셰리처럼 튼튼하고 안정된 아내가 없었더라면 긴장과 투쟁을 극복하고 오늘날의 스타벅스를 만들어낼 수 없었을 것이다.

그러나 내가 가족과 보내는 시간을 뺏기지 않고 사무실에서 나의 꿈들을 추구하는 것은 항상 투쟁이다. 나는 주말에는 결코 출장 가지 않으려고 애쓰며, 출장 중이 아닐 때는 저녁식사를 집에서 함께 하려고 노력한다. 우리 가족으로서는 그 시간은 신성불가침이며 대부분의 가정보다 좀 늦게 먹는다 할지라도 나의 아이들은 그 시간을 학수고대한다.

나는 2년 동안 내 아들의 '리틀리그' 코치를 했는데, 경기 일정에 맞춰 출장 스케줄을 계획하였다. 나는 아이들을 소닉스(프로농구팀)와 매리너스(프로야구팀) 게임에 데리고 가며 스타벅스의 연례 피크닉에도 아이들을 항상 참석시키고 있다.

그런 균형 잡힌 행동들은 결코 쉬운 일이 아니었다. 나는 가족, 아내, 그리고 나의 다양한 욕구간에 조화를 이루기 위해 애써왔다. 나는 때때로 '나를 위한 시간은 언제인가? 나는 무엇을 추구하기 위해 이 일을 하는가?'라는 의문을 던질 때가 있다. 매주 일요일 아침 농구장에 가서 땀 흘리는 경기를 하는 것은 하나의 위안이다. 두 시간 반 동안 공에 집중을 하노라면 모든 것은 녹아 없어진다.

기업가의 가장 큰 도전! 자신을 개혁하는 것

성공적인 기업가만큼 자기 자신을 개혁할 필요가 있는 사람은 없다. 생각해보라! 얼마나 많은 전문경영인들이 회사를 창업하고 10억 달러의 매출액을 능가할 때조차 자신을 성장시키려고 노력하고 있는가?

나이키의 필 나이트도, 마이크로소프트의 빌 게이츠도 그렇게 했다. 그러나 훨씬 더 많은 기업가들은 전문경영인 체제로의 변천에 적응을 못한다. 대부분이 성숙된 사업을 이끌어 나가기보다는 창업하는 데 더 능숙하다. 그 기업가들이 이끄는 회사들이 훨씬 더 크게 성장함에 따라, 그들의 재능이 회사들을 컨트롤할 수 있을 만큼 빨리 성장하기는 어렵다.

때때로 나는 두 대의 제트기에 다리를 걸치고서 위로 날아가려고 애쓰는 만화 주인공이 된 것 같은 느낌이 든다. 나는 한쪽 제트기에 한쪽 발, 그리고 다른 쪽 제트기에 한 발을 걸치고 있다. 그리고 그 두 대의 제트기는 앞으로 더 빨리 날고 있다. 내가 얼마나 매달려 있을 수 있을까? 점프해서 뛰어 내려야 할까? 다리가 찢어지지나 않을까? 나는 결정해야만 한다.

나는 적어도 세 번은, 그것도 각각 최고 속도로 나 자신을 개혁해야만 했다는 것을 이해하고 있다.

나는 꿈을 가지고 출발했다. 내가 사업계획을 실현하기 위해 돈을 구하러 시애틀의 모든 투자자들의 문을 두드린 것은 바로 서른두 살 때였다.

그 때 처음으로 일 지오날레를 창업하면서 기업가로 뛰어들었고, 그러고나서 스타벅스를 인수하고 그 성장을 지휘하여 회사를 재창조했다. 그때 나는 회사가 점점 커짐에 따라 전문경영인이 되어야만 했고, 점점 더 많은 결정들을 위임할 필요가 있었다. 현재 나의 역할은 스타벅스의 꿈이 되는 것이고 활기찬 응원단장이 되는 것이고, 또한 불꽃을 계속 타오르게 하는 것이다.

내가 1950년대와 1960년대에 성장한 것은 나의 사업관과 많은 관련이 있다. 그 시절은 자본주의가 불평등이 아니라 기회를 의미했던 시대였으며 평화봉사단과 케네디의 시대였다. 낙관주의가 압도적인 분위기였고, 나는 그것을 뼛속 깊이 받아들였다.

그러나 꿈을 가지는 것만으로는 충분치 않다. 인생에서 무언가를 성취하고자 한다면, 그런 꿈들을 실현할 수 있는 일련의 차별화된 재능이 필요하다. 일단 자신의 꿈을 어디에서부터 구체화시켜나갈지를 결정하면, 꿈꾸는 단계를 졸업하고 기업가로의 길에 들어서는 것이 된다. 초창기 비즈니스에서의 기업가적 단계가 아마도 가장 흥분되는 것일 것이다.

나는 그 당시 그것을 깨닫지 못했다. 그러나 나는 기업가의 가장 큰 책임의 하나는 조직에 그 자신의 가치를 심어주는 것이라고 확신한다. 그것은 마치 어린아이를 기르는 것과 같다. 사랑과 감정 이입을 갖고 출발하여 그들에게 올바른 가치를 새겨준다면, 그들이 청소년이나 성인이 되었을 때는 그들을 믿을 수 있을 것이다. 때때로 그들은 당신을 실망시키고 때로는 실수도 할 수 있다.

그러나 만일 그들이 좋은 가치들을 배웠다면, 그들은 다시 되돌아올 수 있는 중심선을 갖게 된다.

사업을 전개하다 보면, 종종 중간에서 분기점들을 만나게 된다. 인텔사의 최고경영자인 앤디 그로브는 그것들을 '굴절점'이라고 부른다. 그 당시 그것을 모를 수도 있지만, 그 분기점에서 내린 결정들은 향후 그대로 반영이 되어 돌아온다. 예를 들어 더 크고 더 의미 있는 사업을 창조할 기회를 발견했다면, 그 기회를 이용하기 위해 사업 경영 방법에 극적인 변화를 주어야만 할 것이다.

많은 기업가들이 회사를 새 각오로 출발시키는 것이 바로 이 시점이다. 어떤 기업가들은 새로운 기회에 위협을 느끼고 그 기회를 거부할 것이다. 또 어떤 기업가들은 그 도전을 받아들이더라도 그것을 다룰 경영기법을 개발하지 못하는 경우도 종종 있다.

회사 발전과정의 어느 단계에서 기업가는 전문경영인으로 발전해야만 한다. 그런데 그것이 종종 성미에 맞지 않는 경우가 있다. 나는 일찍이 많은 분야에서 나보다 더 훌륭하고 자격 있는 사람들을 고용하여 많은 결정권을 위임할 필요를 느꼈다. 그러나 실제로 그렇게 하기란 실로 어려운 일이다. 그러나 주위 사람들에게 자신의 가치를 심어놓았다면 용기를 내어 그들을 믿을 수 있을 것이다. 그리고 다음 단계로 성장하는 데 따르는 긴장과 우려, 두려움들을 이겨내고 강한 기반을 갖추어야 한다.

창의적인 사람이라면, 즉 가슴에서 사업 의욕이 솟구친다면,

번잡한 절차를 체계적으로 도입하는 것이 체질에 안 맞을 수도 있다. 그렇다고 적절한 절차를 만들지 않고, 계획을 조정하거나 고급 경영기술을 지닌 사람의 고용을 기피한다면 기업의 전체적인 구조가 붕괴될 수도 있다.

1990년대 초, 우리는 개인 기업의 형태에서 전문적으로 경영되는 회사로 전환하기 위하여 부단히 노력했다. 그러나 그렇게 하는 중에도 우리는 우리 자신이 기업가 정신과 팀워크, 그리고 우리 자신에 대한 개혁을 위한 재훈련을 실시했다. 우리는 UCLA의 에릭 플램홀츠 교수를 초빙하여 그 변화에 대하여 조언을 구하기도 했다.

그는 《고통의 증가 Growing Pains 》라는 책을 썼는데, 자신이 저서에서 지적한 바와 똑같은 증상을 스타벅스에서 발견했다. 빠른 성장을 하는 회사들은 '면역성'을 갖추지 못한 채 발전 단계를 통과한다고 믿는다. 그는 개인 기업이 전문경영인 체제의 기업으로 발전하는 단계별로 창업자들이 직면하게 되는 문제들에 대하여 조언해줄 수 있는 경영전략을 개발해왔다.

에릭 플램홀츠는 스타벅스에서 우리와 함께 전략기획 시스템을 개발했고, 우리는 고통스러웠지만 서서히 성장의 우선순위를 정하고 그것을 관리하는 법을 배웠다. 처음에 나는 이들 변화와 맞서 싸웠고 절차에는 별 관심이 없었다. 나는 '전략기획 시스템'이라는 개념을 싫어했다. 체계적이고 계획적인 것을 뜻하는 그 말은 나를 억누르는 것처럼 느껴졌다. 나는 "도전했고, 그리고 해냈다"라고 말하는 데 익숙해 있었다. 에릭 프람홀스 교수는 이것을 '존 웨인의 경영철학'이라고 부른다. '허리춤에서 권총을 빼는 심리'라는 것이었다.

그러나 나는 점차 계획과 과정을 존중할 줄 알게 되었고 스타벅스가 일상업무와 빠른 성장을 더 잘 다룰 수 있다면 더 좋은 장비를 갖추고 새로운 싸움터에 용감하게 나갈 수 있을 것이라는 것을 깨닫게 되었다.

나는 지도자가 되기 위해서는 경영인의 역할에서 한 단계 더 성장해야만 한다는 것을 알고 있었다. 그런 점에서 나는 지도자에 관한 책을 쓴 서던 캘리포니아 대학의 교수인 워런 베니스를 만난 것을 행운으로 생각한다. 우리 둘 사이는, 그가 처음 스타벅스에 컨설팅을 제공한 이래 내가 전환점에 왔을 때, 또는 당황스러운 국면에 처했을 때 밤낮의 구별 없이 그에게 전화할 정도로 가까워졌다. 그는 우리 회사와 나에게 개인적인 흥미를 보여주었고 내가 더 강력한 리더십을 개발할 수 있도록 도와주었다.

자신의 한계를 인식하라

이렇게 시종일관 도전의 연속이었던 1994년 중반 나는 나의 역할에 변화가 필요하다는 것을 깨달았다. 한 큰 회사의 일상업무를 다루는 것이 내가 바라는 일은 아니었다. 그것은 내 기술의 영역 밖이었고 나의 흥미를 끄는 일도 아니었다. 오히려 나는 비전을 창출하고 미래를 예측하고 창의적인 아이디어들을 실험하는 일을 더 원했다. 그것이 내가 창출할 수 있는 가치였고 내가 사랑하는 일이었다.

그래서 1994년 6월 이사회는 오린 스미스를 승진시켜서 나의 일상업무를 인계했다. 그도 사장직과 최고영업관리자의 직함을 갖고 되었고, 나는 회장과 최고경영자를 맡게 되었다. 몇 년도 안 되어, 오린은 나보다 더 경영 관리 체계를 잘 이해하고 우리의 일상 영업을 철저히 다루는 세계적인 경영자가 되었다. 그러한 변화는 나를 자유롭게 만들어, 내가 펩시와의 합작회사 설립, 회사 이미지 제고, 미래형 스토어 디자인, 신제품 개발들의 프로젝트에 많은 시간을 할애할 수 있게 해주었다.

자식을 키우듯이 회사를 키웠을 때, 구석구석을 살피고 싶은 본능을 쉽게 저버릴 수가 없다. 여러 해 동안 나는 매일매일 스토어당 판매와 이익의 수치들을 보면서 점검했다. 나는 예산 대비 실제성과를 비교하곤 했고, 좋은 방향이든 나쁜 방향이든 갑작스러운 변화를 점검하곤 했다. 어떤 스토어의 성과가 획기적으로 좋은 날에는 전화를 하여 축하해주곤 했으며, 반대로 어떤 스토어의 매상이 저조한 날에는 그 스토어에 전화해 도울 수 있는 방안을 상의하곤 했다.

스타벅스가 400~500개의 스토어를 갖게 되었을 무렵, 더 이상 내가 그러한 상세한 것들을 일일이 점검하기는 불가능하다는 것을 깨닫게 되었다. 나는 오린과 다른 영업담당 직원들이 그렇게 해줄 것이라고 믿어야만 했다. 그러나 신제품 개발, 신상품 계획, 영업행사 등의 회의에 내가 제외되었다는 것은 충격과 실망을 주었다. 나는 가끔 흥미 있는 토론이 진행 중인 방을 지나갈 때마다 들어가보고 싶은 유혹을 지금도 느낀다. 그러나 나의 갑작스러운 출현이 적절치 않다는 것을 나는 잘 알고 있다.

오린을 발탁한 것은 나로서는 당연한 조치였다. 나는 그를 그만큼 신임하고 있었기 때문에 외부로부터의 사장 영입 방안을 수용할 수 없었다. 비록 오린과 하워드 비하가 각각 회사 기능의 반씩 감독하고 있었고 오랫동안 동등한 지위에 있었지만, 하워드 비하는 다른 종류의 도전을 원하고 있었다. 우리는 해외 확장 영업의 준비를 막 끝냈고, 그는 그 사업을 처음부터 맡기를 원했다. 그리하여 우리는 '스타벅스 인터내셔널'을 세웠고 오린을 사장으로 임명했다. 회사의 규모를 두 배로 키울 수 있는 장기적 잠재력을 가진 사업을 구축할 여지를 그에게 주었던 것이다.

오린이 사장이 되었을 때 나는 새로운 역할로 옮겨갔다. 바로 리더의 역할이었다. 나는 회장으로서 개척자의 역할을 하고 있다. 나는 우리에게 다가오고 있는 것을 직시하면서 미래를 탐구하려고 노력하고 있다. 나는 경쟁을 예측하려고 노력하며, 우리 회사가 경쟁에 직면했을 때 필요한 전략적 변화를 구상한다. 지역 책임자나 공장 책임자가 직원들의 사기 진작과 가치관 강화를 위하여 강연을 요청해오면 내가 그 책임을 떠맡는다. 나는 많은 시간을 스토어들을 방문하고 새로운 시장을 돌아보며 열기를 불어넣는 일에 할애한다.

여기서 하나의 아이러니를 찾아볼 수 있다. 나는 나 자신을 개조하여 전문 관리인이 되었고 기업의 지도자가 되었다. 그러나 내 정신 속에서는 나는 여전히 '꿈꾸는 기업인'으로 남아 있다. 나는 새로운 기술을 개발하면서도 그러한 관점을 유지해야만 한다.

스타벅스도 마찬가지다. 우리는 시스템과 절차들을 개발해야 한다. 그러나 그것이 우리 사람들의 창의성을 질식시켜서는 안 된다. 무의미한 관료적 절차로 창의성을 억제한다면 수많은 미국 회사들이 저지른 실수를 우리도 똑같이 저지르는 것이다.

활력 있는 회사로 남아 있기 위해, 회사는 꿈꾸는 사람, 사업가, 전문경영인, 리더 등 모든 부류의 사람들이 역동적으로 활동할 수 있는 도전적인 환경을 조성할 필요가 있다. 변화를 하지 않으면 또 하나의 대수롭지 않은 회사가 될 뿐이다.

스타벅스에서는 그러한 일은 단연코 없을 것이다.

15

직원의 작은 아이디어가 회사를 살린다

어느 조직의 쇄신이나 어느 국가의 산업 부흥도
개인의 용기 있는 결단 없이는 일어날 수가 없다.
_하비 혼스타인, 《관리인의 용기》에서

관료주의를 무너뜨린 창조성

기업가 정신을 유지하는 것은 내 성격상 어렵지 않다. 그러나 회사 안에서 다른 사람들도 기업가처럼 느끼고 행동하도록 격려하는 것은 노력을 요구한다. 때때로 나와 같이 강한 마음을 가진 지도자조차 가장 어려운 것은, 나 자신을 억제하고 다른 사람들의 아이디어를 싹을 내고 꽃을 피우도록 고무하는 일이다.

많은 기업인들이 함정에 빠진다. 그들은 자신의 비전에 너무 사로잡혀 있기 때문에 한 직원이 아이디어를 가지고 올라올 때, 특히 그것이 원래의 비전에 부합하지 않는 듯하면 그것을 무시하고 싶어한다. 나도 스타벅스의 가장 성공적인 상품 중의 하나인,

강배전 커피와 우유를 미세한 얼음과 섞은 '프라푸치노'를 개발하자는 아이디어를 거의 무시할 뻔했다.

어떻게 그 일이 일어났는지 적어본다.

디나 캠피언은 캘리포니아주 산타모니카와 그 주위에 있는 약 열 개의 스타벅스 스토어 구역을 관리했다. 그녀와 스토어 관리인들은 아주 더운 날, 특히 오후와 저녁에 냉커피에 설탕을 섞은 '그라니타스'가 근처의 커피 바들에서 매우 인기가 있는 것을 보고 스타벅스도 그런 음료를 개발할 필요가 있다고 느끼고 있었다. 그것은 더운 날씨, 특히 오후에 더 심했다. 스타벅스는 아이스 라떼, 아이스 모카를 공급했고 두 가지 모두 작은 얼음조각을 넣어 서빙했으나 많은 고객들은 미세한 얼음이 가득 섞인 음료를 요구해왔다. 그들은 스타벅스에 그런 음료가 없다는 것을 알고는 작은 경쟁 스토어로 가버렸다.

우리의 서던 캘리포니아 스토어에서 일하는 사람들은 우리에게 수없이 그렇게 혼합된 음료를 개발해줄 것을 요구했었다. 그러나 우리는 그것을 진정한 커피음료로 간주하지 않았기 때문에 정중히 거절했다. 특히 나는 그 아이디어를 완강히 거절했다. 그것은 진정으로 커피를 사랑하는 사람들이 즐기는 것이라기보다는 오히려 패스트푸드 셰이크처럼 들렸다. 우리가 주장하는 커피의 완전성을 희석시키는 것 같았다.

1993년 9월 디나는 자신의 주장을 더욱 강하게 뒷받침할 수 있는 기회를 갖게 된다. 전 LA 지역 스토어 매니저였던 댄 무어가 소매관리 분야로 발령받고 시애틀로 전근했다. 그는 서던 캘리포니아 시장의 필요성을 이해하고 있었으며, 디나가 요구하는 바를 본사에 전달해줄 수 있는 적합한 위치에 있었다.

디나가 그녀의 아이디어를 가지고 댄 무어에게 접근했을 때 댄은 그녀를 위해 믹서기를 구매하도록 결정했다. 디나는 시범 케이스로 몹시 건조한 지역의 스토어 하나를 택했다. 그곳의 얼음 혼합 음료의 수요는 그 지역의 여름 온도만큼이나 뜨거웠다. 파트너들은 믹서기를 설치하고 실험하기 시작했다. 그들은 본사의 승인을 받지 않았고, 그로 인해 문책을 받지 않을까 걱정을 하면서도 그대로 밀고나갔다.

그들의 첫 시도는 완벽하지 않았다. 그것은 충분히 달지도 않았으며 맛의 일관성이 없었다. 디나와 댄은 그들의 최초의 실험 결과를 우리의 식음료과에 제출했는데 식음료과에서는 스타벅스 고유의 혼합음료를 개발하기로 동의하고 더 실험을 하기로 하였다.

1994년 초, 내가 직접 맛을 보도록 내 사무실에 새로운 음료의 샘플 하나가 놓여졌다. 그 변형음료는 가루를 사용하여 만들었는데 분필 같고 끈적끈적한 맛이 났다. 그것이 형편없다고 생각한 나는 그 음료의 아이디어에 반대하기로 재삼 다짐했다.

무지방 우유 경험을 기억하면서, 나는 디나와 댄이 그것을 1994년 5월부터 고객들을 대상으로 테스트하는 데 동의했다. 디나는 그 계획을 당시 산타모니카 3번가 산책로의 스토어를 관리하고 있던 앤 유잉에게 넘겼다. 옥외 쇼핑몰에 우리 스토어가 있었는데, 그곳에는 여행자와 다양한 물건을 파는 사람들이 오후와 저녁에 모여들고 있었다. 뜨거운 커피는 따뜻한 기후의 오후 시간에는 많이 팔리지 않는다.

앤과 그녀의 조수 그레그 로저스는 둘 다 그 음료를 좋아하지 않았다. 그러나 그에 관하여 불평하는 대신 주인의식을 갖고 그것을 개선했다. 그들은 가루를 폐기하는 대신 신선하게 추출된 커피를 사용하고 함유 성분을 다양하게 하며 혼합시간을 10초에서 25초로 늘리는 등 경쟁사 음료를 포함하여 모든 상품을 시험했다. 그들은 소비자들의 반응도 들었다.

그해 여름 하워드 비하는 LA를 방문했다. 디나는 그를 3번가 산책로의 스토어로 안내했다. 그리고 그에게 식음료과가 개발한 것과 앤과 그레그가 다시 변형한 것 두 가지 음료를 내 보였다. 결정은 쉽게 났다. 그는 앤과 그레그의 음료를 선호했다. 그러고는 그것을 내가 맛볼 수 있도록 시애틀로 다시 가져왔다. 그는 "우리는 이것을 만들어야 합니다. 고객들은 이것을 요구하고 있습니다"라고 주장했다.

우리의 음료 이사는 그 조리법을 음식전문가로 구성된 팀에게 가져갔다. 그들은 그 맛을 더욱 다듬기 위해 음식에 대한 전문적 화학 지식과 생산개발 지식을 적용한 뒤, 저지방 우유를 사용하여 훌륭한 맛을 낸 상품을 가지고 올라왔다. 그 맛의 느낌은 크림 맛보다는 차라리 차갑다는 느낌이 들었다. 10월에 우리는 서던 캘리포니아 스토어 열두 개 점에서 반은 믹서기를 사용하고 반은 부드럽게 하는 기계를 사용하여 이 음료를 테스트하기 시작했다. 소비자의 폭을 넓히기 위하여 세 도시에서 공식적으로 조사했다.

결과는 혼합된 음료가 부드럽게 변형한 음료보다 엄청나게 인기가 있었고 폭넓게 호응을 얻었다. 그것을 맛보았을 때, 그 이유를 알 수 있었다. 그것은 '맛'이 있었다.

우리는 그 음료에 스타벅스가 소유권을 갖는 특색 있는 이름을 붙이고 싶었다. 1994년 6월 보스턴에 있는 커피 커넥션을 인수했을 때, 우리는 혼합음료 기계로 만든 차가운 얼음 음료인 '프라푸치노'라는 상표에 대한 권리도 양도받았다. 그 이름은 차다는 뜻인 '프라페 frappe '와 '카푸치노cappuccino ' 커피를 연상시키는 합성어로 완벽한 느낌이었다. 그래서 우리는 프라푸치노라는 이름을 새롭게 혼합된 음료에 확대하여 쓰기로 결정했다.

나는 여전히 흔쾌한 마음은 아니었다. 우리는 이미 약한 탄산가스가 포함된 냉커피 음료를 개발하기 위하여 펩시와 같이 일하고 있었다. 나는 그것이 훨씬 더 큰 전망을 갖고 있다고 생각했다. 비록 프라푸치노가 매력 있는 이름이라는 데 동의했지만 나는 여전히 우리 스토어에서 그것을 파는 것은 실수라 생각했다. 그것은 커피제품이라기보다 우유제품에 가까워 보였다.

그러나 결국 나는 양보했다. 우리의 고객들은 그 음료를 원했고 고객들과 가장 가까이 있는 우리의 파트너들은 고객들이 필요로 하는 것을 가장 잘 알고 있었다. 우리는 믹서기의 소음을 줄이기 위하여 덮개로 덮어놓았다. 아무도 꺼려하지 않는 것 같았다.

1994년 말 우리는 프라푸치노를 대량 생산하여 전국적으로 모든 스타벅스 스토어에서 제공하기로 결정했다. 우리의 목표는 날이 뜨거워지기 전 4월 1일을 기하여 그 음료를 공식적으로 소개하는 것이었다. 말하기는 쉬워도 거의 불가능해 보이는 일이었다. 우리는 5개월도 안 되어 550개 이상의 스토어에 믹서기를 설치하였고 바리스타들을 훈련시켰다. 우리는 댄 무어에게 그 업무를 총괄하도록 요청하였다.

우리는 그것을 해냈다. 그리고 프라푸치노는 즉각적인 대성공, 홈런이었다. 우리의 단골들은 친구들에게 그것을 소개했고, 새 상품에 대한 소문이 입에서 입으로 빠르게 퍼졌다. 많은 주부들이 특히 그것이 저지방이라는 사실에 감사했고 조깅한 후 또는 퇴근 후에 프라푸치노를 마시러 잠깐 들렀다. 프라푸치노는 그 해 우리의 여름 매상고의 11퍼센트를 차지했다. 그것은 우리의 이윤을 높여주었고 우리 주식이 상종가를 기록하는 데 기여했다.

1996년 첫해에 우리는 프라푸치노를 5,200만 달러 어치를 판매했는데 그것은 우리의 연간 총 판매액의 7퍼센트에 달하는 금액이었다. 만약 우리가 캘리포니아에 있는 파트너들의 말을 듣지 않았더라면 5,200만 달러의 추가 매상을 올리지 못했을 것이다.

내가 틀린 것이었고, 나는 그것이 기뻤다. 1996년 말 〈비즈니스 위크〉는 프라푸치노를 그해 최고의 상품 중 하나로 정했다.

그것이 스타벅스의 순수성을 희석시키지 않았을까? 커피 순수주의자는 그렇게 생각할지 모른다. 그러나 대부분의 고객들은 그렇게 생각하지 않는다. 프라푸치노는 무더운 계절에 대환영받는 대체품으로 발돋움했을 뿐만 아니라, 커피를 마시지 않는 사람들에게 스타벅스 커피를 소개하는 매개로서의 역할도 했다. 프라푸치노를 마실수록 나는 더욱 그것을 좋아하게 되었다.

이 일에 관하여 가장 놀라운 것은 아마도 우리가 사전에 프라푸치노 사업전망에 대하여 대대적인 재무분석을 하지 않았다는 것이다. 우리는 프라푸치노 도입을 위해 값비싼 컨설턴트들을 고용하지 않았다. 우리는 흔히 대기업들이 철저한 사업성 검토라고 부를 만한 어떤 것도 한 것이 없었다. 어떤 기업 경영상의 관료주의도 프라푸치노의 길을 막지 못했다. 프라푸치노는 완전한 기업가 정신을 발휘한 프로젝트였으며 더 이상 작은 회사가 아닌 스타벅스에서 큰 성공을 거두었다. 사장인 내가 의심할 때조차 그 프로젝트는 전진했다.

만약 우리가 전형적인 무기력한 회사였다면, 프라푸치노는 도입되지 못했을 것이다. 프라푸치노 이야기는 스타벅스의 기업가 정신을 요약하고 있다. 그런 혁신적인 면이 있기 때문에 고객들을 확보하고 경쟁에서 이길 수 있는 것이다.

1995년 10월 디나, 앤 그리고 그레그는 스타벅스 사장상을 수상했다. 댄은 그해의 비소매 분야 관리인으로 선정되었다. 어떤 사람이 스타벅스가 대기업적, 관료주의적이냐고 묻는다면 그들은 웃음을 터뜨릴 것이다.

커피 회사가 어떻게 음악사업에 뛰어들 수 있나?

1994년 동안 다른 아이디어가 일선 스토어에서 올라왔다. 그것은 내가 전혀 상상할 수 없는, 즉 음악사업이라는 새로운 방향으로 스타벅스를 밀었다. 그 아이디어는 대학생, 교수, 고급주택 소유자들을 고객으로 갖고 있는 유니버시티 빌리지라는 도시의 쇼핑센터에서 흘러나오기 시작했다. 스토어의 매니저인 티모시 존스는 레코드 산업에서 20년 동안 일했기 때문에 커피만큼 음악도 사랑했다.

그때 우리는 우리에게 주로 재즈와 클래식으로 구성된 '이달의 테이프'를 공급한 AEI 음악네트워크와 오랫동안 일하고 있었다. 1988년부터 티모시는 그가 직접 AEI의 월간 프로그램에서 테이프를 선정할 수 있는지를 물어 보았다. 우리는 기꺼이 승낙했다.

그는 자기 자신의 스토어에서 다양한 형태의 음악을 매월 선정, 영업시간대별로 고객들의 반응을 보면서 실험 평가하기 시작했다. 그는 점차 엘라 피츠제럴드와 빌리 홀리데이 Billy Holiday 같은 재즈 보컬을 추가했으며 고전적인 음악을 다양화했다.

음악에 대한 개인적 관심을 토대로 티모시는 스타벅스 음악의 양심이 되었다. 고객들은 스토어에서 흘러나오는 음악을 좋아했고 어디에서 살 수 있는지를 물었다. 그는 매번 그것은 판매용이 아닌 스타벅스를 위해 특별히 편집한 것이라고 말해야만 했다.

1994년 말 티모시는 색다른 아이디어를 가지고 우리에게 다가왔다. "우리 자신이 CD나 테이프를 편집하면 어떻겠습니까? 고객들은 그것을 앞다투어 사려고 할 겁니다."

그 무렵, AEI는 우리를 위해 1950, 1960년대 유행한 재즈를 이용하여 '블루의 세월'이라는 두세 개의 테이프를 만들었는데, 대부분의 곡들은 유명한 '블루노트Blue Note' 레이블의 음악이었다.

어느 날 우연의 일치로, 우리의 소매마케팅 담당 이사인 제니퍼 티스델이 LA에서 방문한 친구 데이브 골드버그와 함께 주말 브런치를 먹고 있었다. 데이브는 블루노트를 소유하고 있는 캐피톨 레코드사의 신사업개발부에서 일했다. 그는 캐피톨 레코드의 음악을 소매회사를 통해 판매하는 아이디어에 관해 그녀의 의견을 물었다.

"스타벅스는 어때?" 그녀가 제안했다. "우리 스토어에서는 재즈를 많이 연주하거든."

그 제안에 데이브는 귀가 솔깃했다. 데이브는 우리의 스토어에서 연주되는 블루노트의 음악을 듣고 상승효과가 있으리라 판단했다. 블루노트와 스타벅스는 각각의 이미지에 '신선한 요소'를 가지고 있으므로 교류를 통하여 상호이익을 얻을 수 있었다. 제니퍼는 데이브를 유니버시티 빌리지에서 일하는 티모시 존스와 만나도록 주선했다. 그들은 함께 한 아이디어를 짜냈다. 스타벅스가 블루노트에 수록된 훌륭한 음악들을 CD로 편집하여 스타벅스 스토어에서 그것을 독점으로 판매하는 것은 어떨가?

그들은 그 아이디어를 수정하여 하워드 비하에게 가져갔다. 그는 그 계획이 가치 있다고 판단하여 스타벅스에서 창의력이 뛰어난 이사 중 한 사람인 해리 로버트에게 검토를 의뢰했다. 해리는 상품판매 부사장으로서 언제나 신선하고 상상력이 풍부한 신상품들을 찾고 있었다. 그 아이디어는 해리에게도 불을 붙였고, 그는 우리가 음악사업에 뛰어드는 것을 적극 옹호한 최고위 중역이 되었다.

우리는 먼저 시장조사를 해야만 했다. 티모시는 스타벅스 고객들에게 온 2년분의 모든 엽서를 샅샅이 훑어보다, 스토어에서 연주했던 음악의 판매를 요청하는 수백 통의 엽서를 발견했다. 그것은 우리가 예상하거나 믿지도 못할 만큼 폭발적인 수요였다. 우리의 많은 고객들은 20대 중반 정도의 젊은이들로, 음반가게에서 서성거리면서 새 앨범을 뒤적거릴 시간도 없다. 그러나 스타벅스에서 무언가 좋은 연주를 듣는다면 그 자리에서 그것을 구입하기를 원한다.

1994년 12월 우리는 시험운영을 해보았다. 마침 그때 케니 지는 '미라클Miracle'이라는 앨범을 취입했다. 우리는 좋은 테스트 케이스가 될 것이라고 생각했다. 사람들이 커피를 마시면서 과연 CD를 살까? 실제 판매에 돌입하자마자 케니지의 CD는 판매대에서 날개 돋친 듯 팔렸다. 재즈와 자바커피는 자연스럽게 어울리는 것 같았다.

할리우드에 가본 사람은 누구나 레코드를 잔뜩 쌓아놓은 것 같은 뾰족하고 하얀 실린더 모양의 캐피톨 레코드 건물을 보았을 것이다. 나는 몇 년 전에 그 건물을 본 기억이 있으며 그 안에 들어가보고 싶었다. 1995년 1월 31일 나는 캐피틀 레코드의 사장 겸 회장인 개리 거쉬를 만나기 위해 해리, 티모시와 함께 본부 건물로 걸어 들어갔다. 유명한 가수들의 사진과 음악가들이 복도에 나란히 걸려 있었다. 우리는 프랭크 시나트라, 냇 킹 콜 등 수많은 위대한 가수의 히트곡을 취입했던 스튜디오를 지나갔다.

우리는 엘리베이터를 타고 꼭대기 층으로 가서 개리와 블루노트의 사장인 부르스 룬드발 및 10여 명의 중역진의 인사를 받았다. 블루노트 레코드사는 스타벅스에게 그 회사의 훌륭한 재즈 선곡편집을 허락하여 그 히트곡이 수록된 디스크를 스타벅스가 독점으로 팔 것을 제안했다.

그들에게 스타벅스 CD는 오래된 블루노트의 곡들을 다시 흥행시키는 하나의 방법이었다. 음반산업은 기존 판매 방식의 한계를 극복하기 위해 그들의 음악을 위한 새로운 배급망을 찾고 있었다. 우리는 공동으로 일하는 것이 상호의 관심사라는 데 동의했다.

우리는 그 다음해 블루노트 곡뿐 아니라 캐피틀의 목록에서 다른 곡도 사용하여 다섯 개의 CD를 제작하기로 결정했다. 티모시는 그의 가게를 떠나 음악에만 매달려 일하기 시작했다. 그는 블루노트의 기록보관소에서 시간을 보냈으며 더할 나위 없이 훌륭한 재즈 곡들을 청취했다.

우리는 세상사람들을 놀라게 하기 위하여 가능한 한 음반사업을 비밀로 했다. 우리는 '블루노트 블렌드Blue Note Blend'라고 이름 붙인 음반을 홍보하는 데 100만 달러를 책정했다. 우리의 커피 전문가인 에리 윌리엄스, 팀 컨 그리고 스콧 맥마틴은 블루노트 혼합커피까지 개발했다. '부드럽고 영감이 있는' 소리를 보완하기 위하여 4년 만에 새로운 커피인 블루노트 블렌드를 개발한 것이다. 창의적인 스타벅스 직원들은 그 커피를 위해 '재즈적'인 푸른색의 포장지를 디자인했다.

이러한 열정에도 불구하고 우리는 여전히 고객들의 반응을 예측할 수 없었다. 소매점들은 CD를 판매하지 않았으므로 대략 1만 장 정도의 판매고를 올리리라 예상하고 있었다. 그러나 블루노트 음반은 매진되기까지 7만 5천 장이 팔려나갔으며, 우리는 여전히 샌디에이고에서 애틀랜타까지 주문 전화를 받고 있다. 당시 캐피톨 음반의 부사장인 랄프 시몬은 우리 음반의 판매가 정상적인 앨범처럼 집계된다면 빌보드 재즈 차트 10위권 안에 들 것이라고 했다.

그 후에도 우리는 세 개의 CD를 추가편집 제작하였고 1996년 다른 여섯 개의 CD를 재즈부터 고전음악 및 블루스까지 제작하여 장르를 넓혀 갔다. 1996년 4월 '블루노트 II' 앨범을 소개했을 때, 우리는 '핫 자바/쿨 재즈'로 불리는 행사를 시애틀에서 개최하여 고등학교 재즈 악대들을 초청하여 시내 중심가에서 연주하도록 하였으며 탁월한 지방 음악가들로 심사위원단을 구성했다. 또 스타벅스의 수익을 지역사회에 환원하기 위한 방법으로서 이들 학교의 음악 프로그램을 위한 기금을 모았다.

우리는 1996년 여름 '블렌딩 더 블루스Blending the Blues'로 두 번째의 대성공을 거두었는데, 그것은 하울링 울프, 에타 제임스 및 머디 워터스의 보컬을 포함한 시카고 블루스의 역사적인 모습을 조망해보는 기획이었다.

이와 같은 음악사업의 진출은 과연 스타벅스에게 옳은 일이었을까? 나는 당연히 그렇다고 본다. 그것은 한편으로 판매를 증가시켜주었다. 그러나 더욱 중요한 것은, 스타벅스는 앞으로도 어떤 커피 스토어에서도 전혀 예상치 못한 독특한 제품으로 고객들을 계속해서 기쁘게 하고 깜짝 놀라게 할 것이라는 메시지를 보냈다는 것이다.

음악 CD를 판매하는 행위는 위에서 지시하여 실시된 마케팅 전략이 아니었다. 그 아이디어는 우리의 스토어에서 형성된 것이었다. 그것은 고객들과 잘 어울리는 성숙한 스타벅스의 특성을 완벽하게 나타내주는 것이었다. 그것은 사람들이 우리의 스토어에 들어오면서 찾고 있는 따뜻한 분위기를 한층 돋구어주었다. 또한 그것은 우리가 언제라도 획기적인 아이디어를 실천에 옮길 수 있다는 것을 여실히 보여주었다.

16

완벽하게 보일지라도
다음 단계의 도약을 준비하라

한 발 앞서기 위해서는
항상 자신의 생각이 이어지도록 하라.
_로자베스 모스 캔터

실패하고 있을 때, 자신을 다시 새롭게 해야 할 필요성을 이해하기는 쉽다. 하지만 인식만으로는 일이 되지 않는다. 근본적인 변화만이 그것을 고칠 수 있다. 그러나 성공하고 있을 때는 자신을 다시 새롭게 하려는 동기유발이 좀처럼 되지 않는다. 일이 잘되고 있고 팬들의 환호하는데 왜 승리의 공식을 바꾸려 하겠는가?

해답은 간단하다. 세상이 변하고 있기 때문이다. 경쟁은 치열하고 직원들은 변한다. 경영자들도 변한다. 그리고 역시 주주도 변한다. 사업이나 인생에서 영원히 똑같이 머물 수 있는 것은 없다. 현상에 의지하는 것은 슬픔만을 초래할 뿐이다.

스타벅스는 다가올 미래에도 오랫동안 건전한 회사로 남을 수 있도록 목표를 설정했다. 그것은 자기 혁신과 밀접한 관계가 있었다. 인생이 완벽하게 보일 때라도 위험을 무릅쓰고 다음 단계로 도약해야 한다. 그렇지 않으면 자기도 모르는 사이에 자기 만족에 빠져 하향곡선을 그리기 시작한다.

1994년 스타벅스는 창사 이래 두 번째의 패러다임 변화를 시도했다. 첫 번째는 1984년에 이루어진 것으로, 배전된 커피 판매에 음료를 추가한 것이었다. 음료 판매를 시작한 후 우리는 커피뿐 아니라 커피음료를 마심으로써 만끽할 수 있는 즐거움도 서비스했다. 두 번째의 변화는 커피의 향기를 즐길 수 있는 새로운 방법을 재창조하여 병음료, 아이스크림, 기타 혁신적인 제품을 내 놓은 것이다.

이는 우리에게 강요된 변화는 아니었다. 그것은 우리의 핵심적 가치를 유지하면서 아무도 상상하지 않았던 미래를 창조하기 위해, 앞으로 도약하기 위해 심사숙고한 후에 내린 시도였다.

무엇이든 다른 관점에서 바라보라

커피는 약 1천 년 동안 우리 주위에 있어왔다. 커피를 재창조하는 것이 가능할까? 이 논제는 스타벅스의 초창기 때만 해도 많이 고려된 것은 아니었다. 우리는 이미 업계에서 가장 뛰어난 커피를 고객들에게 제공하고 있다고 판단하고 있었다.

그러나 제품 생산을 하는 회사가 번영하고 살아남기를 기대한다면 핵심적인 제품을 재창조하지 않으면 안 된다. 새로운 컴퓨터 칩을 개발할 때 18개월마다 개인 컴퓨터를 통째로 폐기 처분한 인텔사의 앤디 그로브 회장에게 물어보라.

우리는 고객들이 스타벅스를 경험하는 여러 요인, 즉 스토어, 디자인, 상품들, 에스프레소 음료, 혼합커피 심지어 재즈 CD 같은 신상품을 새롭게, 활력을 주고자 수많은 시간을 집중하였다. 창조적인 발상을 덧입히는 것이 바로 전통적인 소매 판매의 접근법이다.

우리는 의식적으로 북미주에서 '커피 경험'을 재창조하였다. 그러나 커피 그 자체를 재창조하게 되리라고는 전혀 예상하지 못했다. 한 면역학자가 우리가 그것을 시도해볼 수 있도록 확신을 주었다.

1988년에 돈 발렌시아는 커피에 대한 각종 실험을 실시하기 시작했다. 그가 왜 커피를 선택했는지는 결코 알 수 없지만 우리로서는 행운이었다. 캘리포니아 대학교 데이비스UC Davis 에서 세포생물학을 공부한 돈은 낭창과 류마티스 관절염 같은 자동면역 질병을 진단하고 테스트를 개발하기 위하여 '이뮤노 콘셉트Immuno Concept'로 불리는 생물의학 사업체를 새크라멘토에 설립, 운영하고 있었다.

돈은 인간의 세포를 손상시키지 않은 채 세포에서 분자를 추출하는 방법을 연구했다. 어느 날 그는 주방 테이블에서 그 같은 기술의 하나를 장난 삼아 커피에 적용하고 있었다. 그는 농축한 커피의 향과 깊은 맛을 추출물 안에서 잡아낼 수 있다는 것을 발견하였다.

돈 자신은 커피를 마시지 않는 사람이었지만 그의 주위 사람들은 커피를 마셨다. 매일 아침 7시 30분에 그는 이웃집 사람들을 깨웠고 두 잔의 커피를 그들의 담 위에 놓았다. 한 잔은 신선하게 추출한 커피, 다른 한 잔은 그가 과학적으로 발명한 추출법으로 만든 커피를 따라놓았다. "맛이 구별되나요?" 돈은 이웃사람들에게 묻곤 했다. 그는 사람들이 두 가지를 구분할 수 없을 때까지 정련을 계속했다.

크리스마스가 되었을 때, 돈의 부인은 남편이 추출한 커피 중 일부를 시애틀에 사시는 그녀 부모님의 선물로 가져갈 것을 제안했다. 부모님을 방문하는 동안, 돈의 부인은 남편을 파이크 플레이스 시장에 있는 스타벅스 스토어에 데리고 갔다. 그것이 그의 첫 번째 스타벅스 나들이였다. 처음 들른 스타벅스에서 돈은 추출물 견본을 꺼내 바리스타에게 뜨거운 물에 섞어 맛보도록 했다. 바리스타들은 반신반의하면서 그의 커피를 만들어 냄새를 맡아보았고 조심스럽게 한 모금 마셨다.

"좋아요." 그들은 말했다. "그러나 스타벅스 커피만 하지는 않군요."

돈은 실망한 나머지 괜한 짓을 했다 싶었다. 집으로 돌아온 돈을 맞은 부인은 자신이 부탁했던 카페라떼는 어떻게 됐느냐고 물었다. 돈은 그것을 까맣게 잊어버리고 있었다. 그가 다시 스토어에 갔을 때 여러 명의 바리스타들이 그가 만든 커피를 음미하고 있었다.

"별로라면서 왜 그렇게 유심히 맛보시죠?"라고 돈이 물었다. "사실 맛은 상당히 있습니다"라고 그들은 인정했다. "어떤 커피로 만드셨습니까?" 돈은 다른 회사의 커피를 이용했었다. 그래서 그들은 그에게 우리 스토어에서 가장 잘 팔리는 수마트라 1파운드를 팔았다. 그는 수마트라에서 추출물을 준비하여 그것을 바리스타들에게 다시 보내기로 약속했다.

그는 설레는 마음으로 새크라멘토에 돌아와 스타벅스 수마트라로 추출 실험을 했다. 추출에 성공한 뒤 특급우편으로 파이크 플레이스 스토어에 샘플을 발송했다.

이틀 후, 돈은 우리의 커피 전문가 중 한 사람에게 한 통의 전화를 받았다. "제가 당신의 커피를 맛보았습니다. 혁신적이군요. 선생님께서 얼마나 큰 일을 하셨는지 모르시죠?"라고 그가 말했다.

다음 날 그는 데이브 올센의 전화를 받았다. "이것은 놀라울 정도로 훌륭합니다. 시애틀에 언제 오시면 함께 말씀을 나누고 싶습니다."

그 다음 날 나는 돈에게 전화해서 가능한 한 빨리 만나자고 말했다.

그 전날 데이브가 내 사무실에 수마트라 커피라고 말하면서 한 잔을 들고 들어왔었다. 그가 나더러 그 커피를 한번 마셔보라고 했을 때 그가 무언가 새로운 것을 발견했음을 알아차렸다. "어떻습니까?" 데이브가 물었다. "훌륭한데. 새로 개발한 커피인가?" "아니오. 그것은 우리 스토어에서 판매하는 것과 똑같은 것입니다. 그러나 추출물로부터 만들어진 것입니다." 그 커피는 100퍼센트 수마트라로 신선하게 추출된 훌륭한 맛이었다. 그가 나를 시음실로 데리고 가서 그것이 어떻게 만들어졌는지를 보여주었다.

며칠 후, 나는 돈 발렌시아를 만나려고 비행기를 타고 새크라멘토로 날아갔다. 그는 강렬한 갈색 눈과 감화력 있는 소년의 모습이었다. 이 과학자가 바로 그의 실험실에 스타벅스의 미래가 될 열쇠를 갖고 있었던 것이다.

나는 그에게 스타벅스와 합작회사를 하자고 제의했다. 그를 우리와 합류하게 하는 일은 쉽지 않았다. 왜냐하면 그는 의료 분야에 오랫동안 종사해왔고 그 분야를 떠나는 게 내키지 않았다. 또한 시기가 스타벅스로서는 맞지 않았다.

1990년은 우리가 갓 이익을 내기 시작할 즈음이었다. 우리는 추가 투자가 모집을 준비 중에 있었고 시카고와 관련된 문제들을 해결하고자 노력하고 있었다. 스타벅스 이사회는 내가 소매점 확장에 전념해주기를 원했다.

회사의 이사회는 나의 제안들을 좀처럼 거절하지 않았는데 돈 발렌시아와의 기술제휴는 반대했다. 나는 매우 실망했다. 왜냐하면 나는 이 기술 덕분에 가능한 미래의 제품을 그려볼 수 있었기 때문이었다. 그러나 그들은 다른 회사들이 우리를 모방하기 전에 빨리 확장해야 한다고 믿고 있었다. 이 시점에서 연구개발에 투자하는 것은 시기상조로 보고 있었던 것이다.

돈은 개의치 않았다. 그의 회사는 발전하고 있었고 그는 그곳에 시간을 전부 할애해야 했다. 그러나 우리는 수년 동안 서로 연락했다. 우리는 그에게 많은 양의 커피와 사업용 에스프레소 기계 한 대를 보내주었고 돈은 해마다 크리스마스 때 시애틀로 우리를 방문했다. 데이브와 나는 돈과 매우 친해졌다.

1993년 봄, 우리는 돈에게 정식으로 입사 제의를 했다. 그 당시 스타벅스는 열 개 지역에 250개의 스토어를 보유하고 있었고 매출액은 1억 5천만 달러에 육박하고 있었다. 회사는 이미 상장한 상태였고 기반도 훨씬 단단해졌다. 우리는 결국 회사 내에 연구개발부를 만들 수 있었다.

그럼에도 불구하고 돈의 입사는 그리 쉽게 이루어지지 않았다. 주위 사람들은 만약 연구개발을 전담할 사람을 채용할 예정이라면 세계적 수준의 전문가를 채용하라고 충고했다. 면역학 분야에 종사해온 사람이 커피회사가 추구하는 신상품에 가치를 더할 수 있는지 장담하기는 어려웠다.

그러나 나는 돈의 커피에 대한 경험 부족은 오히려 장점이라고 생각하고 있었다. 우리는 과거 지향적인 사람을 필요로 하지 않았다. 의외의 결과는 고정관념에서 벗어나 있는 사람으로부터 나오기가 쉽다. 고정적인 생각을 하는 사람을 찾으려 하는 이는 아무도 없을 것이다.

돈은 그 당시 40세를 넘었고 다른 일을 하고 싶어했다. 그러나 그는 단지 한 가지 아이템만 다루게 될 것이라면 우리와 합류하여 일하기를 원치 않았다. 그는 새로운 부서에서 연구원들과 같이 장기전략계획을 개발하고 그에 대해 지원받을 수 있을 때에만 스타벅스의 제안을 수용할 수 있다고 말했다.

많은 토론 후에 돈은 결국 1993년에 연구개발 부사장으로 오게 되었다. 돈이 맨 처음 그의 새크라멘토의 실험실에서 개발한 추출물은 스타벅스에게 새로운 세계를 열어주었다. 그것은 우리가 커피향이 있는 맥주, 커피 아이스크림, 각종 병음료를 포함하여 광범위한 신상품들에 들어가는 중요한 요소로서 신선하게 추출된 완벽한 커피의 맛을 사용할 수 있게 하였다.

1996년, 우리는 돈이 관장하게 될 커피연구소를 짓는 데 수백만 달러를 투자했다. 우리 건물 7층 통제구역에 일곱 개의 실험실을 설치하고 30명의 연구원과 기술자들을 채용했다. 연구소에 들여놓은 기계 중 어떤 것은 세계 최고의 실험실에서나 발견되는 희귀한 것이다. 동시에 우리는 추출물을 생산하고 다른 새로운 기술을 테스트하기 위한 최고의 신제품 시험공장을 짓는 데 400만 달러 이상을 투자했다.

그것은 무모해 보였다. 커피회사가 연구원을 채용하고 연구개발비로 수백만 달러를 투자하고….

그것은 에스프레소와는 거리가 멀었다.

면역학과도 거리가 멀었다.

멀지 않은 것은 시장뿐이었다.

펩시콜라와 손 잡다

탁월한 능력에도 불구하고, 돈 발렌시아는 상업적인 상품을 개발할 배경이 없었다. 이를 위해서는 다른 회사와의 연대가 필요했다.

1991년 도쿄를 여행하는 동안 나는 일본에서는 병과 깡통에 든 즉석에서 마실 수 있는 냉커피 음료들이 대단한 인기가 있음을 발견했다. 일본 사람들은 커피소비의 약 3분의 1인 연간 80억 달러 상당을 소비하고 있다. 이와는 대조적으로 지금까지 미국에서 이 부문의 시장은 연간 겨우 5천 만 달러에 불과하다. 나는 스타벅스가 더 좋은 품질을 창출할 수 있다면 북미주에서 거대한 성공을 할 수 있으며 나아가 세계시장도 석권할 것으로 확신했다. 우리는 이 부분에서 도움이 될 강하고 전국적인 분배망이 있는 파트너가 필요하다는 것을 알았다. 펩시보다 더 나은 회사가 있을까?

1992년 뉴욕에서 나는 펩시 회사의 중역회의실에서 극비의 구매 회의에 참석하였다. 스타벅스의 마케팅 수석부사장 조지 레이놀즈가 나와 동행하였다. 그는 후리토레이와 타코벨에서 13년 동안 일했으며 또한 펩시를 잘 알고 있었다. 나는 스타벅스의 동업자들에게 접근한 똑같은 방법으로 펩시에 접근했다. 즉 처음과 나중, 시종일관 스타벅스에 적절한 사람들을 찾았다.

우리는 펩시의 북미지역 사장인 크레이그 웨더럽을 만나기로 했다. 330억 달러의 매출을 올리는 회사의 최고경영자라면 반드시 관료적일 것이라고 생각했지만, 그가 정반대의 사람임을 알게 되었을 때 기쁘고 놀랐다. 그는 직접 일선에서 뛰는, 다정다감하고 품위 있으며 기업가 정신을 존중하는 사람이었다. 크레이그와 나는 빠르게 상호신뢰와 존경심을 갖게 되었는데, 이는 두 회사의 관계를 탄탄히 하는 데 결정적인 요인이었다.

처음에는 우리 중 어느 누구도 펩시와 스타벅스가 어떻게 제휴할 수 있는지 실마리를 찾지 못했다. 그러나 나는 펩시의 거대한 판매와 배급망이 스타벅스를 소매점의 수준에서 훨씬 돋보이는 위치로 발돋움시키는 데 도움이 되는 방법을 찾아야 한다고 생각했다. 크레이그는 펩시와 새로운 음료에 대한 토론을 가질 것을 제안했다.

1993년 7월 돈 발렌시아가 스타벅스에 첫 출근하던 날, 우리는 펩시의 신개발 음료 그룹과 첫 번째 회의를 가졌다. 병커피 생산 가능성이 제시되었을 때 그와 우리의 커피 전문가, 팀 컨은 즉시 연구에 착수했다.

2~3개월 후 우리는 펩시의 연구개발 그룹과 함께 돈의 추출물로 만든 놀라운 커피 음료를 개발하였다. 그 맛은 다른 어느 냉커피보다 우수했다. 펩시는 흥분하였으며 우리도 마찬가지였다. 우리는 사업에 착수하여 시장조사를 하고 대안을 토론하였다.

연간 매출액이 겨우 2억 달러를 넘은 스타벅스는 그보다 100배나 더 큰 회사인 펩시와 50 대 50의 지분율을 갖는 합작투자회사의 설립에 대해 협상했다. 펩시는 거대한 마케팅 망과 100만 군데의 대리점이 있었다. 그럼에도 그들은 우리에게 높은 소유지분,

우리의 상표권과 제품배합공식에 대한 지배권을 인정했다.

1994년 8월 펩시와 스타벅스는 북미 커피 파트너십의 설립을 공식 발표했다. 캔 또는 병에 든 냉커피를 포함한 커피 관련 신상품을 개발, 대량 보급하려는 목적의 전략적 제휴관계였다. 그 사업은 외부에서 보기에 두 회사의 핵심사업에는 영향을 주지 않는 부수적인 사업으로 비쳤던 것 같다. 그러나 나는 그것을 우리에게는 지각변동을 일으킬 큰 패러다임의 변화로 보았다.

우리의 사업이 상상하지도 못한 방향으로 전개될지도 모르는 상황이 온 것이다. 우리의 핵심 사업이 훨씬 폭넓게 확대되는 것이었다. 그것은 우리가 확고하게 품질과 환경을 통제할 수 있었던 스토어로 국한된 기존의 사업영역을 떠나서 새로운 유통시장에 진입하는 것을 의미했다. 또한 스타벅스에서 직접 판매하지는 않으나 스타벅스 상표를 부착한 제품을 개발하는 것을 의미했다.

한편 스타벅스가 다른 관심사항을 갖고 있는 파트너와 제휴하는 것을 의미하기도 했다. 펩시와 손을 잡기로 한 것은 궁극적으로 스타벅스 스토어들을 방문하는 고객들을 위주로 하는 제한적인 사업범위에서 훨씬 거대한 시장의 고객들을 상대로 사업을 확대하고자 하는 취지의 결정이었다.우리는 어느 정도 리스크가 있으리라고는 짐작하고 있었지만 정작 새로운 관계가 가져올 변화의 불확실성과 복잡성에 대해서는 인식하지 못했다.

예를 들어 냉커피의 시장성에 대하여 많은 논란이 있었다. 일본에서는 냉커피를 자판기에서도 팔 정도로 냉커피가 익숙하다.

그러나 미국에서 냉커피는 그리 환영을 받지 못하고 있는 실정이었다. 어떤 사람들은 펩시와 스타벅스의 합작을 어울리지 않는 관계라고 지적했다. 스타벅스는 특수한 기호를 가진 세련된 고객들을 겨냥하고 펩시는 가능한 한 넓은 층의 고객을 지향한다. 커피 업계의 순수파들은 우리가 혼을 팔아먹는다고 비난했다.

실제로 그것은 초창기에는 양사의 사람들을 흔들어놓는 문화적 충격으로 몰고갔다. 실제로 서로 다른 이유로 파트너십에 참여했으므로 펩시와 스타벅스 사이의 긴장관계는 예견된 것이었다. 스타벅스는 펩시의 유통망을 활용하고 싶어한 반면 펩시는 스타벅스 상표가 보장하는 품질과 고객 흡인력을 활용하고 싶어했다.

펩시의 거대한 규모 때문에 펩시 사람들은 절차를 중시하고 한 번에 한 건의 프로젝트만을 추진하는 경향이 있었다. 반면 스타벅스에서는 다수의 프로젝트를 동시에 추진하는 경향이 있었다. '펩시 인터내셔널'이 맥스웰 하우스와 함께 중국에서 합작사업을 한다고 발표했을 때 발견한 것처럼, 펩시는 규모가 너무 커서 다른 부서가 추진하는 프로젝트에 대하여 전혀 모를 때가 비일비재하다.

그러나 문화가 이질적인 두 회사라도 서로의 입장을 존중만 한다면 양사의 차이점은 서로 보완적일 수 있다. 둘 중 어느 한편이 이길 때까지 맹렬히 싸우기보다는, 우리가 동의할 수 없는 것은 일단 상대의 의도를 긍정적인 것으로 가정하고 윈윈 전략으로 해결했다. 우리는 차이점으로 혼란스러워하기보다는 서로 다른 차이점을 칭찬하는 것을 배웠으며 시간이 지남에 따라 놀랍게도 잘 지내기 시작했다.

나는 현재 펩시 회장인 크레이그 웨더럽, 펩시콜라 사장 브렌다 반스, 기술제휴 총지배인 마크 만젤스도프, 마케팅 팀장 브라이언 스위트에게 전적인 신뢰를 보낸다. 왜냐하면 그들이 합작사업과 스타벅스 브랜드의 장기적인 가치를 인정했기 때문이었다. 그러나 아쉽게도 합작회사의 첫 번째 제품은 실패했다.

'마자그란Mazagran'은 19세기 알제리아에 주둔했던 프랑스 용병부대의 이름을 빌린 탄산 냉커피였다. 우리가 그것을 1994년 서던 캘리포니아에서 시장조사했을 때, 사람들은 양극화 현상을 보였다. 어떤 사람은 그것을 매우 좋아했으나 어떤 사람은 싫어했다. 많은 고객들은 스타벅스 브랜드 때문에 그것을 마셔보려고 했다. 그러나 마자그란은 우리의 희망과 달리, 고객들의 관심을 지속적으로 끌지 못했다. 우리는 그 결과에 실망했지만, 결국 제한된 틈새시장 고객들에게만 어필할 수 있는 제품을 개발했다는 것을 깨달았다.

펩시는 놀라울 정도로 인내심이 강했다. 크레이그 웨더럽과 내가 처음부터 아주 솔직한 관계가 아니었더라면, 그 합작사업은 단발성으로 끝났을지도 모른다. 그러나 우리 두 사람은 서로를 믿었고 협력 가능성을 확실하게 믿었다. 우리는 끝까지 노력하기로 한 결과 1995년에 더 좋은 접근 방법을 찾아냈다.

프라푸치노는 1995년 보통 때는 커피를 마시지 않는 수만 명의 고객을 끌어들이고, 커피가 보통 적게 팔리는 오후와 뜨거운 여름에 우리 스타벅스 스토어들을 채우면서 놀라울 정도로 인기를 모았다. 어느 날 마자그란의 미래에 대하여 번민하며 토론을 하던 중 나는 "프라푸치노를 병에 넣어 판매하면 어떨까"라고 말했다. 펩시 경영진은 이 아이디어에 호응을 보였다.

그러나 아이디어를 낸다는 것은 아주 쉬운 부분이었다. 실제 프라푸치노를 병에 넣어 슈퍼마켓에 내놓는 일은 하나의 큰 도전이었다. 우리 스토어에서 프라푸치노는 자잘하게 으깬 얼음을 혼합하여 만들었다. 보존기간이 짧은 우유도 함께 혼합해야 한다. 처음 몇 번 병에 넣은 프라푸치노의 맛은 형편없었다. 합작회사의 연구개발팀이 우리 스토어에서 만들어진 것만큼 맛좋고 상품성 있는 프라푸치노를 만들어내기까지는 수개월의 연구기간이 필요했다.

그들이 그것을 해냈을 때 나는 그것이 성공하리란 것을 알았다. 우리는 우리 상품을 매우 신뢰했기 때문에 시장조사조차 하지 않았다. 펩시는 가능한 빠르게 생산을 늘렸으나 1996년 여름동안 서부지역 슈퍼마켓에만 공급할 수 있었다.

시장에서의 반응은 우리를 압도하였다. 병에 든 프라푸치노를 내놓은 지 몇 주도 안 되어 우리가 계획한 물량의 10배가 판매되고 있었다. 수요만큼 빠르게 만들 수도 없을 정도였다. 슈퍼마켓에서는 품절되었다고 아우성이었다. 우리는 모든 마케팅 지원을 포기해야만 했다.

펩시도 정신이 없었다. 프라푸치노는 그들이 예상했던 판매량의 두 배에 육박하고 있었다. 70퍼센트 이상 반복주문이 이루어지고 있었고 다른 신세대 음료를 훨씬 능가했다. 결국 우리는 제조 생산능력을 증가시킬 때까지 프라푸치노를 진열대에서 철수해야만 했다.

병에 든 프라푸치노는 우리가 희망했던 대로 대성공이었다. 그것은 우리의 진로를 슈퍼마켓과 즉석 음료 사업으로 리드했다. 여름내, 우리는 예기치 못한 수요의 급증과 공급물량 부족을 세밀히 조사하기 위하여 펩시와 자주 회동하였다. 9월에 우리는 공동으로 프라푸치노 전용 생산시설 세 기를 동시에 건설하기 위하여 수백만 달러를 투자하기로 결정했다. 그것은 스타벅스가 그때까지 한 가장 큰 단일 투자였다.

슈퍼마켓에서 생산을 늘리라고 아우성이었기 때문에 우리는 1997년 여름에는 새 공장을 가동하여 병에 든 프라푸치노를 전국적으로 내놓기로 계획하였다. 우리는 목표를 신축적으로 변경하기도 하였다. 그러나 우리는 그것을 해낼 수 있다고 확신하였다.

어떻게 전통을 중시하면서도 혁신적일 수 있을까?

스타벅스 상표는 값으로 환산할 수 없을 만큼의 가치 있는 자산이다. 우리가 하는 모든 결정은 그것을 유지하고 차별화하는 데 기여해야만 한다. 그럼에도 불구하고 새로운 스타벅스 상품을 개발할 때마다 우리는 성공 가능성과 그에 따른 일정한 리스크를 고려해야 한다.

혁신적인 상품으로 일반인의 상상을 사로잡는다면 스타벅스는 더 클 수 있다. 그러나 무엇을 하든 스타벅스 상표가 상징하는 바를 희석시키지 않도록 해야만 한다.

합작사업을 하여 신상품을 내놓은 것은 우리의 주요 사업방식 중 하나로 자리잡았다. 1995년에 우리는 스타벅스 커피 추출물을 섞은 맥주인 '더블블랙 스타우트Double Black Stout'를 만들기 위해 시애틀의 대표적인 맥주회사인 '레드훅 에일 브루어리Redhook Ale Brewery'와 손을 잡았다. 그 맥주는 레드훅 고객들로부터 많은 호응을 얻었다. 또한 우리는 스타벅스 설립자들이 결코 상상할 수 없었던 커피아이스크림 시장에도 진출했다.

1995년 10월만 해도 스타벅스 아이스크림은 우리의 사업계획에 있지도 않았다. 그러나 1996년 7월까지 그것은 전국 슈퍼마켓에 있었고 그 분야에서 판매 1위였다. 하워드 비하가 비록 여러 해 동안 아이스크림 사업을 추진하고 싶어했지만 나는 사실 좀 시큰둥했다. 그러나 돈 발렌시아의 추출물은 사업성이 없다고 간주했던 여러 품목들에 대한 내 시야를 열어주었다.

상품화 부사장인 해리 로버트가 1995년 8월에 아이스크림 시제품을 나에게 가져왔을 때 나는 두세 명의 제조업자를 초청하여 함께 토론하도록 했다. 두세 번의 은밀한 회동 후에 우리는 '드라

이어스 그랜드 아이스크림Dreyers Grand Ice Cream'사를 전국적인 유통망과 고급아이스크림 제조 경험을 갖고 있는 합작파트너로 선정했다. 드라이어스가 기꺼이 스타벅스 고유의 상표만을 부착한 제품을 생산하기로 동의했기 때문이었다.

돈 발렌시아는 그의 커피 추출물을 드라이어스로 가져가서 그들의 아이스크림 전문가들과 우리의 커피 전문가들로 하여금 함께 작업을 시작하게 했다. 9월에 드라이어스 사장인 릭 크론크는 고위 경영진을 시애틀로 데리고 와 여러 견본품을 맛보였다.

슬라이드 보고를 통하여 그들은 이 프로젝트와 시장규모를 1억 달러 정도로 잡고 25밀리미터짜리 고급아이스크림 대여섯 가지, 하드류 아이스크림 두세 가지를 내놓자고 제안했다. 그러고나서 그들은 준비해 온 세 가지 아이스크림 샘플을 꺼냈다. 그것은 스타벅스의 강배전된 커피의 독특한 향기를 지닌, 훌륭하고 풍부하며 크림이 많은 것이었다. 나는 탁자 건너편에 있는 비하를 보며 눈을 깜빡거리면서 "결국 당신의 소원을 이룰 것 같군요"라고 말했다. 그것은 큰 기회이고, 시기적절하며, 올바른 동업관계같이 보였다. 나는 이 상품이 스타벅스 상표의 인지도를 제고하고 우리의 이미지를 빛나게 할 것을 알았다.

"1996년 7월 4일 전국적인 출시를 목표로 합시다."

"벤 앤 제리스, 하겐다즈보다 더 좋은 최고급 아이스크림. 최고급. 한번 해봅시다."

새로운 파트너와 함께 그렇게 빨리 신상품을 개발하기 위해서는 합작회사의 법률적인 관계를 정립할 필요가 있었다. 쉽지 않은 이 문제를 스타벅스의 법무실에서 해결해주어 우리가 신상품 개발을 수행하도록 도와주었다.

최종 신제품들은 양측 모두 긍지를 가질 수 있을 정도로 품질이 아주 좋았다. 4월에 신제품이 슈퍼마켓을 강타했을 때 스타벅스 아이스크림은 폭발적인 인기를 끌었다. 우리는 이탈리아 배전커피, 바닐라 모카 스월, 자바칩, 카페 아몬드 퍼지, 강배전 에스프레소 스월의 다섯 가지 맛을 선보였다.

다음 해에는 저지방 라떼가 출시되었다. 스타벅스 아이스크림은 전국적으로 1만 개에 달하는 슈퍼마켓에 모두 출시되기도 전인 7월 말 광고비용도 별로 들이지 않고 하겐다즈를 제치고 미국 내 넘버원 고급 아이스크림으로 발돋움했다.

아이스크림과 병에 든 프라푸치노에 대한 고객의 호응은 대단했다. 스타벅스 스토어에 전혀 들어가지 않던 사람들도 우리의 제품을 찾았다. 우리는 상표의 인지도를 적극 활용하고 있었지만 어떤 면에서 그것은 매우 위험스러운 일이었다. 우리에게 큰 성공을 가져다주거나 큰 해를 줄 수 있는 일이었다. 출시를 서두르는 바람에 그만큼 더 위험했다. 다른 회사들은 그런 도박을 하지 않았을 것이다.

우리의 결정이 옳았을까?

통상적으로 어느 브랜드라 하더라도 내재적인 한계가 있는 법이다. 상표를 아무 데나 마구 부착하기 시작한다면 그 상표의 효용가치는 형편없이 떨어지고 말 것이다. 따라서 우리는 스타벅스 상표를 최고급 상품에만 부착한다.

아이스크림과 프라푸치노는 분명 스타벅스에게 많은 이익을 안겨주는 고속 성장 사업이 될 것이다. 그러나 우리는 스타벅스에 새로운 고객들이 몰려오기를 원하며, 우리 회사가 결코 지난날의 영화에만 머무는 일이 없을 것임을 그들 뇌리에 각인하고 싶다. 신상품들은 스타벅스라는 회사가 혁신을 중요시하고 있음을 보여 준다.

입에서 입으로 전해진 스타벅스 브랜드 커피의 명성이 소매시장에서 입증되었기 때문에 이러한 기회들이 우리에게 열려 있었던 것이다. 소매시장에서 고객의 신뢰를 얻었으므로 우리는 일정한 범위 내에서 소매가 아닌 시장에서 실험을 할 수 있었던 것이다. 예를 들면 최근에 스타벅스는, 저급 커피 원두 공급처로 알려져 있어 기피하던 슈퍼마켓에 원두를 공급하기 시작했다.

만일 우리가 스타벅스 브랜드가 확고하게 정립되기 전에 이를 시도했다면, 많은 손해를 입었을 것이다. 그러나 이제, 적합치 않아 보였던 시장에 이 같은 형태로 우리의 커피를 공급하고 있는 것이다. 슈퍼마켓 진열대 옆에 갖가지 종류의 커피에 대해 설명해줄 바리스타들은 비록 없지만, 장을 보러오는 사람들은 이미 스타벅스가 최고급 커피의 대명사임을 잘 알고 있다.

우리가 25년에 걸쳐 이루어놓은 신뢰는 만약 고객들이 이들 슈퍼마켓 상품들을 싸구려 또는 평범한 것이라고 생각한다면 한순간에 날아가버릴 수 있다.

이는 미묘한 문제다. 우리는 매일매일 어려운 결정을 해야만 한다. 우리가 성공하면 신상품들은 상표의 질을 떨어뜨리지 않고 오히려 새롭게 활력을 불어넣을 것이다. 우리는 언제나 시장의 반응을 통해 우리의 결정이 옳았는지를 판단할 수 있다.

나는 마이크로소프트와 같은 도시에 살고 있었기 때문에 커피 업종같이 하이테크 산업에 속하지 않는 업종에서는 언제라도 강력한 경쟁자가 부상한다면 스타벅스의 1위 자리를 빼앗길 수도 있다는 것을 잘 알고 있다. 나는 스타벅스가 현재의 위치를 계속 지킬 수 있도록 하기 위하여 가능한 한 모든 조치를 취하고 있다. 사실 돈 발렌시아는 내가 이 책을 쓰고 있는 동안에도 이를 위하여 연구에 연구를 거듭하고 있다.

17

위기는 예고 없이 찾아온다

사람의 타고난 기질은 위급한 때에
얼마나 침착할 수 있는지에 따라 평가된다.
_제임스 러셀 로웰, 《에이브러햄 링컨》에서

서리가 강타한 날

1994년 6월 어느 날 아침 깨어보니 나는 스타벅스의 역사에서 최악의 위기에 직면했음을 알게 되었다. 느닷없이 찾아온 것이었다. 누구의 실수도 아니었다. 우리는 아무 것도 예상할 수 없었으며, 어찌 할 바를 몰랐다.

나는 10년 만에 가장 긴 휴가를 가 있던 참이었다. 스타벅스가 계속해서 확장함에 따라 나는 계속 바빴고 셰리는 그 때문에 휴가를 계속 미루거나 취소하고 있었다. 그러나 이제는 스타벅스가 잘 돌아가고 있다고 판단하여 2주간의 휴가를 떠났던 것이다.

수석재무담당 임원으로 4년을 재직한 오린 스미스가 막 사장으로 취임한 시점이었다. 우리 중 누구도 그가 그렇게 빨리 호된 시험에 들리라고는 생각하지 못했다.

휴가 셋째 날, 나는 회사가 궁금해서 사무실로 전화를 걸었다. 비서인 조지테 에사드가 나의 목소리를 확인한 즉시 말했다. "즉시 오린과 데이브와 이야기하실 필요가 있습니다." "무엇이 잘못 됐나?" 내가 물었다. "그들과 얘기해보세요." 그녀가 나에게 말한 전부였다.

나는 무언가 심각한 일이 발생했다고 생각했다. 내 전화는 회의실로 돌려졌다. "하워드." 오린이 조용한 목소리로 말했다. "브라질에 심각한 서리가 내렸답니다. 커피 가격이 천정부지로 오르고 있습니다."

브라질이라고? 스타벅스는 브라질에서는 어떤 커피도 수입하지 않았다. 대부분의 브라질 커피는 깡통으로 되어 있다. 그러나 브라질은 전 세계 커피 생산량의 4분의 1 이상을 생산한다. 나는 바로 그 서리의 심각성을 이해했다. 브라질에서의 흉작은 모든 곳에서 커피 가격을 상승시킬 것이 자명했다. 스타벅스는 고품질의 커피만을 수입하기 때문에 보통 뉴욕의 커피, 설탕 코코아 현물거래 시장에서 프리미엄 가격을 얹어서 지급한다.

그날 아침 오린은 나에게 커피 가격이 1986년 이래 가장 높은 파운드당 1.26달러에서 1.80달러로 폭등했다고 말해주었다. 1994년 일사분기에 우리가 예측했던 파운드당 80센트보다 훨씬 높은 가격이었다. 엄격히 통제되어야 할 주요 원가 중의 하나가

두 배로 뛴 것이다. 게다가 생두 가격은 여전히 오르는 추세였다.

스타벅스의 주가는 떨어지기 시작했다. 브라질에서 1975년 마지막으로 심각한 서리가 내렸을 때 생두 가격이 파운드당 3.4달러로 치솟은 후 몇 년 동안 높은 가격에 머물렀다. 그 전설적인 '흑서리' 때문에 브라질의 생두 수확량이 줄어든 것이다. 그때만해도 스타벅스는 세 개의 스토어밖에 보유하고 있지 않았다.

지금은 350개의 스토어에 커피를 공급해야 했기 때문에 이번 서리로 인한 잠정적인 피해는 엄청났다. 가격이 다시 두 배로 오르면 어떻게 되나? 5분도 채 안 되어 나는 나의 휴가는 끝났다는 것을 알았다.

나는 시애틀행 비행기를 타야만 했다. 그들이 나에게 돌아오라고 한 것은 아니지만, 우리 모두는 그 문제를 처리하기 위해 같이 있어야 한다는 것을 알았다. 오린이 사장으로 부임한 지 한 달밖에 안 된 시점에 불과한데 그 자신 스스로 이 문제를 해결해야만 한다는 것은 그에게 공평하지 않았다.

그 전화로 내 생활의 전체가 바뀌었다. 그해 여름뿐 아니라 그해 전부가 바뀌었다. 우리가 그 날 강타한 문제를 해결하는 데만 2년이 걸렸다. 나는 전화기를 내려놓고 몇 초 동안 혼란스러운 상태로 우두커니 서 있었다. 나는 옆방에 있는 셰리를 불렀다. 아내는 내 목소리를 알아들을 수 있었다. 아내가 왔을 때 그녀의 얼굴은 실망감으로 가득 차 있었다.

"믿기지 않겠지만, 나는 시애틀로 다시 가야만 해"라고 아내에게 말했다.

가격인상의 기로에 서다

나는 이튿날 아침 일찍 비행기를 타고 오후 12시 30분에 사무실에 도착했다. 오린이 회의를 주재했다. 걸어 들어가자마자 나는 즉시 간부들의 근심 어린 얼굴들에 둘러싸였다.

우리의 시련은 최악의 위기에 올바르게 대처하는 것이었다. 그것은 우리를 하나의 팀으로 만들어주었다. 그 방 안에 있는 모든 사람들이 두려움과 불확실성을 느끼고 있었다. 나는 그들에게 우리는 이 문제를 처리할 수 있다는 것을 재확인시켜주고 싶었다. 그러나 나 자신도 '과연 그럴 수 있을까' 하는 의심으로 가득 차 있었다.

커피구매, 재고관리, 배전, 재정 금융, 기획, 소매점 운영, 우편주문, 도매 등 주요 부서의 책임자들이 회의 탁자 주위에 앉아 있었다. 우리는 먼저 직면한 문제의 심각성을 이해하는 것이 필요했다. 모두 상황보고서를 내놓았다. 그러나 이 경우, 상황보고서란 정말 모순이었다. 상황은 문자 그대로 커피 가격이 오름에 따라 시시각각 변하고 있었기 때문이었다. 데이브 올센은 서리 문제의 배경을 설명했다.

묘하게도, 그는 지난 2년 동안 커피 가격이 너무 낮다고 우려했다. 1980년대 후반 국제커피기구에 가입한 커피 생산국가들은 수출 물량 제도를 이용하여 가격을 올리려고 하였다. 그러나 1989년 7월 그 협정서는 파기되었고, 커피 가격은 턱없이 낮아졌다. 세계 전체적으로 커피 생산량이 수요를 훨씬 웃돌고 있었기 때문이었다.

1992년까지 커피 가격은 파운드당 50센트로 떨어졌는데 생산 원가에 훨씬 못 미치는 가격이었다. 이는 커피 구매자들에게 좋은 소식이라기보다는 부정적인 결과를 미치는 것이었다. 세계의 커피 영농자들은 비료를 살 여유도 없었으며 많은 지역에서 커피 수확량이 줄어들고 있었다. 어떤 농부들은 커피나무를 뽑고, 사탕수수 같은 다른 작물을 심었다. 결국 세계의 커피 생산량은 소비수준에 훨씬 못 미칠 정도로 급격히 떨어졌음에도 전년도의 과잉공급으로 인하여 한동안 가격은 상대적으로 낮았다.

1994년 가격이 오르기 시작했을 때 비로소 데이브는 안심했다. 데이브는 커피 재배업자와 수출업자와의 관계를 공고히 하기 위해 수년 동안 폭넓게 출장을 다니면서 일했다. 그래서 그는 낮은 가격이 그들에게 얼마나 어려움을 끼치는지 잘 알고 있었다. 데이브는 양질의 커피를 계속 공급받기 위해 정상적인 가격으로 회복되어야 함을 알고 있었다.

서리가 강타한 후 나는 현재 재고가 충분히 있다는 말을 듣고 안심했다. 그러나 생두 가격이 계속해서 오르기만 하면 어떻게 될까? 생두 가격이 더 오르기 전에 커피를 더 구매해야 하는가? 그것은 그날 바로 결정할 수 있는 것이 아니었다.

그 후 2~3일에 걸쳐 전화가 폭주했다. 주요 주주, 증권분석가, 무역업자, 기자 들이 우리의 반응을 알고자 전화를 걸었다. 우리는 무언가 결정을 해야만 했다. 가격을 올려야 하나? 올려야 한다면 얼마를 언제 올려야 한다는 것인가? 그것은 판매에 어떻게 영향을 미칠 것인가?

가장 큰 배전업자인 네슬레, 크래프트, 제너럴 푸즈, 프록터 앤 갬블은 그들의 캔커피 가격을 즉각 인상했다. 미국 커피 시장의 70퍼센트는 그들이 조절하고 있었다. 물량이 몇 개월분밖에 남아 있지 않은 상황에서 이익은 더 적어지고 있었으나 그들은 거의 선택의 여지가 없었다. 폴저스의 가격은 불과 일주일 만에 두 배로 급등했다.

반면 우리는 즉시 소매 가격을 올리지 않기로 결정했다. 가격 인상은 우리의 고객들에게 공정하지 못한 처사라 판단했기 때문이었다. 석유회사들이 당시에 여러 달의 재고를 보유하고 있었음에도 대체비용을 반영하기 위해서 석유 가격을 즉시 올렸을 때 소비자들이 느꼈던 배신감을 우리는 기억하고 있다. 우리는 생두 가격이 어떻게 되는지 기다려보기로 결정했다.

첫 번째 충격 이후 꼭 2주 만에 우리는 두 번째 충격을 받았다. 7월 11일 월요일, 스타벅스는 최악의 상황을 맞았다. 브라질이 또 다른 서리로, 이번은 더욱 지독한 서리로 고통을 받았다. 첫 번째 서리는 브라질 커피 수확량의 30퍼센트를 감소시켰다고 보고되었는데, 이번 두 번째 서리는 적어도 추가로 10퍼센트를 더 파괴한 것으로 나타났다. 스타벅스 주가는 3개월 만에 최저치로 떨어졌다.

며칠 안 돼 생두 가격은 바로 3개월 전의 330퍼센트 이상인, 파운드 당 2.74달러로 폭등했다. 모든 것이 마치 하룻밤 사이에 일어난 듯했다. 한 대 얻어맞은 기분이었다.

우리는 매일 회의를 열었다. 당시의 상황이 얼마나 중대한지, 우리가 얼마나 두려워하고 있는지 알고 있는 직원들은 많지 않았을 것이다.

스타벅스 수익은 4년 동안 매년 50퍼센트 이상 성장하고 있었다. 월 스트리트의 투자자들은 앞으로도 흑자기조를 유지할 것이라고 기대하고 있었다. 만일 우리가 그들의 기대를 충족시키지 못하면 우리의 주가가 폭락해 미래에 자금을 조달하는 데 곤란했다. 무역상들은 예상 커피 가격이 4달러에 이를 것으로 내다봤다. 모든 것을 종합해보면 그들의 예측이 맞아떨어질 수도 있었다.

3대 커피회사들은 즉시 커피 가격을 또다시 올렸다. 우리는 어떻게 언제 소매가격을 올릴지에 대해 집중적으로 토론했다. 몇몇 이사회 멤버는 가격인상에 반대했다. 그러나 우리의 주된 원재료의 가격이 계속 폭등하고 있었으므로 가격을 인상하는 것은 불가피했다.

7월 13일, 우리는 7월 22일을 기하여 10퍼센트 미만의 가격인상을 실시한다고 발표했다. 커피 음료는 컵당 5센트나 10센트밖에 인상되지 않았지만 원두커피 가격은 파운드당 1.23달러 정도나 올라서 고객들이 어떻게 반응할까 걱정되었다. 우리의 커피

가격은 이미 슈퍼마켓의 그것보다 높았다. 판매량이 줄어들 수밖에 없을 것 같았다.

우리는 의식적으로 석유회사와 대형 포장상품 제조회사들과는 다른 길을 선택하였다. 우리는 현재의 대체 비용을 커버하기 위해 가격을 올리지 않았으며 또한 재료 원가의 상승을 소비자들에게 즉시 전가하지도 않았다. 만약 가격을 즉시 올렸다면, 우리의 가격은 깡통에 든 슈퍼마켓 커피처럼 엄청나게 상승했을 것이다. 대신 우리는 1995년 실질적인 비용 증가분만을 상쇄하고자 노력했다.

그러는 동안 나의 역할은 이러한 위기를 무난히 극복할 수 있다는 자신감을 직원들에게 심어주는 것이었다. 어쨌든 우리는 자주 회의를 소집했으며 회사의 대처방안을 직원과 고객들에게 적극 홍보했다. 우리가 고객들과 맺어온 유대관계는 아주 좋았다. 투자자들도 우리의 입장을 이해하고 스타벅스 경영진이 내리는 결정들을 존중해주었다. 무엇보다 고객들은 업계 최고의 커피에 상응하는 높은 가격에 개의치 않고 인상된 가격을 지불하는 데 주저하지 않았다.

투기꾼들의 조작에 따른 오판

막후에서 우리는 어려운 결정들을 내려야 했다. 가격이 급격히 더 오르지 않는다면 현재의 가격으로 더 많은 커피를 구입해야 할지 고민했다. 2.74달러가 최고 가격이면 기다렸다가 더 낮은 가격으로 구입하는 것이 더 좋을 듯도 싶었다.

우리 모두 번민하는 동안 금융권의 경험이 풍부한 오린이 "시장을 미리 예측하고자 노력하는 것은 쓸데없는 짓"이라고 조언했다. "이런 방법으로 생각해봅시다. 두 가지가 똑같은 위험이 있다고 가정해봅시다. 커피 가격이 오르는 경우와 내리는 경우 중 어느 쪽이 덜 위험할까요?"

우리는 토론 끝에 현재의 가격으로 구입하여 재고를 비축해놓는 것이 더 좋겠다는 데 동의했다. 만일 가격이 떨어진다면 우리는 높은 가격으로 계약한 것이 되겠지만 어쨌든 그 가격에는 회사를 꾸려나갈 수 있다고 오린은 설명했다. 만일 커피 가격이 4달러로 오른다면, 우리는 그것을 감당할 수 없을 것이 분명했다. 따라서 현재의 가격으로 커피를 구매하기로 결정했다.

결과적으로 상한가에 구매한 것이었다. 그러나 이는 오판이었다.

7월 후에는 생두 가격이 떨어졌다. 그 당시 가격 상승에 국제적인 투기꾼들이 한몫했음을 우리는 알지 못했다. 투기꾼들이 시장을 한바탕 휩쓸고 간 후 커피 가격은 빠르게 회복되었다. 수개월 내에 커피 가격은 정상적인 수요와 공급에 의해 연말에는 1달러 10센트대로 안정되었다.

우리의 창고에 있는 '비싼' 커피를 모두 소진하는 데에는 2년이 걸렸다. 1995년 7월에 커피를 구매했기 때문에, 높은 가격에 구매한 재고를 오랫동안 가지고 있어야 했다. 따라서 1996년에는 가격을 조금 올려야만 했다. 고객들은 서리로 인해 상승한 가격으로부터 그들을 우리가 최대한 보호했다는 것을 알지 못했기 때문에 그러한 뒤늦은 가격인상은 해명하기가 어려웠다. 그러나 모든 것을 종합적으로 고려하여 우리는 올바른 결정을 한 것이었다.

비록 높은 가격에 커피를 구매하는 실수를 했지만 어느 누구도 남에게 비난의 화살을 돌리는 일은 전혀 없었다. 워낙 어려운 시기였으므로 화합과 신뢰를 구축하는 것이 무엇보다 중요했다. 6월과 7월의 긴장된 순간마다 우리가 결정한 것에 대해 특기할 만한 것은 최고 품질의 커피를 공급하겠다는 우리의 확고한 의지가 조금도 흔들리지 않았다는 것이다.

물어볼 것도 없이, 우리가 할 수 있는 가장 쉬운 일은 커피 구매 담당자인 데이브 올센과 메리 윌리엄스에게 이렇게 말하는 것이었다. "품질이 낮은 커피를 구매하기 시작하십시오. 우리는 비용을 통제하고 이익마진을 계속 유지해야만 합니다." 그러나 이렇게 지시하는 일은 결코 없었다. 아무도 그것을 대안으로 생각하지 않았다. 우리는 다른 회사들처럼 고급커피를 값이 싼 원두와 섞고 가격을 올리는 전략을 구사할 수도 있었다.

물론 비용은 엄청나게 절감할 수 있었겠지만 그렇게 했으면 다른 종류의 위기를 맞았을 것이다.

위기가 가르쳐준 것

가격이 떨어지면서 가장 다급한 위기의 순간을 넘길 수 있었다. 그러나 이를 수습해야 하는 부담이 여전히 있었다. 고객들에게 전적으로 재정적인 부담을 전가하지 않으면서 목표했던 수익을 어떻게 올릴지가 문제였다.

오린이 관리부서를 감축함으로써 해결책을 얻을 수 있다고 주장했다. 회사를 더 효율적으로 운영하고 규모의 경제를 활용함으로써 인상된 생두 가격을 상쇄할 수 있다는 얘기였다. 그는 그것을 '이익증진계획'이라 불렀다.

나는 처음에는 회의적이었다. 스타벅스는 전에는 결코 비용절감과 효율성 제고를 위해서 관리부서 감축을 실시한 적이 없었다. 회사가 매년 50퍼센트의 성장세를 유지하고 있음을 감안할 때 관리지원 부서를 무작정 축소할 수는 없는 일이었다. 회계, 법제, 자금, 기획, 생산, 정보시스템관리 부서 등의 관리 부문은 영업 부문만큼 성과가 가시적으로 평가될 수 있는 것은 아니지만 그 중요성은 과소평가되어서는 안 될 것이다. 그렇잖아도 관리 부문 직원들은 일손이 달리는 형편이었다. 그런 와중에 예산을 삭감한다는 것을 불공평한 처사였다. 그러나 별다른 대안이 없었다.

그의 계획을 본격으로 실시하면서 오린의 리더십이 나타나기 시작했다. 일단 관리부서 감축을 지휘할 전문가를 채용하고 감축 대상 부서원들과 정기적인 미팅을 갖기 시작했다. 그는 위기를 기회로 바꾸어 회사를 더 조직적으로, 전문적인 방법으로 경영하

기 시작했다. 계약 재협상, 원가 절감, 완벽한 기획, 회사 재원의
적절한 사용 등을 통해 여러 시너지 효과들을 얻을 수 있었다. 이
런 것들은 언젠가는 취해야 할 조치들이었다. 단지 위기를 통하
여 그 필요성이 일찍 제기되었고 우리는 생각보다 짜임새 있는 경
영에 신경 쓰게 되었던 것이다.

우리는 경비 절감의 많은 부분이 창고와 배전공장에서 있어야
한다는 것을 알고 있었다. 1995년 4월 필스버리에서 우리와 합류
한 테드 가르시아는 우리의 배전기술, 포장기술, 그리고 유통망
관리를 이미 세계적 수준으로 올려놓기 시작했다. 그는 새로운 컴
퓨터 시스템을 도입하여 3년 동안 계속해서 연간 8~10퍼센트까
지 파운드당 원가 비용을 낮추었다. 테드의 그룹은 운송비용도 삭
감했으며 종이컵 비용도 재협상하여 상당히 절감했다. 그는 품질
을 떨어뜨리지 않고 2000년까지 비용을 계속하여 낮추는 5개년
계획을 세웠다.

아이스크림이나 음악사업에 뛰어들 만큼 가시적이거나 획기적
인 것은 아니더라도, 오린과 그의 팀은 도전에 직면할 때마다 이
를 무난히 극복하는 스타벅스의 전통을 확고하게 다졌다.

1994년 이전에는 우리가 손댄 모든 것은 금으로 바뀌었다. 어
떤 것을 담대하게 시도할 때마다 성공했다. 위기가 예고 없이 닥
쳤을 때, 그 위기는 우리의 경영진을 잘 결속된 팀으로 훈련시켰
다. 또한 오린의 위기관리 능력과 리더십을 엿볼 수 있었고 나로
서는 경영의 새로운 단면을 배울 수 있는 좋은 기회였다.

위대한 회사는 앞을 내다보는 지도력과 숙달된 집행력이 필요하다. 하나는 이사진, 다른 하나는 하위직에서 필요하다. 〈포춘〉의 로널드 헨코프가 1996년 11월에 쓴 것처럼, '상당히 오랫동안 번창하는 기업은, 비용 삭감과 수익의 증가가 상호 배타적이 아님을 안다. 상하 조직 모두 영원히 방심하지 않는 것은 번영으로 가는 새로운 지름길이다.'

나는 회사의 진로를 즉시, 획기적으로 변경할 수 있는 외부의 힘이 얼마나 강한지 겸허하게 깨달았다. 그것은 우리가 변함없이 준비하고 항상 불침번을 서야만 한다는 것을 가르쳐주었다. 우리는 아는 것만을 경영할 수는 없으며, 알려지지 않은 것도 경영할 수 있어야 한다. 스타벅스는 이미 한 번 위기에 직면했기 때문에 바로 닥칠 알려지지 않은 위기를 더 준비할 수 있었다.

커피 가격이 1997년 초에 다시 두 배로 뛰었을 때 우리는 분명한 대비책이 있었다. 그 때 우리는 원가를 계산하는 방법을 파악하고 있었고 고객들을 상대로 어떤 조치를 취해야 하는지도 이해하고 있었다. 1994년 위기의 교훈은 나의 뇌리에 깊이 각인되어 있다.

만약 우리가 쉬운 해결책을 선택하여, 원가를 줄이려고 최고의 커피를 포기했더라면 어떻게 됐을까? 만일 우리가 조금 싼 커피를 구매한다면, 우리는 매년 수백만 달러를 절약할 수 있다. 아마 우리 고객의 10퍼센트 미만만이 그 차이를 말할 수 있을 것이다.

그러나 스타벅스는 여전히 세계의 어떤 다른 회사보다 파운드당 커피 가격에 더 많은 돈을 지불하고 있다. 만일 제품의 비용을 줄임으로써 이익을 올릴 수 있고 고객의 90퍼센트는 그 사실을 알아 채지 못한다면 왜 그렇게 하지 않을까?

그 차이점을 우리는 알 수 있기 때문이다. 우리는 스타벅스 내에서 훌륭한 커피는 어떤 맛이 나는지를 알고 있다. 정직성은 우리가 내세우고 있는 것이며, 바로 우리의 중요한 일면이다. 만약 우리가 더 높은 이익을 이루고자 우리의 양심과 타협한다면 우리는 과연 무엇을 이룰 수 있겠는가? 결국 우리의 고객들은 우리가 품질을 희생했음을 알아차릴 것이고 고객들은 더 이상 스타벅스에 가려고 하지 않을 것이다.

그러나 그 일이 발생하기 오래전에 스타벅스 내의 우리 모두는 그것을 또한 깨닫고 있었다. 무엇이 우리로 하여금 매일 출근하게 하는 것일까? 조잡한 품질로 높은 이익을 낸다? 그러면 좋은 직원들은 떠날 것이고, 사기는 떨어질 것이다. 결국 실패가 우리를 따라올 것이다. 그리고 다시 재기하는 것은 불가능할 것이다.

비즈니스는 습관의 산물이다. 이익을 내기 위해서 품질을 희생시키기 시작한다면 스타벅스는 영영 그 악순환에서 벗어날 수 없게 된다. 너무 비싼 대가를 치르는 것이 아닌가.

18

일류 브랜드는 광고 회사가
만드는 것이 아니다

마음에서 우러나오는 행동이 상대의 마음을 움직이는 법이다.
_새뮤얼 테일러 콜러리지, 《테이블 대담》에서

1988년 초 스타벅스가 시카고에서 첫 번째 겨울을 맞았을 때, 나는 엘리베이터 안에 서서 고객들이 스타벅스 컵을 들고 가는 모습을 보았다. 컵에 부착된 초록색 로고는 손가락에 가려져 보이지 않았다. 브랜드 이름인 스타벅스는 그들에게 아무 의미가 없었다.

6년 후 맨해튼에 첫 번째 스토어를 개점했을 때 고객들은 에스프레소를 마시기 위해 즉시 일렬로 줄을 섰고 오전 8시 30분까지 장사진을 이루었다. 왜 그날 그렇게 많은 뉴요커들이 스타벅스를 선택했을까?

북아메리카를 가로지르는 수많은 도시들에 스토어를 개점할 때마다 각 스토어는 문전성시를 이루곤 했다. 애틀랜타, 휴스턴, 토론토 등 우리가 새로운 지역에 들어설 때마다 얼마나 멀리 떨어져 있든 사람들은 개점일에 스토어 앞에서 줄을 서서 기다렸다. 너무나 많은 고객들이 몰려오곤 했기 때문에 별도의 광고를 할 필요조차 없었다. 스타벅스 브랜드는 미국과 캐나다 전역에서 높은 인지도를 자랑하며 사랑받게 되었다.

그러나 과연 일본에서도 어필할 수 있을까? 나는 그것을 알아보기 위하여 1996년 8월 세계를 반 바퀴 돌아서 비행기로 날아갔다. 스타벅스 인터내셔널이 도쿄 긴자의 고급 패션거리, 잘 보이는 모퉁이에 첫 번째 스토어를 개점할 때쯤이었다. 우리는 이번에도 광고를 하지 않았다. 스타벅스라는 이름이 일본 사람들에게는 무슨 의미가 있을지 의문스러웠다. 도쿄에는 거의 모퉁이마다 커피숍이 있다. 500개의 스토어를 보유한 경쟁업체도 있다. 성공 가능성은 만만치 않았다.

개점하는 날, 나는 엄청난 더위와 거의 100퍼센트에 달하는 습도에 시달리고 있었다. 도쿄가 그렇게 더우리라고는 생각도 못하였다. 그러나 스토어에는 가게문을 여는 순간부터 닫는 순간까지 고객들이 스타벅스 커피 맛을 보려고 40~50명씩 줄을 섰다. 검정색 양복을 입은 남성들, 우아한 실크 머플러를 걸친 여성들, 가방을 멘 학생들, 모두 다 엄청나게 뜨거운 열기 속에서도 묵묵히 서 있었다. 어떤 사람은 개발된 지 1년밖에 안 된 혼합 프라푸치노를 주문하기도 했다.

우리는 일본인들은 음식이나 음료를 거리로 들고 나가는 것을 싫어한다고 들은 적이 있었다. 그러나 많은 고객들은 로고를 보이면서 그들의 스타벅스 컵을 자랑스럽게 가지고 문밖으로 걸어나갔다.

나는 스타벅스의 해외 사업을 담당하는 하워드 비하와 함께 이 광경을 지켜보면서 거기에 서 있었다. 그는 눈물이 고인 눈으로 나를 돌아보았다. 스타벅스 브랜드는 뉴욕과 시애틀에서 가졌던 것과 같은 힘을 도쿄에서도 발휘했다. 스타벅스 브랜드는 스스로 생명력을 갖고 있었던 것이다.

어떤 경영학 서적에도 없는 브랜드 마케팅

우리는 결코 브랜드를 구축할 의도는 없었다. 우리의 목표는 회사의 상품이 상징하는 바와 그 회사사람들의 열정을 존중하는 훌륭한 회사를 만들어 가는 것이었다. 초창기에 우리는 한 번에 한 잔씩 커피를 판매하고, 스토어를 개점하랴, 강배전 커피에 대해 교육하랴 너무 바빠 '브랜드 전략'에 대해 많은 생각을 할 수가 없었다.

그런데 언제부터인지 나는 다음과 같은 전화를 받기 시작했다. "어떻게 5년밖에 안 돼 전국적인 브랜드를 만들어냈는지, 직접 오셔서 저희에게 강의해주실 수 있겠습니까?" 사람들은 하나의 브랜드가 이렇게 빨리 전국으로 알려진 것은 특이한 것이라고 말했다. 몇몇 도시에서는 하룻밤 사이에 알려졌다.

뒤돌아보건대 나는 어떤 경영학 서적에도 있지 않은 방법으로 브랜드를 만들었다는 것을 깨달았다. 우리는 처음에 소비자가 아니라 회사 사람들과 함께 스타벅스 브랜드를 만들어냈다. 그것은 크래커나 시리얼 회사의 브랜드 구축전략과는 정반대의 시도였다. 우리는 고객들의 기대를 충족시키거나 능가하기 위한 가장 좋은 방법은 훌륭한 사람들을 고용하고 교육시키는 것이라고 믿고 있기 때문에 우선 종업원들에게 투자하였다.

　그들의 열정과 헌신으로 우리의 소매점 파트너들이 커피와 브랜드를 대표하는 가장 좋은 대사들이 되었다. 그들의 지식과 열정은 우리 커피를 고객 사이에서 인기 좋게 했고, 그들로 하여금 우리 스토어로 다시 오게 했다. 그것이 스타벅스 브랜드가 가지는 힘의 비밀이다. 우리의 파트너들이 느끼는 회사에 대한 애착과 그들이 우리의 고객과 함께 만드는 동질감이 그것이다.

　나는 프록터 앤 갬블, 안후세 부쉬, 펩시, 그리고 제너럴 푸드에서 마케팅 전략을 기획한 경력이 있는 스타벅스 이사회 멤버, 제이미 섀넌에게서 브랜드의 가치에 대해 많은 것을 배웠다. 그는 스타벅스가 이미 힘이 있는 브랜드가 되어가고 있다고 믿었기 때문에 1990년에 회사에 투자했다. 훌륭한 브랜드는 차별화가 분명하고 기억에도 생생히 남으며 제품 자체가 사람들로 하여금 기분이 좋아지게 만든다. 또한 강력하고 편리한 유통망을 지니고 있는데, 스타벅스의 경우 그것은 바로 스토어다.

　성공하기 위해서는 활기차게 사업을 벌일 수 있을 정도의 넓은 분야가 필요하고, 무엇보다 분명하고 독창적인 비전을 갖고 있어야 한다. 그는 이러한 모든 요소들이 필수적이지만 경영팀이 이를 잘 집행할 수 있을 때만 효과를 발휘한다고 말하고 있다. 제이미는 스타벅스가 결국 코카콜라같이 세계적으로 널리 알려질 수 있다고 보았다.

미국의 전국적으로 알려진 브랜드들은 주로 마케팅에 치중하고 있다. 나의 배경이 마케팅에 있음에도 불구하고, 그것은 스타벅스를 주도하는 원동력이 아니었다. 적어도 전통적인 의미에서 말이다. 1987년 이후 10년 동안 우리는 광고비로, 1천만 달러 미만을 지출했다. 광고 효과를 신뢰하지 못해서가 아니라 여유가 없어서였다. 그 대신 우리는 생산중심, 사람중심, 가치중심을 추구해 왔다.

브랜드 마케팅에 대해 알고자 한다면 주로 프록터 앤 갬블 모델에 근거한 정보를 찾을 수 있을 것이다. 프록터 앤 갬블은 대량 유통과 매스미디어 광고를 활용하여 거대시장을 겨냥한다. 그리고는 경쟁자들로부터 시장점유율을 확보하는 데 초점을 맞춘다. 만약 펩시가 1~2퍼센트의 시장점유율을 늘리면 코카콜라는 그만큼 시장을 잃는다. 자동차와 담배 브랜드에도 똑같이 적용되는 논리다. 포장제품을 제조하는 대기업들은 2~3퍼센트의 시장점유율을 더 얻기 위해 혁신적인 광고캠페인을 벌이느라 수천만 달러를 쏟아붓는다.

스타벅스는 다른 접근법을 갖고 있다. 우리는 무언가 새로운 상품을 창출한다. 우리는 폴저스, 맥스웰 하우스 또는 힐스 브라더스의 고객을 빼앗는 데 치중하지 않았다. 우리는 광범위한 유통망을 구축하는 데에도 치중하지 않았다. 오히려 우리는 커피의 낭만에 대해 고객들을 교육하기 시작했다. 연회장에 훌륭한 포도주가 있듯이 우리는 스타벅스에 훌륭한 커피가 있음을 알리기 원했다. 사람들이 특정지역이나 프랑스 지역에서 자란 포도주의 특성을 토론하는 것과 같이, 우리는 바리스타들이 케냐, 코스타리카와 술라웨시의 향기를 설명할 수 있기를 원한다.

스타벅스는 한 번에 한 고객에게 브랜드 이미지를 구축했으며, 회사 소유의 소매점 스토어를 세울 때에는 직원들과 의견을 교환하였다. 처음부터 우리는 전통적이라기보다는 색다른 방법으로 우리의 브랜드를 알렸다. 우선 잘 보이고, 교통이 좋은 번화가와 주거지에 노력을 집중했다. 우리는 건물 로비와 출근길의 행인들이 지나가는 거리에 자리를 잡았다. 우리는 그들에게 우리의 원두커피로 만든 에스프레소를 제공하여 처음으로 커피 마시기의 멋을 즐기게 했다.

대형 커피 브랜드에 비해 우리가 갖는 이점은 바로 우리의 직원들에게 있음을 알게 되었다. 슈퍼마켓 판매는 비인격적이며, 상호 교감이 없는 것이다. 그러나 스타벅스 스토어에서는 커피에 관하여 잘 알고, 브랜드에 대하여 열성이 있는 진실한 사람들을 만나게 된다.

스타벅스에서는 처음부터 가치를 커피 그 자체에 두었다. 고객당 평균 매출이 단지 3달러 50센트뿐일 때, 고객들이 다시 오도록 해야 한다. 우리 고객들은 한 달 평균 열여덟 번 정도 스타벅스에 들른다. 스타벅스는 확실히 소매점포를 통해 명성을 날리고 있는 첫 번째 회사는 아니다. 여러 도시에 있는 수백 개의 소규모 특별 소매점 어디에서나 볼 수 있는 현상이다. 전통적으로 소규모 소매업자들은 차별화, 상품, 서비스 또는 가까운 데서는 얻을 수 없는 품질로 단골고객을 확보함으로써 번창했다.

스타벅스의 성공은 브랜드의 인지도를 전국적으로 높이기 위해 수천만 달러의 홍보 프로그램이 사전에 요구되는 것이 아니며, 막대한 자금력도 필요 없음을 입증하였다. 한 번에 한 고객을, 한 스토어를, 한 시장에 브랜드를 구축할 수 있는 것이다. 사실, 그렇게 하는 것이 고객에게 충성심과 신뢰를 고취시키는 가장 좋은 방법일지도 모른다. 여러 해에 걸친 인내와 노력에서 비롯하여 입에서 입으로 전해지는 명성은 일정한 지역에 한정된 브랜드를 전국적인 인지도를 자랑하는 브랜드로 발전시킬 수 있다.

스타벅스 브랜드는
커피 이상의 것을 의미한다

훌륭하고 지속적인 브랜드를 창출하는 첫 번째 요소는 매력적인 상품을 갖는 것이다. 다른 방법은 없다. 스타벅스의 경우, 우리의 상품은 커피 이상의 많은 것을 갖고 있다. 고객들은 세 가지 이유 때문에 스타벅스를 선택한다. 바로 스타벅스의 커피와 사람들, 그리고 스타벅스에서만 느낄 수 있는 '경험'이다.

● 맛의 낭만

스타벅스에게는 커피 맛보다 더 중요한 것은 없다. 우리는 세계에서 가장 좋은 아라비카 커피를 구입하는 데 대하여 열정적이며, 각각의 다양한 원두에서 가장 바람직한 향을 끌어낼 수 있는 배전에 열광적이다. 그것이 우리를 위한 기준 지표가 되고 있다. 우리가 하는 그 밖의 모든 것은 우리의 커피만큼 우수해야 한다.

우리는 어느 단계에서라도 조금의 잘못도 없게 하는 데 엄격하다. 우리의 소매점 파트너들은 우리의 커피가 신선하고 향이 잘 유지되도록 철저히 한다. 우리는 공기, 빛, 습기로 인하여 생기는 부작용을 최소화하기 위해 커피 원두를 진공 백이나 어두운 장소에 보관한다. 우리는 커피를 어떻게 추출하느냐에 따라 굵게 혹은 미세하게 정확하고 정밀하게 분쇄한다.

그리고 우리는 정확한 기준대로 커피와 물의 양을 측정한다. 만일 훈련 중인 바리스타가 에스프레소 한 잔을 뽑는 데 18초 미만 또는 23초 이상이 걸린다면 우리는 그에게 추출 시간을 제대로 맞출 수 있을 때까지 시도할 것을 요구한다.

커피의 98퍼센트가 물이기 때문에 나쁜 물은 가장 우수한 배전 커피의 맛을 손상시킬 수 있다. 그래서 고객들이 스토어의 카운터 뒤를 보지 못한다 하더라도 우리는 물 정수장치까지 하고 있다. 이와 같은 각각의 세심한 조치들로 인한 비용은 만만치 않다. 그러나 이런 조치들은 고객들로 하여금 어느 스토어, 어느 지역에서든 동일한 고품질의 커피를 맛볼 수 있게 한다.

● 서비스의 낭만

하워드 비하는 "우리는 커피를 서빙하는 사업이 아니라 커피를 서빙하는 사람 사업에 종사하고 있다"고 말했다. 스타벅스에 대한 열정과 지식을 고객들에게 전해주는 사람들은 바로 우리의 파트너들이다. 고객들에게 몇 마디 말로 인사하고 손님들의 미각에 꼭 맞는 음료를 주문받아 만들면, 그들은 다시 오기를 열망할 것이다.

그러나 미국의 소매점에서 고객들이 경험하는 것은 대부분 그저 그렇다. 세탁소, 슈퍼마켓 또는 은행에서 당신은 일개 번호, 신용카드 또는 개인신분코드로 취급받는다. 당신의 앞과 뒤에 오는 소비자들의 파일에 들어가는 하나의 거래일 뿐이다. 그러나 당신이 높은 수준의 경험을 할 때, 즉 당신이 웃음으로 환영받고 인정받을 때 그 경험은 오래도록 기억된다.

우리는 스타벅스 브랜드를 바리스타들의 손에 맡기기 때문에 훌륭한 사람들을 채용하고 그들에게 커피에 대한 우리의 열정을 불어넣는 것이 대단히 중요하다. 우리는 소매에서는 보기 드문 정교함과 깊이가 있는 훈련 프로그램을 통해 그렇게 하고 있다.

여러 해 동안, 상품의 홍보보다는 직원들을 교육시키는 데 더 많은 비용을 지출했다. 우리는 24시간짜리 교육프로그램을 지속적으로 모든 신입사원들이 이수하게 했다. 모든 신입 바리스타는 다음과 같은 기본 교육과정을 거쳐야만 한다. 커피지식(4시간), 커피추출(4시간), 고객서비스(4시간), 그리고 오리엔테이션과 소매업 노하우 등을 숙지해야 한다.

신입 바리스타들이 입사한 첫날부터 우리는 스타벅스의 가치 중심 문화를 그들에게 심어주려고 노력하며, 고객을 존중하는 마음의 중요성을 일깨워준다. 새로 입사한 바리스타들을 교육시키는 트레이너들은 모두 현장 경험을 갖고 있는 스토어 매니저 또는 지역 담당 매니저들이다. 우리는 바리스타들이 고객을 접촉하고 그들의 요구를 감지하며 서로 다른 커피를 간단하고 분명하게 설명할 수 있도록 교육시키고 있다. 만족하지 않은 고객들에게 무료커피 쿠폰을 나누어주도록 하기도 한다.

우리는 새로운 시장에서 스토어를 개점할 때마다 대대적인 바리스타 모집에 나선다. 개점하기 전 8~10주 동안 우리는 바리스타를 고용한다고 선전하고 그들을 교육시키기 시작한다. 스타벅스는 기존 스토어에서 풍부한 경험을 쌓은 매니저들과 바리스타들로 구성된 '스타팀'을 파견한다. 그리고 일대일 교육시스템을 활용한다.

고객들과의 교류를 적극 장려하는 차원에서 각 스토어에 고객의 소리 카드를 비치하기도 한다. 우리는 한 달에 약 150통의 카드를 받는다. 약 50퍼센트의 고객들은 부정적이며 30퍼센트는 긍정적이고, 나머지는 질의 및 요구사항이다. 제일 많은 불평은 줄이 너무 길다는 것이다. 어떤 고객은 스타벅스에 너무나 감명을 받은 나머지 장문의 편지를 쓴다. 한 남성 고객은 임신한 그의 부인을 병원으로 급히 데리고 가면서 느낀 긴장감을 카페라떼가 어떻게 풀어 주었는가를 3페이지에 걸쳐 설명하는 편지를 보내오기도 했다. 그러한 고객들의 소리에 사려 깊게 답변하기 위해 우리는 스타벅스의 가장 오래된 직원 중 한 사람으로 하여금 1992년 고객상담센터를 설립하게 하기도 했다.

● 분위기의 낭만

스타벅스에서 우리 상품은 훌륭한 커피일 뿐 아니라 '스타벅스 경험' 자체이기도 하다. 즉, 고객들이 편안하면서 멋지고 우아한 스타벅스 스토어 안에 들어가보고 싶게 만들고 풍요로운 분위기를 경험할 수 있도록 한다. 고객들은 때로 일터와 가정의 긴장감에서 벗어날 수 있는 제3의 장소를 찾고 있다는 것을 깨닫게 되었다.

사람들은 스타벅스에서 재충전하고 개인적인 휴식 등을 얻기 위해 온다. 그들은 방문의 대가로 보상을 받아야만 한다. 만약 어떤 세심한 사항에 있어서도 잘못이 있다면 브랜드는 타격을 받는다. 스타벅스가 '모든 것이 중요하다'라는 말을 누누히 강조하는 이유이다.

스토어들은 우리의 게시판이나 다름없다. 고객들은 스타벅스에 들어서는 순간 스타벅스 브랜드에 대한 나름대로의 인상을 받는다. 우리가 스토어에서 창출하는 분위기는 커피의 품질만큼 브랜드를 구축하는 데 중요하다.

모든 스타벅스 스토어는 신중하게 고객이 보고 만지고 듣고 냄새 맡거나 맛보는 모든 것의 품질을 높이도록 디자인되고 있다. 스타벅스 스토어에 다가섰을 때, 대부분의 경우 먼저 커피의 향에 도취될 것이다. 커피를 마시지 않는 사람조차 커피를 추출할 때 나오는 향기는 매우 좋아한다. 그 향기는 고객들이 도취되도록 풍부하고 깊은 맛이 나며, 강하고 암시적이다. 향기는 어느 다른 감각보다도 훨씬 강력하게 기억에 남는다. 그것은 사람들이 우리 스토어에 매력을 느끼게 하는 주된 역할을 하고 있음이 분명하다.

커피향을 순수하게 지키는 것은 결코 쉬운 일이 아니다. 배전커피는 냄새를 흡수하는 나쁜 성향을 지니고 있기 때문에, 스타벅스가 전국적으로 확산되기 오래 전부터 스토어에서 흡연하는 것을 금지했다. 우리는 파트너들이 향수나 화장수도 사용하지 말 것을 요구했다. 우리는 인공향이 나는 배전커피는 판매하지 않는다. 우리는 수프, 훈제 쇠고기, 요리된 음식 등은 판매하지 않는다. 고객이 오직 커피향기만 맡기를 원할 뿐이다.

우리의 스토어에서 들리는 소리들도 브랜드 이미지 제고에 공헌하고 있다. 최근까지만 해도 스타벅스의 테마음악은 클래식 아니면 재즈였으나 요즈음은 오페라, 블루스, 레게, 브로드웨이 뮤

지컬 테마곡 등으로 많이 다양해졌다.

그러나 음악은 스타벅스에서 들을 수 있는 소리의 한 요소에 불과하다. 주문한 후, 고객은 보통 캐셔가 자신이 주문한 음료 이름을 부르는 것을 듣는다. 그러면 그 소리는 뒤에 있는 바리스타에게 전달된다. 에스프레소 기계의 '쉬' 하는 소리, 바리스타가 필터 안에 있는 커피 가루를 빼기 위하여 톡톡 치는 소리, 뜨거운 우유가 금속 피처 안에서 부글부글 하는 소리, 커피판매대에서 금속삽으로 배전커피 0.5파운드를 퍼내는 소리, 커피를 저울에 재는 소리 등 스타벅스 고객들에게 이러한 모든 것들은 모두 친밀하고 편안한 소리로 들린다.

고객들의 손 안에 있는 컵이 따뜻하게 느껴질 수 있도록 우리는 고객들이 손대는 모든 것에 주의해야만 한다. 의자의 스타일, 진열대 위의 모서리, 마루결 구조, 청결까지도 스타벅스 스토어의 경험을 구성하는 요소들이다.

상품이 진열되는 방법도 브랜드에 영향을 미친다. 우리는 모든 사항을 세세히 검토하며 특정제품을 고객들에게 내놓을지 여부에 대해 열띤 토론을 갖는다. 우리는 독창적인 디자인을 만드는 방편으로 스타벅스 머그잔을 손으로 페이트칠하기 위해 이탈리아 화가들과 함께 작업도 한다.

일류의 정통 브랜드는 마케팅부서 또는 광고회사에서 만들어지는 것이 아니다. 일류 브랜드 스토어의 디자인 및 위치 선정, 교육, 생산, 포장, 자재 구매 등 회사의 모든 구성요소로부터 창출되

기업가 정신의 재창출

345

는 것이다. 강력한 브랜드를 보유한 회사들의 고위 경영진은 항상 의사결정을 할 때 해당 결정사항이 관련 브랜드의 인지도를 제고시킬지 또는 희석시킬지 여부를 판단해야 한다.

과연 입에서 입으로 전해지는 명성만으로
브랜드를 구축할 수 있는가?

시애틀에서는 원두커피가 인기를 모으는 데 15년이 걸렸다. 에스프레소는 5년이 걸렸다. 그럼에도 불구하고 우리는 다른 도시에서 호응을 얻는 데 필요한 시간을 다소 과소평가했다.

1987년 시카고에 진출했을 때, 우리는 고객이 몰려올 것으로 확신할 정도로 스타벅스의 커피 맛에 자신을 갖고 있었다. 그러나 우리가 고려하지 않았던 것은 우리가 입에서 입으로 전하는 스타벅스 커피의 명성이 시애틀 밖에는 없었다는 것이었다. 우리는 그러한 경험을 통해 단순히 스토어를 개점만 하면 고객들이 온다는 가정은 불안정하다는 것을 알았다.

우리는 진출 준비를 한 도시마다 사전에 고객의 흥미를 창출해야만 했다. 스토어를 개점하는 날 인근의 사람들 사이에 화제를 모으는 것이 관건이었다. 스타벅스는 진입한 시장마다 새로운 기법을 터득했다. 그래서 1995년 시장 진입을 가속화할 당시 다양한 시장접근법을 개발할 수 있었다.

소매시장 담당 부사장인 제니퍼 티스델은 해당 지역의 홍보 회사를 고용하여 스타벅스가 새로운 스토어를 열려는 도시의 전통과 주 관심사가 무엇인지 파악하면서 시장 진입전략을 기획하기 시작했다.

우리는 그 지역기자, 음식평론가, 요리사 및 유명 레스토랑 주인 등을 초청하여 시음행사를 갖기도 했다. 바리스타들에게 실습할 기회를 주기 위해 그들이 친구와 가족들을 개점 전에 열리는 파티에 초대하도록 했다. 커피와 빵은 무료였고, 지방의 비영리단체에 기부를 제안하기도 했다. 마지막으로 우리는 스토어를 연후 보통 토요일에 대형 개점 파티를 가지곤 했는데, 때로 수천 명이 참석하는 경우도 있었다.

지역행사 및 이에 대한 후원은 우리의 마케팅 업무의 중요한 파트로 자리잡았다. 우리는 구호단체 외에도 에이즈 치료 프로그램을 지원하기도 하면서 지역사회의 문제에 민감하려고 노력한다. 특히 어린이 질병, 아동병원, 환경, 수질 등의 이슈에 초점을 맞춘다.

우리는 고객들이 커피에 대하여 더 많이 배우는 데 흥미 있는 정보를 공급하기 위해 스토어 내부자료도 제시한다. 스토어마다 안내 책자를 전시하고 있다. '세계의 커피'는 우리가 판매하는 배전커피의 각각 다른 맛을 자세히 다루고 있다. '가정에서 최고의 커피를'에는 커피를 분쇄하여 추출하는 방법, '스타벅스 특별음료 만드는 방법'에는 카푸치노와 카페라테를 음료로 마시는 방법을 그림과 함께 설명하고 있다. 게다가, 여러 시대를 거쳐온 커피 문화와 로맨스에 초점을 맞춘 월간 소식지 〈커피〉를 발행하고 있다.

브랜드 구축에 기여하는 다른 요소는 고객들과의 직접적인 교류를 가능케 하는 스타벅스의 우편주문 카탈로그다. 스타벅스의 800번 전화번호는 고객들에게 수마트라와 술라웨시의 차이, 골드코스트와 유콘블렌드와의 차이를 커피 전문가와 토론할 수 있는 기회를 주고 있다.

사세 확장이 워낙 빠르게 전개되고 있기 때문에, 시애틀에 있는 스타벅스의 마케팅 인력은 특정지역의 수요와 관심사를 조사할 여력이 없다. 그래서 마케팅 업무를 분산시켰다. 미국 전역을 4구역으로 나누어서 각 지역의 스토어 개점, 행사, 행사의 후원 등을 담당케 하고 본사에서 벌이는 활동이 지역적 관심사와 부합하는지 체크하게 한다. 많은 소매업자들의 고객관리 수준이 하향 곡선을 그리는 요즘, 스타벅스의 이러한 고객 중심 경영은 소매 업계의 화제로 떠올랐다.

고객들은 "야! 내가 여기 와서 이렇게 좋은 대접을 받는군. 다음 날 다시 오면 그들은 내 이름과 내가 좋아하는 음료도 파악하고 있겠지! 그리고 내가 앉을 수 있는 자리가 있을 것이고 거기 앉아서 재즈를 듣는다. 눈을 감고 일터와 집을 떠나 5분간 휴식을 취할 수 있다. 하와이로 휴가를 떠날 여유는 없지만 단 1달러 50센트에 스타벅스에서 의미 있는 휴식시간을 가질 수 있지"라고 말하곤 한다.

이와 같이 열광적으로 만족한 고객들이야말로 바로 입에서 입으로 전해지는 스타벅스의 명성을 키우는 사람들이다. 모든 새로운 스토어가 이런 종류의 반응을 불러일으킬 수만 있다면, 스타벅스 브랜드가 널리 퍼진 후에라도 고객 개개인에게 의미 있는, 스타벅스 특유의 멋진 경험을 안겨 줄 것이다.

경쟁자의 숲 속에서 살아남기

1995년까지 스타벅스 브랜드는 정체성의 위기에 직면했다. 우리가 세계적인 수준의 커피를 근거로 명성을 쌓았지만 커피 분야의 경쟁이 워낙 극심했기 때문에 어떤 고객들은 우리를 수십 개의 다른 경쟁자들과 구별할 수도 없었다.

스타벅스의 규모 때문인지, 그들은 스타벅스의 커피 품질 및 지역사회에 대한 헌신을 파악하지 못했다. 입에서 입으로 전해지는 명성에만 의존하는 데 한계가 있음이 분명했다. 우리가 대표하는 것이 무엇인지 분명하게 언급하지 않는 한, 스타벅스가 의도하는 바에 대한 혼란만 생길 것이 자명했다.

우리는 항상 스타벅스 커피 그 자체가 우리를 대변해주리라 믿었다. 하지만 점차 더욱 적극적으로 홍보 활동을 벌여야 함을 깨달았다. 거리를 걸어가면서 두세 개의 커피숍을 지난다면, 어느 곳이 가장 좋은 에스프레소를 서빙하는지 알 수 있겠는가? 어느 곳이 직접 커피를 배전하고 바이어들을 전 세계로 보내 가장 좋은 원두를 찾는지 알 수 있겠는가?

1990년대 중반에 이르자 우리는 더 적극적으로 스타벅스 이야기를 전할 필요성을 느꼈다. 훌륭한 브랜드는 언제나 브랜드 자체보다 훨씬 큰 무언가를 나타낸다. '디즈니'란 이름은 재미있고 가족적이며 즐거움을 암시하고 있다. '나이키'는 최고의 운동선수를 뜻한다. '마이크로소프트'는 모든 책상위에 컴퓨터가 놓이는 것을 목표로 한다.

나는 스타벅스를 한 단계 높은 수준으로 끌어올리기를 원했으며 훌륭한 커피 한 잔, 그리고 따뜻하게 고객을 초대하는 분위기를 상징하기를 원했다.

우리가 크게 성장함에 따라 스타벅스 브랜드의 메시지를 전파할 사람이 절실해졌다. 스타벅스 브랜드의 미래는 이 사람의 손에 있음을 나는 알고 있었다.

1995년 2월 나는 눈이 덮인 오리건주 중부의 한 작은 집에서 사업의 창의적인 면을 풀어 내는 과정에 관한 책을 쓰고 있던 스콧 베드버리를 찾아냈다. 그는 '신어보면 안다Bo knows'와 '그냥 해봐Just Do It'라는 광고 문구가 유행하던 1987년부터 1994년까지 나이키의 홍보이사로 근무했다.

그 당시 독립했던 그는 나에게 마케팅 컨설턴트로 스타벅스를 도울 것을 제의했다. 나는 다른 계획을 갖고 그에게 전화를 걸었다.

"스콧 베드버리입니까? 저는 하워드 슐츠입니다.""아, 안녕

하세요!" 그가 나에게 인사하고는 웃으며 "믿지 않을지도 모르지만, 방금 나의 책에 스타벅스에 관하여 한 구절 썼습니다." 그는 나에게 훌륭한 통찰력으로 채워진 한 페이지를 읽어주었다. 그는 젊고 영리하며 활력이 넘쳐 보였다. 그는 아이디어를 쏟아내면서 빠르게 말했다. 나는 그를 시애틀로 초청했다.

그후 2주가 채 안 되어, 스콧이 내 사무실에서 전문가로서 자기 자신을 열심히 소개하고 있었다. 그는 언제나 그렇듯이 흠이 없는 캐주얼 차림이었다. 그의 파란 눈은 말할 때마다 빛이 났다. 그는 서른일곱 살이 아닌 20대처럼 보였다. 그는 그의 새로운 컨설팅 비즈니스와 자기의 새 고객에 대해 흥분하여 말했다.

5분도 채 안 되어 나는 탁자를 그에게 돌리고 "내가 정말로 필요한 것은 컨설턴트가 아닙니다"라고 말했다. "내가 필요한 것은 우리의 마케팅 업무를 총괄할 사람입니다."

그는 당황했다. 그는 앞으로 20년 동안의 인생을 이미 계획하고 있었으나, 결국 나의 제안을 받아들였다. 6월에 그는 그의 가족과 함께 시애틀로 이사했다. 이때 그는 스타벅스를 위한 장기 마케팅 전략에 대해 생각하고 있었다. 그는 곧 스타벅스가 브랜드뿐 아니라 수입업자, 제조업자, 소매업자, 도매업자의 역할을 하면서 우편사업까지 직접 하고 있다는 사실에 압도당했다. 그가 알기로는 그런 식으로 다섯 가지 업종을 영위하면서 살아남은 회사는 없었다.

그러나 그는 나이키와 스타벅스가 유사한 점이 많다는 것을 알게 되었다. 나이키와 스타벅스는 이익 마진이 적은 사업에 뛰어들어 해당 상품을 문화적 상징으로 발돋움하게 한 바 있다. 나이키도 고객의 입에서 입으로 전해지는 명성을 바탕으로 브랜드를 키워나가기 시작했다. 필 나이트는 나이키 초창기 때 육상경기에서 나이키 신발을 팔기 위해 육상에 관심 있는 사람들을 채용했다. 그러나 남성, 육상선수, 농구선수 외의 고객에게 어필하려는 시도를 한 적이 없었다.

스콧은 스타벅스는 '시사적인' 회사여야만 한다고 믿었다. 최근의 정치, 문학, 스포츠, 문화, 조크, 음악 등을 파악해야 한다는 것이다. 그는 스타벅스에 창의적인 변화를 가져오려고 별렀다. 스콧이 합류하기 전까지는 스타벅스는 광고비로 적은 비용밖에 지출하지 않고 있었다.

우리는 새로운 광고회사를 선정하기로 결정했다. 우리는 네 개의 일류 광고회사를 후보로 선정하고 그들에게 프레젠테이션을 준비할 것을 요구했다. 그해 여름, 우리는 네 회사의 대표들과 만났다. 그리고 나는 스타벅스에 대한 나의 목표를 설명했다. 그들은 프레젠테이션을 실시하기 전에 소비자들과 스타벅스의 파트너들을 상대로 한 시장조사를 벌였다. 그 과정에서 그들은 한 가지 충격적인 사실을 발견했다. 고객들이 스타벅스가 점차 관료적이고 틀에 박힌 회사로 바뀌고 있다고 생각하며, 이는 스타벅스 브랜드를 위협하는 가장 큰 요소라는 것이었다.

그들에 의하면 우리는 우리의 비전을 명확히 밝히는 것이 필요했다. 즉 정열적이고 기업다운 기업은 훌륭한 커피를 공급할 뿐 아니라 수백 만의 사람들을 위해 매일매일의 순간들을 풍요롭게 만들고자 헌신한다는 것이었다.

네 개의 광고회사가 모두 훌륭하고 창의적인 생각들을 갖고 있었기 때문에 오직 하나의 회사를 선정한다는 것은 힘든 선택이었다. 나는 스콧이 결정하게 했다. 그는 'GotMilk' 광고카피를 만든 바 있는 샌프란시스코 소재 '굿바이, 실버스타인 앤 파트너즈'를 택했다.

나는 스콧과 굿바이 사람들에게 스타벅스가 사람들 삶의 일부분이 되고 그들에게 희망을 심어주기를 원한다고 말했다. 스타벅스는 인간적이고 진실해야만 한다. 우리의 광고는 사람들에게 우리가 누구이고 무엇을 하는지를 전달해야만 한다.

사람들은 왜 스타벅스에 오는가? 그들은 이상적인 커피하우스는 어떤 것이라고 생각하는가? 스콧은 특히 젊은 대학생 층 고객의 의견을 듣는 데 관심이 있었다. 그 밖에 많은 사항을 반영한 조사 결과는 고객들이 원하는 바가 각각 다르다는 것을 깨닫는 데 참고가 되었다. 우리가 직면한 도전은 그러한 각양각색의 소비자 그룹을 매료시킬 적절한 품목을 유지하는 것이었다. 조사결과는 우리의 시장 전략을 재고하도록 했다.

나의 최고 목표는 우리의 광고를 통한 간접경험뿐 아니라 스타벅스 특유의 실제 '경험'을 통해 고객 한 명 한 명이 소중한 인간관계와 즐거운 시간을 갖는 것이다.

19

2천만 명의 새 고객을 위한 것이라면 모험할 가치가 있다

안전이란 미신 같은 것이다. 자연적으로 존재하는 것도 아니며,
일반적으로 경험할 수 있는 것도 아니다. 위험을 회피하는 것은,
장기적으로 보면 솔직하게 노출하는 것보다 더 안전하지 못하다.
인생이란 과감한 모험이다. 그렇지 않으면 아무것도 아니다.
_헬렌 켈러

위험한 결정에
회사의 모든 것을 걸지 않는 방법

1996년 1월, 하룻밤 사이에 스타벅스 커피를 마시는 사람들의 수가 두 배로 늘어났다. 유나이티드 항공사 United Airlines 가 우리 커피를 기내에서 제공하기 시작했던 것이다.

그 후 몇 주에 걸쳐 우리는 전국으로부터 수백 통의 전화를 받았다. "그만두십시오"라고 사람들이 불평했다. "유나이티드 기내 커피는 약하고 차갑다." "그 커피가 정말 스타벅스라는 것이 믿기지 않는다." "뭔가 조치를 취해야 한다."

영광의 순간으로 간주되어야 할 것이 오히려 재앙으로 다가온

것이었다. 우리는 큰 도박을 했고, 그에 대한 초기 반응은 좋아 보이지 않았다. 모든 여행자들은 항공사의 기내 커피가 형편없다는 것을 잘 알고 있다. 반면 스타벅스는 커피의 명성을 최고의 우선순위로 삼고 있다.

그러면 왜 우리는 이렇게 큰 위험을 무릅썼는가? 이유는 이제껏 아무도 시도하지 않은 일, 즉 기내 커피의 이미지를 다시 정립하는 기회에 도전해보고 싶었기 때문이다. 우리는 유나이티드에 도박을 함으로써 스타벅스가 가장 중요시하는 '신뢰'를 시험대에 올려놓았다. 사람들이 스타벅스 이름에 대해 좋은 커피의 대명사라고 인식하지 않는다면 그 브랜드는 아무 의미가 없다.

유나이티드와의 동업 관계는 1995년 6월 빈센트 이디스로부터 받은 전화 한 통에서 비롯되었다. 그는 스타벅스에 3개월 전에 합류했으며, 도매와 음식점 사업을 관장하는 특수판매 및 마케팅 부서의 수석부사장이었다.

빈센트는 비행기 승객들이 기내 커피의 품질에 대하여 극히 불만족스러워한다는 유나이티드 항공사의 자체 보고서를 접할 기회가 있었다. 그는 스타벅스가 그 문제를 해결할 수 있을 것이라고 제안하였다.

유나이티드는 시카고에 기반을 갖고 있기 때문에, 항공사 직원들과 소유주들의 대부분은 스타벅스를 알고 있었고, 비록 우리 커피 가격이 경쟁회사보다 두 배 이상이나 높았지만 그 가능성에 대하여 흥분하였다. 유나이티드 조종사들과 승무원들은 일반인들이 아주 가끔 경험하는 형편없는 기내 커피를 매일 마시는 고통을 감수하고 있었기 때문이다.

그러나 스타벅스 내부에서 이 제안은 강력한 논쟁을 불러일으켰다. 이런 움직임이 스타벅스를 위해 무슨 의미가 있는가? 만약 실패하면 어떤 손실을 입을 것인가? 얼마나 많은 새로운 고객들을 얻을 수 있을까? 궁극적으로 두 가지 핵심 사안으로 정리됐다. 하나는 '그것이 스타벅스 브랜드를 손상시킬 것인가?'의 문제였고 둘째는 '전 세계에 걸쳐 500대 이상의 비행기에 우리의 고객들이 기대하는 품질의 커피를 확실하게 공급할 수 있을까?' 하는 문제였다.

그것은 엄청난 기회였다. 1년에 거의 8천만 명의 사람들이 유나이티드를 이용한다. 그들 중 25~40퍼센트는 커피를 요구한다. 그것은 연간 최소 2천만 명의 잠재시장을 뜻한다. 그들 중 많은 사람들은 처음으로 스타벅스 커피를 맛볼 것이다. 빈센트는 유나이티드에 커피를 납품하는 데 어떤 요건들이 있는지 테드 가르시아와 협의했다. 우리는 분쇄된 커피를 2.5온스 필터 팩으로 공급하면서 최고의 품질을 유지해야 했다.

사실 우리는 이미 시애틀에 기반을 둔 우수한 지역항공사인 호라이즌 항공사에 커피를 공급하고 있었다. 호라이즌은 훌륭한 커피는 승객들에게 부가적인 가치를 얻는다는 것을 인정한 첫 번째 항공 회사였다. 그래서 호라이즌은 우리 커피를 기내가 아닌 지상에서 매우 엄격하게 추출하여 이륙 직후 빠르게 커피를 서빙하고 있다.

유나이티드 항공사는 훨씬 위험이 컸다. 장거리 비행의 경우 기내에서 커피를 준비하는 길 외에 다른 선택이 없었다. 그 과정은 식당에서 커피를 추출하는 것보다 훨씬 어려웠다. 항공사는 모든 도시에서 물을 가져오므로 물맛과 물의 품질이 매우 다양했다. 대륙과 대양을 가로지르는 장거리 비행에서 비행종사자들은 우리가 제한한 최고 20분보다 훨씬 오랫동안 버너 위에 커피를 올려놓고 만다.

항공기 내 추출기계는 품질이 다양할 뿐 아니라 최대한 가벼운 것을 실어야 했다. 유나이티드는 전 세계에 2만 2천 명 이상의 종사자가 있어서 스타벅스 커피를 완벽하게 한 잔 들기 위해 그들 각자를 훈련한다는 것은 거의 불가능해 보였다. 잠재적인 위험도 엄청난 것이었다. 2천만 명의 잠재 고객들이 스타벅스에 대해 나쁜 인상을 가질지도 모르는 일이었다.

9월에 우리는 유나이티드를 거부하기로 결정했다. 이 프로젝트를 추진하던 빈센트 이디스의 실망은 컸다. 테드 가르시아도 난처해졌다. 그러나 몇몇 이사회 멤버뿐 아니라 스타벅스 마케팅 담당자들은 유나이티드같이 '평범'하고 일상적인 회사와 제휴하면 스타벅스의 독특한 브랜드가 희석되지 않을까 우려했다. 그들은 유나이티드 사람들이 우리를 또 다른 평범한 거래처와 같이 취급할까 염려했다. 그들은 유나이티드가 우리가 커피를 서빙하는 방식을 따르리라고도 믿지 않았다. 또한 그들이 우리가 원하는 만큼 스타벅스를 홍보하지도 않을 것이라 판단했다.

그러나 유나이티드는 여전히 우리와 제휴하고 싶어했다. 두 회사에 모두 맞는 조건들이 제시되었을 때 협상이 비로소 다시 시작되었다. 우리는 유나이티드에 그들이나 우리가 전에 체결했던 어떤 계약보다도 훨씬 포괄적인 것을 체결하자고 제안했다. 우리는 그들이 가장 좋은 커피를 추출할 수 있다는 확실한 보증을 요구했다.

우리는 모든 비행 종사자들에게 커피를 추출하는 것과 신선하게 보존하는 기초뿐 아니라 스타벅스의 역사와 가치들을 교육시키기를 원했다. 그래야 비행 종사자들은 승객들이 묻는 질문에 대답할 수 있었다.

우리는 포괄적이면서도 엄격한 품질보증 프로그램의 도입을 주장했다. 또한 1회 계량분, 분쇄커피부터 정수시스템까지 모든 것을 조사하였다. 유나이티드 항공기에 설치된 추출기는 어떤 항공사의 것보다도 좋은 것이었지만 우리의 연구개발부서는 스테인리스를 비용이 덜 드는 플라스틱으로 대체하려는 계획을 하고 있음을 알아냈다. 우리는 커피의 질이 떨어지므로 이를 취소하라고 요구했고, 그들은 동의했다.

또한 유나이티드는 스타벅스 커피를 기내에서 제공한다고 홍보하기로 약속했다. 1996년 1월에 〈비즈니스 위크〉, 〈타임〉, 〈유에스 뉴스 앤 월드 리포트〉 뒤표지에 광고를 게재했다. 우리의 첫번째 전국적인 광고였을 뿐 아니라 미국에서 가장 큰 항공사로부

스타벅스, 커피 한 잔에 담긴 성공신화

터 품질보증을 받은 셈이었다. 우리가 결코 자체 비용으로 감당할 수 없는 큰 광고효과를 얻을 수 있었던 것이다. 그들은 내가 특히 좋아하는 문구를 포함했다.

"결국 우리는 여기에서 일만 할 수 없다. 우리는 커피도 마셔야만 한다."

유나이티드는 스타벅스가 그들에게 의미하는 바를 잘 묘사한 재미있고 재능 있는 TV 광고까지 디자인했다. 찢어진 봉지에 스타벅스 커피를 넣은 배달부가 배전된 커피를 공항에서 비행기 문까지 질질 흘리는데 사람들이 모두 그 길을 따라가며 주의를 끄는 광고였다.

우리는 첫날부터 훌륭한 커피를 서빙하기 위해 대단히 세심한 준비와 품질관리를 해야만 했었다. 그러나 우리가 예측하지 못한 점이 있었다. 우리는 1996년 2월을 모든 유나이티드 비행기에서 스타벅스를 서빙하는 개시일로 정하였다. 정해진 날짜까지 유나이티드는 전에 도매업자로부터 공급받은 모든 커피를 사용해야만 했다.

그러나 스타벅스 프로그램이 시작되었을 때, 유나이티드 비행기 500대 중 30~40퍼센트만이 제대로 추출하는 기계를 갖고 있었다. 오래된 기계에서는 뜨거운 물이 너무 빨리 통과했으므로, 그것을 고치기 위해서 유나이티드는 새 추출컵을 따로 맞추기로 했다. 그러나 공급업자는 2월까지 모든 새로운 부품들을 생산할 수가 없었다. 어떤 유나이티드 비행기에서는 옛날 커피메이커를 처음 한 달 정도는 계속 사용해야만 했다.

그러나 두 회사는 단호하고 배짱 있게 그대로 밀고나가기로 결정했다. 다른 한편으로는 그것을 즉시 고치기 위해 많은 사람들을 투입했다. 4개월 이내에 새로운 추출기구가 만들어져 모든 유나이티드 항공기에 전달되었다. 그리고 커피는 향이 있고 강한 맛을 내기 시작했다.

오늘날 유나이티드 항공사는 어린이용 해피밀 식사의 제공과 더불어 스타벅스 커피를 서빙하기로 결정한 것을 여태까지 내린 최상의 결정이었다고 평가한다.

1996년 4월에 우리가 행한 조사는 유나이티드 항공기에서 커피를 마시는 사람들 중 71퍼센트는 그것을 탁월하거나 좋은 커피라고 표현하였다. 약 14퍼센트의 사람들은 유나이티드 항공기에서 스타벅스를 처음으로 맛보았다고 했다. 어떤 사람은 기내 커피는 스타벅스 스토어에서 그들이 구매했던 것만큼 그렇게 좋지는 않다고 한 반면 승객들의 대다수는 다른 항공사들의 커피보다는 좋았다고 답했다.

빈센트 이드가 사용하기 좋아하는 비유가 있다. "공기 역학의 법칙에 따라 나비를 관찰한다면, 그것은 날 수 없어야만 한다. 그러나 나비는 그것을 모른다. 그러므로 날 수 있는 것이다." 스타벅스에서 우리도 그와 같이 우리가 어떻게 될지 모르는 것을 하고 있다.

결과적으로 유나이티드와 스타벅스 두 회사는 모험할 가치가 있었다고 양사의 파트너십을 평가하고 있다. 하루에 전 세계의 모든 대륙을 목적지로, 2,200대의 비행기에 탑승한 2천만 명의 승객들이 3만 5천 피트 상공에서 스타벅스 커피를 마시고 있다.

당신이 바로 회사다

많은 사람들은 우리가 파트너를 받아들일 때보다 거절할 때가 훨씬 많다는 점에 깜짝 놀란다. 예를 들어 우리는 유나이티드와 토론을 벌일 때에도 스타벅스 커피가 미국 전역에 배급될 수 있도록 전국적인 슈퍼마켓 체인망을 보유한 회사와 수백만 달러 규모의 프로젝트 상담을 벌이고 있었다. 그러나 그 회사 스토어의 이미지와 철학이 우리의 것과 일치하지 않았기 때문에 그 프로젝트는 결실을 맺지 못했다.

우리 매출의 87퍼센트는 여전히 소매점 스토어를 통해서 이루어지고 있는데, 한편으로는 다른 유통망을 통한 스타벅스 커피의 배급 가능성을 모색하는 문의들이 쇄도하고 있다. 새로운 사업 가능성을 평가함에 있어 빈센트의 '스페셜티 세일즈 그룹'은 평범한 파트너를 찾는 것이 아니라 전략적 파트너들을 찾는다. 우리는 파트너를 선정하는 데 있어서 매우 엄격하다. 우리와 너무 경쟁 상태에 있거나, 경영의 방식이 다르거나, 고객들에 대한 태도가 적합하지 않을 때에 우리는 거절한다.

우리의 목표는 사람들이 물건을 사거나, 여행, 놀이, 일하는 어디에서나 우리의 커피를 마시도록 하는 것이다. 전략적 동업자

관계를 맺음으로써 노드스트롬 스토어, 홀랜드 아메리카 여객선, 쉐라톤과 웨스턴 호텔, 반스 앤 노블 및 챌터스 서점 등에서 스타벅스 커피를 마실 수 있게 되었다.

파트너들은 계속하여 늘어나고 있다. 우리의 커피가 보다 폭넓게 접할 수 있게 됨에 따라 매출 증대와 브랜드 보호 간의 근본적인 모순이 대두되었다. 사실 우리로서는 스타벅스 커피가 어디에서나 접할 수 있는 것이라면 더할 나위 없이 좋은 것 아닌가? 그러나 새로운 파트너를 맞을 때마다 우리는 유나이티드사와 부딪쳤던 똑같은 문제에 직면한다. 품질에 대한 통제를 잃지는 않을 것인가? 새로운 매출원은 우리의 소매 영업에 도움을 줄까 아니면 해가 될까?

해답은 올바른 파트너들을 선정하여 철저히 그들을 교육시키는 것이고, 우리가 우리의 기준을 그들이 충실하게 준수할 수 있도록 꼼꼼하게 챙기는 것이다. 새로운 파트너십을 맺을 때 우리는 먼저 상대방의 자질을 평가한다. 우리는 호텔, 항공사 또는 여객선 회사 등 어떤 회사든, 브랜드 인지도가 있고 업계에서 좋은 명성을 갖고 있는 회사를 선호한다. 품질과 고객 서비스를 중요시하는 회사라야 한다. 우리는 스타벅스의 가치관을 이해하고 우리의 브랜드와 커피의 품질을 보호한다고 약속하는 파트너를 찾고 있다. 이 요소들은 금전적인 고려에 우선한다.

빈센트 이디스는 홀마크Hallmark 카드사에서 일하다 우리와 합류했는데, 부적당한 파트너를 가려내는 요령을 알고 있다. 그는 그들에게 간단하게 질문한다. "커피주전자가 한 시간 동안 불 위에 올려져 있었고, 고객 한 사람이 들어왔다면 당신은 즉시 고객에게 그 커피를 서빙합니까?" 만약 "예"라고 답하면 그 업체는 더 이상의 고려의 대상이 아니다.

또 다른 요건은 그 잠정적인 파트너가 과연 직원들을 기꺼이 교육시킬 용의가 있느냐 하는 것이다. 일반적으로 커피를 서빙하는 사람은 경영자가 아니다. 협상 테이블에 있는 동안 그들은 커피의 질에 대한 중요성을 인식하고 있다고 말할 것이다. 그러나 그의 회사는 과연 현장 직원들에게 필요한 시간과 비용을 투자할 마음이 있을까?

모험을 하지 않고는 진정 위대한 일을 이루어낼 수 없다. 브랜드 인지도에 의지하는 회사로서는 최고의 브랜드를 유지하는 것이 매우 중요하다. 그렇다고 해서 브랜드 때문에 새로운 일에 착수하지 못해서는 안 된다. 문제들이 발생할 때, 즉 예를 들어 오랫동안 다져온 이미지가 위협받을 때, 가능한 모든 조치를 취함으로써 그 문제를 해결하려고 하기 전까지는 성공 여부를 판단하지 말라.

무엇을 하든지, 안전하게만 하려고 하지 말라. 언제나 해왔던 방법으로 일을 추진하지 말라. 정형화된 틀에 일을 맞추려고 하지 말라. 남들이 기대하는 것만큼만 한다면, 결코 그 범주를 벗어난 성공을 거두지 못할 것이다.

20

성장하면서도 작은 것에
세심할 수 있다

근본 과제는 거대 조직 안에서 세세한 일을 이루어내는 것이다.

_E. F. 슈마허, 《작은 것이 아름답다》에서

어떻게 성장과 더불어
친근감을 유지할 수 있는가?

제닌 가로팔로라는 여배우가 한 유명한 케이블 TV의 코미디 프로에 나와서 우리에 대해 농담을 한 적이 있었다. "우리 집 거실에 그 사람들이 스타벅스를 막 오픈했어요."

우리는 이 조크를 무척 좋아했기 때문에 그 말을 광고에 응용했다. 프라푸치노 한 병과 아무도 없는 평원에 서 있는 한 여성을 사진에 담아 '스타벅스 스토어를 오픈할 멋진 장소'라는 자막을 광고에 내보냈다.

그 문구는 재미있는 것이었지만 스타벅스의 가장 큰 취약점을 무섭게 지적하는 것이기도 했다. 우리는 너무 많은 스토어를 오 픈하고 있었기 때문에 사람들은 우리가 도처에 스토어를 오픈하 려고 하는 것으로 느끼기 시작하고 있었던 것이다. 문제는 회사 가 커질수록 오히려 파트너나 고객들과는 멀어진다는 것이다. 우 리 경쟁력의 우위가 파트너 간의 신뢰관계에서 나오는 것이라면, 회사가 직원 2만 5천 명에서 5만 명으로 성장할 때 어떻게 그 상 호신뢰를 유지할 것인가?

재정적인 목표는 능히 달성할 수 있겠지만, 더 염려되는 문제 는 우리의 가치관과 원칙들이 성장에 관계 없이 본래대로 유지될 수 있느냐 하는 것이다. 20억 달러 또는 그 이상의 수준을 달성하 더라도 우리의 독특한 인간관계를 잃게 된다면 우선 나부터 이것 은 실패라고 규정할 것이다.

어떻게 성장과 더불어 사람들과의 친근감을 유지할 것인가. 이 것이 가장 어려운, 스타벅스의 리더로서 풀기 어려운 딜레마였 다. 그 과제를 푸는 것은 아마도 궁극적으로는 불가능할지도 모 른다. 그러나 우리는 해내야 한다. 그것을 못 해낸다면 스타벅스 는 또 하나의 혼이 없는 체인점에 불과하다. 나는 그러한 일이 결 코 일어나지 않게 하리라 항상 다짐한다.

고객의 고정관념을 깨라

미국에서 작은 기업체들은 일반적으로 존경을 받는데 대기업들은 증오와 공포의 대상이 되고 있다. 아마도 개개인이 느끼는 친근감에 비례해서 그럴 것이다. 그러나 작은 기업이 성공할수록 그 기업은 커지게 마련이다. 그렇다고 그 회사가 갑자기 경멸의 대상이 되어야 하는가?

만약 "대기업의 뜻이 무엇입니까?"라고 어떤 특정 집단에게 묻는다면 아마도 십중팔구는 부정적인 답변을 할 것이다. 극단적으로는 어떤 사람은 엑슨 석유회사의 석유 운송선이 충돌해서 알래스카 근해를 망쳐놓은 얘기를 언급할 것이다. 어떤 사람은 또 '석면의 공해'를 언급할 것이고, '거짓말만 하는 사람들'이라고 말하는 사람도 있을 것이다. 대니 드비토의 영화 〈다른 사람들의 돈Other People's Money〉을 빗대어 대기업을 비난하는 사람들도 만날지도 모른다. 대기업은 따라서 일반적인 이해로는 대자본가의 것이고, 그래서 위협과 공포 그 자체인 것이다.

그렇다면 작은 기업이라는 것은 무엇인가? 같은 특정 집단에게 물어보자. 완전히 정반대의 반응을 보일 것이다. 작은 기업이란 생계를 유지하기 위하여 열심히 일하는 사람들이다. 소기업의 사장들은 흔히 좋은 의도를 가진 사람들이고, 그들의 고객을 정성으로 돌본다. 어떤 사람들은 대기업의 일자리를 떠나 다른 삶을 개척하기를 원한다.

마지막으로 "대기업 중에 소기업처럼 하고 있는 기업은 없을까요?"라고 물어보자. "별로 없을 걸요"라고 대부분 대답할 것이다. 우리가 사람들에게 "우리는 소기업의 가치관에 입각해서 대기업을 만들려고 노력하고 있다"고 말한다면 아마도 대개는 믿지 않을 것이다. 그들은 우리를 불치의 낙관론자로 보거나 아니면 우리가 흑심을 감추고 있다고 보고 진심이 무엇인가를 찾아내려고 할 것이다.

스타벅스의 가장 큰 도전 과제는 '큰 것은 좋을 수 없다'는 고정관념을 깨는 것이다. 그것을 우리가 못 해낸다면, 우리는 사람들을 스타벅스로 끌어왔던 첫 번째 요인이었던 바로 그 가치관을 잃게 될 것이다.

판매가 증가한다고
가치관이 시들지는 않는다

스타벅스가 고속 성장의 궤도에 진입했을 때, 우리의 전략을 비난하는 회의론자들을 만나게 되었다. 그러나 우리는 우리의 꿈을 이루는 데 전력하였기 때문에 그들을 무시했다. 우리의 고객들은 자주 스토어에 들러 극찬을 보내주면서 호감을 표시했다. 오늘날 그들의 호감의 표시는 그 어느 때보다 더 강해졌다. 500만 명 이상의 고객이 매주 우리의 스토어를 방문하는데, 그들의 방문이야말로 우리에 대한 중요한 지지다.

그러나 우리는 또한 다른 목소리도 많이 듣고 있었다. 매년 스타벅스가 급속 성장함에 따라, 그리고 수백 개의 스토어를 새로 오픈하고 시애틀로부터 멀리 떨어진 지역으로 진출함에 따라 오해를 받을 수 있는 여지도 점차 커지고 있는 것이다. 어느 한 지역에서라도 잘못이 있으면 여러 해 동안 쌓아온 명성에 손상을 받는다.

우리는 몇몇 장소에서 스타벅스를 자기 고장에 들여놓고 싶지 않다는 운동가들의 반대에 부딪쳤다. 몇 번인가는 그 고장의 사업주가 우리와 경쟁하는 것을 두려워하여 그의 고객으로 하여금 우리가 발을 못 붙이도록 항의를 사주했던 일도 있었다. 우리가 맞서서 싸운다는 인상을 줄 만큼 부당한 고소들에 대응했어야 하는 일도 있었다. 어떻게 우리의 스토어나 커피를 경험하지 않은 사람들에게 우리가 약탈자도 아니고 잔인한 사람들도 아니라는 것을 설득할 수 있는가?

그러한 말을 듣는다는 것은 괴로운 일이다. 스타벅스는 얼굴 없는 유령회사가 아니다. 그것은 바로 나이고, 데이브 올슨이고, 하워드 비하이고, 나머지 개개인이다. 우리들은 인습적인 지혜들을 거부하고 정열과 가치관에 따라 회사를 구축했다. 우리는 이기기 시작했다. 그것에는 의문의 여지가 없다. 그러나 우리의 목표는, 시장경쟁제도하에서 재능있는 사람들이 고결한 원칙을 갖고 완벽하게 승리하는 것이다.

우리는 우리보다 훨씬 더 큰 경쟁회사와 맞서서 경쟁력을 집중시켰다. 큰 포장 식품회사가 우리의 경쟁상대였지, 소규모 커피점이 우리의 경쟁상대가 아니었다. 우리의 임무는 훌륭한 커피를 음미하는 사람들의 수를 확대하고, 그 사람들이 그것을 그 어느 시대보다도 더 다양하게 즐길 수 있게 만드는 것이다.

우리들을 겨냥한 비난의 이면에는 더 심각한 문제가 있었는데, 가령 작은 지역사회의 대도시화 문제가 그 하나다. 우리가 직면했던 대부분의 반대는 상호 밀접히 연결되어 있는 도시 지역이나 작은 소도시 지역이었는데, 그 지역 사람들은 분명한 개성을 상당히 나타내고 있다. 그들은 전국적인 체인망의 회사가 지역민 소유의 스토어를 망하게 하고 그 패스트푸드 체인점이 골목 어귀의 지역 음식점을 밀어낼 것을 우려하였던 것이다. 어떤 그룹들은 조례를 새로 통과시키거나 불충분한 주차장 등을 이유로 우리가 오픈하지 못하도록 방해하기도 하였다.

어떤 지역은 스타벅스를 어떻게 해야 할지를 몰라했다. 우리는 기존의 소매점, 식당, 패스트푸드 등의 어떤 영업 방식의 범주에도 꼭 들어맞지를 않는다. 스타벅스는 식당이 아니다. 스타벅스는 고품질의 커피 음료를 취급하는 전문 소매점이다.

그러나 대개의 소매점은 음식이나 음료는 취급하지 않으므로 우리는 식당처럼 좌석을 마련하기 위하여 어떤 때는 용도변경허가를 신청해야만 한다. 그러면 사람들은 으레 보헤미안 방식의 마루로 된 바닥과 천으로 된 벽지와 손때 묻은 테이블과 짝이 안 맞는 의자가 있는 커피하우스를 기대하는 것이었다. 스타벅스가 깨끗하고, 완벽한 커피 관련 상품이 효율적으로 진열된 것을 보면 깜짝 놀라곤 했다.

분명히 어느 지역에서나 다른 많은 형태의 커피스토어나 커피

하우스가 들어설 공간은 있다. 우리는 몇 개의 커피하우스가 서로 인접해 있어도 그들 커피하우스 안에는 언제나 사람들이 모여 있는 것을 보아왔다. 어떤 지역에 사람들이 모이는 장소가 있다는 것을 알게 되면 사람들은 그곳에 가볼 계획을 세우고 어느 커피하우스를 들를지 결정한다. 필요나 분위기를 보아 선택한 장소를 바꿀 수는 있다. 그러나 결국에는 우리 모두가 이득을 보게 될 것이다.

나는 우리가 커피의 범위를 넓혔다고 생각한다. 스타벅스가 설립된 이래 미국 내의 커피 소비는 양적으로나 질적으로 향상되었다. 전문 커피 업체들 때문에 인식도 개선되고 선택의 범위도 다양해진 것이 큰 이유라고 생각한다. 어떤 경쟁업체들은 스타벅스가 고객들을 교육시키기를 기다린 뒤 시장에 참여할 것이라고 공개적으로 우리를 인정하는 말을 하기도 했다. 시애틀에 있는 어떤 경쟁사는 모든 스타벅스 스토어의 바로 길 건너에 스토어 하나씩을 연다는 계획을 공표하기도 하였다. 그것이 나를 즐겁게 만드는가? 그렇지는 않다. 하지만 우리는 경쟁에는 관심이 없다. 우리는 우리의 고객에게 더욱 집중하고자 할 따름이다.

건물주들이 이따금 새로운 시장에서 우리의 문제를 어렵게 만들어놓기도 한다. 좋은 장소를 찾기도 어렵다. 우리의 부동산 관계자들은 장소가 나오면 재빠르게 행동하여야 한다. 땅이나 건물의 주인들은 때로는 스타벅스 이름을 흥정의 도구로 사용하기도 하는데, 다른 커피 회사나 입주 업체에게 스타벅스가 관심을 보

　스타벅스, 커피 한 잔에 담긴 성공신화

이고 있다고 정보를 흘려 임대료를 올리기도 한다. 일이 이렇게 되면 심지어 우리는 우리와 전혀 상관 없는 임대료 문제로 비난을 받기도 한다.

몇몇 경우에서는 우리가 교묘히 끌려다닌 적도 있었다. 가령 어떤 건물주가 스타벅스에 전화로 질문을 던지는 것이다. "우리 건물 빌려 쓸 의향이 없으십니까?" 그들은 그 장소가 다른 카페에 의하여 이미 사용 중 이라는 것은 밝히지도 않는다. 아마도 건물주는 그 카페와 불편한 관계이거나 또는 그 카페를 내쫓아버리고 싶었는지도 모른다. 아무것도 모르고 우리는 흥미를 표시한다. 그러나 우리가 장소를 조사해볼 시간도 없이 느닷없이 지방 신문에 이런 기사가 보도된다. '스타벅스 우리 마을에 오픈 예정. 그들은 우리 마을 점포를 퇴거시키기 위하여 높은 임차료를 지불할 예정.' 우리는 현재 입주자가 우리에 대하여 철저한 악선전을 하기까지는 그 현재 입주자에 대하여 알지도 못한다. 그러나 일단 우리가 냉혹한 전국 규모의 체인으로 묘사된다면 아무도 우리 쪽의 이야기를 들으려 하지 않는다.

두 번째 경우, 우리는 강력한 항의를 한 뒤 그들 지역에 스토어를 오픈하지 않기로 결정하였다. 우리는 스타벅스가 이웃에 있다는 것으로 그들이 즐거워하고 기뻐하기를 바랄 뿐이며 그들이 떨떠름한 기분이 들기를 바라지 않는다. 우리의 목표는 우리를 정말로 환영해주는 지역을 찾는 것이다.

특히 〈뉴스위크〉의 한 기사가 나를 화나게 한 적이 있었다. 스타벅스와 '월마트'를 비교한 기사였다. 그 공격은 불공정하고 부정확한 내용이었다. 우선 우리는 한 도시의 경제를 바꾸지 않는다. 우리는 다른 스토어가 정한 가격을 후려치지 않는다. 대부분의 경우 우리의 가격은 더 높지, 결코 더 낮지 않다. 우리는 도심에서 창고까지 차량을 끌어내지 않는다. 우리는 도심의 상업지구와 기존의 상가를 발전시킨다. 그리고 이웃 점포들에게 손님을 안내해준다.

실제로 스타벅스는 '미국풍광협회(미국의 지역사회와 전원의 풍경의 아름다움을 보존하고 증진시키는 일을 하는 미국의 유일한 국립 기관)'가 수여하는 1997년도 '스태포드 상'을 수상했다. 도시 내에서 오래된 지역을 멋지게 활용한 점과 우리 스토어의 최상의 디자인에 대하여 시상한 것이었다. 많은 보조적 소매 점포들인 제과점, 베이글 빵 가게 같은 상점들이 판매전략의 일환으로 일부러 우리 스토어 옆으로 오고 있다.

많은 카페들은 소규모로 어느 한 지역에 국한된 영업을 하고 있다. 그래서 그들은 스타벅스가 크게 성장했다는 이유로 원칙을 포기했다고 비난하는 경우가 있다. 그들의 불평은 우리가 그들의 고객을 끌어가기 위해 교묘히 그들의 점포 길 건너에 스토어를 개점한다는 것이다. 그러나 사실은 그들이 위치 때문에 스타벅스와 경쟁하지 않더라도 결국 다른 어떤 것과 경쟁하게 되었을 것이다. 우리는 건물의 입주자일 뿐이므로 임대료를 조정할 수는 없다. 임대료는 시세와 건물주에 의하여 정해지는 것이 아닌가.

나 자신이 기업가로서 그것이 커피하우스이건, 기업이건, 뜻을 가지고 사업을 창출하는 사람을 존경한다. 전문 커피처럼 그 범위가 커지고 있는 분야에서는 많은 사람들이 성공할 수 있다는 것이 입증되었다. 고객을 만족시키고 남보다 앞서서 사업을 전망할 수 있다는 것이 길 건너에 스토어를 차리는 것보다 사업의 성공 여부에 더 큰 영향을 끼친다.

우리는 처음부터 우리 자신의 부동산 전략에 따라 확장 계획을 수행해가고 있었다. 경쟁회사의 움직임에 따라 반응하지 않고 우리가 이상적이라고 판단하는 장소에 진출했다. 우리는 조심스럽게 어떤 특정 지역의 인구 통계를 검토하고, 우리의 인적 재정적 자원을 검토하고, 줄줄이 서 있는 스토어들을 살릴 수 있는 시장의 크기를 검토하였다.

우리는 스토어를 여는 거의 모든 장소에서 그 지역의 가치 증진에 기여하였다. 우리의 스토어들은 편한 만남의 장소가 되었고, 사람들이 모이는 제3의 장소가 되었다. 그것은 공동사회가 어떤 모습이어야 하는가를 보여주는 당연한 것이었음에도, 어떤 지역 운동가들은 우리가 그들의 공동체의 특성에 저해요인이 되고 있다고 주장했다. 그 주장은 사실을 무시한 오해에서 비롯된 것이었지만, 매우 예민한 문제이다.

그러한 비판들을 다루어가면서 내가 배운 것이 있다면, 스타벅스가 그 지역의 특성과 그 지역에의 충성도를 높여가야 하겠다는 것이었다. 우리는 우리의 진출 문제로 시끄러워진 여러 지역사회에서, 그 지역의 관심사를 파악하기 위하여 그 지역의 지도자들을 만났다. 우리도 또한 목청을 높여 우리의 가치관과 우리가 기여해온 것들에 관하여 설명할 필요를 느꼈다.

스타벅스의 경영진들은 발레, 오페라 공연, 에이즈 기구, 급식 단체, 학교, 자모회 등 지역 사업들을 위하여 기부할 의무와 권한이 있다. 스토어 책임자들도 모금 단체들에게 커피를 제공하기도 한다. 시애틀의 한 스토어에서는 미국 흑인들에 의하여 운영되는 도심에 사는 아이들을 위한 시온 예비학교에 이익의 반을 기증하고 있다. 1996년에는 우리 회사 순이익의 4퍼센트에 해당하는 150만 달러를 기증하였다. 이러한 활동들을 회사 홍보에 이용하지 않으므로 이러한 사실은 많이 알려져 있지 않다.

지역사회의 기부행위는 우리가 사업 초부터 회사 정책으로 약속했던 것이다. 우리는 그 일이 옳은 일이고, 그 행위가 파트너들로 하여금 자부심을 느끼게 해주므로 그 일을 한다. 스타벅스도 인간이 하는 일이므로 우리가 항상 목표에 명중하는 것은 아니다. 그러나 우리는 우리의 가치관을 생활 속에 실천하려고 온갖 노력을 한다. 바라건대 대중이 우리를 떠도는 소문으로 판단하지 말고 우리의 의도와 행동으로 판단해주기를 바랄 뿐이다.

어떻게 성장하면서도
계속 작은 것을 지향할 수 있는가?

이 어려운 질문에 대한 답은 궁극적으로 우리 바리스타들의 손에 달려 있다. 일단 스토어의 문이 열리면 카운터 뒤에서 에스프레소를 만들고 커피를 팔면서 스타벅스의 얼굴 역할을 하는 사람이 바로 그들인 것이다. 고객은 스타벅스 스토어의 매니저가 그녀의 이웃 사람이거나 친구의 아들 같은 느낌을 받을 때, 직원들이 예의 바르고 친절하다고 생각 했을 때, 스타벅스가 여러 장소에 있다는 사실에는 개의치 않을 것이다.

그러나 어떻게 하면 새 바리스타가 스타벅스와 동질감을 갖도록 할 수 있겠는가? 우리는 한 달에 500명 이상을 새로 채용한다. 그것은 어떤 소매점이 이 도시 저 도시로 확장해나간다면 누구나 겪는 똑같은 어려움일 것이다. 스타벅스가 성장했을 때 어떻게 하면 각각의 바리스타들이 커피에 대해 우리의 초창기의 바리스타들과 똑같은 정열과 똑같은 추진력과 똑같은 마음에서 우러나오는 책임감을 느낄 수 있는가?

초창기의 스타벅스 사람들에게 무엇이 그때 그들을 그렇게 움직였는가를 물으면, 그들은 그것은 친근감과 공통의 목표였노라고 대답한다. 1987년에 우리는 종업원이 100명도 안 되었고 사무실과 배전공장이 한 건물 안에 있었다. 스토어 매니저가 필요한 것이 있으면 공장에 전화해서 몇 시간 안에 그것을 받을 수 있었다.

나는 열린 사무실의 원칙을 지키고 있기 때문에 누구라도 고충이 있으면 나의 사무실에 와서 말할 수 있다. 누가 우리 아이들의 생일을 축하해주며, 우리 부모의 죽음을 슬퍼해주며 핼로윈 축제의 파이 던지기 시합에서 같이 즐겨주는가? 데이브 시모어는 1982년부터 공장의 운송부에서 일했는데 지금은 우리의 비공식 사진사로 일하고 있다. 그는 그러한 모임의 사진들을 몇 상자나 보관하고 있다.

나는 마케팅 부서가 스타벅스에서 가장 중요한 부서라고 생각했다. 지금 나는 명백히 그것은 '인력자원부'라고 말하고자 한다. 우리의 성공은 전적으로 우리가 채용하고, 지금 회사 내에 함께 일하고 있고, 발전시켜온 그 사람들의 덕택이다.

마케팅에서나, 디자인에서나, 부동산에서나, 제조에서나, 스토어 영업에서나, 신제품에서나, 연구개발에서나 우리의 성과가 아무리 눈부셔도 그것은 궁극적으로는 회사 사람들에 의하여 생명력이 부여되고 의미가 주어지는 것이다. 얼마나 멋지게 각각의 기능들이 움직이느냐는 사람들이 서로서로 어떻게 느끼느냐와 또 얼마나 스타벅스를 걱정하고 있느냐에 달려 있는 것이다.

그러나 어떻게 2만 5천 명의 사람들이 한 회사에 대하여 친근감을 가질 수 있는가? 나는 이 문제를 항상 곰곰이 생각한다. 우리의 전 종업원에게 주식매입권을 준 것은 회사가 그들을 보살펴주고 있다는 느낌을 주는 데 최상의 조치였다고 본다. 한 파트너로서 또는 부분적인 소유주로서 가장 멀리 떨어져 있는 바리스타도 회사와 유대감을 갖는 것이다.

우리는 항상 업계에서 가장 높은 시간당 임금과 최상의 복지후생비를 지급하려고 노력했다. 그리고 우리의 파트너를 한 인간으로 대접하려고 노력하는 것을 보여주는 많은 프로그램을 고안해냈다. 우리 파트너들의 '임무 검토 의견'에 회답하는 것에 추가하여 분기마다 '열린 토론회'를 열어 직접 대화하고 있다.

매년 가을 미국 전역과 캐나다에서 근무하는 현장관리자들은 시애틀에 모여 지도자 회의를 갖는다. 우리는 그들에게 지원센터의 전반을 설명하고 회의를 통하여 그들과 대화한다. 우리는 각 지역의 분기별 최고 관리자를 뽑아 상을 주고 그들을 매년 말의 시애틀 합동만찬에 초대한다. 그리고 그 자리에서는 그해의 최고 관리자를 뽑아 시상한다.

모든 스토어에는 '데이트라인 스타벅스'라는 이메일이 있기 때문에 소매담당 파트너들이 음성사서함 전달 내용들을 항상 접할 수 있다. 나는 중요한 소식이 있을 때는 항상 파트너들에게 그 내용을 녹음해서 보낸다. 그러나 마음이 담기지 않은 목소리는 어떤 일도 할 수 없다.

1994년 중반 총 직원이 2,800명이 되었을 때, 우리는 샤론 엘리엇을 인사관리 중역으로 채용했다. 그의 임무는 회사의 모든 사람들로 하여금, 회사가 성장하더라도 유대관계를 잃지 않게 하는 것이었다. 그녀는 대기업의 풍부한 근무경험으로 대기업들이 직면하는 문제점들을 잘 알고 있었다. 그러나 스타벅스처럼 회사가 성장하면서 직원들을 돌보아주는 기업 문화는 접해본 적이 없었다. "이것은 신비로운 것이 아니다. 스타벅스는 늘 그래왔다. 나는 마치 집에 돌아온 느낌이다." 그녀는 우리회사에 합류하고 나서 이렇게 짤막하게 말했다.

우리는 샤론에게 두 주요 과제를 맡겼다. 2000년에 대비하여 최고중역진을 선발하는 일과 오랫동안 우리의 가치관을 키워온 따뜻한 소기업의 분위기를 유지시키는 일이었다.

1년 안에 첫 과제는 완성되었다. 우리는 스타벅스보다 훨씬 더 큰 회사에서 일했던 일곱 명의 새 중역을 맞이했다. 마이클 케이시는 우리의 재정담당 최고중역이 되었는데 전에는 그레이스 패밀리 레스토랑에서 일했다. 빈센트 이디스는 전문제품의 판매와 시장개척을 담당했는데 홀마크 카드사에서 왔다. 테드 가르시아는 제조와 물류를 담당했는데 그랜드 메트에서 왔다. 셸리 렌저는 미국 혼다의 종합 상담역이었다. 스콧 베드버리는 나이키의 광고 업무를 이끌었다. 언론·홍보 업무를 담당하게 된 완다 헌든은 듀퐁과 다우 케미컬에서 경험을 쌓았다.

기존의 스타벅스 직원은 이 새로운 인재들의 일시 투입에 위협을 느끼기도 하였다. 그러나 나는 대기업의 간부직원들이 성공하고 있는 그들의 회사를 떠나 스타벅스에 합류하기 위하여 시애틀로 이사하고 있다는 그 사실이 스타벅스가 그만큼 성장했다는 뜻으로 받아들여져서 매우 기뻤다. 중역을 초빙하면서 우리는 우리와 가치관을 같이하고 우리가 필요로 하는 기술과 경험을 가진 사람들을 찾았다. 그러면서 또한 중역진의 다양성을 갖추도록 세심하게 노력하였다.

샤론은 영리한 흑인 여성으로서 우리가 이 목표를 달성하는 데 극히 성실하게 임했다. 그녀가 입사한 1994년만 해도 우리의 중역진은 여덟 명의 백인 남성, 두 명의 백인 여성으로 되어 있었다. 그것이 1996년에는 아홉 명의 백인 남성, 세 명의 백인 여성, 두 명의 흑인 여성, 한 명의 흑인 남성으로 바뀌었다. 샤론은 인재관리 전문가로서 단순한 인종과 성을 넘어서 훨씬 더 넓은 관점의 다양성을 추구하였다. 그녀는 나이, 장애 조건, 개성, 학습 태도 등의 면에서도 인력의 다양성을 모색하였다. 우리는 이미 동성의 한 가정의 파트너들에게 복지혜택을 주기로 결정했었다. 이는 정치적 입장에서가 아니라 이미 스타벅스에서 일하고 있는 개개인의 다양한 욕구를 인정한다는 뜻에서 결정한 것이었다.

1996년 샤론은 우리의 사명선언서의 다양성 관련 문구를 추가하자고 제안했다. 사명선언서를 고친다는 것은 마치 헌법을 수정하는 것처럼 중요하고 쉽게 이루어질 수 있는 일은 아니다. 하지만 그 제안은 만장일치로 받아들여졌다.

샤론이 내 놓은 또 하나의 전략적 조치는 완다 헌든을 채용한 것이었다. 그녀는 점점 더 우리에게 회의적인 눈초리를 보내는 세상사람들에게 우리의 가치관을 설명하는 데 중심 역할을 담당하였다. 원더는 우리의 대중 이미지를 형성하고 우리의 파트너, 사회, 고객, 언론매체와 대화하는 전략을 개발하였다. 그녀는 또한 주주들이 스스로 스타벅스의 귀중한 멤버임을 느끼도록 주주들의 모임을 계획하였다. 원더는 비판들을 가라앉히는 데 기여했다. 단정하게 옷을 차려입은 흑인 여성이 짧게 머리를 다듬고, 따라 웃지 않을 수 없는 환한 미소로 웃을 때면, 사람들이 상상하고 있던 딱딱한 회사 중역의 이미지는 어디에서도 찾을 수 없다. 또한 그녀의 직선적이고 솔직한 태도는 호감을 주었다.

한편 우리는 스토어 책임자들과 상호 대화를 확인하기 위하여 빈번한 조사와 문화적 감사를 실시하였다. ARC 컨설팅회사의 협력으로 실시한 조사 결과는 우리를 술과 잠에서 깨우듯 경각심을 주는 것이었다. 그들의 전반적인 발견 사항은 우리가 사람들을 진정으로 소중히 생각하는 흔치 않은 문화를 유지해내고 있다는 나의 믿음을 확인시켜주는 것이었다. '88퍼센트는 그들의 직무에 만족. 85퍼센트는 스타벅스가 종업원들을 보살펴주고 있다고 생각하고 있음. 89퍼센트는 스타벅스에 근무하는 것에 자부심을 갖고 있음. 100퍼센트가 존경하는 회사에 근무하는 것이 직무 만족에 중요한 요인임에 동의함.'

많은 회사를 조사하고 있는 ARC의 전문가들은 이 수치가 극히 높은 수준의 점수임을 말해주었다. 그 여론조사는 우리의 바리스타들의 다수가 10대 후반이거나 20대 초반이며, 이들 중 많은 사람들이 스타벅스에서 일하는 것이 그들의 경력에 좋은 경험이 될 것이라고 생각한다는 것을 보여주었다. 바리스타들은 그들이 배운 커피에 자부심을 갖고 있으며 스타벅스의 일이 패스트푸드 가게에서 일하는 것보다 격이 높은 것이라고 판단하고 있었다. 그것은 좋은 소식이었다.

우려할 만한 발견사항은 그들의 만족도의 수준이 쇠퇴하고 있다는 것이었다. 스토어 매니저들이 과로를 느끼거나 직원의 수가 적다고 느낄 때면 이 문제들을 회사의 급속한 성장 탓으로 비난하는 경향이 있었다. 그들은 스타벅스가 개개인에 대한 존경심을 버리고 비인간화된, 또 하나의 거대한 체인점이 될 것이라는 우려를 표한다는 것이었다. 비록 그 수는 아직 적지만 스타벅스가 종업원보다는 성장과 이익에 더 관심을 쏟기 시작했다는 우려를 표하는 다른 파트너들도 있다는 것이다.

다행한 것은 사람들이 우리와 함께 일하고 싶어하는 환경을 우리가 만들 수 있다는 것이었다. 바리스타들은 스톡옵션보다도 그들이 직장에서 정서적 이익을 얻을 수 있기를 더 바란다고도 말하였다. 즉 동료 간의 동료애, 고객들과의 인간관계, 새로운 기술과 지식에 대한 자부심, 책임자들의 존중, 그리고 자신들을 잘 대우해주는 회사에서 일하고 있다는 근본적인 만족감을 더 원한다는 것이었다.

파트너와 고객들을 위하여 스타벅스의 장점들을 유지하는 더 좋은 방법들을 찾아낼 필요가 있다는 것이 조사의 분명한 결과였다.

이 결과들을 접했을 때, 나는 회사가 전환점에 와 있다는 것을 느꼈다. 우리의 급속한 성장에 따른 긴장감은 장기간 영향을 줄 수 있는 어떤 숨어 있는 병의 증세일 수도 있다고 느꼈다. 만약 우리가 단 1년이라도 성장을 멈추고자 한다면 지속적인 수익의 증가를 기대하고 있는 주주들을 실망시키게 될 것이다. 그것은 또한 활력 있게 성공적으로 전진하는 회사에서 일하는 사람들의 기세와 자부심을 꺾는 결과를 가져올지도 모른다.

그 해결책은 우리의 파트너들에게 훌륭한 근무 환경을 제공하고 그들의 능력을 개발할 더 넓은 기회를 제공하는 것뿐이었다. 계속해서 더 부지런히 그런 노력을 하는 것만이 해결책이었다. 그리고 스타벅스 사람들에게 우리의 임무가 성장을 위한 성장이 아니라(또는 더 나쁜 표현으로는 월 스트리트를 위한 성장이 아니라) 최대한의 고객에게 훌륭한 커피를 제공하는 것임을 더 잘 이해시키는 것이 필요했다. 우리는 그들이 회사와 정서적으로 연결되도록 다시 활력을 불어넣어야 했다.

회사가 성장할 때, 직원들도 성장해야 한다

스타벅스처럼 획기적으로 성장한 어떤 회사라도 그 급속한 성장에 관련된 모든 사람들이 고통을 받았다는 것을 반드시 깨달아야 한다. 스타벅스는 내부승진을 위해 노력한다. 또한 온 마음과 힘을 일에 쏟는 사람들이 언젠가는 기력이 소진할 수도 있다는 것을 알고 있다. 가속 성장을 멈추지 않는 대부분의 회사에서는, 다른 회사라면 아마 기념식이라도 열어서 포상했을 법한 성과에 대해 직원들에게 그런 배려를 해줄 여유가 별로 없다.

나로서 가장 괴로웠던 '성장의 그늘'은 다음 단계에서 필요한 능력에 못 미친다는 이유로, 충성스러운 사람들을 돌보지 못하고 내보냈던 몇 번의 경우였다. 나는 오랫동안 충성하며 함께 일했던 우리의 파트너가 그의 상관으로부터 경험 부족으로 회사를 떠나도록 권유받았을 때 울면서 나의 사무실을 찾아왔던 순간을 잊지 못하고 있다. 그는 소리쳤다. "빌어먹을! 여긴 내 회사란 말이야!" 나는 그에 대한 동정심으로 가득찼지만 그 이상 우리가 할 수 있는 일은 없었다. 다행히도 그는 스타벅스에서 다른 자리를 찾을 수 있었지만 다른 사람들은 회사를 떠나야만 했다.

나에게 이런 유의 경험은 창자를 도려내는 아픔이었다. 나는 그 문제에 대한 생각을 하지 않을 수 없었다. 직원이 우리 기대만큼 기여하는 바가 없을 때 어디까지 그들을 부양해야 하는가? 그 시간은 정열적이고 헌신적인 직원이 내 사무실에 찾아와서 더 이상 스트레스를 감당할 수가 없다고 말할 때와 똑같이 어려운 시간이었다. 그 문제는 너무나 자주 일어났다. 나는 스타벅스의 직원에 대한 요구사항이나 근무의 강도가 누구에게나 지나치게 높은 수준이라는 것을 알고 있다.

어떤 사람은 일에 대한 열정을 날마다, 해마다 지속하는 것이 다른 사람들보다 더 어려울 것이다. 그러나 꿈과 목표를 공유하고 있다면 그 사람은 회사를 떠나지 않을 것이다.

반대로, 나의 가장 보람 있는 경험 중의 하나는 재능 있는 사람들이 회사의 성장과 함께 커나가는 것을 목격하는 일이었다. 그 커나가는 과정이 때때로 몹시 고통스러웠겠지만. 바로 얼마 전의 한 이사회에서 우리회사 중역 한 사람이 대단히 전문가적이고 설득력 있는 브리핑을 하는 것을 나는 매우 자랑스럽게, 존경심을 담아 바라본 적이 있다.

그녀는 크리스틴 데이로, 지금은 우리 회사의 가장 큰 부서인 영업지원부서의 부책임자로서 전략기획을 책임지고 있다. 그녀는 스토어가 단 하나밖에 없을 때 나의 보조원으로 일 지오날레에 입사했던 바로 그 크리스틴인 것이다. 크리스틴의 성공의 예는 급성장하는 회사 안에서 경력을 쌓아가는 사람의 좋은 본보기가 될 것이다.

그러나 그녀의 성공은 고뇌의 순간들이 있었기에 가능한 것이었다. 우리가 스타벅스를 인수했을 때 그 변화는 그녀에게는 힘든 시간들이었다. 그녀는 그녀가 관리해오던 많은 일을 내놓고, 새롭고 이전보다 더 좁아진 범위의 책임 사항들을 새로 개척해나가야 했다. 그녀는 그녀 자신부터 개인회사의 종합관리인에서 전문적으로 관리되는 회사의 전문인으로 변화시켜야만 했다.

크리스틴은 1990년부터 우리의 스토어 오픈 계획이 매년 가속화된 기간 동안 스토어 오픈 계획을 담당하는 부책임자로 있었다. 1995년 4월에 소매영업으로 자리를 옮겼고, 점차 각각의 업무수준에서 필요한 지식과 경험을 쌓아감에 따라 더욱 능력을 발휘했다. 그녀는 계속되는 변화와 긴장에 대처하는 방식을 터득해야만 했다. 반면 그녀의 어떤 동료들은 큰 회사에서 일하기 위한 스스로의 변화를 거부했다.

크리스틴은 많은 다른 관리자들과 함께 스타벅스의 미래 설계를 자신의 것으로 만들었다. "우리는 믿습니다." 그녀는 말한다. "우리의 제품과 우리와 함께 일하는 사람들과 우리의 작업 환경에는 가치와 품질이 있기 때문에 믿습니다. 그것이 바로 스타벅스를 특별하게 만드는 것이고 스타벅스를 움직이도록 만드는 이유입니다."

비록 크리스틴이 조수에서 부책임자로 진급한 유일한 사람이지만, 스타벅스에는 장애물들을 헤치고 회사와 함께 성장하고자 회사에 머물러 있는 사람들로 가득차 있다. 우리의 가장 오래된 직원인 게이 니븐은 예전의 스타벅스가 단지 세 개의 스토어를 갖고 있었던 1979년에 상품매니저에게 오는 전화를 받는 일로 시작했다. 그녀는 우리가 50개의 스토어로 성장함에 따라 나중에는 소매용 상품의 구매부서 책임자가 되었다. 그때부터 그녀는 소매 상품 교육 프로그램을 개발하고 여러 부서를 거쳐서, 새 직원들에게 우리 회사의 역사를 이야기해줄 수 있는 유산과 문화의 전달자가 되었다.

1982년에 스토어 매니저로 채용되었던 데보라 팁 호크는 오늘 시장과 제품을 담당하는 부책임자로 있다. 1986년에 일 지오날레의 첫 번째 바리스타였던 제니퍼 아메스 카르멘은 나중에 서북

지역 소매영업의 책임자가 되었고 그 후 커피 소매의 담당 이사가 되었다. 수많은 다른 사람들도 다양한 부서에서 경험을 축적하고 스타벅스에 처음 왔을 때의 정열을 계속 유지하면서 경력을 쌓아가고 있다. 우리의 복무헌장을 1990년에 수정할 때 참여했던 많은 사람들이 배전공장에서, 창고에서, 소매 스토어에서 여전히 함께 일하고 있다.

회사의 최고책임자의 사무실에서 우리의 정열이 얼만큼 새로운 시장에 뿌리내리고 있는가를 가늠하기란 쉬운 일이 아니다. 1996년 12월에 나는 장거리 비행기록을 세우면서 캘리포니아, 뉴잉글랜드, 위스콘신, 캐나다의 판매회의에 참가했다. 로드아일랜드의 뉴포트에서 열린 회의는 뉴욕, 뉴저지, 필라델피아 및 뉴잉글랜드 지역의 직원들이 참석한 모임이었다.

그 모임이 내가 가장 걱정하는 모임이었는데, 동부 해안이 영업환경이 가장 어려웠기 때문이었다. 어떤 사람은 그 지역에서는 사장과 업무에 대하여 모두들 비판적일 것이라고 말해주었다. 나는 시애틀로부터 멀리 떨어진 곳에서의 이들 모임에서 스타벅스 문화의 괴리를 보게 될까 봐 두려움을 갖고 있었다.

그러나 놀랍게도 모든 지역에서 보았던 에너지와 정열을 이들 지역에서도 보았고, 특히 뉴잉글랜드의 그것은 압도적이었다. 도시를 이동하면서 나는 매니저들이 똑같은 점을 강조하고 청중이 같은 반응을 보이는 것을 보고 들었다. 나는 똑같은 억양의 웃음소리와 열광을 보았다. 내가 처음 만난 직원들이 내게 와서 이렇

스타벅스, 커피 한 잔에 담긴 성공신화

게 그들을 아껴준 직장을 만난 적이 없었다고 말해주었다.

그 여행에서 내가 배운 것은 일이라는 것이 단지 근무시간표를 찍는 것이 아니며, 일은 매력있고 가치있는 것이라고 믿고 싶어하는 사람들이 어느 도시에나 많이 있다는 것이었다. 나는 1987년처럼 모든 사람의 이름을 다 기억할 수는 없다. 그리고 그때처럼 모두 다 친밀하게 지낼 수는 없다. 그러나 스타벅스는 어느 회사보다도 더 동료애와 관심과 마음의 보답을 주는 근무 환경을 가진 회사로 남아 있을 수 있다.

우리의 직원들은 무엇이 진실이고 무엇이 거짓인지를 안다. 내가 그들에게 진심으로 이야기할 때에 그들은 스타벅스의 미래상과 스타벅스의 경험을 떠올린다. 우리의 경영진이 그들의 관심사를 경청하고 정직하게 응답할 때 그들은 스타벅스가 비인간적이고 정체불명이라고는 절대로 생각하지 않는다. 우리는 실수를 할 수도 있다. 그러나 우리의 가족들이 우리가 마음으로부터 하고자 하는 것이 우리 모두를 위한 가치를 세우고자 하는 것임을 안다면 그들은 아마도 그 실수를 용서해주려 할 것이다.

많은 사람들이 이미 우리의 규모가 커짐에 따라 얻게 될 이점을 인식하고 있으며 우리가 성장하면서도 같은 회사로 남아 있을 수 있다는 것을 입증하는 데 도움을 주고 있다. 그들 자신이 스타벅스이면서 스타벅스의 성공은 바로 그들의 업적을 반영하고 있는 것이다.

21

기업은 어떻게 사회적 책임을
다할 수 있을까?

많은 단골 고객을 위하여 창조적으로 활발하게, 도덕적으로도
사려 깊은 방법으로 봉사하는 기업들은 결국은 그들의 주주들에게도
최고의 봉사를 하는 것이다. 회사들은 사실 선한 일을 함으로써 잘된다.

_노먼 리어(기업신탁 설립자),
《더 높은 것을 겨냥하여》(데이비드 볼리어)에서

최고 전문 경영자로서 나는 스타벅스의 전 직원, 고객 및 주주에게 근본적인 책임이 있다. 나는 또한 나 이전에 왔던 사람들, 스타벅스의 유산을 창조하고 오늘의 스타벅스를 이루어놓은 사람들에게도 책임감을 느낀다.

1996년 5월 최고경영자들 모임에서 클린턴 대통령이 사용한 용어인 '기업의 책임'이란, 경영은 반드시 종사원들을 잘 돌보아야 하며 그들이 사는 지역사회에 대한 관심을 보여야 한다는 것으로 이해된다. '사회적 책임'이란 수익의 1퍼센트를 자선단체에 기부한다거나 재난을 대비하여 노력한다는 것인가?

스타벅스는 고용자와 상장회사로서 꾸준히 사업을 지속하고

성장시키는 것이 필요하다. 우리는 회사가 건전하고 잘 경영된다는 것을 나타낼 수 있도록 이익을 내는 것이 필요하다. 실제적으로 우리는 배당금을 배분한 적이 없다. 즉, 모든 이익금은 곧바로 사업에 재투자한다. 몇몇 주주들은 상장 회사들은 자선단체에 기부금을 내지 않아야 한다고 생각한다.

그러나 나는 다른 견해를 갖고 있다. 우리 파트너들의 집단적인 가치를 반영하기 위하여 우리는 상장 회사로서 스토어들이 자리잡고 있는 지역사회와 우리의 커피가 재배되고 있는 나라에 가치 있는 목적을 지원해야 한다고 믿고 있다.

어떤 목적으로 어떻게 지원해야 할지를 누가 정해야만 하는가? 그리고 그것이 우리의 상표와 기업을 구축할 필요성에 부합하지 않는 듯하다면 이 책임을 어디까지 질 수 있을까? 이런 것들은 우리가 성장함에 따라 고려할 수밖에 없게 된 문제들이다.

약자가 승리자가 될 때 환호는 멈춘다

스타벅스가 1992년에 상장되기 전, 우리는 회사를 크게 키우려고 노력하는 시애틀의 한 회사에 불과했다. 하지만 우리가 그것을 해냈을 때 우리를 보는 대중의 태도는 변화하기 시작했다. 한번 우리를 성원했던 사람 중 몇 사람은 우리를 악평하기 시작했다. 그들이 우리는 더 이상 패배자가 아니라고 결정했을 때, 그들은 우리를 패배시킬 방법들을 모색했다.

일주일에 500만 명의 만족한 고객들에 비하면 우리를 비방하는 자의 수는 거의 없는 것이나 다름없다. 그러나 높은 원칙들을 가지고 성실하게 노력하고 있을 때 그 의도가 오해받거나 때로는 잘못되어 나타날 때는 좌절을 느끼지 않을 수 없다.

우리의 많은 고객과 주주들은 여전히 우리를 지역사회의 사랑받는 커피 회사로, 누구나 초청하는 제3의 장소로, 항상 대담한 새로운 아이디어를 시도하는 불요불굴의 기업으로 평가하고 있다. 그러나 바로 그 성공은 다른 사람들이 우리를 의심하며 최악의 소문을 믿게 하는 경향이 있었다. 나는 '커피 마술사'로 불렸고, 오만하고 관대함이 없는 사람으로 비난받았다. 그것은 성공의 나쁜 부분이며, 소화하기가 어려운 것이다.

우리는 스타벅스가 대기업체의 공격 목표가 되어가고 있는 데 주목하지 않았다. 우리는 괜찮은 사람들, 열심히 일하는 선의의 피해자로서 취급받는 데 익숙해졌기 때문에 다른 사람들이 우리를 공격하기를 원한다는 것을 믿을 수가 없었다. 처음에 우리는 그들의 공격이 오해에 의한 것이라고 단순히 생각했기 때문에 혼란스러웠다. 우리는 솔직하게 응수했고 때때로 당하기도 했다.

누군가 흑색 선전으로 모함할 때

스타벅스의 기준을 높이 정했을 때, 우리는 높은 기준을 세웠기 때문에 비난받으리라고는 전혀 예상치 못했다. 그러나 1994년 후반기에 어느 과테말라 노동운동가 그룹이 우리를 반대하는 서명 운동을 시작했다.

그 배경은 다음과 같다. 1989년 4월, 당시 서북지역 'CARE(세계적인 구제 개발재단)' 담당 이사인 피터 블롬퀴스트는 스타벅스에서 줄을 서고 있었다. 아침 카푸치노를 주문하기 위하여 기다리는 동안 그는 '커피의 세계'라는 제목의 스타벅스 팸플릿을 집어 들었다. 데이브 올센이 그려져 있고, 우리가 커피를 구입하는 세계의 주변 국가들이 보이는 지도가 그려져 있었다. 묘사돼 있는 거의 모든 국가들은 건강과 교육을 지원받는 CARE와 다른 인도주의자들이 지원하는 계획에 포함되어 있는 지역들이었다.

그는 스타벅스가 CARE에 기부하는 일에 관하여 데이브와 교섭했고, 데이브는 그것이 좋은 일이라는 데 동의했다. 커피가 자라는 세계의 모든 지역을 여행한 데이브는 제3세계 시골 지역의 생활조건이 얼마나 빈약한가를 잘 알 수 있었다. 그는 고급 커피를 재배하는 농부들에게 프리미엄 가격을 지급함으로써 지역경제를 지원하고 양질의 커피 재배를 장려하는 일석이조의 효과를 올릴 수 있다고 믿었다.

데이브는 나에게 CARE에 관해 말했다. 우리 둘은 CARE와 교섭하기를 원했다. CARE 프로그램들은 굶주린 자에게 먹을 것만 주는 것이 아니었다. 기본적 건강관리에 대해 가난한 사람들을 교육하고 더 깨끗한 물을 얻을 수 있도록 도움으로써 빈곤 국가들의 기본적 생활 수준을 개선하려 노력하고 있었다. 우리는 비록 그때에는 연간 총 매출이 2천만 달러 미만의 작은 개인 회사였으나, CARE를 통하여 커피 생산 국가들에게 이익을 되돌려 주려는 아이디어가 마음에 들었다.

그러나 우리는 그 시점에서 이를 시행할 수 있는 입장이 못 되었다. 왜냐하면 스타벅스는 1989년에 스물여섯 개의 기본 스토어에 스무 개나 추가하여 빠르게 성장하고 있었으며 그 해만도 100만 달러 이상의 적자를 보고 있었기 때문이다. 이사회에 자선 기금을 언급하기에 앞서 손실금액을 채워야만 하는 상황이었다. 그러나 데이브와 나는 목표를 정했다. 즉 회사가 일단 이익이 나면 CARE에 기부하기 시작하고자 했다.

1991년 데이브 올센은 케냐에 있는 CARE 계획을 관찰하기 위하여 아프리카로 여행을 했다. 그는 한 학교를 방문하여 CARE에서 발행하는 잡지에서 위생학, 가족, 지역사회, 토지재생, 환경보호 및 교외개발에 대해 배우는 수백 명의 아프리카 어린이들을 보았다. 200명의 젊은 학생들이 데이브와 가족을 위하여 케냐의 애국가를 불렀을 때 데이브의 눈에 눈물이 흘렀다. 그는 CARE에 지원하고자 하는 마음을 가득 안고 돌아와 곧 우리의 참여를 공식화했다.

1991년 9월 결국 스타벅스는 CARE와 협력하여 구제사업을 시작했다. 우리는 매년 최소 10만 달러를 기부하기로 했을 뿐 아니라 피터 블롬퀴스트에게 스타벅스 사업의 모든 면에서 CARE를 반영하기로 약속했다. 우리는 커피 CARE 견본품과 머그잔, 백

팩, 티셔츠, 우편주문 카탈로그 등의 기타 CARE 관련 상품을 우리 스토어에 제공하기 시작했다. 고객들이 이런 품목들을 구입할 때 그 금액의 일정액이 CARE에 기부되는 것이다.

기부금을 해마다 증액한 결과 1993년에 우리는 미국에서 CARE에 가장 많은 연간 기부금을 내는 회사가 되었다. 1996년 CARE 15주년 기념행사에 우리는 아프리카의 킬리만자로 자선 모금 등산대회에 데이브 올센, 돈 발렌시아와 행사전문가 비비안 포에를 참석시켰다. CARE에 대한 스타벅스의 기부금은 커피 생산국가인 인도네시아, 과테말라, 케냐와 에티오피아 4개국에 정수 공급시스템, 건강 위생 교육, 문맹퇴치, 그리고 최초로 커피가 재배되었다고 알려진 에티오피아의 제게반도의 농부들을 돕기 위한 새로운 계획들을 지원했다.

우리는 CARE와의 관계에 대하여 자부심을 느끼고 있었다. 그렇기 때문에 1994년 크리스마스 직전, 시카고에 본부를 둔 과테말라 노동운동가 집단이 우리의 스토어에서 전단을 돌리기 시작했을 때 당황할 수밖에 없었다. 이 전단은 온통 거짓으로 가득 차 있었다. 그들은 과테말라의 커피 종사자들은 커피 1파운드에 고작 2센트를 벌기 위해 비인간적 조건에서 일한다고 말했다. 반면에 스타벅스는 배전커피를 1파운드당 9달러까지 판매하고 있다는 것이었다. 그 전단은 이들 노동자들이 스타벅스에 고용되었으며 스타벅스는 차액을 착복했다는 허위사실을 유포했다.

그들은 일반인들로 하여금 나에게 항의 편지를 보내고 스타벅스를 상대로 항의 시위를 하도록 부추겼다. 우리는 당황했다. 왜냐하면 우리는 책임 있게 행동했을 뿐 아니라 어느 다른 회사가 했던 것보다 훨씬 솔선수범했다고 믿었기 때문이었다. 우리는 이들 나라에서 행한 CARE 프로그램의 지원을 홍보의 목적으로 이용하지도 않았다. 생각해보면 오히려 홍보를 했어야 하지 않았을까 싶다. 어쨌든 이러한 모함에 대응해야 함은 분명했다. 그러나 어떻게 대처해야만 할 것인가?

그 후 몇 개월에 걸쳐 스타벅스로 수십 통의 전화, 수천 통의 엽서와 편지들이 쇄도했다. 좋은 뜻을 지닌 사람들은 커피농장 일꾼들의 하루 임금을 세 배로 올려주라는 요청을 하는 반면 다른 사람들은 우리가 CARE에 기부하는 돈을 '동냥'이라고 비하했다.

우리는 세계 커피의 1퍼센트의 20분의 1 미만을 구입하고 있었고 커피 가격은 국제 상품교환시세로 정해지는 것이었음에도, 사람들은 우리가 단독으로 과테말라의 커피경작 제도를 바꿀 수 있는 힘을 가졌다고 생각하는 것 같았다. 스타벅스는 한 가지 이유 때문에 주목을 받고 있었다는 것이 분명했다. 그것은 우리가 전국적인 인지도의 브랜드와 원칙을 지키는 회사라는 명성을 보유하고 있었기 때문이었다.

엄밀히 말해 우리가 CARE에 기부하는 것 때문에 노동운동가 집단들은 우리가 제3세계 커피 재배 국가들을 일깨우는 과제에 대하여 관심을 갖고 있다는 것을 알았다. 그들은 우리가 우리의 구매력을 그들의 기대만큼 사회적 변화를 증진시키는 일에 사용하기를 원했다. 우리의 지지자 중 어떤 사람은 "과테말라의 커피를 더 이상 구매해주지 마라"고 항의하기까지 했다.

그러나 우리는 불매운동이나 불매 위협을 가하는 것은 힘 없는 커피농장 일꾼들에게 곧바로 해를 입히는 일이라는 것을 알았다. 또한 우리는 그들의 가장 큰 구매자도 아닌, 하나의 고객일 뿐이었다. 만약 우리가 과테말라 수출업자들로부터 구입하는 것을 거절하면 그들은 다른 고객에게 팔면 되는 것이다. 그렇게 되면 우리 고객들은 떨어져나갈 것이고 커피 농장 일꾼들로서는 좋고 나쁠 것도 없는 것이다.

우리는 우리 스토어를 상대로 시위를 함으로써 자신들의 이념을 관철하려는 모든 집단들의 압력에 굴복할 수 없었다. 그러나 커피농장 일꾼들의 작업 조건들은 우리 마음에서 떠나지 않는 문제였다. 그리고 한 사람의 고객이라도 우리가 그들을 도와주기 위해 최선을 다하지 않는다고 생각하는 것은 원치 않았다. 그래서 데이브와 이사회에서 내부적으로 많은 토론을 거친 후 우리의 공급업체들을 위한 행동규칙을 세울 수 있는지의 여부를 연구해보기로 결정했다.

그 후 6개월에 걸쳐서, 데이브는 세계적인 의류 및 스포츠 회사가 채택한 비슷한 행동수칙뿐 아니라 우리 자신의 신념, 윤리적 가치관, 공급 국가에 대한 우리의 자세를 면밀히 집중하여 조사했다. 또한 CARE와 과테말라 커피생산자 협회뿐 아니라 다양한 이념 집단들의 대표자들과 회의를 가졌다. 그가 알리고자 원했던 메시지 중 하나는, 스타벅스를 공격하는 것은 얼굴 없는 회사를 공격하는 것이 아니라 우리와 같은 가치관과 목표를 가지고 있는 모든 회사에 대한 공격이라는 것이었다.

1995년 9월까지 데이브와 그의 그룹은 우리의 역할을 다할 '스타벅스 수칙'을 완성하였다. 그것은 커피 재배 국가들의 삶의 질을 개선하는 데 도움이 되는 특별한 단기 수칙뿐 아니라 우리의 신념과 열망을 나타내는 기본적 작업틀이었다. 우리는 우리의 사명과 가치관, 우리의 목표를 알리고 공급업자들을 교육하기 위한 특별한 작업계획을 구상했다. 그리고 선별된 커피재배 국가들을 방문하는 동안 많은 정보를 수집했다. 우리의 목표는, 효력의 측정이 가능한, 그리고 우리가 그에 대하여 책임을 질 수 있는 사업방식을 도입하는 것이었다.

내가 알기로는 농산물을 수입하는 어느 미국회사도 외국의 공급업체에 대한 행동수칙을 시도한 일은 지금까지 없었다. 우리가 이를 발표한 후 어떤 사람들은 스타벅스가 그것을 실천하는 데 실패할 것이라고 했다.

1997년 초 우리는 과테말라의 영세 커피 농사꾼들이 수확물의 품질을 개량하고 시장에 직접 접근함으로써 수입을 증가시키도록 국제기술 관련기구와 결연하는 일을 구성하였다. 첫해에는 생산자협동조합 회원이 대부금을 쉽게 받을 수 있도록 기금을 만들고, 환경보호를 극대화하기 위한 습식커피 처리설비를 도입하도록 했다.

우리가 돕고 있는 재배자들의 대부분은 아주 작은 토지의 수확물로 호구지책을 삼기 위해 발버둥치고 있다. 그리고 질병과 영양실조로 많은 고통을 받고 있다. 스타벅스는 이 혁신적인 프로그램이 기타 커피 생산국가로 확장되어 커피 농부들의 삶의 질이 향상되기를 소망하고 있으며, 이러한 노력들은 초기 단계에 불과한 것이다.

스타벅스를 상대로 한 흑색선전 전단 사건은 우리에게 사회적으로 책임 있는 기업이 되기란 얼마나 어려운가를 가르쳐주었다. 가지각색의, 때로는 분명치 않은 의제를 갖고 있는 개인들과 특정 이익집단들에게 비난받기란 매우 쉽다.

회사가 성장함에 따라 회사의 가치관은 필연적으로 도전받게 마련이지만, 미리 예측할 수 있는 방법은 없다. 크고 성공적인 기업들은 작은 기업들보다 더 관대하여 사회적으로도 책임을 질 여유가 있다. 그러나 그들은 또한 턱없이 높은 잣대로 평가되기도 한다.

종업원, 지역주민, 주주 등에 대해 책임을 진다는 것은 수많은 이해관계를 고려해야 함을 의미한다. 자신의 가치관을 분명히 해야 하며 기업에 대항하는 것들을 솔직하고 신중하게 고려해야만 한다. 만일 거래처들을 화나게 하고, 고객들에게 신경을 쓰지 않고, 사회운동에 너무 많은 시간과 돈을 쓴다면, 어떤 경영자도 강하고 오래 지속되는 회사를 구축할 수는 없다. 만일 회사가 실패하거나, 성장하지 못한다면 회사는 이미 사회적으로 책임을 질

입장에 있다고 말할 수 없다.

스타벅스는 우리 자신의 우선순위, 즉 우리의 신념과 가치에 따라 행동하면서 제3자의 압력을 배격하고자 한다.

분명한 입장을 취하고 지원 이유들을 명확히 하고자 한다. 다른 사람들이 우리를 어떻게 판단하든, 우리는 우리가 약자의 입장에 있었을 때 우리를 지탱시켰던 가치들을 계속해서 강력하게 고수할 것이다.

환경 윤리와 경영관이 충돌할 때

높은 윤리적 기준을 지키면서 회사를 경영하는 것은 또 다른 딜레마를 제공한다.

스타벅스 컵의 예를 생각해보자. 스타벅스는 10년 이상 종이컵 안에 커피를 넣어 플라스틱 뚜껑을 닫아 마시고 나가는 손님들에게 커피를 팔아오고 있다. 그러나 그 컵은 우리가 직면한 골치아픈 문제 중 하나가 되었으며 우리의 가치관과 브랜드 이미지, 고객에게 봉사하고자 하는 우리의 열망이 충돌하는 어려운 문제였다.

문제의 발단은 이렇다. 종이컵 안에 있는 뜨거운 커피는 들고 있기에 불편할 수가 있다. 라떼 같은 에스프레소 음료들은 수증기로 데운 우유를 섞기 때문에 그렇게 뜨겁지는 않다. 그러나 추출된 커피와 아메리카노의 경우 우리는 항상 음료를 쉽게 운반할 수 있도록 종이컵 안에 다른 종이컵을 부착해야만 했다. 고객의 편의를 위하여 이중컵은 합리적인 해결책이다.

그러나 커피 한 잔을 서빙할 때마다 쓰레기 봉투 안에 스타벅스 컵이 두 배나 차올랐다. 이것은 환경 윤리에 위배되는 분명한 낭비였다. 나는 시애틀같이 환경문제에 민감한 도시에서 살고 있기 때문에 특히 우리가 배출하는 쓰레기의 양에 무척 신경이 쓰인다.

스타벅스 소매점 파트너들(대부분 20대 젊은이)에게 그들이 관심을 갖는 세계적인 문제는 무엇이냐고 질문하면 그들은 압도적으로 환경문제를 꼽을 것이다. 그들이 싫어하는 것은 매순간 스토어 밖에서 나뒹구는 버려진 종이컵, 길옆으로 날아다니는 스타벅스 종이수건, 한 번 쓰고 버려지는 플라스틱 뚜껑을 보는 것이다. 그들은 커피를 무척 좋아한다. 그러나 이미 꽉 차버린 쓰레기 매립지에 더 많은 쓰레기가 추가되는 것을 더 이상 원치 않는다.

이러한 관심사에 대한 대답으로, 스타벅스는 지역사회의 환경 노력에 공헌할 뿐 아니라 쓰레기를 줄이고 재활용할 수 있는 체계적인 방법들을 찾을 사내 환경 위원회를 발족했다. 또한 환경 문제에 대처하기 위하여 특이한 접근 방법을 구상해냈는데, 모든 지역의 스타벅스 스토어 관리인들로 구성된 '그린팀 Green Team' 을 창설한 것이다. 그들은 1년에 세 번 마케팅, 소매점 운영부서의 수석관리자 및 대표들과 만나 '지구의 날'을 위한 여러 가지 활동 계획을 종합하고 재활용 감사보고서를 처리하며, 최고의 새로운 아이디어를 선정하여 자기들의 지역에 적용시킨다. 그것은 환경적으로 민감한 우리의 파트너들로부터 최상의 아이디어를 얻는 방법이다.

스타벅스는 또한 1994년 10월 워싱턴 대학교 경영학부 교수인 수 매클렌버그를 환경부 이사로 채용했다. 그녀가 합류할 당시만 해도 우리는 포장하고 선적할 때 쓰레기를 줄일 수 있는 많은 독창적인 것들을 이미 수행하고 있었다. 그녀는 막상 할 수 있는 일은 그리 많지 않았다고 회상한다. 그래서 그녀는 우리가 여전히 가장 큰 환경문제였던 이중컵 문제의 해결에 먼저 착수했다.

1995년 우리는 환경, 구매, 마케팅, 연구개발, 소매관리 및 식음료 부서들의 멤버로 구성된 '핫 컵 팀Hot Cup Team'을 조직했다. 그들은 종이컵 대신 사용할 근본적인 대안으로 뜨거운 음료를 종이보다 훨씬 효율적으로 차단해 주는 '폴리스티렌polystyrene'을 생각해냈다. 우리는 세 종류의 폴리스티렌 컵을 선정하여 250명의 고객에게 사용해보도록 했다. 그들이 선호하는 컵은 편의점과 주유소에서 사용되는 얇게 압축된 폴리스티렌 종류의 컵이었다. 우리는 그 컵에 우리 로고를 찍어 우선 덴버에서 테스트해 보았다.

어떤 고객들은 이 컵들이 개선된 것이라고 생각한 반면 많은 사람들은 그렇게 생각하지 않았다. 폴리스티렌은 사람들이 우리에게 기대했던 품질을 반영하지 않았다. 그리고 일반적으로 플라스틱이 종이보다 덜 환경친화적이라는 인식이 있었다. 사용한 컵들을 처분하기 위해 캘리포니아에 있는 폴리스티렌 재활용 시설로 보냈다.

사실, 폴리스티렌을 재활용하는 것은 기술적으로 가능하지만 많은 도시들에서는 그리 실용적이지 않았다. 문제점은 또 있었다. 우리 고객들은 컵을 가지고 스토어를 떠나는 경우가 많다. 문 옆에 놓은 쓰레기 수거통은 스토어를 나가서 커피를 마시는 사람들에게는 쓸모 없는 것이다. 우리 고객의 대부분은 독자적으로 폴리스티렌 컵을 재활용할 수 있는 방법이 없다.

폴리스티렌으로 바꾸면 스타벅스는 그 시점에서 연간 500만 달러나 절감할 수 있었으며, 앞으로 스토어의 수가 기하급수적으로 늘어나리라는 것을 감안한다면 절감 비용은 더 많았다. 그러나 우리는 폴리스티렌을 도입하지 않기로 결정했다. 그것은 환경적 문제를 해결하지도, 우리의 이미지와 부합하지도 않았다.

우리는 원위치로 돌아가서 더 좋은 종이컵을 찾기 시작했다. 그러나 우리의 필요를 충족시켜줄 것을 발견할 수 없었다.

결국 종이슬리브(종이컵에 둥글게 끼우는 것)를 테스트해 보기로 결정했다. 두 개의 컵 대신 뜨거운 커피를 담는 종이컵 중간 둘레에 주름진 둥근 마분지를 끼웠다. 그 슬리브는 두 번째 컵 원재료의 반 정도의 재활용 종이를 사용했다. 우리는 그 슬리브로 인한 비용 절감 효과가 없음을 알았으나 어쨌든 그것을 사용하기로 결정했다. 좀 더 장기적 범주의 해결책으로 회사 밖을 보기로 했다.

1996년 초, 수는 '환경보호기금Environmental Defense Fund'과 교섭을 했는데, 환경보호기금은 맥도날드와 협동하여 환경적인 측면에서 더 적합한 대안으로 맥도날드가 햄버거를 플라스틱 조가비로 포장을 하게 한 적이 있었다. '환경보호기금'은 회사들이 환경문제에 혁신적 해결책을 개발하는 데 도움을 주고자 '교회자선신탁'과 공동으로 '환경개혁연맹'을 세웠다.

1996년 8월 스타벅스와 환경연맹은 커피를 서빙하면서 환경에 미치는 부정적인 영향을 줄이기 위하여 함께 일하기로 합의했다. 우리의 목표는 활용이 가능한 컵의 사용을 증가시키고 환경 친화적인 새로운 일회용 컵을 소개함으로써 일회용 컵의 사용을 줄이는 것이었다. 우리는 스타벅스가 당면한 문제들을 해결할 수 있는 약 45개의 컵 공급업자, 산업디자이너 등과 접촉했다. 우리의 목표는 1997년 가을까지 가장 적절한 대안을 선정하여 1998년에는 생산에 돌입하는 것이었다.

더 높은 기준을 유지한다는 것은 비용이 드는 일이고 시간을 소비하는 일이다. 그것은 다른 많은 회사들은 고려하지 않는 문제들에 엄청난 시간과 돈을 소비할 것을 요구한다. 문제의 해결책이 보이지 않을 때는 그 문제들을 계속해서 생각해야만 한다.

그것은 끊임없는 투쟁이다. 그러나 우리는 사람들이 어떻게 느끼고 있는지, 우리의 파트너들이 무엇을 생각하고 있는지, 고객이 믿고 있는 것은 무엇인지 관심을 갖고 살핀다. 그리고 포기하지 않고 꾸준히 노력한다.

22

기업 성장과 개성을 맞바꾸지 말라

미지의 세계로 들어가는 모험은 예술이다. 기꺼이 위험을
감수하는 사람들에게만 탐험이 가능하다.

_마크 로스코, 〈뉴욕타임스〉에서

평론가들이 스타벅스를 할인점의 한 체인이나 패스트푸드점에
비교하는 것보다 나를 고통스럽게 하는 것은 없다. 월마트와 맥
도날드의 성장 방법을 내가 존경하지 않는다는 것이 아니다. 그
들의 성공에서 배울 점은 많다. 그러나 그들의 상품과 디자인이
의미하는 이미지는 스타벅스가 전념해온 멋과 우아함과는 거리
가 먼 것이다.

아마 목표가 너무 높았을지도 모른다. 욕심 많은 부모님들의
마음처럼, 나는 스타벅스가 그 모든 것을 달성하기를 원한다. 즉,
통상적인 방법을 통한 성공에 더하여 보기 드문 수준의 혁신과 멋
을 원한다. 스타벅스는 커피에서 요구하는 높은 기준을 디자인에

서도 고수한다. 그것은 최상급의 품질이어야 하며 세련된 품격을 나타내되 고객들로 하여금 가까이 가보고 싶은 생각이 들게 해야 한다.

빠른 성장은 디자인의 표준화를 유도했으나, 우리는 복제품을 생산하지는 않는다. 우리는 스타일이 단조롭지 않으면서 일관성이 있기를 원한다. 스타벅스는 처음부터 이런 내적인 모순과 싸웠는데, 즉 '스토어 수를 그렇게 빠르게 늘리면서도 어떻게 독특하고 개성적인 스타일을 나타낼 수 있을까?' 하는 문제였다.

나는 스타벅스가 안전하게 성장하기 위해 스토어의 우아함과 멋을 희생하거나 저급하게 하는 것은 결코 허용하지 않으려고 한다. 사실 우리는 조용히 정반대 방향으로 향하고 있다. 더욱 성장함에 따라, 우리는 회사의 외형에 걸맞은 일종의 창조적이고 혁신적인 디자인에 투자할 여유를 갖게 됐다. 그것이 바로 스타벅스가 늘 제공해온 놀라움과 기쁨을 유지할 수 있는 확실한 방법인 것이다.

끊임없는 아이디어의 개발

나는 언제나 스타벅스의 디자인 취향을 사랑하고 있다. 나는 스타벅스가 한발 앞서 있다는 것을 우리 고객들에게 보여주는 한 가지 방법은 스토어 디자인을 차별화하는 것이라고 생각한다. 고객들 중 많은 사람들은 섬세하고 식견이 있어서 커피 준비 과정뿐만 아니라 스토어와 포장의 디자인 등 모든 것을 미적 감각에 맞게 해줄 것을 기대하고 있다.우리의 스토어에 들어올 때 그들은 여유 있는 화려함을 원한다. 실내장식이 볼품없다고 느낀다면 다시 오겠는가?

일 지오날레를 시작할 때, 우리는 유럽에서 현재 유행하는 밝은 조명과 친근감 있는 실내 장식을 이용하여 이탈리아인의 에스프레소 바 경험을 재창출하고자 했다. 나는 스토어의 구도를 계획하고, 로고의 위치를 잡으며 창가에 서서 마시는 바의 장소 선정, 신문걸이, 이탈리아 신문과 비슷하게 디자인된 메뉴 게시판을 짜기 위해 건축가인 버니 베이커와 함께 일했다. 에스프레소 기계는 홀 중앙에 자리잡았으며 계산대들은 기계 뒤에 곡선 모양으로 배치되었다.

일 지오날레를 스타벅스와 합병했을 때, 우리는 스타벅스 스토어들을 완전히 재디자인하여 이탈리아 스타일을 확실히 반영하도록 한 적이 있다. 우리는 새로운 구도에서 에스프레소 기계를 후면에 배치했다. 그래서 고객들이 들어왔을 때 처음으로 보는 것은 배전커피 진열품이었다. 우리는 갈색의 중상주의 시대의 모습을 버리고 스토어마다 처음에는 아홉 개 이하의 의자를 배치했다. 당시에는 이러한 실내장식은 독특한 것이었다.

한편 나는 합병 직후 스타벅스 외관상의 가장 특징적인 요소 중하나가 되어온 아이디어를 떠올렸다. 그것은 각종 배전커피의 현저한 특징을 그래픽을 사용하여 나타내는 것이다.

당시까지는 사람들이 스타벅스 스토어에 걸어 들어가서 '하우스 블렌드' 1파운드를 요청하면 카운터 뒤에 있는 사람이 평범한 백황색 봉지 위에 커피 이름을 고무도장으로 찍어주었다. 그러나 그런 단순한 단어만으로는 풍부하고 다양한 향기와 커피 원산지 국가들의 서로 다른 문화에 대해 정확히 표현할 수 없었다.

나는 각 커피가 재배지와 다양한 혼합법 때문에 개성을 갖고 있다고 생각한다. 우리 고객들에게 그러한 특징들을 알기 쉽도록 반영하는 방법을 찾아내는 것은 우리의 의무라고 생각했다. 나는 테리 헤클러에게 다시 도움을 청했다. 그는 우리가 커피 봉지에 찍을 스타벅스의 초록색 로고와 그 위에 붙일 스티커를 디자인했다. 각 스티커는 커피 원산지 국가의 문화적 요소들, 즉 그 지방의 동식물의 특성 또는 특이한 커피가 창조하거나 이끄는 분위기를 연상시켰다.

바로 오늘, 만약 케냐 커피 반 파운드를 주문한다면 바리스타는 표준 스타벅스 봉지 안에 커피를 넣고 그 커피를 위해 천연색으로 디자인된 스티커(전에는 코끼리, 지금은 드럼 치는 아프리카인 이미지)를 봉지 위에 붙인다. 수마트라 스티커는 호랑이의 머리, 뉴기니아 커피 스티커는 밝은 색으로 된 새, 코스타리카 트레스리오 스티커는 머리 위에 과일 바구니를 이고 있는 부인이 그려져 있다.

나는 상품을 집으로 가져간 후에도 시각적으로 강한 특성이 나타나는 도형을 원한다. 새로운 스티커를 도입한다는 것은 커피

한 봉지의 비용에 2센트가 추가되는 비싼 것이었다. 우리는 스티커를 제작해야만 했을 뿐 아니라 봉지에 붙이는 데도 약간의 노동력이 필요했다. 나는 이를 "모든 것에 신경 써야 한다"는 논리로 정당화시켰다.

우리는 거의 10년 동안 이 스티커들을 사용하다 1997년 새롭게 디자인된 다른 이미지를 갖는 스티커로 우리의 모습을 다시 새롭게 했다. 많은 다른 회사들이 그 때부터 우리의 붙이는 스티커를 모방했다. 그러나 그 스티커는 스타벅스만의 멋의 상징이자 고객들을 다시 오게 하는 분명한 기념물이 되었다. 다른 커피 공급업자들도 그것이 고객들을 끌어들이는 중요한 역할을 하고 있음을 알고는 우리 스토어의 디자인을 그대로 모방하기 시작했다. 그래서 우리의 것과 너무 비슷한 이미지를 사용하는 것을 중지하도록 경쟁자들에게 항의해야 했다. 한 회사는 우리 스토어의 디자인, 색상, 로고뿐 아니라 우리 스토어 내부의 작은 팸플릿까지 그대로 모방했다.

우리는 수년에 걸쳐 일관성 있게 멋을 유지하면서도 다양성과 깊이를 갖도록 노력함으로써 포장법을 개선하였다. 1987년부터 커피 봉지, 컵, 냅킨 및 다른 상품들 모두 초록색 로고가 있는 흰색이었다. 그러나 1992년 9월에 들어서서 우리는 모양이 폭넓고 신선하게 보이기를 원했다. 그래서 포장을 다시 디자인하기 위해 호날 앤더슨이라는 디자인회사에 이 일을 의뢰했다. 그는 마케팅 부서의 미라 고스와 함께 일하면서 자연 속의 흙의 감각을 가진 새로운 도형들을 창출해냈다. 미라는 스타벅스 디자인의 책임자가 되었다. 그녀는 새로 도입되는 포장이나 제품이 우리가 전달하려는 이미지에 부합되도록 감독하는 역할을 하고 있다.

멋과 통일성이 조화된 디자인 테마

우리는 1987년부터 우리의 스토어들이 같은 이미지를 나타낼 수 있도록 강력하고도 종합적인 디자인 테마를 개발했다. 나의 목표는 새로 진출한 시장에 새로 만드는 스토어들이 시애틀에 있었던 초기 스타벅스 스토어들의 이미지를 그대로 반영하도록 하는 것이었다. 우리가 시카고, LA와 기타의 도시들에 진출했을 때 나는 새 스토어들이 스타벅스 초창기의 가치와 멋을 연출하기를 원했다.

사세의 확장이 가속화되면서 우리는 점차 속도와 효율성뿐 아니라 완벽한 디자인을 위하여 우리 스토어 자체를 우리들 자신이 디자인하는 일이 매우 중요하다는 것을 깨달았다. 외부의 디자이너와 건축가들은 우리 스토어 디자인의 목표를 이루지 못했다. 그들은 그해에 소매점 디자인에서 '내부자'의 중요성을 일깨워주었다. 그리고 우리는 독특하면서 계속 유지될 수 있는 모양을 원했다.

그래서 당장은 비용이 좀 들지만 멀리 봤을 때 이익을 챙길 수 있을 만한 결정을 했다. 즉 1991년부터 우리 스토어마다 올바른 이미지를 나타내줄 수 있도록 자체적인 건축가 및 디자이너 팀을 구성했다. 우리는 실질적으로 사내 건축 및 디자인 회사를 갖고 있던 셈이었다. 처음 100개 정도의 스토어는 표지판부터 카운터의 바닥까지의 상세한 계획을 내가 검토하고 승인했다. 한번은 LA에서 우리의 첫 번째 세 개의 스토어 중에서 설계 도면이 갑자기 문제가 발생했을 때 나는 다음날 그것을 해결하기 위해 디자이너들과 그곳에 비행기로 날아갔다.

묘하게도 우리의 모든 스토어들은 비슷하게는 보였지만 찍어낸 것처럼 일치하지는 않았다. 사실 처음에 우리는 대안이 없었기 때문에 모든 스토어를 직접 디자인해야만 했다. 맥도날드와는 달리 우리는 자체적인 부동산에 물리적으로 독립적인 우리의 부동산을 소유하지도 않을 뿐 아니라 독립적으로 따로 떨어져 있는 스토어를 세우지 않고 기존 공간을 임차하고 있다.

우리는 비용을 관리하기 위하여 비슷한 자재와 가구들을 사용해야 했다. 그러나 어느 스토어도 똑같은 것은 없었다. 예를 들면 실내장식의 경우 우리는 더 폭넓은 디자인 표본 범위 내에서 사용되는(짙거나 옅은 빨간색, 또는 단풍색) 나무마감재의 형태를 다양화했다. 또한 모양을 일관성 있게 유지하고 비용을 합리적으로 하기 위해서 우리 디자이너 두 사람, 부루크 맥 커리와 카들린 모리스는 여섯 가지 기본 색깔을 갖고 일련의 색조를 개발했다. 그리고 여러 가벼운 설비물, 카운터 위 설치물, 합판의 색깔 등등의 다양한 옵션들도 개발했다. 우리 디자이너들은 각각의 계획에 대해 주인의식을 갖고 있어서 건설 관리인들이 디자인에 영향을 끼칠지도 모르는 벽돌벽이나 다른 모양을 걷어낼 때 현장으로 자주 부름을 받고 달려가곤 했다.

스타벅스는 미국 전역으로 사세가 확장되고 있었기 때문에 사람들은 스토어가 다 비슷하게 보인다고 불평했다. 미국에 있는 모든 도시에서는 작고 독립적인 커피하우스들이 지역 분위기와 감각에 장식을 맞추어 개점했다. 대학촌의 커피하우스는 약간 엉뚱했다. 교외의 커피하우스는 가정적이고 아늑한 분위기였다.

만약 커피하우스들이 안락하고 즐겁게 느껴지는 분위기를 창출한다면 커피맛이 어떻든지 고객들을 끌어들일 것이다. 우리 디자인은 딱딱하고 기업 이미지가 난다고 사람들은 말하기 시작했다. 우리는 고객들과 개인적으로 연결되기를 원한다. 또한 누구나 쉽게 접할 수 있고 편리한 장소가 되기를 원한다.

1년에 300개의 스토어를 개점하면서 지역의 분위기에 맞도록 디자인할 수 있는가? 1994년 아더 루빈펠드 지휘하에 서로 다른 형태의 인테리어를 실험하기 시작했다. 우리는 특별 주문을 해서 몇 개의 독특한 스토어를 디자인했다. 교외 통근자들이 몰려드는 위치에 자동차를 몰고 들를 수 있는 스토어와 슈퍼마켓, 간이 판매점이 그것이었다. 그러나 '제3의 장소'를 원하는 사람들에게는 의자를 추가하고 벽난로, 가죽의자, 신문, 긴 소파를 갖춘 고급스러운 대형 카페 개념을 도입하는 것이 매우 중요했다. 고객들은 이런 것들을 매우 좋아한다. 벽난로 앞에서 한 잔의 커피를 마시는 것은 매우 흡족한 일이다.

우리는 맨해튼 북동쪽 한 장소의 2층에 보헤미안 스타일의 거실 분위기 스토어를 개점했다. 낡아 보이는 긴 소파와 간편한 의자들을 구비한 그 스토어는 빠르게 '오후의 오아시스'로 사랑받게 되었고 저녁에 모여드는 장소가 되었다. 그러나 이 접근방식은 문제가 있었다. 스토어 개점 비용이 주체할 수 없을 만큼 상승해버린 것이었다.

스토어를 개점하는 평균 비용은 1995년에 35만 달러나 되었다. 우리가 고객에 맞추어 디자인한 대형 카페는 훨씬 많은 비용이 들었다. 새로운 진퇴양난에 직면한 것이었다. 즉 얼마나 많은 스토어를 건축하든 계속 신선하게 보이는 차세대 디자인 계획을 고안하고, 동시에 비용은 획기적으로 절감하는 방법을 찾아내야 했다.

한 발 앞서려면 창의성에 투자하라

그 수수께끼의 풀이는 아더가 1994년에 디자인 부사장으로 채용한 라이트 매시에게 넘겨졌다. 라이트는 디자이너의 전형적인 이미지에는 맞지 않는 사람이었다. 두툼한 얼굴과 강한 턱의 소유자인 그는 스튜디오보다는 축구장에 더 어울리는 것처럼 보였다.

그럼에도 불구하고 그는 노련한 건축가일 뿐 아니라 40개의 호텔을 설계했으며 수채화가이기도 하다. 그는 비판을 잘하는 반면 좋은 아이디어는 빨리 인정할 줄 아는 솔직하고 직선적인 사람이다. 라이트는 스타벅스 직원들에게 생소한 방식으로 같이 일하도록 강요했다. 그는 부동산, 건설, 디자인, 운영, 구매 및 계약 관리 각각의 분야에서 일하는 사람들에 대한 기대감을 펼쳐 보이면서 공동 작업의 상승효과를 얻기 위한 계획을 만들어내도록 격려했다.

그전에는 우리 디자이너들은 그들의 머릿속에만 많은 정보를 간직하고 있었다. 그러나 라이트는 스타벅스 직원들이 이를 서면으로 체계적으로 정리하도록 했다. 목표는 신속한 개발, 비용 절감 및 효율적인 설계를 달성하기 위해서 상점 기획의 전 과정을 혁신하는 것이었다.

우리가 라이트를 채용하기 전 현장에 있는 우리 사람들은 한 건 한 건의 계획마다 비용을 조금씩 줄이려고 노력하고 있었다. 그러나 라이트는 정말 큰 비용 절감은 우리가 규모의 경제를 잘 활용할 수 있을 경우에만 가능하다는 것을 간파했다. 1년에 수백 개의 스토어를 설계하는 것은 우리에게 엄청난 구매력이 있음을 의미했다. 따라서 모든 구매를 한 창구로 일원화하였으며, 표준계약들을 사용하기 시작하는 한편 비용을 적극적으로 통제하는 업자들에게 더 많은 일을 할당함으로써 관계를 재설정했다. 한편 소매운영 그룹은 각 핵심 스토어가 필요로 하는 정확한 최소한의 설비가 얼마나 되는지 파악했다. 또 디자인 그룹은 자재구매과와 협력하여 필요한 물품을 대량 구입하여 할인으로 인한 30퍼센트의 비용 절감 효과를 보았다.

어쨌든 라이트의 목표는 경쟁자들을 앞질러서 우리 스토어의 디자인을 더 높은 수준으로 끌어올리는 것이었다. 즉 서정적이고 심미적인, 또한 풍부하고 조직적인 스타벅스의 역사를 강력하게 전달할 만한 새로운 디자인의 창출이었다. 그는 "훌륭한 디자인이란 좋은 색깔이 아니라 손에 닿을 수 없는 어떤 것을 놓는 것이며, 사람들이 그것을 얻고자 가도록 만드는 것"이라고 즐겨 말한다.

창의적인 활력이 넘치도록 하기 위해서 시애틀에 있는 스타벅스 센터 빌딩의 심장부에 '비밀' 스튜디오를 차려놓고 화가, 건축가, 디자이너 등으로 구성된 한 팀을 고용해서 스타벅스의 차세대 스토어를 구상했다. 이 스튜디오가 존재한다는 것을 아는 사람은 거의 없었다. 오직 몇 사람만이 열쇠를 갖고 있었고, 다른 사람들은 들어가려면 비밀보장각서에 서명해야 했다. 1996년 말 공개 시 효과를 극대화하기 위해 우리는 그 계획을 극비로 했다.

데이브와 나는 스토어의 '미래 디자인팀Store-of-the-Future design team'과 일찍 만나서 스타벅스가 앞으로 나아가야 할 방향에 대한 우리의 비전을 설명했다. 즉, 진정한 커피를 경험할 수 있는 기회, 가정에서 느낄 수 있는 편안함, 빠른 서비스 및 아늑한 순간들을 모두 제공하고 싶었다.

디자이너들은 스타벅스의 모든 면에 대해 연구에 연구를 거듭했다. 그들은 여러 세대에 걸쳐 내려온 커피의 예술과 문학도 탐구했다. 커피를 섞는 것과 원산지에 대한 지식도 습득했다. 그들이 창출한 디자인들은 잠재 의식적으로 이들 주제들을 나타내려고 노력했다. 그들은 매끄럽지 못하고 딱딱한 느낌의 모든 것을 제거한 뒤 낭만적이고 신화적이며, 달콤하고 따뜻한 분위기를 도입했으며, 최신의 작업과정을 거쳐서 손으로 빚어낸 감동적인 작품을 만들어냈다.

단순하고 고정된 모양 대신 오히려 땅, 불, 물, 공기의 네 가지 요소의 개념을 도입하여 커피를 만드는 네 가지, 즉 재배, 배전, 추출, 향기와 관련시켜 발전시켰다. 예를 들면 커피 재배는 초록의 그림자를 강조한다. 배전은 적색과 풍부한 갈색의 혼합이다. 추출은 물을 상징하는 청색을 강조한다. 커피는 갈색을 강조한다. 향기는 노랑, 초록, 흰색의 밝은 색의 색조를 사용한다.

이 모든 개념들은 천연 직물, 손으로 만든 가벼운 부착물들, 생물 모양을 본떠서 천장에 매달아놓은 요소들과 잘 어울렸다. 이들 네 가지 기본 범위 내에서 우리는 도심건물에서 대학촌에 이르기까지 서로 다른 구조에 적용하기 위하여 자재와 상세한 사항들에 변화를 줄 수 있다.

그들이 각고의 노력 끝에 완성한 최종 디자인 콘셉트를 둘러보기 위해 5층 스튜디오 안에 있는 스토어 모형 주위를 돌 때의 느낌을 나는 지금도 기억하고 있다. 아더와 라이트는 나와 함께 있었다. 그러나 나는 그들과 어떠한 토론을 하거나 설명을 듣고자 하지 않았다. 나는 단순히 우리 디자인팀이 창조한 분위기에 푹 빠져 몰두하고 싶었을 뿐이다. 내가 목격한 그 창의성과 예술성의 수준은 예전의 일 지오날레의 것보다 훨씬 진일보한 한 차원 높은 것이었다.

화가들은 요정의 모양을 사용하기 위하여 다양하게 개발한 그림과 다시 디자인한 스티커 세트를 전체적으로 보여주었다. 결과적으로 이 일련의 이미지들은 너무나 독창적이고 상상력이 풍부하여, 나는 우리가 그러한 것을 창출할 수 있는 능력을 그들로부터 이끌어낼 수 있다는 게 너무나 놀라웠다. 몇 개의 이미지는 이 책을 장식하고 있기도 하다.

나는 "훌륭합니다"라고 말했다. "서둘러서 이것을 새로운 스토어에 설치합시다." 새로운 스토어의 표준에 대한 결재가 나자 이제는 엄격히 책정된 예산 내에서 스토어들을 건축할 방법을 찾는 게 새로운 과제로 떠올랐다. 그것은 여러 거래처들과 협상을 벌여야 함을 의미했다. 1996년 6월까지 라이트와 그가 관장하는 디자인팀은 300가지 품목 이상을 업자들로부터 직접 구매함으로써 이에 대한 투자비용을 10퍼센트 낮추었다. 1996년 말 확정된 최종 계획에는 네 가지 유형과 네 가지 독특한 색채가 포함되었다.

코아 A스토어는 네 가지의 색채와 디자인 중 어느 것이라도 사용할 수 있다. 좀 더 작은 공간용으로 구성된 코아 B스토어는 공간적 효율성을 강조한다. 그들은 똑같은 네 가지 디자인 색채로 설계된다. 그러나 건축 비용은 적게 든다. 우리는 또한 두 가지 형태의 새로운 커피 바를 도입했다. '브레베 바breve bar'와 '도피오doppio'가 그것이다. 브레베 바는 슈퍼마켓이나 사무실 빌딩 복도 등의 협소한 공간용으로, 그때까지 스타벅스 스토어가 들어서기에는 너무 비좁은 공간들에 안성맞춤이었다.

에스프레소 두 잔용(double shot)을 뜻하는 이름인 '도피오'는 가장 작은 규모의 스타벅스 스토어라 할 수 있다. 영업을 하는 데 필요한 것은 모두 자체적으로 갖고 있으며 쉽게 다른 곳으로 이동할 수도 있다. 두 가지 바 모두 더 큰 규모의 스타벅스 스토어와 동일한 디자인 및 장식재를 사용하고 있다. 디자인을 향상시키되 비용은 절감하라는 다소 모순된 과제를 맡았던 라이트의 디자인팀은 그것을 성취했을 뿐 아니라 우리가 전에는 결코 생각할 수 없었던 장소에서의 판매를 가능케 하는 '제3의 스토어'를 만들어냈다.

1995년 및 1996년 "스토어가 너무 정형화되었다"라는 비난 때문에 이러한 미래의 스토어 프로젝트를 추진했던 것은 아니다. 우리는 그보다 더 높은 이상이 있었다. 그러나 이 사건은 스타벅스의 진취성을 보여주는 한 단면이었다. 문제 발생시 우리는 이를 해결하려고 노력할 뿐만 아니라 그 과정에서 혁신적이고 우아한 부산물을 얻으려 한다.

23

무언가에 집중할 때
근시안이 되어서는 안 된다

주위 모든 사람들의 비난을 받을 때에도 침착할 수 있다면,
또 모든 사람들의 의심을 받을 때에도 자신을 신뢰할 수 있다면,
그리고 그들이 의심하는 것을 포용할 수 있다면, 또 만약 네가
그들을 용서할 수 없는 순간마다 거리를 두고 관조할 수 있다면,
세상은 너의 것이며 모든 것은 그 안에 있다.
내 아들아! 네가 그러할 때말로 진정한 대장부가 될 것이니라.

_러디어드 키플링, 《만약》에서

1995년 12월의 크리스마스 시즌은 지옥 같은 휴가철이었다. 대부분의 소매업자들같이 우리도 크리스마스 때마다 배전공장, 스토어, 사무실에서는 믿을 수 없을 정도로 바쁘다. 스타벅스에서 그것은 1년에 한 번 있는 일로, 우리의 소매 상품인 배전커피, 에스프레소 기계, 초콜릿 머그잔이 매일 파는 라떼와 카푸치노만큼 중요하다. 보통 휴가 분위기는 혼잡하고 고객들은 진열대 위에 있는 화려한 상품들에 환호성을 지른다. 상점 주인들은 금전 등록기에서 부족한 일손을 거든다. 그리고 우리는 만족스러운 미소를 지으며 내년에는 더 잘하자고 다짐하며 기진맥진하여 쓰러진다.

그러나 1995년 크리스마스는 사정이 달랐다. 폭풍우와 폭설

이 여러 지역을 강타하여 수많은 가게들이 며칠 동안 문을 닫아야만 했다. 소매상들의 절망하고 있었으며 쇼핑객이 들어오기만 학수고대하고 있었다. 연말 성수기에 대한 전망은 점점 비관적으로 변했다.

소매 판매팀은 아침마다 회의를 했다. 이러한 회의가 계속될수록 걱정만 쌓여갔다. 전날의 매출액을 기록한 보고서가 작성되어 각 지역별, 상품항목별, 매출액별, 고객수별로 전일의 매출 현황을 상세하게 분석했다. 그것은 마치 스타벅스의 성적표나 다름없었다. 우리는 실제 매출 및 예상 매출을 비교하기도 하며 매주 매출 목표를 수정했다.

그달의 매출 목표를 달성하지 못하면, 투자가들은 극단적으로 반응하고, 주식은 폭락하리라는 것을 우리는 잘 알고 있었다. 일을 더욱 어렵게 만든 것은 1994년 여름 동안에 스타벅스가 높은 가격에 구매한 커피 재고량을 여전히 가지고 있었기 때문에, 이익 목표를 어쨌든 달성하기가 어려울 것으로 보고 있었다.

오린은 그의 비용 절감 조치들이 결실을 맺을 것으로 기대했다. 그러나 비용 절감 조치들이 얼마나 효과가 있을지를 파악하는 것은 시기상조였다. 나는 오린에게 내가 얼마나 낙담했는가에 대해 솔직히 말했다. 오린도 똑같은 심정이었다.

우리는 무엇을 할 수 있었을까? 커피 및 물품 구매, 포장물 디자인 등 판매에 영향을 미치는 중요 결정은 이미 6개월 전에 내려진 상태였다. 우리는 몇 가지 돌이킬 수 없는 실수를 저질렀음을 발견했다. 1995년 크리스마스를 위하여 우리는 초록색과 빨간색의 포장물 대신 파스텔색 포장물을 채택했는데 고객들은 이를 별로 좋아하지 않았다. 또한 에스프레소 기계를 과다하게 주문한 반면 선물용 품목을 충분히 마련하지도 않았다.

우리의 예상이 빗나간 나머지 크리스마스 블렌드를 포함하여 어떤 커피는 재고로 쌓이게 되었다. 우리는 평상시대로 커다란 1파운드 봉지로 선물용 커피를 포장했다. 그뿐만 아니라 처음으로 크리스마스 선물용으로 긴 양말 속에 작은 4분의 1파운드 샘플을 넣어 포장했다. 작은 봉지를 도입한 것은 대성공이었다. 그러나 우리는 12월 전에 큰 봉지에 커피의 대부분을 이미 미리 포장했다. 배전공장에서 일하는 사람들은 큰 봉지에서 정신없이 꺼낸 커피를 작은 봉지 안에 채우는 작업 때문에 시간 외 일을 해야만 했다. 우리는 그러한 추가비용을 감당할 여력도 사실 없었다.

그러나 지난 여러 해 동안 특별 선전이나 한 번의 극적인 선전을 통하여 항상 연말 연휴기간 판매액을 끌어올릴 수 있었다. 오린과 나는 계획을 세웠다. 우리는 어느 상품이 잘 팔리는지를 점검하고 매주 그 결과에 따라 광고문구를 적절히 수정했다. 결국 우리는 '20달러 이하로 훌륭한 선물을'이라는 단도 직입적 문구에 집중하기로 결론지었다. 나의 제안으로 쇼핑 후 5시 이후에 우리 스토어에 들르는 고객들을 고취시키기 위하여 커피를 무료로 제공하기까지 했다. 쇼핑 분위기에 편승하여 우리 상품을 구입할

지도 모르는 일이었다.

그달 초, 우리의 사업은 마치 위험한 카드놀이가 된 것처럼 느껴졌지만, 어쨌든 이길 것으로 확신했다. 그러나 하루하루가 지남에 따라 나는 점점 낙관할 수 없음을 느꼈다. 나는 하와이로의 가족 휴가를 취소하기로 결정했다. 셰리와 아이들에게는 안된 일이었지만, 나는 벙커 속에서 참모진들과 같이 있을 필요가 있다고 느꼈다. 나는 아침마다 전날의 판매 수치를 집에서 전송받은 뒤 오린과 함께 아침 7시 30분 회의를 위해 사무실로 달려갔다. 다음으로 우리는 소매가동팀을 만났다.

나는 이들 회의가 두려워지기 시작했다. 내 위장은 뒤틀리고 있었지만, 나는 낙관주의자로 보여야만 한다는 것을 알았다. 사무실과 스토어에 있는 사람들은 신경질적이 되었고 나는 그들을 낙관적으로 만들고 싶었다. 리더십에 있어서 가장 중요한 점은 자신조차 확신이 서지 않을 때라도 다른 사람들을 확신시킬 수 있어야 함을 거듭 깨닫게 되었다.

12월 중순, 결국 나는 고통스럽지만 나를 자유롭게 하는 결론에 도달했다. 회사의 규모 때문에 나는 혼자서 중요한 문제들을 해결할 수 없다. 초창기의 스타벅스는 쉽게 조작할 수 있는 쾌속정 같았다. 나는 문제가 무엇이든 개입하여 집중 노력함으로써 해결할 수 있었다. 매출이 떨어지면 순간 순간 판매전략을 바꿀 수 있었다. 핸들을 1인치나 0.5인치만 돌리면 보트 전체는 회전하였으며 그 결과는 즉각적이었다.

그러나 1995년쯤 되자 스타벅스는 더 이상 쾌속정이 아닌 항공모함으로 변모했다. 진로가 한번 설정되면 쉽게 변경할 수 없었다. 마지막 순간에 키를 어떻게 돌리든 배는 앞으로 계속 나아갔다. 스타벅스는 그렇게 다루기에는 너무 크게 성장했던 것이다.

우리는 큰 회사로서 본능에 의존하기보다는 오히려 치밀한 계획과 원칙에 더욱 의존할 필요가 있었다. 그것은 우리가 1995년 12월 훨씬 전에 이미 개발했어야 했던 능력이었다. 그러나 불행히도 큰 문제에 직면한 후에야 그것을 깨달은 것이다. 그리고 나는 그동안 경영컨설턴트들이 나에게 조언한 바를 받아들이기 시작했다. 초일류 기업으로 발돋움하기 위해서는 회사를 주도적으로 이끄는 경영자가 없더라도 회사가 계속 돌아갈 수 있도록, 그리고 문제를 사전에 예방할 수 있도록 관련장치들을 도입해야 하는 것이었다.

이것을 깨달은 후 나는 전략을 변경했다. 나는 나의 걱정거리에 대해 경영자들 및 회사 내의 모든 직원들과 의견을 공개적으로 교환하기로 결심했다. 시애틀에 있는 우리 사무실에서 일하는 모든 직원들을 모아 대회의를 소집했다. 강당이 아직 완공되지 않았기 때문에 우리는 3층의 휴게실에 모였다. 나는 한가운데 있고 모든 사람이 운집하여 나를 둘러서 있었다.

휴게실은 크리스마스 장식물로 치장되어 있었지만 아무 효과도 거두지 못했다. 심각한 얼굴과 걱정스러운 눈만이 나를 맞이했다. 구체적인 통계를 알지는 못할지라도 우리의 목표를 이루지 못할 것이라는 소문이 직원들 사이에서 돌고 있었다. 내가 그때 한 말은 전혀 나답지 않은 것이었다. 왜냐하면 나는 항상 낙관적이고 고무적인 말을 하는 사람으로 알려져 있었기 때문이었다.

"아마 처음으로 여러분이 스타벅스에 계시는 동안에….." 나는 말을 꺼냈다. "우리는 실망스러운 크리스마스 시즌을 보내고 있으며 우리가 원했던 만큼의 성과를 내지 못하고 있습니다. 변명은 없습니다. 어느 누구의 잘못도 아닙니다. 그렇지만 저는 걱정을 많이 하고 있습니다." 나는 내가 우려하는 바와 우리의 매출 목표를 이루지 못하면 그 결과가 어떻게 될 것인지를 설명했다.

"성공이란 공짜로 주어지는 것이 아닙니다"라고 나는 그들에게 말했다. "우리는 날마다 성공을 해야만 합니다. 스타벅스가 과거에 모든 목표를 이루었다는 이유로 모든 실책을 면제받을 수는 없습니다. 그때 우리는 끊임없이 우리 자신을 새롭게 해야 했습니다. 그리고 우리 회사의 미래는 우리가 어제 이룩한 것에 근거하지 않는다는 것을 인정해야만 합니다. 간단한 단기 목표도 달성하지 못할 것처럼 보일 때에도 이를 견뎌야만 합니다."

성취욕이 강한 사람들로서는 그런 말을 듣고 넘기기가 힘들었을 것이다. 나는 사람들이 땅바닥만 응시하고 축 늘어져 있는 모습을 볼 수 있었다. "나는 우리가 우리의 목표치를 해낼 수 있기를 희망합니다. 그러나 해내지 못한다고 해도 우리는 여전히 한 달 전에 있었던 똑같은 회사로 남게 될 것입니다"라고 나는 결론지었다. 나는 그들로 하여금 장기적인 문제들에 초점을 맞추게 하려고 노력했다. 즉 이번 크리스마스 시즌의 영업은 부진했지만 그것이 스타벅스라는 위대한 기업의 전부는 아니었으며, 중요한 것은 이번의 실패로부터 무언가를 배워야 한다는 것이었다.

사람들은 후에 나에게 와서 "나는 다른 회사에서 근무한 적이 있었지만, 최고경영자가 어려운 상황에 대해 그렇게 솔직하게 말하는 것을 들어본 적이 없습니다. 당신이 직접 설명해주신 것에 대해 감사드립니다"라고 말했다. 반면 나는 다른 사람들로부터 그렇게 단도직입적이지 않았으면 좋겠다는 말도 들었다. 그들은 나를 실패를 모르는 사람으로 평가하고 있었으므로 내가 우려하는 바를 감추어야 한다고 생각했다.

몇 명의 동료 경영자들은 그날 오후 내 사무실에 와서 "하워드, 그런 식으로 말하지 말았어야 한다고 생각해요. 그럴 필요가 있었나요? 왜 두려움을 가중시킵니까?"라고 말했다. 그들에 회사에 대한 나의 결론에 공감하는 데는 몇 개월이 걸렸다.

뒤를 돌아보면 나는 그날 솔직하게 말한 것이 올바른 처사였다고 믿고 있다. 한 회사의 우두머리는 언제나 듣기 좋은 말만 해서는 안 된다. 그는 직원들로 하여금 회사의 문제점을 직시하도록 해야 한다. 그들이 회사의 업적을 뚜렷이 인식하고 있는 한 말이다.

회사가 위기에 닥쳤을 때, 사람들은 안내를 원하지 화려한 미사여구를 원치 않는다. 그들은 행동계획은 무엇이며 그것은 어떻게 보완될 것인지를 알아야 할 필요가 있다. 그들은 그 문제를 해결하는 데 도움이 되는 책임과 그것에 영향을 주는 권한이 주어지기를 원한다. 많은 경영자들은 자신들의 결정에 의지하는 직원들에게 자신들이 우려하는 바를 나타내기를 꺼려한다. 그러나 어려운 시기에 직원들에게 솔직해질 수 있다면 그들은 일이 잘되어갈 때 경영자를 더욱 신뢰할 것이다.

1995년 크리스마스 때의 시련으로 인하여 나는 우리 직원들이 나를 더 신뢰하게 되고, 무엇보다도 스타벅스라는 기업을 신뢰하게 되었다고 생각한다.

'불경기'를 탓하지 말라

우리가 내적으로 무슨 실수를 저질렀든지, 우리의 크리스마스 시즌 매출액이 저조한 주요 이유는 외부에 있었다. 12월이 끝나가자 우리는 다른 소매업자들이 고전하고 있다는 소식을 접했다. '짐보리 Gymboree'는 12월 한 달 동안 마이너스 19퍼센트의 성장률을 기록했다. '컴퓨터 시티 Computer City'는 8퍼센트 떨어졌고 '머빈스 Mervyn's'는 1.4퍼센트 떨어졌다. 미국 전역의 소매업자들은 12월 한 달 동안 평균 4.1퍼센트의 매출 하락을 겪었다. 비교해 보면 우리의 사정은 훨씬 나은 편이었다. 우리는 그래도 12월에 1퍼센트의 매출 신장을 기록했다.

결국 크리스마스 시즌의 부진은 스타벅스만의 문제가 아니었다. 미국에서는 너무 많은 소매점들이 너무 적은 수의 고객들의 돈을 좇고 있다. 소비자들은 시장에서 너무 많은 선택에 직면하고 있는 것이다.

스타벅스는 1990년대 초에 전국적으로 영업활동을 개시하면서 공급 과잉 상태의 소매시장의 문제점에 직면했다. 해마다 우리는 효과적인 광고를 내기가 점점 힘들어지고 있음을 발견한다. 우리는 큰 회사들이 갖고 있는 것같이 많은 광고예산을 갖고 있지 않다. 사람들은 너무 바쁜 나머지 쇼핑을 하거나 새로운 소매점에 들를 여유가 없다.

그러나 한편으로는 넘치는 소매시장은 스타벅스에게 엄청난 기회를 제공한다. 일률적인 브랜드들과는 달리 우리는 우리 스토어를 통해서 한 번에 한 잔씩 사람들에게 접근할 수 있다. 다른 소매점들이 평범한 물건을 내놓고 있을 때 스타벅스는 질 좋은 상품과 경험을 일치시키고자 노력하기 때문에 돋보인다.

그러나 고객들을 만족시키는 것이 점점 어려워지고 있다. 우리는 높은 서비스 수준을 기대하도록 고객들을 이끌었다. 우리는 고객들이 어느 곳에서도 얻을 수 없는 상품과 경험을 제공함으로써 우리 자신들을 차별화해야만 한다. 우리는 스토어 디자인에서 더 깊이 있게, 더 다양하고 풍부한 것을 공급하도록 일해야 한다.

고객들은 언제나, 특히 크리스마스 때에는 무엇인가 신선하고 재미있는 것을 찾고 있다. 그 수요는 소매업자의 계속적인 자기혁신과 재발명을 필요로 한다. 우리는 고객들의 상상력을 사로잡을 새로운 범주와 신상품을 창출하기 위하여 계속 노력해야만 한다. 모든 소매업자들은 선반에서 날개 돋친 듯 팔리는 대히트 상품을 꿈꾼다. 스타벅스의 경우 그것은 1995년 3월 블루노트 블렌드 CD와 1995년과 1996년 여름의 프라푸치노가 그 좋은 예이다.

그러나 4주마다 그런 히트 상품을 개발할 것으로 기대할 수는 없다. 그것이 바로 크리스마스 판매 수치가 형편없을 때에 직면해서도 내가 우리의 연구개발 및 마케팅팀이 신상품 개발을 위해 노력을 계속하도록 독려하는 이유인 것이다. 우리는 고객들의 관심을 유지하는 장기적인 시각의 프로젝트를 필요로 한다. 비록 1995년 크리스마스 때의 실망스러운 판매는 외적인 요인에 의한 것이라 할 수 있을지라도 그저 뒤에 앉아서 "모든 사람이 불경기의 해를 맞고 있어서지 우리의 잘못은 아니야"라고 말하는 것은 잘못인 것이다. 우리는 소매점으로 넘쳐나는 미국에서 극심한 경쟁을 극복하는 방안을 계속 모색해야 한다.

최고의 경영인은 숲과 나무를 모두 본다

결국 우리는 그해의 부진을 해결하지 못했다. 1월 초 우리가 스토어의 매출 현황을 발표했을 때 주식 가격이 떨어졌다. 그러나 그달 말 오린의 관리 부문 감축 조치들에 힘입어 순이익 목표에 단 1퍼센트 차이로 미치지 못하였음이 나타났다.

스타벅스는 여전히 이익을 내고 있었다. 그러나 수입은 우리가 예상했던 만큼 빠르게 성장하지 않았다. 증권분석가들은 여전히 관용이 없었다. 몇 사람이 내가 도입한 혁신적인 상품들로 인하여 회사가 핵심사업으로부터 벗어나고 있다고 비난했다. 그들은 소매업 및 레스토랑 업계에서 포커스를 상실하는 것만큼 위험한 것은 없다고 말했다. "이런 일이 발생할 때는 회사가 구축해놓은 브랜드의 재산 가치는 희석되기 시작한다", "스토어 관리에 더 관심을 보여야 할 것이다"라는 것이었다.

바로 그것이 내 속을 태웠다. 경영의 단기적인 측면만 보는 월 스트리트의 근시안적 시각은 최고경영자들을 괴롭힌다. 먼 미래를 위한 계획이 없는 회사는 결코 일시적인 유행에서 벗어나서 성장할 수 없다. 그동안 스타벅스 내부에서조차 내가 핵심사업에 치중하기보다 장기적인 계획에 따라 일할 것을 요구하면서 너무 많은 압박을 한다고 불평했다. 분개하는 사람들도 있었다. 그들이 크리스마스의 부진을 수습하고 있을 때 나는 아이스크림, 병에 든 프라푸치노, 유나이티드 항공사와의 새로운 계약일과 씨름하고 있었다.

내가 과연 핵심에서 벗어나 있었던 것일까? 아니다. 나의 눈은 미래에 맞추어져 있었다. 나는 이 다음에 우리에게 닥칠 수 있는 일이 무엇인가를 알아보기 위하여 가까이 있는 것을 점검하고 있었다.

프록터 앤 갬블은 슈퍼마켓에 배전커피를 공급하는 가장 큰 회사 중 하나인 워싱턴주의 밀스톤 커피를 막 인수한 시점이었다.

대기업들이 소매커피 시장에 뛰어들려는 것일까? 슈퍼마켓에 스타벅스 커피를 팔지 않기로 한 것을 재고해야만 하는가? 경쟁의 우위를 확보할 수 있는 상품은 어떤 것이 있을까? 스타벅스 브랜드가 어떻게 하면 품위와 멋을 유지하면서 고객들에게 더욱 다가갈 수 있도록 할 수 있을까?

우리는 신상품을 창출함으로써 장기적 비전을 갖고 확고한 스타벅스 브랜드 구축을 추구할 필요가 있었다. 2000년까지 준비가 완료되려면 우리는 즉시 실험을 시작해야 했다. 스타벅스는 제조, 소매점 운영 및 기획 부문을 개선했기 때문에 단기적으로도 돌발상황에 잘 대응할 수 있게 되었다.

1996년 크리스마스 시즌 동안에는 그 전해에 우리를 괴롭혔던 많은 문제들을 피할 수 있었다. 소매업계의 분위기는 다시 한번 침체됐으며 날씨도 특히 북서태평양 지역이 좋지 않았다. 스토어 매출 신장은 2퍼센트에 불과했고 그것은 우리가 바랐던 만큼 좋지는 않았다. 그러나 비용 절감 효과는 톡톡히 보고 있었으며 수입은 월 스트리트의 예상치와 딱 맞아떨어졌다. 우리는 무엇을 해야 할지를 알았고 주식시장은 과잉반응을 보이지 않았다.

우리는 1996년 연말 휴가철 동안 매출 증대를 위해서 할 수 있는 모든 일을 다 했다. 우리는 우리의 과제를 모두 이행했고 잘 짜인 계획에 따라 집행했다. 훨씬 정확한 예상치를 갖고 있어서, 수요를 충족시키기기는 데 필요한 양의 커피를 거의 정확하게 공급했다.

두 번째 해, 우리는 모두 침착했다. 크리스마스의 목표치를 달성할 수 없을지라도 그것이 전부가 아니라는 것을 나는 깨달았다. 왜? 브랜드를 위해, 회사를 위해 장기간에 걸쳐 우리가 창출하고 있었던 가치를 우리 모두가 알고 있었기 때문이었다. 크리스마스 판매가 스타벅스의 운명을 결정짓지는 않는다.

월 스트리트도 이를 이해하였으며, 1997년의 긍정적인 전망을 반영하여 스타벅스의 주가는 1월에 상승하기 시작했다. 나는 항공모함의 함장처럼 눈을 지평선에 고정시키고 힘껏 나아갔다. 이번에는 옛날 쾌속정의 시절이 그립지도 않았다.

24

성공은 나누어 가질 때 가장 달콤하다

리더십이란 회사의 운명을 발견하는 것이며
그 운명을 따라갈 용기를 갖는 것이다.
지속적인 회사는 고귀한 목표를 갖고 있다.

_조 제이워스키, 《조직학습》에서

회사를 마음으로 이끌라

내 사무실 책꽂이 위에는 작은 크리스털 공 하나가 있다. 그것은
'멀린Merlin(아서왕을 가까이서 보좌하던 마법사)' 상의 상징으로 청년
사장단회의 지부가 내게 준 것이었다.

전설에 따르면 멀린은 미래에 태어나서 과거로 움직이면서 현
재에 이르렀다는 것이다. 독특하고 창의적인 생각으로 가득차 있
던 그는 동시대의 사람들과는 잘 맞지 않았을 것이다. 나는 현자
는 아니지만 때때로 그가 어떤 생각을 가졌으리라고는 충분히 짐
작할 수 있다.

미래에 대한 나의 비전과 스타벅스가 어떤 종류의 회사가 되어

야 하는지에 대한 나의 열망은 회사 안팎의 사람들에게 쉽게 이해되었다. 뉴멕시코 산타페연구소 경영자문가인 찰스 스미스는 장래가 있는 중역들을 이 유명한 마법사에 비유했다. 《예외적인 지도자들Exceptional Leaders》(1991)에서 "근본적으로 다른 미래의 지도자들은 현재라는 순간 속에서 그들의 조직체가 헤쳐나갈 수 있는 성취 가능한 비전을 불어넣기 위하여 멀린같이 행동하는 습관을 연마한다"고 썼다.

1980년대 초를 돌아보고 오늘날을 보면, 나는 스타벅스가 어떤 회사가 될 수 있는지 분명한 비전을 갖고 있었다. 나는 내가 원했던 모습, 스토어가 주는 느낌, 성장속도, 우리 직원들과의 관계를 알고 있었다. 나는 스타벅스가 지금까지 지내온 25년을 훨씬 능가하는 미래를 본다.

매년 전략기획 회의에서 우리의 수석 경영팀은 대담하고도 성취 가능한 그 비전을 확실히 할 수 있도록 다듬었다. 우리는 우리의 가치를 분명히 했으며 우리의 장기적인 목표들을 하나하나 똑바로 말하려고 노력했다. 스타벅스의 많은 중역들이 입사한 지 얼마 안 되었지만, 나는 어쩌면 그렇게 우리와 신념과 목표가 흡사한지 놀란다.

우리가 꿈꾸는 회사는 훌륭한 커피를 어디서나 모든 사람에게 가져다줄 수 있는 위대하고, 지속적이며 열광적인 회사다. 스타벅스 스토어들은 '한 번에 한 잔'이라는 경영 이념으로 세상의 모든 지역사회 사람들의 삶을 새롭게 하고 풍부한 것을 공급할 것이다.

스타벅스가 접하는 기회들은 우리를 흥분케 한다. 대부분의 국가에서는 성인의 평균 커피 소비량은 하루 두 잔이다. 그러나 커피 품질은 대체로 나쁜 편이다. 스타벅스는 2000년까지 북아메리카에서 스토어의 수를 두 배로 늘릴 것이며, 점차 북미주의 스토어보다 아시아에서 훨씬 많은 스토어를 가질 수 있다고 확신한다. 2~3년 이내에 우리는 펩시와의 합작투자를 통하여 프라푸치노와 다른 상품들을 10억 달러 이상 생산, 판매할 것으로 예상한다.

그러나 우리의 계획은 단순한 수치를 초월한다. 이 회사의 근간은 성장에 있지 않고 직원, 고객 및 주주들과의 관계에 있다.

이제 스타벅스가 사업을 얼마나 다각화하든, 얼마나 성장하든 우리의 기본적인 핵심적 가치와 목표는 변치 않을 것이다. 나는 스타벅스가 우리가 성취한 것뿐 아니라 그것을 어떻게 이룩했는가에 대해서도 존경받기를 원한다. 나는 우리가 다국적기업으로 발돋움하더라도 우리의 열정과 스타일, 기업가적인 정신과 개인적인 유대감을 유지함으로써 대기업의 문제점을 극복할 수 있다고 믿는다. 스타벅스의 모든 직원들이 회사에 대한 프라이드 및 금전적 과실을 모두 같이 나눠야 할 것이다.

우리는 마음으로 이끌어야만 한다. 삶에서도 그렇듯이 사업상 우리는 각자 우리의 결정을 안내하는 내적인 나침반과 이 세상에서 가장 문제가 되는 것을 본능적으로 이해할 수 있는 마음을 가져야만 한다. 나의 경우 그것은 이익이나 판매나 스토어의 수가 아니라 헌신적인 회사 구성원들의 열정이다. 그것은 돈에 관한 것이 아니라, 다른 사람들이 당신은 불가능하다고 생각하는 꿈을 추구하여, 종업원과 고객 및 지역사회에 무엇인가를 되돌려주는 방법을 찾는 것에 관한 것이다.

《성공하는 기업들의 8가지 습관Built to Last》에서는 '거대하고 담대한 목표들'을 말하고 있다. 스타벅스의 경우 우리의 야심 찬 장기적인 목표는 세상에서 가장 인정받고 존경받는 브랜드를 보유하고 인간 정신을 고취하며 성숙하게 하는 지속적이고 위대한 회사가 되는 것이다.

오늘날의 스타벅스는 아직 이러한 포부를 제대로 펼치지 못하고 있다. 우리는 많은 실수를 한다. 어느 회사도 완벽할 수는 없다. 그러나 목표를 높이지 않고 그저 '평균 이상'을 목표로 한다면 그것밖에 얻지 못할 것이다. 반면 어느 분야든 탁월함을 추구한다면 그 직원들 역시 더 높은 목표를 추구하도록 자극을 받을 것이다. 또한 어려움을 겪을 때, 솔직하고 일관되게 이를 해결해야 한다. 같이 일하는 사람들은 경영자가 성취하려는 사명을 이해할 때 기꺼이 함께해줄 것이다.

급변하는 커피 가격, 실망스러운 크리스마스 판매고, 불평과 항의 등 스타벅스가 최근에 직면한 문제들은 우리로 하여금 우리가 창출한 장기적인 가치로부터 벗어나도록 하지는 못했다. 어느 기업도 앞길에 놓여 있는 도전 및 어려움과 맞부딪치지 않고는 튼튼하게 구축될 수 없으며 어떤 꿈도 이룰 수가 없는 것이다. 열정이 마음에서 우러나오는 것일수록 좌절은 더욱 해를 끼칠 것이다. 그러나 우리는 우리들만의 가치에서 나오는 해결책을 더 생각해낼 수 있을 것이다.

스타벅스는 여전히 성공하기 위해 애쓰고 있으며, 앞으로는 우리가 지금까지 극복했던 것보다 훨씬 어려운 난관 앞에 봉착하게 될 것이다. 우리는 해마다 무한정으로 50퍼센트대의 매출 및 수익 신장을 기대할 수는 없다. 초일류 회사들은 자기성찰과 우선순위 재고를 통해 어려운 시절을 극복해낸다. 스타벅스의 미래를 형성할 특별한 많은 아이디어들은 회사 내부에서 생겨날 것이다.

우리는 재창조와 자기혁신에 대한 강력한 헌신 및 기업가 정신을 강조하는 등 혁신을 고취시키는 분위기를 조성하기 위해 우리가 할 수 있는 모든 것을 하고 있다.

결승선에 도달할 때,
공동 승자들과 함께하라

브루클린의 어린 시절, 나는 나의 미래를 생각하는 게 두려웠다. 그러나 인생의 절반을 보낸 후 나는 누구나 자신의 미래를 열어갈 수 있는 힘이 있음을 깨달았다. 만일 우리가 자신의 미래를 구체화하고 계획을 세우고, 또 그 계획에 따라 착실하게 실천에 옮긴다면 우리의 의지로 놀랍도록 큰 일을 이루어낼 수 있다.

그러나 우리는 그것이 인생에 가치 있는 비전을 가져다주는 일인지를 확실히 해야 한다. 고귀한 목적을 위한 것이라면 훨씬 값진 보상이 따른다. 성공은 돈으로 측정되어서는 안 된다. 즉 성공을 이루기 위한 과정과, 목적지에 도달해서의 마음가짐이 더 중요한 것이다.

비즈니스는 협동함으로써 얼마나 많은 것을 성취할 수 있는지에 대해 많은 것을 가르쳐준다. 한 사람이 할 수 있는 일은 한정되어 있다. 그러나 같은 목표를 가진 사람들을 모은다면, 그들은 함께 기적 같은 일들을 해낼 수 있다. 그것은 용기를 필요로 한다. 많은 사람들은 그것은 불가능하다고 말할 것이다. 비즈니스는 양쪽 모두 유익할 수 없다고 말할 것이다.

그러나 기억하라. 결승선에 혼자만 도달하면 공허한 마음만이 남게 될 것이다. 반면 한 팀을 이루어서 달린다면 결승선에 함께 도달하는 기쁨을 만끽할 수 있다.

진정한 승리자라면 열광하는 관중뿐만 아니라 한 팀을 이루었던 공동 승자들에게 둘러싸여야 한다. 승리는 한 사람의 노력보다 많은 사람들이 협력하여 성취할 때 훨씬 큰 의미가 있는 것이다. 행복감은 참여한 모든 사람들이 꼭 그들 자신만이 아니라 서로를 위하여 승리를 이룰 때 계속되는 것이다. 성공은 나누어 가질 때 가장 달콤한 것이다.

커피에 대해서

1. 커피 생산지

Q 커피는 어디에서 생산되는가?

A 커피는 열대지방에서 자라는 유실수로서 남·북 위도 25도
안의 지역에서 재배된다. 이 지역을 '커피 벨트' 또는 '커피
존'이라고 한다. 상당히 까다로운 작물이기 때문에 극한이나
극온을 견디지 못하며 해발 800피트 이상 3천 피트 이하에서
잘 자란다.

치자나무과에 속하며 작고 하얀 꽃을 피운다. 여기에 체리같
이 생긴 둥글고 빨간 열매가 맺히는데, 이것을 '커피 체리'라
고 부른다. 일반적으로 체리는 씨를 버리고 과육만을 먹지만,

스타벅스, 커피 한 잔에 담긴 성공신화

커피 체리는 과육을 버리고 안에 든 한두 개의 씨를 먹는다. 사람들은 이 씨를 '생두Green bean'라고 한다.

Q 생두를 커피라고 불러도 되는가?

A 아니다. 생두는 아무리 갈아서 뜨거운 물을 섞어도 커피가 추출되지 않는다. 반드시 배전을 한 후, 분쇄하여 물을 주입해야 커피가 추출된다.

Q 커피나무가 자라서 수확할 때까지는 얼마나 소요되며 수확량은 얼마나 되나?

A 커피나무가 처음 열매를 맺기까지는 5년이 걸린다. 가공을 마친 1파운드의 커피 원두는 약 2,000~3,500개의 콩으로 이루어지며 이것은 커피나무 한 그루가 한 해 동안 생산하는 열매의 양에 해당한다.

2. 배전

Q 생두는 배전에 따라 어떻게 달라지는가?

A 생두는 회전하는 원통(구멍이 수없이 뚫려 있음)에 넣고 배전하는데, 온도가 높아질수록 처음에는 오므라들다가 배전공정의 중간쯤부터는 팽창하기 시작하여 터지게 된다. 결국 부피가 50퍼센트 증가하고 무게는 대략 20±5퍼센트 정도 감소한다. 무게의 감소는 수분의 증발, 조직의 해체, 세포의 산화

때문인데, 대략 다음과 같이 배전 정도에 따라 다양하게 나누어진다.

구분	명칭	볶음	색깔	특징
1	시나몬 로스트	엷게 볶음	시나몬색	산미가 나지만 풍부하게 깊은 맛은 드러나지 않음.
2	시티 로스트	중간 볶음	갈색	시나몬 로스트보다 향이 더 깊으며 산미가 여전하다.
3	풀시티 로스트	좀 강하게 볶음	짙은 갈색	산미와 단맛이 조화가 잘되며 스타벅스 커피가 채택하고 있는 방식.
4	에스프레소 로스트	강하게 볶음	초콜릿 갈색	미분으로 분쇄하여 고압으로 추출한다.
5	이탈리안 로스트	상당히 강하게 볶음	초콜릿 짙은 색	단맛과 쓴맛이 조화됨. 냉커피용으로 좋다.
6	프렌치 로스트	아주 강하게 볶음	검은색에 가까움	산미 없음. 날카로운 쓴맛.

제대로 정제된 원두는 변질되지 않고 수년 동안 보존이 가능하다. 풀시티로 배전했을 때 향과 맛이 최고도에 도달하지만 상온에서 적어도 일주일만 지나면 신선도가 현저히 떨어지므로 이 점을 특히 유의하여 구입 및 보관해야 한다.

3. 커피 블렌딩 blending

Q 커피를 블렌딩한다는 것은 무엇인가?

A 한 가시 커피 맛과 향만으로는 불충분한 경우 몇 가지의 서로

다른 커피가 균형을 유지하도록, 예를 들면 A커피와 B커피를 섞었을 때 AB의 맛이 아니라 전혀 다른 제3의 새로운 맛과 향을 갖는다. 독특한 커피 블렌딩은 전문가만이 할 수 있는 상당히 까다로운 것이다.

Q 요즈음 향커피(예: 헤이즐넛, 바닐라 등)가 유행하고 있는데, 원래 커피에서 그와 같은 향을 지닌 커피가 별도로 있는가?

A 아니다. 배전된 커피 자체가 커피 음료로 사용하기에 무언가 부족한 경우, 대개 이를 감추기 위해 인공향을 배전커피에 덧입히는 것이다. 커피전문회사에서는 만들지 않는다.

Q 향이 있는 커피를 마시고 싶은 경우에는 어떻게 해야 하나?

A 커피를 추출하여 기호에 따라 자연향(액체)을 한두 방울 떨어뜨려 마시는 것이 원칙이다.

Q 레귤러 커피와 인스턴트와는 어떻게 다른가?

A 레귤러 커피: 배전커피를 분쇄하여 뜨거운 물(85~96℃)로 음용하는 것으로, 보통 19~21퍼센트 정도를 추출하며 커피를 굵게 분쇄할수록 맛과 향은 더 좋으나 커피의 양이 많이 들어가게 된다. 커피를 미세하게 분쇄할수록 맛과 향은 상대적으로 떨어지지만 커피의 양은 적게 들어간다. 이때 18퍼센트 미만으로 추출되면 과소 추출되어 묽은 커피가 되며 21퍼센트

를 초과하면 과다 추출되어 맛과 향이 떨어진다.

인스턴트 커피: 배전커피를 분쇄하여 뜨거운 물로 레귤러보다 훨씬 많은 양을 추출한 후 물을 모두 증발시킨 다음 바닥에 남은 것을 가공하여 제조한 것. 이는 제2차 세계대전 당시 미국 맥스웰 커피회사가 제조하여 미군에 공급하기 시작한 것이 그 효시이며, 우리나라의 경우 1950년 한국전쟁 당시 미군을 통해 처음으로 소개되면서 대중화되었다. 간편하고 편리하나 품질에서는 레귤러 커피보다 못하다.

4. 보관storage

Q 커피를 구입한 후 보관을 어떻게 하는가?

A 배전된 커피는 기본적으로 빛, 공기, 습기에 노출되면 빠르게 변질되므로 이 세 가지를 차단하는 것이 매우 중요하다. 가장 좋은 방법은 다음과 같다.

- 도자기로 된 진공보관 용기(용기 내부의 공기를 외부에서 흡착함)에 보관.
- 플라스틱 진공보관 용기(용기 내부의 공기를 외부에서 흡착함)에 보관.
- 뚜껑에 고무 링이 부착되어 있는 용기에 보관.
- 가능한 한 적은 양을 보관할수록 좋다.
- 뚜껑을 열고 닫는 회수가 적을수록 신선하게 보관할 수 있다.

5. 분쇄grinding

Q 백화점에서 커피를 구입하여 그 자리에서 분쇄하여 집으로 가지고 가는 것은 어떤가.

A 권하고 싶지 않다. 커피는 추출 직전에 분쇄하는 것이 원칙이다. 커피 한 알갱이는 대략 700가지의 맛과 향을 지니고 있는데, 향은 휘발성이 강하므로 분쇄 후 30분이 지나면 모두 날아가버린다. 이것으로 추출하면 맛과 향이 현저히 떨어진다.

Q 그렇다면 배전커피 구입시 유의해야 할 점은 무엇인가?

A 커피 구입시 반드시 배전 일자를 확인하여 풀시티(강배전)를 기준으로 7일 정도 마실 수 있는 양만큼만 구입하는 것이 바람직하다.

Q 분쇄는 어떻게 하는가?

A 배전커피를 분쇄하는 기구나 기계는 다양하다. 가정용으로는 핸드밀이나 굵기가 조정되는 기어가 부착되어 있는 분쇄기를 사용하는 것이 좋다. 분쇄되는 순간 커피의 맛과 향이 파괴될 수 있으므로 가능한 한 손상되지 않고 일정하게 분쇄되는 것을 선택한다. 커피숍에서 사용할 경우에는 이 점에 더욱 유의해야 하며, 커피를 분쇄할 때 모터에서 열이 발생하므로 모터를 식혀 줄 수 있는 냉각팬이 부착된 것으로서 70퍼센트 이상 균일하게 갈아지는 커팅 방식의 분쇄기를 구입하도록 한다.

Q 일반 커피와 요즘 유행하고 있는 향커피를 섞어서 분쇄하여 추출하는 것은 어떤가?

A 안 된다. 향커피에 덧입힌 인공향이 분쇄기에 달라붙어 분쇄기를 재사용하면 일반 커피에도 향이 섞이기 때문에 두 가지 커피를 모두 파괴시키는 결과가 된다. 그러므로 분쇄기를 각각 준비하여 갈아야 한다.

6. 추출

Q 가정에서 커피를 추출하는 이상적인 방법으로는 어떤 것이 있는가?

A 커피 애호가들은 좋은 커피 원두를 구입하는 것이 좋은 커피를 음용하기 위한 첫 단계임을 알고 있다. 또한 커피 배전일로부터 가능한 한 일주일을 넘지 않아야 한다.

- 끓는 물을 사용해서는 안 되며 배전 커피의 상태에 따라 90.5~96℃의 물이 적당하다.
- 항상 신선한 커피 원두를 준비한다.
- 한 잔의 커피는 98퍼센트 이상의 물이 차지하므로 맑고 깨끗하며 정교하게 정수된 물을 사용한다.
- 2차 추출 금지
- 커피 추출 방법에 맞는 굵기로 분쇄한다. 너무 미세하게 분쇄하면 쓴 맛이 강하거나 커피 추출에 방해가 된다. 반대로 너무 굵게 분쇄하면

묽은 커피가 추출된다.

Q 커피는 어떻게 어느 정도 추출하여 음용하는 것이 좋은가?

A 커피의 맛과 향은 커피 안에 감추어진 700가지 이상의 성분을 어떻게 추출하는가에 따라 결정되는데, 훌륭한 커피는 분쇄커피 무게의 18~21퍼센트(한계추출량)까지 용해시켜 추출한 커피를 말한다. 이렇게 정확한 커피를 얻기 위해서는 사용하는 커피의 종류, 양, 물, 물의 온도, 원두의 굵기 정도, 추출 방법 등을 잘 선택해야 하며, 가장 중요한 것은 물과의 접촉 시간 및 그 방법이다. 즉 같은 커피라 하더라도 배전 방법, 분쇄된 커피의 굵기, 추출 온도, 추출 시간 등 각 조건에 따라 커피의 맛과 향은 다양해진다.

커피는 바로 뽑아냈을 때 최고의 맛과 향을 갖는다. 그러나 30분 이상 보관하면 향을 내는 성분이 대기 중의 산소와 접촉하여 산화반응을 일으켜 쓴맛의 커피가 된다. 이미 식은 커피를 다시 뜨겁게 데워서는 안 된다. 만일 추출된 커피를 100℃로 올리면 향은 다 날아가게 되며 맛을 내는 성분은 가수 분해를 일으켜 쓴맛을 낸다.

추출된 커피가 강하다 혹은 약하다 하는 것은 커피의 배전 정도와는 관련이 없으며, 커피가 한계추출량만큼만 추출되었다면 훌륭하고 맛있는 커피라고 할 수 있다. 한계추출량 이상 추출하면 커피의 맛과 향은 그만큼 떨어지며, 한계추출량 이하로 추출하면 커피의 맛과 향은 좋으나 더 많은 양의 커피를 넣어야 한다.

Q 에스프레소 커피는 어떤 것인가?

A 이름이 말하듯이 '에스프레소'는 거의 인스턴트처럼 빠르게 만들어진다. 그러나 어떤 음료보다 탁월한 품질의 음료일 뿐 아니라 말로 표현하기 힘든 물리적, 화학적 방법으로, 약간은 신비하고 기이하며 독특하게 추출하는 음료이다. 향이 가득하고 우아하며 깊은 맛이 난다.

자극적이지만 어떤 커피보다 카페인이 적은 에스프레소는 이탈리아인에게는 일상생활의 윤활제이다. 그들에게 '에스프레소 없는 휴식'이나 '휴식 없이 마시는 에스프레소'는 불가능하다. 이는 지극히 긍정적이고도 실제적으로 삶을 즐기는 방법이다. 이러한 짧은 휴식은 두뇌를 자극하여 좋은 생각이 떠오르게 한다. 에스프레소와 함께하는 휴식은 창조적 발상을 자극한다. 이런 이유 때문에 이탈리아인들은 에스프레소를 즐기고 있다.

Q 에스프레소를 완벽하게 추출하기 위해서는 무엇이 필요한가?

A 에스프레소를 준비한다는 것은 예술과 과학의 진정한 하나의 의식이라 할 수 있다. 모든 (종교)의식과 같이 에스프레소는 네 가지의 정교한 규칙이 있다.

- 배합Blend : 좋은 에스프레소를 음용하기 위해서는 쓴맛, 신맛, 향, 깊은 맛의 조화를 갖는 '아라비카' 커피를 준비한다. 더 중요한 것은 일정한 맛을 낼 수 있는 배전커피다.

- 분쇄 및 추출Grinding : 에스프레소는 세분한 분말입자로 분쇄하여 18~23초에서 추출, 6~7g 정도를 넣는다.

- 기계Machine : 가정용은 90℃의 뜨거운 물과 9바의 압력을 필요로 한다. 필터, 홀더, 고무는 매일 깨끗이 한다.

- 작업자Brewer : 마지막으로 중요한 것은 사람인데, 기술을 요한다. 커피메이커를 다루는 기술이 중요하다.

Q 에스프레소를 완벽하게 추출했는지 어떻게 알 수 있나?

A 완벽한 에스프레소는 언제나 '헤이즐' 갈색이나 엷은 붉은 색을 띤다. 완벽한 에스프레소를 준비한다는 것은 숙련과 경험을 요한다. 이상적인 에스프레소 커피 추출 시간은 18~23초이다.

7. 카페인과 건강

많은 사람들이 카페인과 건강에 대하여 관심을 갖고 있으며, 주위의 헛소문과 오해 때문에 혼란이 가중되고 있다. 카페인은 부드러운 중추신경 자극제로 60종류의 식물에서 발견되고 있다. 저품질의 커피에서는 카페인 과다 및 메스꺼움을 느낄 수도 있다.

Q 카페인은 커피향의 중요한 부분인가?

A 아니다. 카페인은 맛과 냄새가 없다. 일반 커피와 카페인 제거 커피와의 향의 차이는 근본적으로 카페인 제거 과정에 따른 것이다.

Q 카페인은 어떻게 제거되는가?

A 카페인 제거는 배전 전에 이루어진다. 가장 많이 이용되는 방법은 서서히 가열된 물로 제거한다. 서서히 데운 물은 생두에 습기를 갖게 되고 카페인이 생두 표피에 있게 되는데, 이 때 카페인을 제거하기 위해 솔벤트를 사용한다. 다음에 생두를 물로 씻어서 건조시키고 배전업자에게 운송된다. 카페인을 제거하는 방법은 유럽에서 시작되었다.

―
에필로그

한 사람의 개인적 삶의 이야기와, 회사를 세우는 데 필요했던 내적인 투쟁들을 책으로 공동 집필한다는 것은 상당히 높은 상호 신뢰를 요구한다. 도리 존스 양과 내가 집필 과정에서 일찍부터 그러한 관계를 발전시킨 것은 행운이었다. 우리는 기대했던 것보다 훨씬 높은 존경과 깊은 신뢰를 가졌다. 2년 동안 우리를 한마음으로 묶어준 것은, 스타벅스의 성공 뒤에 있는 이야기들이 독자들에게 용기를 북돋워줄 수 있는 유익한 책이 될 수 있겠다는 믿음이었다.

도리와 나는 스타벅스 안팎의 70명 정도의 은인들에게 감사하고 싶다. 그 분들은 이 책을 위하여 자료를 수집하는 동안 인터뷰에 기꺼이 응해주었으며 50명은 원고 초고를 읽어주고 의견을 말해주었다. 그들의 기억, 이야기, 통찰력, 제안이 아니었더라면 이 책은 생생하고 완벽하고 깔끔하게 나올 수 없었다.

나의 사무실에 있는 조제트 에사드, 낸시 켄트 및 크리스티나 프라더는 이 책이 나오도록 2년에 걸쳐서 수많은 방법으로 도왔다. 이 책에 거명되지 않은 다른 많은 사람들도 스타벅스에 말로 다할 수 없는 공헌을 하였으며 이 책《스타벅스, 커피 한 잔에 담긴 성공신화》가 무엇을 의미하는지를 온몸으로 보여주었다.

그들의 노력과 헌신에 감사를 표하고 싶다. 또한 우리의 에이전트인 베드포드 출판사의 조엘 피시맨에게 깊은 감사를 드린다. 그는 이 책을 매력 있게 해주었으며 영원한 기록으로 만들어주었다. 그리고 하이페리온의 편집장 릭 콧에게 감사를 표하고 싶다. 그는 이 책을 구체적이고 균형 있게 만들어주었다. 즉 편집자로서 세심하고 전문성 있게, 그리고 민감한 인간관계에서도 사려 깊게 잘 편집해주었다.

특별히 이 책 출판의 모든 고비마다 함께해 주고 일터와 가족 간의 삶에 완벽한 균형을 만들어내는 방법을 보여준 나의 아내 셰리에게 감사를 표하고 싶다.

—
번역을 마치고

1992년 1월 미국 여행 중 시애틀의 친구가 집에서 만들어준 에스프레소 커피를 마셨던 일이 지금도 생생히 기억난다. 그것은 스타벅스 커피였다. 곧바로 스타벅스 본사를 찾아가 커피를 수입코자 했으나 스타벅스는 진공포장 개봉일로부터 7일 동안만 판매하고 그 후의 커피는 본사에서 수거, 분쇄한 후 양로원이나 푸드뱅크Food Bank 등으로 보내기 때문에 수출을 할 수 없다는 것이었다.

나는 그때 스타벅스의 자료를 받고 신선한 충격을 받았다. 이유인즉 그들은 커피 생산지를 매년 직접 방문하여 질 좋은 생두를 선택하며, 커피 생산 국가별로 판매액의 일정 비율을 영업 이익과 관계 없이 후원금으로 제공하고 있었다. 지금은 미국에서도 가장 많은 후원금을 지원하는 회사로 알려져 있다. 그뿐만 아니라 시간제 근무의 모든 종업원들에게까지 의료보험의 혜택을 공여하는 보기 드문 회사이기도 하다.

스타벅스의 번창은 나의 기쁨으로 다가왔다. 저자는 이 책에서 승리의 선상에 혼자만 있는 것은 공허하며 승리의 기쁨을 함께 나누는 사람들로 둘러싸여 있을 때 그 승리는 의미 있고 값진 것이라고 말한다.

스타벅스는 세심하고 주의깊게 커피를 관리 운영하고 있는데, 그 지침은 다음과 같다.

첫째, 생두는 각 산지별로 일등급 아라비카 종을 사용한다.

둘째, 배전커피는 진공포장 개봉일로부터 상온에서 7일 동안만 사용한다.

셋째, 커피 한 잔은 물이 99퍼센트를 차지하므로 항상 맑고 깨끗한 물을 유지 보존할 수 있는 정수기를 반드시 설치 사용한다.

넷째, 스타벅스 커피의 추출 온도는 90.5℃를 유지한다.

다섯째, 정성껏 배전된 커피가 분쇄되는 순간 맛과 향이 가능한 한 파괴되지 않으며, 균일하게 분쇄되는 최고의 분쇄기를 사용한다(모터의 열을 식혀 주는 장치가 있는 것을 사용).

여섯째, 인공향을 덧입힌 커피는 제조하지 않으며, 판매도 하지 않는다.

일곱째, 커피 특성상 특이한 몇 곳을 제외(예:국제공항 커피숍)한 모든 스타벅스 스토어는 직영하며 프랜차이즈나 체인점을 하지 않는다.

위와 같은 엄격한 경영 방법으로 전 세계로 진출했다.

스타벅스 사람들이 커피에 대한 정직과 진실, 창의성 그리고 스타벅스 하워드 슐츠 회장이 이웃 사랑과 사회 봉사를 어떻게 실천하고 있는지 독자들은 이 책을 통하여 깊이 인식할 것이라고 확신한다. 또한 삶에서 가장 중요한 것은 정직과 진실이 수반되는 재물이라야 진정한 가치와 사회 봉사에 기여하는 것임을 강조하고 있다.

아무쪼록 스타벅스 하워드 슐츠 회장의 경영이념(정직, 진실, 창의성)이 이웃 사랑과 사회 봉사로 이어지는 과정을 통하여 독자들의 마음에 새겨진다면, 국내외 커피업계의 발전과 함께 건강한 사회로 가는 길잡이가 될 것으로 생각한다.

마지막으로 이 책을 번역하는 데 친구 최정석의 도움에 감사하며, 김영사 직원들께 깊은 감사를 드린다.

홍순명